Benjamin Magofsky

Berliner Mauer und Deutsche Frage im bundesrepublikanischen Spielfilm 1982-2007

Diplomica® Verlag GmbH

Magofsky, Benjamin: Berliner Mauer und Deutsche Frage im bundesrepublikanischen Spielfilm 1982-2007, Hamburg, Diplomica Verlag GmbH 2009

ISBN: 978-3-8366-7836-0
Druck Diplomica® Verlag GmbH, Hamburg, 2009

Bibliografische Information der Deutschen Bibliothek
Die Deutsche Bibliothek verzeichnet diese Publikation in der Deutschen Nationalbibliografie;
detaillierte bibliografische Daten sind im Internet über
<http://dnb.ddb.de> abrufbar.

Die digitale Ausgabe (eBook-Ausgabe) dieses Titels trägt die ISBN 978-3-8366-2836-5 und kann über den Handel oder den Verlag bezogen werden.

Inhalt

Vorwort

Als ich Anfang des Jahres 2007 in meiner Geburtsstadt Bünde den für den Oscar nominierten Film *Das Leben der anderen* sah, geisterten mir sofort Szenen, Bilder und Zitate anderer Mauerfilme durch den Kopf, und ich bemerkte, dass sich die Geschichtswissenschaft doch des Themas Berliner Mauer im Film annehmen könne, vielleicht sogar müsse. Denn angesichts der historischen und symbolischen Bedeutung dieser Grenze für die Welt- und Deutschlandpolitik, für die Trennungen von Familien, Freunden und Bekannten zwischen den Jahren 1961 bis 1989, und mit Blick auf den anstehenden 20. Jahrestag des Mauerfalls war ich über das Forschungs-Desiderat zwar überrascht; es bestärkte mich aber auch in dem Vorhaben, sich der Problematik aus geschichts- und erinnerungskultureller Hinsicht zu nähern. So nahmen die Vorbereitungen mit Sonderschichten an Videorekorder und DVD-Player ab Herbst 2007 ihren Lauf.

Nun, im April 2009, da die Studie abgeschlossen ist, bin ich selbstverständlich nicht „der Meinung, die Probleme im Wesentlichen endgültig gelöst zu haben". Ohnehin entwickelt sich das Thema fortwährend durch die (filmische) Aufarbeitung der deutschen Teilungsgeschichte und die weiterhin bestehenden Probleme der ‚Mauer in den Köpfen' kontinuierlich weiter. Dennoch hoffe ich, dass das Buch einige wichtige Punkte zum Thema Berliner Mauer und Deutsche Frage im Spielfilm aufzeigt, und den ein oder anderen geneigten Leser zur Reflexion über die Probleme, vielleicht sogar zur weiteren Erforschung einzelner Mauerfilme anregt.

Dass die Studie veröffentlicht werden kann, ist dem Konzept und der freundlichen Betreuung des Diplomica-Verlags zu verdanken. Dass sie überhaupt über ihre Rohform herausgekommen ist, dafür schulde ich neben weiteren Personen in erster Linie Prof. Dr. Hans-Ulrich Thamer von der Universität Münster sowie Prof. Dr. Thomas Lindenberger vom Ludwig-Boltzmann-Institut in Wien Dank, die mit wichtigen Hinweisen die Analyse in die Richtige Bahn lenken halfen.

Aber ohne meine Korrekturleser, deren Einsatz, Tipps und wertvollen Verbesserungen wäre die Studie kaum über ein Rohstadium hinausgekommen. Jens Gürtler und Jan Schulte Südhoff fanden trotz Examensprüfungen bzw. Referendariat die Zeit, die Analyse in einem frühen Stadium in die richtige Bahn zu lenken. Michael Magofsky hat, wie immer kritisch zu allem, was sein kleiner Bruder so anstellt, in der Endphase noch wichtige inhaltliche Hinweise gegeben. Für die gründliche formale Korrektur des fertigen Manuskripts gilt es Christof Drechsler und (für weit mehr als die Korrektur) meiner Freundin Bettina Eisler zu danken.

Der größte Dank aber gilt selbstverständlich für vieles Weitere meinen Eltern.

Münster, im April 2009   Benjamin Magofsky

1 Begrenzte Einheit: Einleitende Bemerkungen

1.1 Wege zum Thema, Fragestellung und Abgrenzung der Analyse

„Die Lage unserer Nation spiegelt sich im Schicksal der Stadt Berlin. Seit Kriegsende geteilt, gehört die Stadt zwei verschiedenen Welten an, die sich hier auf engstem Raum gegeneinander darstellen und abgrenzen. Die Mauer in Berlin ist zum weltweit bekannten Symbol der gewaltsamen Teilung Deutschlands geworden. [...] Berlin bleibt Gradmesser für die Ost-West-Beziehungen, Berlin bleibt das Symbol für die offene deutsche Frage."[1]

Helmut Kohls Rhetorik aus dem *Bericht zur Lage der Nation im geteilten Deutschland* vom 23. Juni 1983 ist nur eine von unzähligen, in Kapitel 2.3 näher auszuführenden Bemerkungen aus Politik, Wissenschaft und Publizistik, die eine Verbindung zwischen der Stadt Berlin, seiner Mauer und der Deutschen Frage herstellen. Nach 1945 bezeichnete sie die Frage der Teilung Deutschlands und ihrer Überwindung, die Fragen zu wem und wohin die Deutschen gehören und wie sie ihre eigene kollektive Identität mit der Gestaltung Europas verbinden.[2]

Zu dieser Problematik spiegelte Berlin als *Schaufenster der Systemkonkurrenz*[3] die Entwicklung in Deutschland, Europa und der Welt nach 1945 wider. Berlin war der Ort, an dem die deutsche Teilung für alle sichtbar war, der wie kein zweiter durch seine bloße Existenz die ungelöste Deutsche Frage symbolisierte.[4] So wurde Berlin in der Literatur der Nachkriegszeit, vor allem aber seit dem Mauerbau vom 13. August 1961 zu *dem* Ort, um sich mit der deutschen Teilung zu beschäftigen. Auch nach der Öffnung der Grenze am 9. November 1989 musste „die Stadt als Projektionsfläche für jedermann herhalten. Sie wurde zur ‚Werkstatt der Einheit', zur ‚Drehscheibe zwischen Ost und West', zum Energiezentrum einer nach ihr benannten Republik"[5]. Daher konzentrieren sich ebenfalls die gesellschaftliche und wissenschaftliche Aufarbeitung von NS- und DDR-Geschichte auf die neue (alte) Hauptstadt.[6]

Auch dem deutschen Film diente die Stadt seit der Weimarer Republik zur Herausbildung zahlreicher Topoi,[7] und heute ist sie wieder „Deutschlands filmreifste Kulisse"[8]. Das hilft erklären, warum auch die bundesdeutschen Grenzfilme nur selten an der ‚grünen' innerdeutschen

---

[1] Kohl 1983: 15; s. ähnlich auch schon Brandt 1963: 407.
[2] Vgl. Geiss 1992: 78, Stürmer 1988: 7; vgl. zum europäischen Rahmen Gruner 1993, zur Identität Kap. 2.1.
[3] Lemke 2006; vgl. auch Bredow 1985: 26, Kießling 1999: 58, Kil 2000: 373, und Wetzlaugk 1985: 194.
[4] Vgl. Bender 2007: 69, Dann 1992: 321, Matern 1991: 27, Schwan 1988: 154, und Wolfrum 2006: 190.
[5] Bisky 2005: 194; vgl. zur Bedeutung Berlins in der Literatur Frech 1992: 8, und Wolfrum 2005: 388.
[6] Vgl. zur NS-Aufarbeitung Bösch 2007: 22 f., und zur DDR-Aufarbeitung die öffentliche Anhörung zur Schaffung eines ‚Geschichtsverbundes SED-Diktatur' (Sabrow u. a. 2006: 141 ff., Sabrow u. a. 2007: 190 f.)
[7] So steht Berlin als filmischer Ort neben vielen anderen Topoi etwa für den „Mythos Großstadt- und Asphaltdschungel ebenso wie für die Vorstellung von der Provinz in der Metropole" (Jacobsen 1998: 8); vgl. zur Geschichte Berlins im deutschen Film Stucke 2006.
[8] Meiritz 2007. Noch in den 70er-Jahren lag Berlin abgeschlagen hinter München (Elsaesser 1994: 86 f.).

Grenze, weit häufiger aber in Berlin und an seiner Mauer spielen.[9] Die Berliner Mauer: das war die in mehreren so genannten ‚Generationen' um die drei alliierten Westsektoren der Stadt gebaute Grenzbefestigung. Nach über 28 Jahren und zwei Monaten fiel sie infolge ihrer Öffnung dem Abriss und der Musealisierung anheim.[10] Weit wichtiger als ihre technischen Daten und ihre Geschichte erscheint aber ihre symbolische Bedeutung als innerstädtische, nationale und globale Scheidelinie zwischen West und Ost, Kapitalismus und Sozialismus, Freund und Feind. Um nur vier Beispiele dieses in Kapitel 2.4 näher zu erläuternden Erinnerungsortes zu nennen, so betonen die einen, die Mauer habe die West-Berliner in ihrem Gefühl von „Eingeschlossensein" und „Fernweh"[11] bestärkt, während andere glauben, man habe aufgrund der Mauer in Berlin „so frei denken und leben [können] wie nirgendwo sonst in Deutschland"[12]. Aus der Perspektive europäischer Politiker war sie ein Symbol der Teilung Deutschlands und Europas[13], in globaler Sichtweise „die zu Beton erstarrte Frontlinie des Kalten Krieges"[14].

Hergeleitet aus dieser welthistorischen Bedeutung der Deutschen Frage und der Berliner Mauer analysiert die vorliegende Studie ihre symbolische Verbindung im bundesrepublikanischen Spielfilm von 1982 bis 2007. Konkret heißt dies, was in den Kapiteln 1.4 und 2 begründet und kontextualisiert wird, zu fragen: Welche Nationsverständnisse verknüpfen die Filme mit der Mauer? Wird eine gesamtdeutsche Nation oder werden mehrere Teilnationen ausgedrückt und welche Lehren ziehen die Filme daraus? Werden in synchroner und diachroner Perspektive Ähnlichkeiten und Unterschiede zwischen ihnen deutlich? In welchem Verhältnis stehen die Filmdarstellungen zu den damaligen politisch-kulturellen Vorstellungen und wissenschaftlichen Erkenntnissen und welche Gründe sind für etwaige Abweichungen zu suchen?

Wurde nun die Fragestellung im Film gefunden, sind Kritiker mit altbekannten Argumenten oft

---

[9] Von den bundesdeutschen Kinofilmen der letzte dreieinhalb Jahrzehnte spielen – ohne Anspruch auf Vollständigkeit – nur *Im Lauf der Zeit* (1976), *Der Willi-Busch-Report* (1979), dessen Fortsetzung *Deutschfieber* (1992), *Der Verdacht* (1991) und *Novemberkind* (2008) allein an der innerdeutschen Grenze. Hinzu kommen u. a. die Fernsehfilme *German Dreams* (1985) und *An die Grenze* (2007). Unter den dem Verfasser bekannten 17 Kinofilmen dieser Zeit, die an der Mauer spielen, wurden nur fünf vor ihrem Fall gedreht: *Die allseitig reduzierte Persönlichkeit – Redupers* (1977), *Einmal Kudamm und zurück* (1985), *Der Mann auf der Mauer* (1982), *Meier* (1986) und *Der Himmel über Berlin* (1987). Die unzähligen (Nach-)Wende-Filme (vgl. dazu ausführlich Naughton 2002) nicht hinzugerechnet, entstanden mindestens 12 Mauerfilme erst nach ihrer Öffnung, die meisten frühestens zehn Jahre nach den Ereignissen: *Good Bye, Lenin!* (2003), *Helden wie wir* (1999), *Herr Lehmann* (1999), *Das Leben der anderen* (2006), *Sonnenallee* (1999), *Die Stille nach dem Schuß* (2000), *Das Versprechen* (1995), *Wiederkehr* (1994) und *Wie Feuer und Flamme* (2001) sowie Szenen aus *Apfelbäume* (1992), *Der rote Kakadu* (2005) und *Die Verfehlung* (1991). Hinzu kommen neben wenigen älteren Fernsehfilmen wie *Berlin Mitte* (1980) vor allem viele neuere: *Abgehauen* (1998), *Die Frau vom Checkpoint Charlie* (2007), *Lilly unter den Linden* (2002), *Die Mauer. Berlin '61* (2005), *Prager Botschaft* (2007), *Der Tunnel* (2001), *Die Wölfe* (2009) und *Das Wunder von Berlin* (2008). Eine leider bei Weitem nicht vollständige Liste von Mauerspiel- und Dokumentarfilmen findet sich auf der Internetseite http://www.chronik-der-mauer.de.

[10] Zuletzt begrenzten auf ca. 156km Länge zwei 3,60m bis 4,20m hohe Mauern den zwischen 15 und über 150m langen ‚Todesstreifen' (vgl. zu Daten und Fakten Flemming / Koch 1999: 44, 55 ff., 82 ff., und Hertle 2007: 18 f., 94 ff.); vgl. zur Musealisierung Flemming / Koch: 126-31, Kaminsky 2007: 45-154, und Ulrich 2006.

[11] Wolfrum 2005: 388.

[12] Holighaus 1995: 3.

[13] So Kohl 1983: 15, aber auch etwa Schneider 1990: 22.

[14] Flemming / Koch 1999: 132; vgl. ähnlich Hertle 2007, Kohl 1983: 15, und Stöver 2007: 452.

nicht allzu fern. Denn die Filmgeschichte fristet „innerhalb der Geschichtswissenschaft ein Nischendasein [...], das nach wie vor ein Hauch von Luxus umgibt"[15]. Nur selten an Historischen Seminaren thematisiert, wird der Spielfilm zumeist stiefmütterlich behandelt, weshalb die Interpretation und Einordnung seiner Bilder den Historikern nach wie vor schwer fällt.[16] Das steht im deutlichen Kontrast zu den seit den 70er-Jahren erkennbaren Forderungen nach einer stärkeren Integration audio-visueller Quellen in die historische Forschung.[17] Denn während in den Filmwissenschaften seit den 80er-Jahren ein verstärktes Interesse an der Filmgeschichte festzustellen ist, werden Filmgeschichte und historische Spielfilme erst in den letzten Jahren zunehmend auch von Geschichtswissenschaftlern und -didaktikern analysiert.[18]

So reift gegen Hans Rothfels, dessen Zeitgeschichte primär schriftliche Quellen im Auge hatte, die Erkenntnis, vor allem die Zeitgeschichte könne auf audio-visuelle Quellen nicht (mehr) verzichten; es müsse also eine Reflexion der ‚Mitlebenden' auch als ‚Mithörende' und ‚Mitsehende' einsetzen. Denn ihre Lebenswelt ist verstärkt durch Radio, Film und Fernsehen geprägt, während von Filmwissenschaftlern, Zeitzeugen und den audio-visuellen Medien selbst die oft beanspruchte Deutungshoheit der Vergangenheit durch Geschichtswissenschaft (und – unterricht) in Frage gestellt wird.[19] Die Erforschung der Zeitgeschichte darf aber nicht den Zeitzeugen, den oft betitelten ‚Feinden des Historikers'[20] überlassen werden. So liegt nämlich ein wichtiger Quellenwert des Films im unbeabsichtigten Transport selbstverständlicher, aber dennoch gesellschaftlich gebundener zeitgenössischer Einstellungen, hier: der Intentionen der Filmemacher. „Für die Rekonstruktion von Erfahrungshorizonten sind Filme als Dokumente der Zeit und der Gesellschaft, in der und für die sie produziert worden sind, ausgezeichnete Quellen."[21] Dabei darf die Forschung jedoch nicht auf Archivmaterial und Diskussionen aus Wissenschaft, Politik und Publizistik verzichten; vielmehr sind sie erst die notwendige Voraussetzung jeder geschichtswissenschaftlichen Filmanalyse. Sie müssen daher auch in diesem Buch mit in die Analyse einfließen, um die Filme selbst besser verstehen zu können.

Öffnet sich durch diesen Zugriff ein breites Feld politischer Ideengeschichte, soll neben Hinweisen zur Orthographie und Zitiertechnik[22] vorab erwähnt werden, dass die ganze Vielfalt mög-

---

[15] Riederer 2006: 97.

[16] Vgl. Paul 2006: 9, Steinbach 1999: 34, und Riederer 2006: 97 f.

[17] Vgl. zur Forschungsübersicht Paul 2006, sowie zu den Forderungen etwa auch Steinbach 1999: 50.

[18] Vgl. zur Filmgeschichte in den Filmwissenschaften Jacobsen / Kaes / Prinzler 2004: 8, zur Umsetzung in der Zeitgeschichte Wilharm 2006: 11, sowie Pflüger / Schneider 2006: 192, für die Geschichtsdidaktik.

[19] Vgl. Lindenberger 2004b, Möller 2001: 10 f., Wineburg 2001: 204. So wurde nachgewiesen, dass Schüler ihr Geschichtsbild stärker aus Hollywood-Filmen als aus Geschichtsbüchern gewinnen (Assmann 2001: 114).

[20] Vgl. zu diesem geflügelten Wort, seinen Ursachen und seiner Berechtigung Hockerts 2002: 48 ff.

[21] Wilharm 2006: 17, 243 f. (Zitat). Dagegen wird oft die Aussagekraft von Dokumentarfilmen überschätzt.

[22] In der Filmforschung werden einzelne Szenen, Zitate oder Bilder zumeist nicht näher nachgewiesen. Um in der vorliegenden Studie diesen semi-professionellen Umgang in Sachen Zitiertechnik zu vermeiden, werden die Filme in ihrer (Stunden- und) Minutenanzeige (ohne Sekunden) angegeben, wobei in den Kapiteln zum jeweiligen Film dieser nicht eigens aufgeführt wird (z. B. 4, 33, 1.07). Alles in den Anmerkungen kursiv Gesetzte zum Film ist auf

licher Filmanalysezugriffe[23] nicht berücksichtigt werden kann: Weder werden die genre- typi-schen Eigenschaften der Filme noch ihre Handlungen miteinander verglichen. Sofern einzelne ausgewählte Filme nicht bekannt sind, ist des Verständnisses wegen in jedem Falle vor den einzelnen Kapiteln die jeweilige Inhaltsangabe im Anhang zu lesen. Analysen der Sequenzen, Einstellungen und Schnitte, von Musik, Geräuschen etc. können ebenfalls nur bedingt mit in die Untersuchung einfließen. Romanvorlagen, Drehbücher, Begleitmaterial etc. werden in wichtigen ergänzenden Kommentaren hinzugezogen, sonstige Parallelen oder Abweichungen zum Film aber nicht eigens erläutert. Das gilt auch für den Bezug zu anderen Filmen des Regisseurs und zu den Produktionsbedingungen. Da ausschließlich die Inputseite der Filme thematisiert wird, muss des Weiteren eine Rezeptionsanalyse einer anderen Untersuchung vorbehalten bleiben. Wie in den Kapiteln 2.1 und 2.7 noch begründet wird, soll es auch nicht darum gehen, die Filmdarstellung mit der ‚historischen Korrektheit' der Mauergeschichte zu vergleichen; allein auf grobe Fehler wird in den Anmerkungen hingewiesen.

Dieser Ausschluss von möglichen Zugriffen ermöglicht im Gegenzug, die in den Filmen und anhand ihrer Figuren dargestellten Symboliken der deutschen Nation und der Berliner Mauer detaillierter zu untersuchen. So können insgesamt sechs Filme in die Analyse aufgenommen werden, um ein repräsentatives Bild vom Thema zu gewinnen. Die notwendige Bedingung dieser Repräsentativität aber ist eine begründete Auswahl der einzelnen Filme.

1.2 Selektionskriterien und Auswahl der Filme

Selbst wenn bei den Selektionskriterien geisteswissenschaftlicher Arbeit ein subjektives Moment nicht auszuschließen ist,[24] dürften acht formale und, weit wichtiger, vier inhaltliche Kriterien die Repräsentativität der sechs Filme gewährleisten. Inhaltlich wurde auf die Häufigkeit der Mauerdarstellung und -nennung geachtet, die Bedeutung der Mauer für die Figuren im Film, ihre Verbindung zur Deutschen Frage sowie die Repräsentativität für weitere Filme. Da die Begründung der ersten drei inhaltlichen Kriterien für die jeweiligen Filme nur ein unnötiger Vorgriff auf die Abschnitte 3 und 4 dieser Studie wäre, werden hier unter Rückgriff auf die Inhaltsangaben im Anhang die formalen Gründe und die Repräsentativität erläutert.

Obwohl eine strikte Trennung zwischen Spielfilm einerseits und Dokumentar- bzw. Fernsehfilm andererseits zunehmend hinterfragt wird, kommen für die Analyse nur

---

den im Handel erhältlichen DVDs enthalten. Der Einheitlichkeit wegen werden die Filmzitate und -dialekte der Neuen deutschen Rechtschreibung angepasst; vgl. zu der Symbolik von Dialekten im DDR-Film Dell 2005: 150 f.
[23] Vgl. hierzu und im Folgenden Faulstich 2002.
[24] Das widerspricht aber nicht der möglichen Objektivität historischer Erkenntnis (vgl. Lorenz 1997: 389 ff.).

Kinospielfilme in die engere Auswahl.[25] Durch den angestrebten vergleichbaren geschichts- und erinnerungskulturellen Rahmen (s. Abschnitt 2) wird auf internationale Filme ebenso verzichtet wie auf DEFA-Produktionen.[26] Hinzu kommen die Kriterien Genre, Anspruch, kommerzielles Ziel und Resonanz, erzählte Zeit des Films sowie die Termini post und ante quem.

In der vergleichenden Filmforschung weichen oftmals die Zeiten, in denen die ausgewählten Filme gedreht wurden bzw. zu der sie spielen, erheblich voneinander ab. Doch selbst wenn historische Daten für künstlerische oder ästhetische Abgrenzungen nicht hinreichen, bieten sie erste, wichtige Anhaltspunkte. Der Terminus ante quem der Erzählzeit der auszuwählenden Filme wird durch die Grenzöffnung am 9. November 1989, der des Aufführungsdatums durch das Kalenderjahr des Beginns dieser Untersuchung gesetzt.

Der Terminus post quem des Aufführungsdatums wird mit dem Ende des so genannten Neuen Deutschen Films begründet, das gemeinhin mit dem Tod Rainer Werner Fassbinders im Juni 1982 assoziiert wird.[27] Dieser filmhistorisch begründete Terminus entspricht zeitlich der so genannten Bonner Wende von 1982. Da die christlich-liberale Koalition unter Kanzler Helmut Kohl aber weitgehend die Deutschlandpolitik der sozial-liberalen Koalition fortgeführt hat,[28] ist das Jahr 1982 für die erzählte Zeit der Filme weniger wichtig als die rechtlichen und geschichtskulturellen Rahmenbedingungen der Deutschen Frage. Diese hatten sich bereits entscheidend durch die in Kapitel 2.3 kurz erläuterte DDR-*Verfassung* vom April 1974 und den im Jahr zuvor in Kraft getretenen so genannten Grundlagenvertrag geändert. Dieser hatte eine neue Basis für Reiseverkehr und Grenzüberschreitung gesetzt sowie erstmals in einem deutsch-deutschen Vertrag die nationale Frage und die Fragen der Staatsangehörigkeit als offen erklärt.[29] Die auszuwählenden Filme müssen daher in einer Zeit seit 1974 spielen.

Demgegenüber fällt die Wahl einer Mittelzäsur verhältnismäßig leicht. Denn schon früh erkannte man im vereinigten Deutschland, dass sich gerade durch die Ereignisse des Jahres 1989/90[30] auch die Wahrnehmung von Nation[31] und Mauer ändern musste. Denn weder existieren seither Mauer und DDR noch die Blockkonfrontation des Kalten Krieges. Daher blicken neuere Grenzfilme mit dem Wissen über den Ablauf der Geschichte auf eine abgeschlossene

---

[25] Vgl. zu den Unterschieden zwischen Spiel- und Dokumentarfilm Kracauer 1985: 269-284; vgl. dagegen Elsaesser 1994: 283; vgl. zur problematischen Trennung zwischen Kino- und Fernsehfilm ebd.: 21 ff. Daher kann auch u. a. der interessante Dokumentarfilm *Auge in Auge – Eine deutsche Filmgeschichte* (2008) nicht berücksichtigt werden.

[26] Zu den Dokumentar-Mauerfilmen von 1990/91 s. Naughton 2002: 98 ff., und zu den späten DEFA-Filmen über die Einheit ebd. 206-34; s. zu DEFA-Filmen allgemein Hake 2004: 157-88, 209-48, und Poss / Warnecke 2006.

[27] So die Datierungen von Elsaesser 1994: 412, und Rentschler 2004: 282; dagegen Davidson 1999: 168.

[28] Bender 2007: 187, Jesse 1987b: 19, Korte 1998: 132; vgl. aber Korte 1998: 116 ff.; s. vertiefend Kap. 2.3.

[29] *Vertrag über die Grundlagen* [1972]. Ungeachtet dessen hatte der Vertrag die Unverletzlichkeit der Grenze, die territoriale Integrität, die Unabhängigkeit und Selbstständigkeit beider Staaten in inneren und äußeren Angelegenheiten bestätigt (ebd.: Art. 3, Art. 6); vgl. zu seiner historischen Dimension Hacker 1997: 317.

[30] Aufgrund der in Kap. 2.3 darzulegenden Bedeutungsvielfalt der Begriffe des so genannten Wendejahres wird im Folgenden von ‚1989/90' gesprochen; Neutralität wird aber auch hiermit nicht beansprucht.

[31] Vgl. Weidenfeld 1993: 17.

Epoche zurück, nehmen aber auch nach 1989 gesammelte Erfahrungen auf (s. Kap. 2.4, 2.5, 2.6), die es rechtfertigen, drei Filme vor, drei nach der Grenzöffnung auszuwählen.

Für die 80er-Jahre ist die Auswahl der Filme schon deshalb etwas einfacher, weil überhaupt nur wenige Mauerfilme gedreht wurden. Dies liegt u. a. daran, dass bereits in der frühen Bundesrepublik – ganz im Gegensatz zu den DEFA-Produktionen – die mit der deutschen Teilung verbundenen Konflikte selten verfilmt wurden, da Filme darüber als „Kassengift"[32] galten. Aber der „bekannteste deutsche Mauerroman"[33], Peter Schneiders 1982 erschienener *Mauerspringer*, bot anscheinend eine geeignete Vorlage, um nach Schneiders Drehbuch von Reinhard Hauff verfilmt zu werden. Am 8. Oktober 1982[34] lief er als *Mann auf der Mauer* in den deutschen Kinos an. Regisseur und Drehbuchautor deuten bereits auf einen politischen Film realistischer Machart hin. Schneider zog es 1961 zum Studium nach Berlin, wo er einige Jahre später ein Wortführer der Berliner Studentenbewegung wurde.[35] Wie Schneider ist auch Hauff für seine politische Haltung als „kritischer Kommentator aktueller Ereignisse"[36] bekannt. Im Gegensatz zu Helke Sanders Künstlerdrama *Die allseitig reduzierte Persönlichkeit – Redupers* gewährleisten der starke deutschlandpolitische Impetus abseits der Frauenbewegung[37] sowie die Wichtigkeit der Mauer für die nationale Frage in Hauffs Film neben seinem starken Spielfilmcharakter, der männlichen Hauptfigur und dem Dreh im Jahr der Bonner Wende einen besseren Vergleich zu den anderen fünf Filmen.

Die einzigen Filme, die in den von Hollywood dominierten 80er-Jahren Aussicht auf kommerziellen Erfolg hatten, waren aber nicht Dramen wie *Der Mann auf der Mauer*, sondern Komödien „mit Mantas und Trabis"[38], auch wenn die Fachwelt zumeist mit Kopfschütteln reagierte. Anscheinend kamen sie dem damaligen Publikumsgeschmack eher entgegen als ernste Dramen über die Mauer. Dies dürfte auch auf die gegenüber den 50er- und 60er-Jahren zurückgehende Scheu zurückzuführen sein, über die deutsche Teilung zu lachen. Das zeigt sich etwa 1985 in der Wiederaufführung von Billy Wilders *One, Two, Three*, der bei seiner Premiere 1961 noch beim deutschen Publikum durchgefallen war, sowie in Rezensionen zur Mauerkomödie

---

[32] Lindenberger 2004c: 43; vgl. auch Lindenberger 2005: 356. Zwei Ausnahmen von diesem weit verbreiteten Desinteresse westdeutscher Filmemacher an der deutschen Teilung, zugleich Belege für die fehlende Resonanz beim Publikum sind *Himmel ohne Sterne* (1955) und *Flucht nach Berlin* (1961), die sich früh des Themas der Flucht aus der DDR annahmen (vgl. Dahl 1961, und Hake 2004: 178).
[33] Wolfrum 2005: 388. Es handelt sich dabei um Schneider 1982.
[34] Die Zahlen zu den zitierten Filmen sind, sofern nicht anders angegeben, www.filmportal.de entnommen.
[35] Vgl. zur politischen Einstellung Schneiders Frech 1992: 120, Hinck 1982, und Semmler 1982.
[36] So Rentschler 2004: 303, unabhängig von diesem Film; vgl. auch Elsaesser 1994: 277 ff.
[37] Vgl. zur Gender-Thematik in beiden Filmen Elsaesser 1994: 148 f, und Scharf 2005: 387-93, sowie zu Helke Sanders Film: Knapp 1978.
[38] Rentschler 2004: 287 f.; vgl. zur Hollywood-Dominanz in den 80er-Jahren Elsaesser 1994: 20-64. Gleichwohl soll an dieser Stelle darauf hingewiesen werden, dass *Der Mann auf der Mauer* bei seiner Premiere auch als amüsierendes, satirisches Stück zur Deutschen Frage gedeutet wurde (so von Thie 1982, und Witte 1982).

Meier.[39] So soll neben dem politisch ambitionierten Drama Reinhard Hauffs mit *Meier* eine Grenzkomödie aufgenommen werden, die Mauer und Nation sehr unterschiedlich visualisiert. Aus qualitativ-inhaltlichen Gründen erschien sie für die Fragestellung gegenüber *Einmal Kudamm und zurück* als geeigneter. Regisseur und Drehbuchautor Peter Timm stammt – wie einige Darsteller – selbst aus (Ost-)Berlin, wurde 1973 ausgewiesen, bis er 1986 mit *Meier* sein Filmdebüt feierte. Es wird vermutet, er habe darin viele persönliche Erfahrungen verarbeitet.[40]

Neben dem Drama und der Komödie wird als dritter Film Wim Wenders' *Himmel über Berlin* aufgenommen. Als er 1987 in Cannes seine Premiere feierte, musste Wenders' Film zwar herbe Kritik einstecken, erhielt aber zahlreiche Filmpreise und wird heute allseits ob seines künstlerischen Gehalts gelobt.[41] Daher sind anspruchsvollere Mauer- und Nationsreflexionen zu erwarten als in den realistischen Konzeptionen der beiden anderen Filme. Zudem kann überprüft werden, ob der Film entgegen *Mann auf der Mauer* neuere Erfahrungen thematisiert, die zu Beginn der 80er-Jahre noch keine Rolle spielten. Gegenüber den wenigen Filmen dieses Jahrzehnts fällt eine Auswahl aus der Vielzahl neuerer Filme weitaus schwerer.

Neben Komödien mit Vereinigungsklischees wie Peter Timms *Go, Trabi, Go*, *Der Brocken* und *Deutschfieber*, Grotesken wie *Das deutsche Kettensägenmassaker* sowie Wendedramen wie *Ostkreuz* entstanden schon früh nach der Öffnung der Grenze wichtige Spielfilme über die Mauer und das Innenleben der DDR. Da sich aber kaum jemand für das Thema interessierte, wurden sie oft übersehen und vergessen.[42] Denn zu Beginn der 90er-Jahre war die ostdeutsche Bevölkerung primär am sozioökonomischen Vorankommen, weniger am Umgang mit der Vergangenheit interessiert.[43] So hat sich der deutsche Film lange dem Thema Berliner Mauer verwehrt, um sich verstärkt dem Berlin der Nach-Wende-Zeit zuzuwenden.[44] Wenn die Peter Schneider-Verfilmung *Mann auf der Mauer der* Mauerfilm der 80er-Jahre war, lässt sich das unter allen neueren Filmen für das unter seiner Mitwirkung am Drehbuch entstandene *Versprechen* von 1995 sagen. Dieser erste halbwegs erfolgreiche Film über die DDR-Vergangenheit teilt mit einigen weiteren Filmen dieser Zeit wie u. a. Helma Sanders-Brahms *Apfelbäume* ein realistisches Szenenbild, den (melo-)dramatischen Charakter, das düstere DDR-

---

[39] Vgl. als Rezension zu *Meier* Mischke 1986, zur Rezeption von *Eins, zwei, drei* Schulze 1985, und Wolf 2008.

[40] So Mischke (ebd.), der ebenso auf den realistischen Charakter des Films verweist. Inwieweit dieser Erfahrungsschatz durch weitere am Film mitwirkende Übersiedler bereichert wurde, lässt sich sicher nicht mehr ausmachen.

[41] Vgl. zum Lob von Film und Regisseur Elsaesser 1994: 221, Rauh 1990: 117, und Rentschler 2004: 310.

[42] Vgl. Schenk 2005: 32 ff., vgl. die Auflistung der Filme um 1990/91 bei Naughton 2002: 9, zu den Dramen über den Einigungsprozess ebd.: 102-38, zu den Komödien ebd. 139-205, So ist auch die These von Arand 2006: 195, zu revidieren, eine „Verzögerung von zehn Jahren [sei] in der ernsthaften filmischen Beschäftigung mit der jüngsten Vergangenheit […] die Regel".

[43] Vgl. dazu allgemein Jesse 1993b: 649, und Lutz 1993: 328, sowie für den Film Dresen 2009.

[44] Vgl. zu diesen Filmen im Berlin der frühen 90er-Jahre die Überblicksdarstellungen bei Hake 2004: 325 ff., Naughton 2000, und Nicodemus 2004: 320 ff.

Bild und die Konzentration auf das MfS.[45] Dadurch wird seine Repräsentativität gewährleistet und seine Selektion für dieses Buch begründet.

Will man die gesellschaftliche DDR-Erinnerung der Jahre 1992 bis 1994/95 vereinfachend als ‚große Enttäuschungsphase' charakterisieren, so spiegelt sich diese Deutung in Margarethe von Trottas *Versprechen* wider. Wenn dagegen die folgende Phase die Emanzipation „in den politischen Einstellungen und im Selbstwertgefühl der Ostdeutschen"[46] zeigte, erscheint Leander Haußmanns *Sonnenallee* dafür repräsentativ. Weniger geschichtskulturell als filmwissenschaftlich begründet, aber zum gleichen Ergebnis führend, unterteilt Matthias Dell die Filme über die DDR in die Kategorien „DEFA-Blick", „West-Blick" und „Pop-Blick", und ordnet *Das Versprechen* der zweiten, *Sonnenallee* der dritten Kategorie zu.[47]

Der im Oktober 1999 angelaufene Film *Sonnenallee* wurde als Pendant zu *Meier* als Ost-Berliner Grenzkomödie ausgewählt. Wie Peter Timm kam auch der Quedlinburger *Sonnenallee*-Regisseur Leander Haußmann vom Theater. Nachdem ostdeutsche Regisseure bis dato wenig zur filmischen Aufarbeitung der deutschen Teilungsgeschichte beigetragen hatten, besaß Haußmann als erster den Mut, die DDR-Geschichte als komischen Stoff zu thematisieren. „Seine Komödie machte die Ost-Jugend zum Phänomen der Popkultur und reagierte auf ostdeutsches Selbstmitleid mit einer Nostalgieoffensive, die *Sonnenallee* unerwartet gute Einspielergebnisse […] verschaffte."[48] Nachdem die DDR-Forschung zwischen 1993 und 2000 „explodierte"[49] und heute Vieles in anderem Licht erscheint als vor dem 9. November 1989, wurde nach diesem ersten kommerziell wirklich erfolgreichen Film über die DDR-Vergangenheit diese immer häufiger, vor allem als Komödie thematisiert, die man schnell mit dem Begriff ‚Ostalgie' – verstanden als rückwirkende Verklärung der DDR-Vergangenheit – in Verbindung brachte. Neben Haußmanns *NVA* und Sebastian Petersons *Helden wie wir* ist hier der künstlerisch und kommerziell erfolgreiche *Good Bye, Lenin* von Wolfgang Becker zu nennen.[50] In keinem dieser Filme ist die Mauer jedoch so wichtig wie in *Sonnenallee*, der deshalb als fünfter Film ausgewählt wurde.

---

[45] Vgl. Falck 2006: 6, Hake 2004: 328, Nicodemus 2004: 321, Seidel 1995. Neben beiden Filmen westdeutscher Regisseurinnen sind das triste DDR-Bild und die Stasi-Fokussierung auch in den späten DEFA-Koproduktionen *Der Tangospieler* (1991), *Die Verfehlung* (1991) und *Der Verdacht* (1991) zu erkennen. Während *Die Verfehlung* (1991) als an der ‚grünen' Grenze situierte Vorlage für *Das Versprechen* gewertet werden kann (Berghahn 2006: 93 f., 101), ist *Wiederkehr* (1994) eine ins Positiv-Optimistische umgedeutete Variante (Schenk 2005: 35 f.); vgl. zum melodramatischen Charakter Ward 2001.

[46] So die Einteilung von Hans-Joachim Veen vor der Enquete-Kommission (Eppelmann u. a. 1999c: 426).

[47] Dell 2005: 141 f. Der „Pop-Blick" bezeichnet Filme „mit den Augen der westlichen Populärkultur".

[48] Nicodemus 2004: 325; der Erfolg des Films und die visualisierte ‚Ostalgie' werden primär durch die „perfekte Balance zwischen sentimentaler Erinnerung und ironischer Rekonstruktion" erreicht (Hake 2004: 327).

[49] Vgl. Weber 2006a: 2, dessen Monographie die wichtigsten Forschungen zur DDR-Geschichte diskutiert.

[50] ‚Ostalgie'-Definition nach Gebhardt / Kamphausen 1999: 539; s. als ‚Ostalgie'-Vorwurf gegen *Sonnenallee* z. B. Junghänel 1999, Wellershoff 1999, s. als Charakterisierung dieser Filme allgemein Arand 2006: 196 f., Naughton 2002: 19 f., Schenk 2005: 31 f., 37 f., und Westphal 2005. Zum Teil ist diese Bezeichnung bei *Good Bye, Lenin!* (Lindenberger 2004a: 103-06), *Helden wie wir* (Platthaus 1999b) und *Sonnenallee* (Cooke 2003, Lindenberger 2000, s. Kap. 4.2) zu hinterfragen. Als ‚platte' ‚Ostalgie' gilt dagegen *NVA* (so Westphal 2005), als westdeutsches „Gegenstück" zu *Sonnenallee* Haußmanns *Herr Lehmann* (so Althen 2003).

Trotz dieser Filmerfolge sollte man aber nicht behaupten, dass „Komödien mit eindeutig historisierenden Verniedlichungs- und Verfremdungs-tendenzen für ein jugendliches Zielpublikum" dominieren, und sich „die Filmindustrie der Gegenwart einer wirklichen Beschäftigung mit der DDR in ähnlich konsequenter Form [verweigere] wie der westdeutsche Film der Nachkriegszeit"[51].

Das belegt nicht zuletzt Florian Henckel von Donnersmarcks 2006 uraufgeführtes Stasi-Drama *Das Leben der anderen*. Seine Auswahl mag anfänglich verwundern, weil die Mauer weder im Film gezeigt noch in seiner Literatur erwähnt wird; noch stärker als *Himmel über Berlin* und entgegen den anderen Filmen hat sie hier nur eine Nebenrolle inne. Neben diesem Aspekt wird die Selektion dieses realistischen und neutraleren Films[52] durch seine Repräsentati-vität für weitere neuere Grenz-Filme begründet wie Volker Schlöndorffs *Die Stille nach dem Schuß*, Dominik Grafs *Der rote Kakadu* und Christoph Schwochows *Novemberkind*.[53] Diese greifen nicht mehr so stereotyp auf die Vergangenheit zu wie *Das Versprechen* und *Sonnenallee*, sondern bemühen sich um ein neutraleres Urteil, was auf einen Wandel der DDR-Darstellung hindeutet. Zusammengefasst werden also *Mann auf der Mauer, Meier* und *Himmel über Berlin* aus den 80er-Jahren sowie *Das Versprechen, Sonnenallee* und *Das Leben der anderen* als Filme seit der Grenzöffnung untersucht. Abschließend sei hinzugefügt, dass die oft in Filmgeschichten herangezogenen Kriterien ‚heutige Bekanntheit' und ‚Erfolg' für sich genommen eine verglei-chende Analyse verhindert hätten.[54]

1.3 Forschungsstand zu den ausgewählten Filmen und zum Thema

Die Beurteilung der Quellen- und Forschungslage zum Thema Berliner Mauer und Deutsche Frage im Spielfilm muss gleich mehrfach zweigeteilt ausfallen. Einer weitgehenden Verdrän-

---

[51] So Arand 2006: 196 f.; vgl. ähnlich Bösch 2007: 21.

[52] Das betonen etwa Biermann 2006, Brussig 2006, und Wilke 2007. Da dieses Urteil umstritten ist (s. etwa Gieseke 2006, Schmidt 2006, und Voigt 2006), erfordert dies eine hier nicht mögliche Rezeptionsanalyse; s. Anm. 612.

[53] Vgl. zu *Der rote Kakadu* Lindenberger 2006a: 367 ff., zu *Die Stille nach dem Schuß* Kilb 2000, und zu *Novem-berkind* Rodek 2008.

[54] Erfolg ebenso wie (damaliger) Bekanntheitsgrad der Filme gelten u. a. aufgrund schwieriger Vergleichbarkeit der Besucherzahlen durch veränderte Zuschauerpräferenzen und Marktabdeckung als problematisch (vgl. Rentschler 2004: 287 ff.). Auch Unterschiede im heutigen Bekanntheitgrad könnten größer nicht sein, wie die Internet-Datenbank www.imdb.com verdeutlicht. Sie verzeichnet zum *Mann auf der Mauer* und *Meier* keine Rezensionen und nur 15 bzw. 33 Bewertungen. Auch beim *Versprechen* sind es mit 13 Kritiken und 275 Bewertungen relativ wenig. Anders ist dies bei *Sonnenallee*, der 27-mal extern rezensiert und 1.887-mal bewertet wurde, *Himmel über Berlin* sogar noch häufiger (43 bzw. 13.394). Übertroffen wurden sie aber noch vom *Leben der anderen* mit 172 externen Rezensionen und 33.437 Bewertungen (Stand 10. März 2008). Auch die Erfolg der selektierten Filme sind höchst uneinheitlich. Ging *Mann auf der Mauer* an Filmpreisen leer aus und musste sich *Meier* mit einem Bayrischen, *Sonnenallee* mit einem Deutschen Filmpreis begnügen, ist er mit über 2,6 Mio. Kinozuschauern in Deutschland der erfolgreichste ausgewählte Film. Das sind weit mehr als der mit einer Oscar-Nominierung und zwei Bayrischen Filmpreisen bedachte *Versprechen* und *Der Himmel über Berlin*, der u. a. eine Goldene Palme sowie zwei Europäische und zwei Deutsche Filmpreise gewann. Nur *Das Leben der anderen* war mit 2,3 Mio. Kinobesuchern in Deutschland, einem Oscar, drei Europäischen und sieben Deutschen Filmpreisen künstlerisch und kommerziell sehr erfolgreich (vgl. www.filmportal.de und www.imdb.com, Stand 10. März 2008).

gung der nationalen Frage in der DDR für den hier relevanten Zeitraum steht eine intensive Diskussion des Themas in der Bundesrepublik seit dem Ende der 70er-Jahre gegenüber.[55] Deren Literatur und die Forschung zu ihr ermöglichen einerseits gute Vergleichsmöglichkeiten der Filmdarstellung zur wissenschaftlichen und publizistischen Diskussion, gesellschaftlichen Meinung und politischen Rhetorik (s. Kap. 2.3). Die exzellente Literatur- und Forschungslage verhindert aber auch, dass ein Einzelner sie überhaupt noch überblicken, das Relevante herausfiltern und in einer einzigen Studie darstellen kann. Diese muss sich daher auf die den Filmen korrespondierenden Kernthesen aus Forschung und Publizistik beschränken.[56] Den nicht zu berücksichtigenden feinen Differenzierungen einzelner Positionen oder Forschungskontroversen kann ausschließlich in Anmerkungen durch Verweise auf vertiefende Literatur begegnet werden.

Eine ebenfalls nicht zu bewältigende Fülle bietet die Aufarbeitung von DDR-Vergangenheit und -Erinnerung.[57] Dem steht gegenüber, dass selbst die Monographien speziell zur Berliner Mauer nur am Rande auf die Deutsche Frage eingehen,[58] und die geschichts- und filmwissenschaftliche Forschung zu diesem Thema im Film äußerst spärlich ist. Daher liegt ein Nutzen dieser Untersuchung gerade für die geschichts- und filmwissenschaftliche Forschung auch in der Chance, dieses Desiderat zumindest ein wenig zu beheben.

Auf der Suche nach Literatur, die entfernt das Thema berührt, bemerkt man schnell, dass die Forschung zu den sechs Filmen von Film- und Medienwissenschaftlern, Kommunikations- und Literaturwissenschaftlern dominiert wird. Deren Vorreiterrolle in der Filmanalyse und -theorie mag dabei weniger verwundern als das fast gänzliche Fehlen der Historiker.[59] Neben dem für die Konzeptualisierung der Berliner Mauer als Erinnerungsort (s. Kap. 2.5) informativen Artikel Edgar Wolfrums seien daher an dieser Stelle fünf literatur- bzw. filmwissenschaftliche Beiträge hervorgehoben. Die Anglistin Inga Scharf untersucht in einem Aufsatz die innerdeutsche Grenze und die nationale Identität im Neuen Deutschen Film. Ihr verwendeter poststrukturalistischer Ansatz der *critical geopolitics*-Theorie wird aber in Abschnitt 2 ebenso theoretisch-konzeptionell hinterfragt und in Abschnitt 3 anhand der Filmanalysen widerlegt werden können wie derjenige Hans Joachim Meurers. Der Filmwissenschaftler erläutert von einem marxistisch-

---

[55] So Martin König und Frank Neubert vor der Enquete-Kommission (Eppelmann u. a. 1995: 838, 865).

[56] So auch Geiss 1992: 11; vgl. zur Forschung einführend Heß 1986, Jesse 1984, 1986, Korte 1990. Einen knappen Überblick über die wichtigsten Positionen aus Politik, Wissenschaft und Publizistik bietet Kapitel 2.3.

[57] Es sei bloß auf die Materialien der beiden Enquete-Kommissionen verwiesen (*Deutscher Bundestag* 1995, 1999).

[58] Die Monographien zur Berliner Mauer konzentrieren sich entweder auf eine themengeleitete Ereignisgeschichte (z. B. Camphausen 2002; Flemming / Koch 1999, Hertle 2007), den alltäglichen Umgang mit der Mauer (z. B. Hoffmann 2002; Scholze / Blask 1992) oder auf ihre Bemalung (Gareis 1998). Die Analyse der Mauer in der Literatur (Frech 1992) lässt Bezüge zur Deutschen Frage und eine geschichtswissenschaftliche Einbettung der Bücher vermissen. Die Monographie zum Thema *Berlin und die deutsche Frage* (Wetzlaugk 1985) endet leider ebenso Anfang der 60er-Jahre wie ein Sammelband zur Symbolik Berlins (Lemke 2006).

[59] Der konkrete geschichtswissenschaftliche Beitrag zur Filmanalyse wird in der Regel übersehen, weshalb Werke zur Filmgeschichte zumeist ohne Historiker entstehen (vgl. z. B. das Lehrbuch zur deutschen Filmgeschichte von Jacobsen / Kaes / Prinzler 2004: 8, 11; ähnlich auch Wulff 1998: 22). Die Geschichtswissenschaft hat also damit scheinbar ebenso wenig zu tun wie mit der Filmtheorie (vgl. Albersmeier 2003: 18).

diskurstheoretischen Hintergrund die gesellschaftlich-politischen Rahmenbedingungen nationaler Identität im deutschen Kino der 80er-Jahre, ohne allerdings auf die Mauer einzugehen.[60] Weniger theoretisch, für die vorliegende Analyse aber brauchbarer, waren zwei, allerdings nicht Mauer und Deutsche Frage thematisierende Überblicksartikel zur DDR-Geschichte im Spielfilm von Matthias Dell und Ralf Schenk.[61] Nicht zuletzt sei auf eine Monographie der australischen Filmwissenschaftlerin Leonie Naughton verwiesen, die deutsche 90er-Jahre Filme im Einigungsprozess analysiert. Sie geht allerdings nicht auf die Themen Mauer, Teilung und Erinnerungskultur ein, und berührt von den hier selektierten Filmen auch nur in wenigen Sätzen *Das Versprechen* und *Sonnenallee*.[62]

Da Film- und Literaturwissenschaftler wie die gerade genannten vorrangig an ästhetischen Fragen interessiert sind, überrascht es nicht, dass *Himmel über Berlin* von allen ausgewählten Filmen mit Abstand am häufigsten erforscht wurde[63] – ohne dass sich Historiker des Films angenommen haben. Da geschichts- und erinnerungskulturelle Fragen nur randlich vorkommen, bleiben diese Beiträge aber nur Ergänzungen. Das gilt vor allem für die kaum diskutierten Filme *Mann auf der Mauer*[64] und *Meier*[65]. Obgleich man beim *Versprechen* mehr Literatur findet, so bloß in filmhistorischen oder literaturwissenschaftlichen Artikeln und Zeitungsrezensionen.[66]

Etwas anders ist die Forschungslage bei den zwei neuesten Filmen. So erfährt *Sonnenallee* nicht nur von Film- und Literaturwissenschaftlern, sondern auch von Historikern Interesse, vor allem unter dem Blickpunkt seiner DDR-Darstellung und ‚Ostalgie'.[67] Vergleichsweise früh setzte auch die historische Forschung zum *Leben der anderen* an und ergänzte die publizistische Kritik, etwa vom Liedermacher Wolf Biermann oder vom (Drehbuch-)Autor Thomas Brussig.[68] Publizistische und geschichtswissenschaftliche Beiträge wie im Falle der DDR-Historiker Jens

---

[60] Meurer 2000, Scharf 2005, Wolfrum 2005. Leider schenkt Wolfrum dem Medium Film bloß einen Satz.

[61] Dell 2000, Schenk 2005, die aber beide theoretische Ansätze und detaillierte Erörterungen vermissen lassen.

[62] Naughton 2002. Fernab der Erinnerungskultur konzentriert sie sich auf die veränderten Produktionsbedingungen von Film und Fernsehen, auf DEFA-Produktionen der frühen 90er-Jahre und die so genannten Trabi-Komödien.

[63] Neben dem Filmbuch (Handke / Wenders 1992) und Wenders' eigenen Ausführungen (Wenders 1986, 1991) wurden Interviews (Behrens 2005, Jansen 1992, und Raskin 1993) und Aufsätze herangezogen (Caldwell / Rea 1991, Cook 1997, Kolditz 1992: 270-82, Kolstrup 1999, Visarius 1992). Hinzu kamen Auszüge aus Monographien bzw. Kapitel zum *Himmel über Berlin* (Avventi 2004, Bromley 2001, Fleig 2005, Fröhlich 2007: 179-185, Ganter 2003, Graf 2002: 112-130, Harvey 1990: 308-23, Kolker / Beicken 1993: 138-160, Rauh 1990: 111-18).

[64] Neben Scharf (2005) sei auf drei Zeitungsartikel verwiesen (Thie 1982, Wieser 1982, Witte 1982).

[65] Da man den Film in Überblickswerken vermisst, floss in die Analyse eine Rezension ein: Mischke 1986.

[66] Hervorzuheben sind hier ein Kapitel in der Margarethe von Trotta-Biographie von Thilo Wydra, das sich allerdings auf Produktion und Rezeption des Films konzentriert (Wydra 2000: 198-214), einen Aufsatz über den melodramatischen Charakter (Foell 2001) sowie einen Artikel über hybride Identitätsbildung in diesem Film (Ward 2001), der in seinen Kernthesen den Ergebnissen der vorliegenden Studie widerspricht. Darüber hinaus sei auf weitere Bemerkungen in den Überblicksartikeln von Dell 2000, Nicodemus 2004, und Schenk 2005, sowie auf Zeitungsrezensionen von Geißler 1995, Holighaus 1995, und Seidel 1995, hingewiesen.

[67] Dies betrifft das Filmbuch (Haußmann 1999), Rezensionen von Junghänel 1999, Peitz 1999, Platthaus 1999a, und Wellershoff 1999, ebenso wie Erwähnungen in Arand 2006, Dell 2000, Nicodemus 2004, und Schenk 2005. Differenziertere, nicht nur auf die ‚Ostalgie'-Deutung zielende Interpretationen zur DDR-Darstellung in *Sonnenallee* findet man bei Cafferty 2001, und Cooke 2003, sowie beim Historiker Lindenberger 2000, 2006a: 354-360.

[68] Für die vorliegende Analyse sind dies Biermann 2006, Brussig 2006, Finger 2006 und Wach 2006; s. auch den schuldidaktischen Beitrag von Falck 2006.

Gieseke, Thomas Lindenberger und Manfred Wilke sind aber primär am MfS, seinen Mitarbeitern und Verbindungen zur SED sowie an der Authentizität des Films interessiert.[69] In allen dem Verfasser bekannten Artikeln zu den sechs Filmen wird die Mauer, wenn überhaupt nur wenig, die Deutsche Frage fast gar nicht thematisiert. Die fehlenden Vorarbeiten zum Thema erfordern daher für diese Untersuchung ein spezielles Vorgehen.

1.4 Begründung der Gliederung und Aufbau der Untersuchung

Bevor mit der Analyse der Filme begonnen werden kann, soll zunächst ein Ansatz für Nations- und Mauerbilder bzw. –erinnerungen im Film entwickelt werden. Da das Thema neben der Geschichtswissenschaft auch Geographie, Literatur-, Sozial- und Politikwissenschaften berührt, erprobt der zweite Abschnitt einen interdisziplinären geschichts-, sozial- und kommunikationsgeschichtlichen Zugriff. Dieser wird aus der zunehmenden Erkenntnis begründet, die eigenen Disziplingrenzen zu überschreiten,[70] ohne die eigene Wissenschaft gegen andere auszuspielen. Zudem erscheint die konventionelle historische Forschung, die von Quellen, zeitgenössischen Ereignissen und Entwicklungen ausgeht, für die Fragestellung ebenso ungeeignet wie die traditionelle linkspolitische Filmforschung.[71] Weniger politisch nähert sich die vorliegende Analyse daher im zweiten Abschnitt dem Thema mit einem an Akteuren gebundenen begriffs- und ideengeschichtlichen Ansatz. Dieser soll die Konstruktionen, geschichtskulturelle Rahmenbedingungen und Erinnerungsmodalitäten von Deutscher Frage und Berliner Mauer aufzeigen, wie sie sich in den Filmen niederschlagen. Er bildet die Basis, um die Filme in politisch-kulturelle Vorstellungen und Normen einzubetten.

Die darauf aufbauenden Abschnitte 3 und 4 unterteilen sich in jeweils drei Kapitel zu den einzelnen Filmen. Die parallel aufgebauten Unterkapitel sollen eine Vergleichbarkeit der einzelnen Thematiken sowie Rückverweise auf den/ die zuvor analysierten Film/e ermöglichen. So können intentions-, geschichts- und erinnerungskulturell bedingte Gemeinsamkeiten und Unterschiede zwischen den Filmen eines Jahrzehnts sowie zwischen früheren und späteren Filmen, aber auch

---

[69] Gieseke 2006, 2008, Horn 2008, Lindenberger 2008, Mohr 2006, Schmidt 2006, Stein 2008, Voigt 2006, und Wilke 2007, 2008; s. darüber hinaus Henckel von Donnersmarck 2007b, sowie zur Diskussion möglicher Motive der Oscar-Verleihung Denkmann 2007.

[70] So ist das Thema „Nation als Raumbild" mittlerweile ein gemeinsames Forschungsfeld von Geschichtswissenschaft und Geographie (Weichlein 2006: 286), worauf bereits das Leitthema des Historikertages von 2004: *Kommunikation und Raum* hindeutet; vgl. auch die Forderungen zur Verbindung beider Wissenschaften durch den Osteuropa-Historiker Schlögel 2003: 9 f., und den Geographen Reuber 2005. Neben dem Verweis auf die Fachbereiche übergreifenden so genannten *Exzellenzcluster* an deutschen Universitäten betonen, um nur ein prominentes Beispiel zu nennen, Peter Berger und Thomas Luckmann die notwendige interdisziplinäre Zusammenarbeit an einzelnen Themen (Berger / Luckmann 2001: 201). Filmhistorisch fordert Thomas Lindenberger die Verknüpfung interdisziplinärer Betrachtungsweisen und Forschungsmethoden (Lindenberger 2006b: 11).

[71] So sei es laut Siegfried Kracauer Aufgabe des Filmkritikers, „die in den Durchschnittsfilmen versteckten sozialen Vorstellungen und Ideologien zu enthüllen und durch diese Enthüllungen den Einfluß der Filme selbst überall dort, wo es nottut, zu brechen" (Kracauer 1932: 11); ähnlich Arnheim 1974: 327; s. Kap. 2.7.

zu den politisch-kulturellen Rahmungen besser aufgezeigt werden.

Um die Symbolik der Berliner Mauer erfassen zu können, thematisieren die Kapitel 3.1.1, 3.2.1, 3.3.1 bzw. 4.1.1, 4.2.1, 4.3.1 die ‚Diktatur der Grenze(n)', die in der Lesart Thomas Lindenbergers neben der Staatsgrenze die zahlreichen anderen, unsichtbaren Grenzen im Alltag von der Arbeit über die Familie hin zum Wohngebiet umfasst, die jeder DDR-Bürger kannte.[72] Interpretiert die Forschung diesen Begriff eher sozialgeschichtlich, soll hier stärker die ‚Diktatur der Grenze(n) in den Köpfen' der Ost- *und* West-Berliner untersucht werden, da aus ihnen die Diskussion der Deutschen Frage erwächst. Denn am „Anfang war die Mauer: die Mauer und das System, das sie sowohl repräsentierte wie bewahrte. Die Mauer verlief nicht um die DDR herum. Sie stand genau in ihrem Zentrum. Und sie verlief mitten durch jedes Herz hindurch"[73]. Wie die Filmanalysen zeigen werden, steht mal stärker der Aspekt einer ‚Diktatur der Mauer', mal der einer ‚Diktatur der Grenze(n)' im Zentrum. Dafür werden zunächst die Mauerzitate und -verweise in den Filmen genannt. Daraus wird ersichtlich, inwieweit ost- und/ oder westdeutsche Perspektiven berücksichtigt werden. Stehen Mauerwände oder Grenzübergänge im Vordergrund? Wie leicht ist die personelle oder mediale Grenzüberschreitung? Welche Rückschlüsse lässt dies auf das Geschichts- und Mauerbild des Films zu?

Diese weithin deskriptiven Kapitel bilden dann die Basis der jeweils folgenden drei. Sie greifen die wichtigsten Mauerszenen und –erwähnungen auf und diskutieren sie vertiefend im Bezug zur deutschen Geschichts- und Erinnerungskultur, zur Berliner Mauer und zur Deutschen Frage. So wird die nationale Frage, wie zu zeigen ist, mit anderen politisch-kulturellen Konzepten verbunden, seien sie nun (partei-)politischer, ideologischer oder religiöser Natur. Das jeweils zweite Kapitel (3.1.2, 3.2.2, 3.3.2 bzw. 4.1.2, 4.2.2, 4.3.2) versucht deshalb, diese dargestellten symbolischen Aufladungen der Mauer und die kollektiven Vorstellungen und Erinnerungen abzuschätzen, in deren Kontext die Deutsche Frage thematisiert wird; dargestellte sozial- und wirtschaftsgeschichtliche Aspekte können bei der gewählten Fragestellungen also nur in Bezug zur Deutschen Frage berücksichtigt werden.[74]

Die Kapitel 3.1.3., 3.2.3, 3.3.3 bzw. 4.1.3, 4.2.3, 4.3.3 bilden den Kern der einzelnen Analysen. Sie untersuchen, inwieweit durch den in den vorigen Kapiteln analysierten Kontakt zur Mauer oder dem Reden über sie die Deutsche Frage gestellt bzw. nach Antworten gesucht wird. Welche Nationsverständnisse und Stellungnahmen zur Deutschen Frage werden im und vom Film vertreten? Ist die Mauer ein Symbol teil- bzw. gesamtdeutscher Identität? Wie bezieht der

---

[72] Lindenberger 1999 (Zitat 31); vgl. zu diesem Konzept auch Eppelmann u. a. 1999a: 402-408. So wurde die DDR-Gesellschaft durch eine „Gemengelage sozialer Techniken" zusammengehalten, die erlernt werden mussten, um die alltäglichen Möglichkeiten und Grenzen des Handelns auszuloten (Neubert 2000: 22).
[73] Garton Ash 1989: 388.
[74] Ohnehin dürfte ein Vergleich verschiedener Filme aufgrund der sehr unterschiedlichen dargestellten Schichten, Milieus und Generationen gerade in der Sozial- und Wirtschaftsgeschichte problematisch sein.

Film selbst dazu Stellung? Wie unterscheidet sich dies von den in den Kapiteln 2.3 und 2.5 dargelegten Ideen und Konzepten in Wissenschaft, Politik und Gesellschaft? Bei den Filmen nach 1989/90 fragt sich, wie in der Erinnerung die Gedanken der 1980er-Jahre aufgegriffen und umgesetzt werden, oder ob aus den seither gesammelten Erfahrungen ein anderer Blick auf die damals noch offene Deutsche Frage und stehende Mauer erfolgt.

Dabei wird nicht nur die filmische Darstellung der Mauer umgedeutet, sondern auch die ihrer Öffnung. Ausgehend von den Herbst-Demonstrationen des Jahres 1989 und ihren zentralen Forderungen – „Die Mauer muss weg" und „Wir sind das Volk" bzw. „Wir sind ein Volk"[75] – untersucht das jeweils vierte Kapitel des dritten Abschnitts, ob bereits in den Filmen der 80er-Jahre ein Mauerfall erwartet, befürchtet, erhofft oder zwecks Lösung der Deutschen Frage herbeigeführt werden sollte (Kap. 3.1.4, 3.2.4, 3.3.4). Die Kapitel zu den neueren Filmen analysieren, ob er (auch?) retrospektiv erwartet und als Ereignis dargestellt wird und wie sich dies in die deutsche Erinnerungskultur nach 1989/90 einbettet (Kap. 4.1.4, 4.2.4, 4.3.4).

Das Schlusskapitel 5 fasst die zentralen Ergebnisse der Analyse zusammen (Kap. 5.1, 5.2). Daraus werden Rückschlüsse auf den geschichts- und erinnerungskulturellen Rahmen und dessen Widersprüche zu einigen Ergebnissen dieser Studie ermöglicht (Kap. 5.3). Ein Ausblick auf anschlussfähige Forschungsfelder soll das Buch abrunden (Kap. 5.4). Bis dahin muss sich der geschichts- und erinnerungskulturelle Rahmen des Themas bewähren, der im folgenden Abschnitt entwickelt werden soll.

---

[75] Vgl. zu diesen Parolen als Erinnerungsort Zwahr 2005.

2 Geschichts- und erinnerungskulturelle Konzeptualisierung des Themas

Um Argumente zur Berliner Mauer und der nationalen Frage wie das Eingangszitat des Alt-Kanzlers oder die in den Filmen ausgedrückten Positionen kontextualisieren und vor dem jeweiligen politisch-kulturellen Hintergrund verstehen zu können, wird in diesem Abschnitt ein geschichts- und erinnerungskultureller Rahmen der Filme erarbeitet. Ausgehend von den Debatten um Grenzen und Identität (Kap. 2.1) wird ein konstruktivistisches Konzept der Nation dargelegt (Kap. 2.2), das die Deutungsansätze zur Deutschen Frage integrieren soll (Kap. 2.3). Um diese in Film, Wissenschaft und Gesellschaft historisch verorten zu können, wird auf die Konzepte der Erinnerungskultur (Kap. 2.4), Erinnerungsorte (Kap 2.5) und Generationen (2.6) zurückgegriffen und ein Transfer zu nationalen Grenzen im Film versucht (Kap. 2.7).

2.1 Die Mauer in den Köpfen – Bedeutungen und Identitäten der Berliner Mauer

Bereits im Kohl-Zitat wurde deutlich, wie sehr die rhetorische Figur der Deutschen Frage und ihr anscheinend beabsichtigter Effekt an den konkret räumlichen Bezug der Stadt Berlin und den örtlichen der Grenze, der Berliner Mauer, gekoppelt wird. Sucht man daher den Einstieg in das Thema über die Grenze, so stellt man nicht bloß fest, dass die Grenzforschung nur am Rande geschichtswissenschaftlichen Interesses liegt; sie überschneidet sich zudem mit anderen Disziplinen. So hat vor allem seit Anfang der 1990er-Jahre im Zuge der Globalisierung, des Endes des Kalten Krieges, der Grenzverschiebungen in Mittel- und Osteuropa, aber auch der Erforschung der Barrieren zwischen Personen und Gruppen die internationale und interdisziplinäre Grenzforschung der Sozial- und Geisteswissenschaften stark zugenommen.[76]

Die klassische Forschung bestimmte Grenzen noch als natürliche und neutrale Linien zwischen staatlichen Territorien.[77] Diese Perspektive hilft für die Symbolik der Mauer jedoch aus dem Grund nicht weiter, weil Grenzen wie die Berliner Mauer keine statischen, natürlichen Kategorien sind, sondern als gesellschaftliche Konstrukte historisch kontingent in ihren Bedeutungen.[78] Bedeutung liegt aber nicht einfach in der Welt, wie in diesem Fall der Berliner Mauer, sondern wird an verschiedenen Orten durch unterschiedliche Prozesse und Medien in sozialer Interaktion geschaffen und ausgetauscht. Sie ist, so Stuart Hall, „the result of a signifying practice – a practice that *produces* meaning, that *makes* things mean"[79].

Mit Peter Berger und Thomas Luckmann wird daher davon ausgegangen, „daß Wirklichkeit gesellschaftlich konstruiert", intersubjektiv mit anderen geteilt wird und eine Wechselwirkung

---

[76] Vgl. zur neueren Forschung François / Seifarth / Struck 2007, und Newman 2003.
[77] Vgl. zur älteren Forschung Paasi 2003: 113 ff.
[78] Vgl. allgemein Newman / Paasi 1998: 187.
[79] Hall 1997b: 24 f.; vgl. auch Hall 1997a: 3 f., und Massey 1996: 123.

zwischen Subjekt und Gesellschaft besteht.[80] Dem konstruktivistischen Wirklichkeitsverständnis folgend, soll die Studie also nicht die filmische Berliner Mauer mit der Realität vergleichen; vielmehr wird die Berliner Mauer selbst (auch) als ‚Mauer in den Köpfen‘ zu einer von verschiedenen Seiten vorgenommenen Rekonstruktion.[81] An solchen Grenzen manifestieren sich bestimmte Normen und Werte und vollziehen sich Auseinandersetzungen um nationalstaatliche Zugehörigkeit, Identität und Loyalität.[82] Grenzen und Identitäten bedingen sich wechselseitig und konstituieren gleichermaßen verschiedene Formen von Gemeinschaft. So wird heute fächerübergreifend auf die Notwendigkeit von Differenz und Stereotypisierung eines ‚Anderen‘ als konstitutiv für die eigene Identität verwiesen.[83] Daher bieten ‚Grenzen im Kopf‘, so die Forschung, der Nation Referenzpunkte, verleihen ihr eine äußere Form und helfen bei der Trennung des ‚Eigenen‘ vom ‚Anderen‘. Grenzen fungieren daher „immer als Abgrenzungen, als Differenzierungen im Sinne einer Trennung und Unterscheidung“[84]. Diese Thesen der neueren Grenzforschung dienen einerseits als Grundlage für die Analyse der Berliner Mauer im Film in den Abschnitten 3 und 4, müssen sich aber andererseits auch anhand der Filme bewähren.

Denn mit Blick auf die Deutsche Frage ist die Berliner Mauer eine sehr untypische Grenze. Vielleicht stellt sie als innerdeutsche Grenze neben dem trennenden Charakter auch Verbindungen zwischen den angrenzenden Gebieten in Aussicht, hier: nationale Gemeinsamkeiten beider deutscher Staaten. Zudem übersieht die neuere Grenzforschung häufig veränderte Kontexte und Gruppenzugehörigkeiten, Funktionen und Ausgestaltungen von Inklusion und Exklusion. Um nur ein Beispiel zu nennen, so müssen die Filmfiguren, die der Mauer im Alltag begegnen, ihr nicht notwendig die gleichen Bedeutungen zuweisen, wie dies von außen, z. B. von Regierungsseite geschieht. Zudem entsteht Identität, verstanden als Frage, „who we are and with whom we ‘belong’“[85], nicht nur durch die Dialektik von Individuum und Gesellschaft, sondern wird in historischen Prozessen neu- und umgeformt. Dabei ist heute eine individuelle Identität nur schwer ohne nationale zu denken. Diese existiert aber nicht ‚an sich‘ und nicht bloß durch Abgrenzung von einem ‚Anderen‘, sondern allein dort, wo sich gesellschaftliche Gruppen in bestimmte Traditionen einordnen und sich damit von anderen Traditionen abgrenzen. Denn „Menschen und Gruppen […] *bilden* ihre Identität in einer Rekonstruktion der Vergangenheit aus ihrer Sicht der

---

[80] So Berger / Luckmann 2001: 1 (Zitat), 25 f., 65, zum Begriff der Alltagswirklichkeit; vgl. zur Übertragungsmöglichkeit ihrer Wissenssoziologie auf die Geschichtswissenschaft Buschmann / Carl 2001.
[81] Vgl. dazu allgemein *das* geographische Standardwerk zur Konstruktion von Orten: Gregory 1994 (hier 72).
[82] Vgl. übereinstimmend die Forschung: Agnew / Mitchell / Toal 2003: 2, Newman / Paasi 1998: 194 ff., Paasi 2003: 111, Pohl / Schwarz / Wietschorke 2003: 91 f., und Strüver 2005: 150.
[83] So z. B. die Geographen Morley / Robins 1995: 45 f., der Anthropologe Cohen 1985: 114, der Historiker Schlesinger 1987: 261, die Sozialpsychologen Mummendey / Simon 1997a: 11 f., und der Soziologe Hall 1997c: 258. Die radikalste Position stellt hier der vom *linguistic turn* kommende Poststrukturalismus dar. Danach sind Bedeutungs- und Identitätszuschreibungen allein durch den unendlichen Prozess der Differenzierung des ‚Eigenen‘ vom ‚Anderen‘ möglich (so Derrida 1968: 124 ff.; vgl. kritisch Daniel 2004: 120-49).
[84] So Strüver 2005: 150; vgl. auch Berdahl 1999: 3, Cohen 1985: 12 f., Pohl / Schwarz / Wietschorke 2003: 90 f.
[85] So das Verständnis von Hall 1997a: 3.

Gegenwart und mit Blick auf die Zukunft"[86].

Bestimmte Orte wie die Berliner Mauer dienen der Konstruktion, Verfestigung und Kontrolle von Identitäten, aber auch deren Veränderung. Sie weisen dem Leben Bedeutung und Identität zu und strukturieren die alltäglichen Erfahrungen einer Gesellschaft. Eine Gruppenkonstitution ohne eine Produktion bestimmter Orte scheint schwer vorstellbar, da Ideen und Werte zu leeren, bedeutungslosen Zeichen verkämen.[87] Darauf verweist auch Immanuel Kants berühmtes Zitat: „Gedanken ohne Inhalt sind leer, Anschauungen ohne Begriffe sind blind"[88]. Da der Berliner Mauer aber von verschiedenen Seiten Bedeutungen zugeschrieben werden, kann sie ein umstrittenes, in Auseinandersetzungen mobilisierbares Konstrukt werden. Dabei resultieren Umwertungen oder sogar Zerstörungen eines solchen Symbols vor allem aus radikalen politisch-gesellschaftlichen Transformationen,[89] wie etwa den Ereignissen von 1989/90.

Inwieweit die Mauer nun spezifisch nationale Bedeutungen symbolisiert, soll das folgende Kapitel zeigen, das sich dem Konstruktionsprozess von Nationen widmet. Denn die Konstruktion von Grenzen geschieht nicht nur durch Narration,[90] sondern vor allem durch nationale Vorstellungen, Erinnerungen und Traditionen, die narrativ vermittelt werden (können).

2.2 Die deutsche Nation als vorgestellte und begrenzte Gemeinschaft

Fragt man nach der symbolischen Aufladung der Berliner Mauer für die deutsche Nation, so erscheint ein kurzer Blick in die Nationalismustheorien angebracht. Denn selbst wenn die ‚Nation' heute noch immer uneinheitlich definiert wird,[91] können diese Theorien helfen, auf den Konstruktcharakter der Deutschen Frage zu verweisen und sie in einen theoretisches Konzept einzubetten. Die in Kapitel 1.3 erwähnten Beiträge zur nationalen Identität im deutschen Film helfen hier nicht weiter, da sich die von ihnen verwendeten postmodernen bzw. älteren marxistischen Nationskonzeption als problematisch erwiesen haben.[92]

---

[86] So Lorenz 1997: 400-412 (Zitat 407); vgl. Behrmann 1988: 95, und Berger / Luckmann 2001: 185 f.
[87] Vgl. Lefebvre 2005: 403 f., 416 f., und Pott 2007: 30, 36 f.
[88] Kant, *Kritik der reinen Vernunft* A 51/B 75.
[89] Vgl. dazu allgemein Cohen 1985: 44, Schlögel 2003: 312, Staeheli 2003: 168, und Till 2003: 297.
[90] Diese These vertreten Newman / Paasi 1998: 195; s. zu Problemen der Narrativität Anm. 92.
[91] So Alter 1997: 34, und Schlesinger 1987 (hier 258); vgl. zur neueren Forschung Borggräfe / Jansen 2007.
[92] Meurer stellt beim bundesrepublikanischen bzw. DDR-Kino die „Bourgeois politics of the self" den „Socialist politics of the other" gegenüber (Meurer 2000: 171, 203). Das Kino beschreibt er dabei „from a materialist perspective as an institution which exists both as an economic practice and an ideological form" (ebd.: 7). Solche Argumente bewegen sich in einer marxistischen Tradition, wonach Nationen und Nationalismen als historisch-geographische Bedingungen zwecks Gewinnung von Loyalität und Identifikation faschistischer oder demokratischer Regierungen verstanden werden (so etwa Mitchell 2000: 271 ff.). Dabei werden die „nationalen Interessen […] durch Klassen repräsentiert" (so Kühnl 1986: 122). Inga Scharfs postmodernes, ihrer *critical geopolitics*-Theorie geschuldetes (s. dazu Anm 158) Nationsverständnis von Deutschland als „a complex site of struggle over meaning" (Scharf 2005: 383) greift auf eine Theoriebildung á la Homi Bhabha zurück. Dieser versteht die Nation als Form sozialer und textueller Zugehörigkeit, als narrative Strategie, die eine ständige Bedeutungsverschiebung unterschiedlicher Kategorien im Schreiben der Nation bewirkt (Bhabha 2007: 209). Diese ermöglicht im Namen der Nation komplexe Strategien von kultureller Identifikation und diskursiver Referenz (Bhabha 1997: 150 f.). Insgesamt sind

Auf der Suche nach geeigneten Nationsdeutungen stößt man zuerst auf die ältere Forschung. Sie betrachtete die Nation als „quasi-natürliche Einheit in der europäischen Geschichte"[93]. Dieser Argumentation zufolge habe jede Nation ein Anrecht auf einen eigenen Staat, in dem sich ihre eigenen Ideen und Wertesysteme, wie ein bestimmtes Nationalbewusstsein ausbilden. Dieses ältere Nationsverständnis, das für die Nation primordiale Räume und Grenzen fordert, wurde bereits 1882 von Ernest Renan herausgefordert. Renan zufolge können weder Ethnie, Religion oder Geographie noch Sprache, Interessen oder militärische Notwendigkeiten das Phänomen der Nation erklären.[94] Hier hat die Diskussion der Deutschen Frage anzusetzen.

Denn ein Jahrhundert später gelang konstruktivistisch inspirierten Nationstheorien der Durchbruch, verbunden mit den Namen Benedict Anderson, Ernest Gellner und Eric Hobsbawm.[95] Sie konnten die Idee der Nation als naturwüchsige Ordnung widerlegen und essentialistischen Vorstellungen nationaler Gemeinsamkeiten ihren Halt entziehen. Nationen und Staaten gelten nicht mehr als universelle Notwendigkeiten, die zu jeder Zeit, überall und unter allen Umständen existieren.[96] Erst der Mensch schafft mit seinen Überzeugungen, Loyalitäten, Solidaritätsbeziehungen etc. die Nation. Im Rückgriff auf kulturelle Traditionen ist es der Natio-nalismus, verstanden als „politisches Prinzip, das besagt, politische und nationale Einheiten soll-ten deckungsgleich sein"[97], der die Nation hervorbringt, nicht umgekehrt. Rückwirkend beeinflusst die inhaltliche Bestimmung der Nation das auf diese Vorstellung bezogene Han-deln.[98] Renan betimmte die Nation als „geistiges Prinzip", bestimmt durch den gemeinsamen Besitz von Erinnertem und Vergessenem sowie dem Einvernehmen, zusammenzuleben.[99] Dies ist ein für den in Kapitel 2.4 zu erläuternden Aspekt der Erinnerung der Deutschen Frage im Film ebenso wichtiger Punkt wie Hobsbawms Gedanke, die Nation bilde nur durch Bezug auf ein nationalstaatliches Territorium eine gesellschaftliche Einheit.[100]

Am weitesten verbreitet, und für den Verweis auf den Konstruktcharakter der Deutschen Frage im Film am wichtigsten erscheint Benedict Andersons neomarxistische Theorie der *imagined communities*. Danach ist die Nation „eine vorgestellte politische Gemeinschaft –

älptere marxistische Nationsverständnisse aufgrund ihres einseitigen materialistischen und ideologiekritischen, damit handlungstheoretischen Ansatzes unzureichend, postmoderne aufgrund des genauen Gegenteils: die unklare Subjektkonzeption, der von der Gesellschaft losgelöste Symbolgehalt der Nation innerhalb der ‚narrativen Strategie' und die Nationsdeutung allein als ‚imaginäre' Gemeinschaft. Beide lassen dabei einen Bezug auf bestimmte Ereignisse, Erfahrungen und Erinnerungen sowie historisch begründete, aber veränderbare Gruppenzghörigkeiten vermissen (vgl. dazu kritisch Langewiesche 2005: 237 ff.).

[93] Vgl. hierzu und im Folgenden Wehler 2004: 7 f., und Staeheli 2003: 166 f.
[94] Vgl. Renan 1888: 290-308.
[95] Wehler 2004: 8; die wichtigsten Monographien sind hier Anderson 2005, Gellner 1995. Hobsbawm 2005. Von den deutschen Forschern sind Langewiesche 2000, 2005, und Lepsius 1982, hervorzuheben.
[96] Borggräfe / Jansen 2007: 14; s. z. B. Gellner 1995: 16, und Hobsbawm 2005: 20 f.
[97] Gellner 1995: 8 (Zitat), 16 f., 92; so auch Hobsbawm 2005: 20 f.
[98] Vgl. Lepsius 1982: 12.
[99] Renan 1888: 308
[100] Vgl. Hobsbawm 2005: 20 ff.

vorgestellt als begrenzt und souverän"[101]. Vorgestellt ist sie, weil die Mitglieder der Gemeinschaft an sie glauben, auch wenn sie sich untereinander nicht kennen, begegnen oder voneinander hören. Sie ist begrenzt durch veränderliche Grenzen, jenseits derer andere Nationen existieren und souverän, indem das Volk als Träger der Staatsgewalt imaginiert wird. Nationen fungieren mit Hilfe unterschiedlicher Medien als „Homogenitätsmaschinen"[102], die durch Grenzen von anderen Nationen getrennt werden. Die Filmanalysen werden zeigen, inwieweit die Filme mit dieser Definition und deren Charakteristika korrespondieren.

Doch sagt die Verbundenheit zu einer nationalen Vorstellung noch nichts über die Homogenität innerhalb der Grenzen aus. Dazu bedarf es nicht nur der Mechanismen von Inklusion und Exklusion, sondern auch des Bezugs auf kollektiv geteilte Ereignisse. Ohne sozialkulturelle Integration, ökonomische Verklammerung und politische Bewegungen ist eine ‚Erfindung der Nation' nicht möglich.[103] Daher wird im jeweils zweiten Kapitel auch die Deutsche Frage im Kontext anderer, an der Mauer ausgedrückter Symboliken analysiert. Zudem behält die Nation als „gesellschaftliche Konstruktion, als Imagination und ‚Erfindung' [...] nur so lange ihre politische Wirkung [...], wie sie im kulturellen Gedächtnis und vor allem in der gesellschaftlichen Werteordnung lebendig bleibt"[104]. Deshalb werden die Kapitel 2.4, 2.5 und 2.6 die nationale Frage in den Kontext des kollektiven Gedächtnisses der Deutschen stellen. Da die Vordenker zudem die Rolle von bewegten Bildern unterschätzen, wird Kapitel 2.7 Beiträge zur Ergänzung dieses Defizits heranziehen.

Zunächst benötigt jede ‚Erfindung der Nation' vor allem nationale Symbole. Diese sollten nicht mehr wie bei Elisabeth Fehrenbach nur die Fahnen, Wappen und Hymnen, Ländernamen und Verfassungen bezeichnen, sondern auch Bauwerke wie die Berliner Mauer. So gilt die These, „daß die modernen Symbole immer mehr inhaltslos werden, [...] festgelegt und kaum wandlungsfähig"[105], als problematisch. Denn wenn nationale Symbole inhaltslos der Konvention folgten und nur etwas anderes repräsentierten, wären sie redundant und austauschbar. Im Gegenteil erlauben sie jedoch als Modelle nationaler Identifikation ihren Nutzern, sie in einem Rahmen mit Bedeutung aufzuladen,[106] deren Unterschiedlichkeit die sechs Filmanalysen aufzeigen werden. So geht jede Symbolisierung mit einer Fixierung einher, indem sich im Symbol Berliner Mauer individuelle und kollektive geteilte Ereignisse und Gedanken verfestigen und die Symbole über ihre sprachliche Formulierung eine zunehmend eigene Existenz gewinnen. Na-

---

[101] So Anderson 2005: 15 und im Folgenden ebd.: 15 ff.; ähnlich Lepsius 1982: 13; vgl. zu Andersons Konzept Borggräfe / Jansen 2007: 92-98, Smith 1998: 137 ff., Schlesinger 1987: 246-250.
[102] Mergel 2005: 284; s. zu Zensur, Landkarte und Museum das eigene Kapitel bei Anderson 2005: 163-187.
[103] Vgl. Mergel 2005: 294, und Langewiesche 2005: 235.
[104] Langewiesche 2005: 232 f.; s. zum kulturellen Gedächtnis Kapitel 2.4.
[105] So Fehrenbach 1971: 296 f.
[106] Vgl. Cohen 1985: 14 f., und Parr 2005: 36 f.

tionale Symbole fungieren als Inhalte und Medien der Kommunikation, indem sie das ‚Eigene‘ vom ‚Anderen‘ trennen (oder verbinden) helfen und in einer Struktur geteilter Erfahrungen und Werte lange fortbestehen,[107] aber auch, wie die Öffnung der Mauer und ihre anschließende Musealisierung zeigt, verändert werden können.

Deshalb wird die (deutsche) Nation als an den Grenzen, in diesem Fall der Berliner Mauer, festgemachtes Symbol von ihren Mitgliedern in ihrer Bedeutung aufrechterhalten, aber auch verändert. Sie entwickelt symbolische Selbst-Imaginationen und eine Vielzahl von Ikonen und Erzählungen zur Stimulierung von Zusammengehörigkeitsgefühlen.[108] Damit stellt sich die Frage, welchen grundlegenden Nationsverständnissen die Filme folgen und wie sie diese an die Deutsche Frage koppeln. Denn trotz ihrer allenfalls anfänglich nach dem Ende des Zweiten Weltkrieges begründeten Abwehr gegen alles Nationale, konnten auch die später entstehenden deutschen Staaten weder auf nationale Symbole wie die Berliner Mauer verzichten[109] noch auf *die* nationale Selbstimagination: Die Deutsche Frage.

2.3 Eine kurze Skizze der Deutschen Frage in der Geschichtskultur der 1980er-Jahre

Zunächst resultierte aus dem zu eigenen Zwecken instrumentalisierten Nationalstaatsgedanken im ‚Dritten Reich‘, aus Vernichtungskrieg, Niederlage und Teilung eine „ausgeprägte nationale Indifferenz"[110]. Doch auch wenn es weit nationalistischere Völker gab als die Deutschen nach 1945,[111] war die Deutsche Frage damit keineswegs „auf Eis gelegt"[112]. Das vorliegende Kapitel kontextualisiert die nationale Frage in der Geschichtskultur – verstanden als die aus der der kollektiven Zeiterfahrung resultierende Einordnung der Gemeinschaft in den gesellschaftlichen, historisch-politischen Gesamtkontext[113] – der Bundesrepublik in den 1980er-Jahren. Daraus wird der rhetorische Konstruktcharakter ebenso wie die vielfältigen Anschlussmöglichkeiten der Deutschen Frage auch für die filmische Umsetzung ersichtlich.

Insgesamt waren die Kriterien, ‚Deutschland‘ zu begreifen, stets „unscharf und mehrdeutig"[114], da kein jemals erreichter territorialer Zustand allen Wünschen gerecht geworden ist. Auch der Diskussionshorizont der 1980er-Jahre war weit komplizierter als dass man wie Hans Joachim Meurer die Bundesrepublik und ihr Kino mit dem Modell der Kulturnation kategorisch von einer Staatsnation der DDR trennen könne.[115] Viel eher lassen sich vier Nationen-

---

[107] Vgl. dazu allgemein Smith 1998: 182 ff., und Schwemmer 2006: 10.
[108] Vgl. Assmann 1999: 65, Cohen 1985: 15, und Hattenhauer 1990: 7.
[109] Hattenhauer 1990: 7; die Bundesrepublik war daher nie „eine Nation ohne Zeichen" (so Korte 1990: 47).
[110] Mommsen 2005: 28; ähnlich auch Wehler 2004: 87, und Winkler 1982: 8.
[111] Vgl. Roth 1995: 14, und Scheuch 1991: 84, sowie Umfragen bei Noelle-Neumann / Köcher 1987: 17-71.
[112] So Wentker 2007: 10. Assmann 1999: 65, spricht von einer „Abstinenz von nationaler Identität".
[113] So Wolfrum 1999: 19 f.
[114] Demandt 1991: 11 ff. (Zitat 14); ähnlich auch François / Schulze 2005: 9.
[115] So Meurer 2000: 69, 241 ff.

Typen unterscheiden, die sich überschneiden können und andere Nationsverständnisse umfassen: ‚Volksnation', ‚Kulturnation', ‚Klassennation' und ‚Staatsbürgernation'.[116] Wie die Abschnitte 3 und 4 zeigen werden, greifen die Filme auf diese Idealtypen zurück, und beziehen sich mit ihnen auf die Diskussionen in Politik, Wissenschaft und Publizistik, wie sie in Bundesrepublik und DDR nicht unterschiedlicher sein konnten.

Zu Beginn reklamierte die DDR noch den Nationsbegriff für den Aufbau des Sozialismus. Aber nach dem Mauerbau, vor allem seit Mitte der 70er-Jahre, war die Deutsche Frage in der DDR offiziell tabu, weil die Existenz von Mauer und Staat nicht hinterfragt werden durfte.[117] Die nationale Frage entwickelte sich damit zu einer Existenzfrage im Bemühen, das deutsch-deutsche Verhältnis als zwei Staaten mit zwei Nationen darzustellen.[118] Nach 1971 favorisierte man dazu den Begriff der ‚Klassennation', verbunden mit den Stichworten ‚Klasse', ‚Klassenkampf' und ‚Sozialismus'.[119] Denn die DDR sei, so Erich Honecker, „eine historische Epoche weitergegangen" und unterscheide sich als „sozialistische Nation […] in allen entscheidenden Merkmalen von der bürgerlichen Nation in der Bundesrepublik"[120]. War die DDR laut *Verfassung* vom 6. April 1968 noch ein „sozialistischer Staat deutscher Nation", dessen Aufgabe es war, „der ganzen deutschen Nation den Weg in eine Zukunft des Friedens und des Sozialismus zu weisen"[121], so tilgte man in der neuen *Verfassung* vom 7. Oktober 1974 jeden Hinweis auf die Deutsche Frage. Als „sozialistischer Staat der Arbeiter und Bauern" werde „[a]lle politische Macht […] von den Werktätigen in Stadt und Land ausgeübt"[122].

Ganz anders bestimmte die Bundesrepublik die Deutsche Frage. De jure war sie durch die *doppelte Staatsgründung* und das *Grundgesetz* klar definiert: „Das gesamte Deutsche Volk bleibt aufgefordert, in freier Selbstbestimmung die Einheit und Freiheit Deutschlands zu vollenden."[123] Ungleich komplizierter als diese durchgängige staatsrechtliche Position ist die Eruierung der verschiedenen Stellungnahmen zur nationalen Frage. *Die deutsche Frage rediviva* betitelte Eckard Jesse 1984 eine Sammelrezension. Da sich dieses neu erwachte Interesse an der nationalen Frage seit Ende der 70er-Jahre demoskopisch jedoch nicht ablesen ließ, war die *(Pseudo)-Aktualität der*

---

[116] Vgl. Lepsius 1982. Alternativ werden die Begriffe ‚Staatsnation' und ‚Staatsbürgernation' verwendet.
[117] Vgl. Kleßmann 2005b: 32 f., und Seiffert 1982. So erschienen in der DDR weder Arbeiten zu den deutsch-deutschen Beziehungen (Bruns 1987: 38) noch erfragte die Sozialforschung die deutsche Identität (Weidenfeld 1991: 380 f). Auch für die DDR-Opposition war die Deutsche Frage kaum ein Thema (Geisel 2005: 128).
[118] Vgl. Bender 1996: 186, und Hillgruber 1989: 161.
[119] Vgl. Borggräfe / Jansen 2007: 190, Lepsius 1982: 19 f., Weidenfeld 1991: 380 f., und Wolfrum 1999: 296-303.
[120] So Honecker 1974; s. auch das *Programm der Sozialistischen Einheitspartei Deutschlands* [1976]: 77 ff, wonach sich in der DDR die sozialistische Nation und Nationalkultur entwickle, die sozialistische Lebensweise, Denk und Verhaltensweisen weiter ausprägen und ein Nationalbewusstsein erwächst; s. auch Hofmann 1989: 252. Insgesamt wurde die Deutsche Frage von Honecker nur selten thematisiert (Zieger 1989b: 142).
[121] *Verfassung der Deutschen Demokratischen Republik* [1968]: Art. 1, [Präambel].
[122] *Verfassung der Deutschen Demokratischen Republik* [1974]: Art. 1, Art. 2; vgl. Staritz 1996: 289 ff.
[123] *Grundgesetz für die Bundesrepublik Deutschland.* Präambel. Der erste Titel verweist auf Kleßmann 1991.

deutschen Frage [...ein] publizistisches, kein politisches Phänomen[124]. Ihre Renaissance in der Publizistik zeigt sich besonders in den für die vorliegende Studie wichtigen Standortdebatten, die vermehrt die deutsche Identität erörterten.[125]

Da die Filme, wie sich zeigen wird, nicht tief ins Detail gehen, genügt es hier, grob ein gesamtdeutsches[126], ein bundesrepublikanisches[127] und eine Sowohl-als-auch-Position mit gesamt- *und* bundesdeutschem Nationsverständnis zu unterscheiden.[128] So hatten sich in den 1980er-Jahren viele an die deutsche Teilung gewöhnt, während andere an der Präambel des *Grundgesetzes* festhielten. Neben denjenigen, die den Verlust des Nationalstaates reklamierten, sahen andere die Teilung als Preis für Frieden und Westbindung bzw. als Sühne für Holocaust und Vernichtungskrieg an. Dritte hofften auf eine Wiedervereinigung.[129] Es wird daher analysiert, inwieweit der Film an diesen Standortdebatten zur Deutschen Frage teilnimmt, in welcher Form und wozu verschiedene Nationsverständnisse visualisiert werden.

Das auch im Film zu erwartende Spektrum an Nationsverständnissen findet sich vor allem in Wissenschaft und Publizistik, weshalb deren wichtigsten Thesen kurz genannt werden. Neben denen, die wie Hans Mommsen einen „Prozeß der Bi-Nationalisierung beider Teile Deutschlands"[130] annahmen, betonten viele Konservative das Selbstverständnis der Deutschen als einer auf ethnischer Abstammung gründenden Volksnation.[131] Dem stellte u. a. Jürgen Habermas den Verfassungspatriotismus entgegen. Durch die Staatsbürgernation legitimiert, definiere sich die Bundesrepublik über staatsbürgerliche Gleichheitsrechte und Verfahren demokratischer Herrschaftslegitimation.[132] Heinrich August Winkler bestimmte die alte Bundesrepublik als „Staatsnation, der nichts fehlte als das offizielle Bewußtsein, eine zu sein"[133]. Oft deutete man die Staatsbürgernation in Ergänzung zur Kulturnation, die „transpolitisch [...] eine nationale Identität über kulturelle Gleichheit bei politischer Ungleichheit herzustellen"[134] versuchte. So sprach etwa Wolfgang J. Mommsen von „der Existenz einer deutschen Kulturnation in der Mitte Europas, die in mehrere deutsche Staatsnationen gespalten ist"[135]. Diese Kulturnation, vor allem ein

---

[124] So die Titel von Jesse 1984, 1986; vgl. zur Demographie Potthoff 1999: 231.
[125] Vgl. Korte 1990, dessen Dissertation die wichtigsten Standortbilder kurz zusammenfasst.
[126] Diese Position knüpft sich an ein in demoskopischen Daten stets vorhandenes gesamtdeutsches Nationalgefühl, das primär mit Sicherheitsfragen und Zukunftsszenarien verbunden wurde (vgl. ebd.: 75 f.).
[127] Diese auf die Bundesrepublik konzentrierte Position kennzeichnet ein fehlender Glauben an ein Gesamtdeutschland und die Wiedervereinigung, wobei andere Themen wichtiger erschienen (vgl. ebd.: 72 f.).
[128] Das betrifft u. a. Erwin Scheuch, Wolfgang J. Mommsen und Werner Weidenfeld (vgl. ebd.: 76 f.).
[129] Vgl. Assmann 1999: 62 ff., und Demandt 1991: 28. Während etwa Ende der 80er-Jahre Martin Walser die Hoffnung auf Wiedervereinigung nicht aufgab (vgl. z. B. Walser 1988: 76-100), vertraten viele politische Linke wie Günter Grass und Joschka Fischer gegenteilige Positionen.
[130] Mommsen 1981.
[131] So etwa Demandt 1991: 12 f., Diwald 1982: 25 f., und Smith 1998: 212.
[132] So etwa Habermas 1990: 207 ff., und Jäger 2006: 337; vgl. Lepsius 1982: 23 f., und Roth 1995: 293-317.
[133] Winkler 2004: 438.
[134] Lepsius 1982: 19 (Zitat), 21; s. auch Beyme 1996: 83, Brandt / Ammon 1981: 21.
[135] Mommsen 1983: 76; vgl. zur Kritik am Konzept der Kulturnation Winkler 1981.

Produkt der Intellektuellen, definiert sich über gemeinsame Abstammung und Sprache, Siedlungsgebiet, Religion, Gewohnheiten und Geschichte.[136] Wieder anders lagen laut Bernhard Giesen die Identitäten beider deutscher Staaten in der aus der Abgrenzung vom NS-Regime resultierenden Holocaust- und Wirtschaftswundernation.[137]

Diese und ähnliche Fragen stellten sich auch im politischen Spektrum der Bundesrepublik, das gemeinsam mit Wissenschaft und Publizistik die Grundlage einzelner Filme bildet, die entweder politische Rhetorik widerspiegeln oder gegenteilige Positionen einnehmen. Für die nationale Rechte, überwiegend außerparlamentarisch, zuweilen in CDU/CSU und den Vertriebenenorganisationen vertreten, galt das Primat der Nation. Ohne die Oder-Neiße-Grenze anzuerkennen, orientierte sich ihr gewünschter Nationalstaat an den Reichsgrenzen von 1871 bzw. 1937, war neutral, unabhängig und souverän von den liberal-westlichen Demokratien.[138]

Demgegenüber ähnelten sich die Parteien im Bundestag weitgehend, wie etwa in einem einstimmig gefassten Beschluss der Kultusministerkonferenz der Länder 1978 deutlich wird: Der Schulunterricht müsse das Bewusstsein nationaler Einheit aufrechterhalten und den Willen zur deutschen Wiedervereinigung entwickeln. Unter Ablehnung eines nationalen Alleingangs besitzen Frieden und Freiheit Vorrang vor der deutschen Einheit.[139]

Die seit der Bonner Wende von 1982 amtierende christlich-liberale Bundesregierung hatte, wie bereits erwähnt, in den Kernpunkten die Deutschlandpolitik der Vorgängerregierung fortgesetzt. Die Mehrheit der CDU/CSU und FDP[140], allen voran Bundeskanzler Helmut Kohl und der spätere Bundespräsident Richard von Weizsäcker knüpfte die Deutsche Frage an das *Grundgesetz*, an europäische Werte, Westbindung sowie Freiheit als Voraussetzungen der Einheit.[141] Im Bekenntnis zur deutschen Kulturnation gibt es laut Kohl „zwei Staaten in Deutschland. Aber es gibt nur eine deutsche Nation"[142]. Bis zu der nur auf friedlichem Wege möglichen Einheit sollte das Zusammengehörigkeitsgefühl gestärkt und die Folgen der Teilung erträglicher gemacht werden. Selbst wenn das „DDR-Regime" die „Geschichte umschreiben will" und sich mit „Mauer und Stacheldraht umgibt, […] wird es vor der Geschichte nicht [bestehen]"[143]. Während also einerseits mit der DDR kooperiert wurde, verschärfte man andererseits die normative Abgrenzung

---

[136] Vgl. zur Definition der Kulturnation (in Abgrenzung von der Staatsnation) Alter 1997: 36 ff.
[137] Giesen 1993: 236-51.
[138] Vgl. Hillgruber 1989: 145 f., Korte 1990: 91; so etwa Czaja 1986, und Diwald 1982.
[139] *Beschluß der Kulturministerkonferenz* [1978]: 343; vgl. zu dessen Umsetzung Jesse 1987a: 65.
[140] Zur Zeit der christlich-liberalen Regierung besaß die FDP, vor allem repräsentiert durch Außenminister Hans-Dietrich Genscher, „kein wirklich eigenständiges deutschlandpolitisches Profil" (Potthoff 1995: 64). In freier Selbstbestimmung sollte die Einheit in einer europäischen Friedensordnung möglich werden (ebd.: 67).
[141] Vgl. Korte 1998: 158; Kühnl 1986: 26-48, Pflüger / Knappe 1993. „Freiheit ist die Bedingung der Einheit. Sie kann nicht ihr Preis sein." (Kohl 1984: 36; vgl. Kohl 1982: 44 f., von Weizsäcker 1981: 277, Kanzlerberater Stürmer 1988: 8, 18 ff., CDU-Minister Windelen 1984: 14 f., 26 ff. und CSU-Abgeordneter Gruber 1989: 165 f.). Insgesamt war die Deutschlandpolitik unter Helmut Kohl „Chefsache" (Korte 1998: 7).
[142] So Kohl 1983: 8, der auf Geschichte, Kultur und geographische Lage verweist. Dadurch bleibe die „*gemeinsame Kultur und Geschichte […] ein festes Band für die Einheit der deutschen Nation*" (Kohl 1986: 13).
[143] So Kohl 1983: 14 (Zitat), 1984: 16 ff.; vgl. Hacke 1991: 196, und Korte 1998: 9 f.

von ihr. Dabei blieb die Deutsche Frage fest eingebettet in die europäische Integration, wobei ein ‚Dritter Weg' mit Neutralität und dem Ausstieg aus der NATO entschieden abgelehnt wurde.[144] Selbst wenn die Chancen zur Lösung der Deutschen Frage schlecht stünden, solle sie nicht aufgegeben werden. Denn die Deutschen seien *ein* Volk, unabhängig von persönlichen Meinungen und ungeachtet dessen, ob man eine politisch mögliche Antwort kenne.[145] Für die Aussageebene der Filme und ihrer Figuren zur nationalen Frage fast ebenso wichtig ist die Position der SPD.

Durchaus ähnlich wie CDU/CSU und FDP begriff die SPD die Deutschlandpolitik als Teil der Friedens- und Entspannungspolitik, um die Teilungsfolgen zu mildern und ein Auseinanderleben der Deutschen auf beiden Seiten der Grenze zu verhindern. Im Gegensatz zur Regierung war das Ziel aber eine gesamteuropäische Friedensordnung, in der die Militärblöcke überflüssig und die bestehenden Grenzen *nicht* in Frage gestellt werden.[146] „Die Nation gründet sich", so Willy Brandt, neben der gemeinsamen Sprache und Kultur, der Staats- und Gesellschaftsordnung auch „auf das fortdauernde Zusammengehörigkeitsgefühl der Menschen eines Volkes"[147]. In den 1980er-Jahren distanzierten sich aber viele SPD-Politiker von dieser Position, dem Gedanken an Einheit, und betrachteten die Deutsche Frage als beantwortet.[148]

Diesbezüglich ähnlich lag der „Grundkonsens" der überwiegenden Mehrheit der Partei der Grünen in der „Absage an eine Politik, die auf nationalstaatliche Wiedervereinigung zielt"[149], da die Deutsche Frage durch den Zweiten Weltkrieg beantwortet worden sei. Sie wollten die Nachkriegsgrenzen von Bundesrepublik *und* DDR anerkennen und lehnten einen nationalen Sonderweg ab. Eine Minderheit der Nationalpolitiker[150] aber überschnitt sich mit der linken, außerparlamentarischen Strömung, die die Deutsche Frage mit Friedensforderung, Anti-Imperialismus, Loslösung von den USA und ihrer Militärpolitik verknüpfte.[151]

Mit der Grenzöffnung und dem 3. Oktober 1990 haben sich alle diese Fragen erübrigt, da, abgesehen vom äußersten linken und rechten Rand, von allen die Bundesrepublik Deutschland in ihren Grenzen als einzig denkbarer Staat akzeptiert wird.[152] Dennoch blieb die (nationale) Be-

---

[144] Vgl. ebd. 1998: 7 ff., 479 ff. Der nationale Sonderweg wurde abgelehnt, da man das Einverständnis der Nachbarn benötige (Pflüger / Knappe 1993: 173 f.); s. Kohl 1983: 6 f., 37 f., 1984: 30 ff., 1986: 38.
[145] So Kohl 1987: 9 f., Weizsäcker 1983b: 8, und Windelen 1984: 8; vgl. Potthoff 1995: 44.
[146] Vgl. Brocke 1991: 222, und Potthoff 1995: 57 f. So ist die „deutsche Teilung [...] zugleich die Teilung Europas. Das bedeutet konkret, daß das deutsche Problem nur auf europäischem Wege zugänglich ist. [...] Die wichtigste Aufgabe für uns Deutsche [...ist] die Vermeidung von Konfrontation auf deutschem Boden. [...] Ohne Friede ist deutsche Einheit undenkbar." (Schmidt 1980: 29 f.; ähnlich auch Gaus 1983: 237 ff.)
[147] Brandt 1970: 5. Das bedeutet: „Es gibt die Deutschen, obwohl sie in zwei Staaten leben." (Schmidt 1979: 40)
[148] Garton Ash 2001: 14, Hillgruber 1987: 146. Vgl. zur „Wiedervereinigung" als „Lebenslüge" Hacker 1989, und Malzahn 2005: 181. Vom Begriff ‚Deutschland' nahm man weithin Abschied (Hacker 1997: 319 f.).
[149] Probst 1989: 121 f.
[150] Vgl. Heyde 1991: 209 f., Knappe / Juling / Heyde / Hacke 1993: 199 ff.
[151] Vgl. Kühnl 1986: 63 f.; das sind etwa Brandt / Ammon 1981, 1982, Schweisfurth 1982, und Venohr 1982a, 1982b (s. dazu Kap. 3.1). Daran wurde vor allem die Unvereinbarkeit mit ‚westlichen' Interessen und die Gefahr der ‚Schaukelpolitik' durch eigene Schwäche kritisiert (Grewe 1985: 107 f., Schwan 1988: 147 f.).
[152] François / Schulze 2005: 9; so auch Eckert 2005: 14, Herdegen / Schultz 1993: 252, Jarausch 1995: 323 f.

deutung der Ereignisse von 1989/90 umstritten. Bereits hinter jedem Begriff stecken unterschiedliche Bewertungen und Verständnisse der Akteure, die zu einem Filmvergleich herausfordern. Wird bei den positiv konnotierten Verständnissen einer wie auch immer gearteten „Revolution"[153] die durch DDR-Bürger, Bürgerrechtler und Friedensbewegung bewirkte Grenzöffnung ins Zentrum gerückt, verweisen die etwas neutraleren bis verharmlosenden Termini von „Wende" bis „Vereinigung"[154] eher auf den Prozess der Geschehnisse, die (Welt-)Politik und die Deutsche Frage. Negativ konnotierte Bezeichnungen[155] verraten Antipathien gegenüber dem Vorgang. Angesichts dieser Begriffs-Vielfalt von Nation und Mauer ist zu analysieren, von welcher politischen Position die Filme das Ereignis bewerten.

Zusammengefasst haben die letzten beiden Kapitel die anhand der Berliner Mauer dargelegte neuere Grenzforschung aufgenommen und der konstruktivistischen Nationstheorie untergeordnet. In diese wurden auch die Diskussionen zur Deutschen Frage in den 1980er-Jahren integriert. Dies lenkt den Blick weg vom faktischen Gehalt der verschiedenen deutschlandpolitischen Positionen (der Filme) und hin zu ihrer Argumentationsstruktur, ihrem geschichtskulturellen Rahmen in Wissenschaft und Publizistik sowie dem politischen Spektrum der Bundesrepublik. Das folgende Kapitel sucht nach einem ideengeschichtlichen Zugriff, um die gesellschaftliche und historische Einbettung dieser politisch-kulturellen Konzeptionen zur Deutschen Frage und Berliner Mauer vor und nach 1989/90 zu verstehen. Denn die Vorstellung nationaler Gemeinschaft entsteht erst durch die Imagination einer historisch weit zurückreichenden Kontinuität.[156] Nun haben zwar Benedict Anderson und Eric Hobsbawm die Bedeutung von Gedächtnis und Erinnerung für die Nationskonstruktion erkannt;[157] ihr Theoriebild war aber bis Mitte der 1980er-Jahre weitgehend abgeschlossen. Zu dieser Zeit steckten die beiden heute favorisierten

---

[153] Neben „Sturm auf die Bastille" (Darnton 1989: 51, Winkler 2004: 517) ist häufig von „Revolution" die Rede (Bender 2007: 225, Giesen 1993: 248, Kleßmann 2005a: 39, Osang 2007: 72). Daneben kursieren die Termini „Bürgerrevolution" (Jarausch 1995: 114), „ostdeutsche" (Bisky 2005: 209) bzw. „nationale Revolution" (Jarausch 1995: 205) und „nationaldemokratische Revolution" (Zwahr 1996: 336). Jürgen Habermas sah eine „nachholende Revolution" (Habermas 1990), NRW-Ministerien eine „Aufhol-Revolution" (*Ministerium für Schule und Weiterbildung, Wissenschaft und Forschung des Landes Nordrhein-Westfalen* 1999: 84), andere eine „fröhliche Revolution" (Wolle 1999: 14), „Autumn Revolution" (Naughton 2002: XIII), „Revolution von unten" ([O. Autor] 1989a: 22, Genscher 1995: 658), „Revolution ohne Revolutionäre", „Feierabendrevolution", „spontane Revolution" oder „volkseigene Revolution" (Opp / Voß 1993: 202 f.). Derweil scheint sich der Begriff „friedliche Revolution" durchzusetzen (Dann 1992: 328, Garton Ash 1989: 389, Gruber 1993: 348, Kohl 1990: 298 f., Krenz 1990, Leonhard 1989: 209 f., [O. Autor] 1989a, Reichel 2005: 54, Ritter 1998: 191, Wolfrum 2005: 399).
[154] Angefangen beim Begriff „Wiedervereinigung" (Assmann 2007: 177, Bender 2007: 167, Berschin 1993: 147) über „Vereinigung" (Giesen 1993: 247) und „Einheit" (Brauburger / Korte / Weidenfeld 1993: 138, Kohl 1996) vernimmt man die Termini „Fusion" (Wehler 2008: 321), „Umbau" (Seibt 2001: 84), „Umbruch" (Steinbach 1999: 7) und „Beitritt" (Mühlberg 2002: 220). Weit verbreitet ist Egon Krenz' Begriff der „Wende" (Assmann 1999: 65, Görtemaker 2004: 359, Krenz 1990: 11, Malzahn 2005: 180).
[155] Das betrifft die so unterschiedlichen politischen Positionen zuzuordnenden Begriffe vom „Zusammenbruch" (Joas / Kohli 1993, Willms 1994b: 8), dem „Kollaps" (Kielmansegg 2004: 616), der „Kettenreaktion" (Offe 1993: 296) bzw. der „Selbstauflösung der DDR" (Geiss 1992: 98 f.). Dem steht Hobsbawms These gegenüber, wonach die DDR von der Bundesrepublik „einverleibt" wurde (Hobsbawm 2002: 602). Einige der hier genannten Begriffe werden bei Ihme-Tuchel 2007: 73 ff., kurz erläutert.
[156] Assmann 2005: 133, vgl. Assmann 1999: 65; so auch in den Neurowissenschaften (Schmidt 1993: 393).
[157] S. z. B. Anderson 2005: 188-208, und Hobsbawm 1998.

Konzepte der politischen Ideengeschichte allerdings noch in ihren Anfängen: die Erinnerungs-kulturgeschichte und die Diskursgeschichte.

2.4 Auf dem Weg zum kollektiven Gedächtnis der deutschen Nation

Die Diskursgeschichte findet mittlerweile in einigen Geisteswissenschaften weite Verbreitung und zum Teil auch Eingang in die Geschichtswissenschaft, oft aufbauend auf der Diskurstheorie Michel Foucaults.[158] Auch für die mit der Fragestellung eng verbundenen Beiträge von Inga Scharf und Hans Joachim Meurer bildet sie einen Ausgangspunkt: Beide ordnen das bundesrepublikanische Kino in den ‚Diskurs' des ideologischen Systemgegensatzes ein. Bereits auf theoretisch-konzeptioneller Ebene sind sowohl diese Unterordnung der Deutschen Frage un-ter den ‚Diskurs' des Kalten Krieges[159] als auch die Diskurstheorien selbst zu hinterfragen. Das beginnt beim unklaren ‚Diskurs'-Begriff[160], der als alleiniger Bedeutungsträger nicht hinreicht, da er auf kein Außen wie Politik und Gesellschaft angewiesen ist. Es zieht sich hin zur ‚weltfer-nen' Konzeptualisierung von Subjekt und Gesellschaft, in der Phänomene wie Erfahrung, Erin-nerung und Vergessen weithin negiert werden. Zudem konnte die Diskurstheorie noch nicht in ein stimmiges Analyseprogramm überführt werden.[161] Aufgrund dieser Probleme der methodi-schen Absicherung und praktischen Umsetzung erwiesen sich Scharfs und Meurers Ansätze im Speziellen wie die Diskurstheorie im Allgemein für das Thema Berliner Mauer und Deutsche Frage im Film als nicht praktikabel (s. Kap. 5.3).

Gegenüber der Diskurstheorie verspätet, entwickelt sich seit etwa 20 Jahren ein wahrer „Ge-

---

[158] Vgl. zur Foucault-Rezeption Daniel 2004: 345-60, und Eder 2006. Diskurse müssen Foucault zufolge als den Dingen aufgezwungene „diskontinuierliche Praktiken behandelt werden, die sich überschneiden und manchmal be-rühren, die einander aber auch ignorieren oder ausschließen" (Foucault 1991: 34 f.). Nach einiger Zeit können sie sich überindividuell zu hegemonialen Diskursen entwickeln (Foucault 1973: 297).

[159] Durch den Kalten Krieg funktioniere laut Meurer der ‚Diskurs' des bundesdeutschen und des DDR-Kinos „to affirm power relations and territorial divisions of the Cold War" (Meurer 2000: 44; s. auch ebd.: 7, 44, 59, 62, 240 f.). Laut Scharf zeigen die westdeutschen Grenzfilme „a people deeply affected by the geopolitical changes that oc-cured after the Second World War" (Scharf 2005: 378). Besonders deutlich wird dieser auf die globale Ebene einge-schränkte Blick bei der von ihr (ebd.: 378-383) verwendeten Theorie der *critical geopolitics*. Diese versucht – er-kenntnistheoretisch zweifelhaft (vgl. Anm. 83 mit Anm. 159) – Derridas Textverständnis mit Foucaults Diskurstheorie zu verbinden (Ó Tuathail 1996: 18, 65 ff.). Die Anwendung der Theorie auf das vorliegende Thema scheitert am zweifelhaften *top-down*-Ansatz und der Überakzentuierung der globalen Ebene: „The Cold War divi-sion of Europe, symbolized most graphically by the Berlin Wall, had to be overcome and replaced by a new, nonan-tagonistic relationship between ‚East' and ‚West'." (Agnew / Mitchell / Toal 2003: 1) Indem die 1980er-Jahre und die Mauer auf der globalen Ebene des Kalten Krieges verhaftet bleiben (Agnew 2002: 134, Ó Tuathail 1996: 60, 225 ff.), werden nationale Fragen durch die Konstruktion antagonistischer Blöcke in den Hintergrund gedrängt.

[160] Es gibt kein einheiliges Verständnis von Diskurs (Eder 2006: 11). Entgegen Foucault liegt die Bedeutung in uns, nicht im Diskurs (Hall 1997b: 61), wobei Foucault und seine Schüler die materiellen, wirtschaftlichen und strukturellen Rahmenbedingungen weitgehend übersehen (vgl. Hall 1997b: 41-51, Sarasin 2003: 51).

[161] Vgl. zu den Erfahrungen Daniel 2004: 142 ff., zur unklaren Subjekt-Bestimmung Weichlein 2006: 288 f.; vgl. zum Arbeitprogramm, wonach die Repräsentativität der ausgewählten Quellen für das zu Thema nicht geklärt ist: Haslinger 2006: 27 ff., und Wulff 1998: 36; vgl. zur schärfsten Kritik an der Diskursanalyse Wehler 1998: 45-95.

dächtnis-Boom"[162] hin zu einer die Fächergrenzen überschreitenden, verhältnismäßig wenig kontroversen Erinnerungskulturgeschichte. Neben den zahlreichen Geschichts-, Sozial- und Politikwissenschaftlern, beschäftigen sich auch (Sozial-)Psychologen und Neurowissenschaftler, Religions- und Literaturwissenschaftler mit dem Thema ‚Gedächtnis' und ‚Erinnerung'.[163] Im Folgenden wird mit Hilfe der Ansätze von Maurice Halbwachs, Jan Assmann und neuerer Arbeiten versucht, die auf den ersten Blick individuellen, in den Filmen dargestellten Wahrnehmungen, Vorstellungen und Erinnerungen von Berliner Mauer und Deutscher Frage in einen gesellschaftlich-politischen Erfahrungs- und Gedächtnisrahmen einzubetten. Dieser Ansatz integriert die auf die Berliner Mauer bezogene neuere Grenzforschung ebenso wie den konstruktivistischen Nationsansatz und verleiht ihnen eine erfahrungs-, erinnerungs-, räumlich (Kap. 2.5) sowie generationell (s. Kap. 2.6) bedingte zeitliche Struktur. Damit lassen sich Verbindungen der Filme zu den im vorigen Kapitel erläuterten Positionen zur nationalen Frage und den Deutschlandverständnissen auch in der Erinnerungskultur ziehen.

Beginnend mit der Begriffsklärung, so bezeichnet ‚Erfahrung' „die unterschiedlichen Verlaufsformen und Techniken, die der Aneignung und Konstituierung menschlicher Wirklichkeiten zugrunde liegen"[164]. In diesem Verarbeitungsprozess werden Wahrnehmung, Deutung und Handeln koordiniert. Erfahrungen entstehen in wechselseitiger Beeinflussung mit soziokulturellen Rahmenbedingungen wie Sprache, Institutionen und Traditionen. In einem in die Zukunft weisenden Prozess bleiben individuelle Erfahrungen in ein soziales Netz eingebunden, wo sie durch gesellschaftliche Akteure fassbar werden. Dabei sind der soziokulturelle Deutungskontext und die eigenen Erfahrungen prinzipiell wandelbar. So werden individuelle Primärerfahrungen zunehmend von anderen bewusstseinsprägenden Faktoren bestätigt, überlagert oder verdrängt, wobei die sedimentierten Erfahrungen durch unterschiedliche Medien und Institutionen gedeutet oder tradiert werden können.[165] Die daraus entstehenden ‚Erinnerungen' sind „die einzelnen und disparaten Akte der Rückholung oder Rekonstruktion individueller Erlebnisse und Erfahrungen"[166], wobei das ‚Gedächtnis' als Kollektivbegriff angesammelter Erinnerungen fungiert. Der in der Forschung nicht einheitlich verwendete Begriff ‚Erinnerungskultur' dient im Folgenden als „Sammelbegriff für die Gesamtheit des

---

[162] Erll 2005: 1-11 (Zitat 2). Der einzig wirkliche Kritikpunkt liegt in der unklaren Auswirkung von Erfahrungen und Erinnerungen auf ihre soziale Geltung (vgl. Weichlein 2006: 293 ff.).
[163] Das weite Feld der Geschichtswissenschaftler reicht vom Ägyptologen Jan Assmann (z. B. Assmann 2005) über Neuzeithistoriker (z. B. Thamer 2000, François / Schulze 2001) hin zu Zeithistorikern (z. B. Sabrow u. a. 2007, Wolfrum 1999). Neben vereinzelten Politikwissenschaftlern (z. B. Reichel 2005), stammt mit Maurice Halbwachs der Gründungsvater dieser Forschung aus der Soziologie (Halbwachs 1966, 1985). Auf Neurowissenschaften und (Sozial-)Psychologie wird hier fast ausschließlich in den Anmerkungen verwiesen (s. vertiefend Burke 1993, Rusch 1996, Schmidt 1993, 1996, und Welzer 2001, 2005). Neben den Religions- (Eschebach 2005), sei von den Literaturwissenschaftlern vor allem die Anglistin Aleida Assmann genannt (z. B. Assmann 1999, 2006, 2007).
[164] So das Verständnis im Tübinger *SFB 437 Kriegserfahrungen* (Buschmann / Carl 2001: 18).
[165] Vgl. ebd.: 18 ff., und Thamer 2000: 899 f.
[166] Assmann 1999: 35; s. auch die Ergebnisse der Neurowissenschaften (Schmidt 1993: 381 ff., 1996: 33 f.).

nicht spezifisch wissenschaftlichen Gebrauchs der Geschichte in der Öffentlichkeit – mit den verschiedensten Mitteln und für die verschiedensten Zwecke"[167].

Auch wenn noch keine allgemeine Theorie des Gedächtnisses erarbeitet wurde, teilen fast alle Arbeiten den Bezug auf den französischen Soziologen Maurice Halbwachs.[168] Dieser trennte bereits in den 1920er-Jahren die individuellen Gedächtnisse einzelner Personen vom kollektiven Gedächtnis der Gruppe, der diese Personen angehören. Obwohl beide ihrer eigenen Bahn folgen, stützt sich das individuelle Gedächtnis zur Erinnerung auf das kollektive, das die individuellen Gedächtnisse umfasst.[169] Daher werden die Erinnerungen, wie die an Mauer und Deutsche Frage, von außen in das Gedächtnis gerufen, wobei die Gruppen, denen man angehört, die Mittel bereitstellen, die Erinnerungen zu rekonstruieren. Daher existiert ohne die Bezugsrahmen kein Gedächtnis. Individuen können sich nur erinnern, wie sie sich innerhalb dieses sozialen Rahmens der Gedächtnisse bewegen und am kollektiven Gedächtnis teilhaben.[170] Die Vergangenheit wird also aus Sicht der verschiedenen Gruppen interpretiert. Die wahrgenommenen Bilder knüpfen an vorangegangene an und können nicht ohne Erinnerung existieren. Dadurch lassen sich innere und äußere Beobachtungen nur schwer unterscheiden, weshalb auch die Mauer-Visualisierungen stets in einem gesellschaftlichen Rahmen stehen. Das bedeutet:

> „die Erinnerung ist in sehr weitem Maße eine Rekonstruktion der Vergangenheit mit Hilfe von der Gegenwart entliehenen Gegebenheiten und wird im übrigen durch andere, zu früheren Zeiten unternommene Rekonstruktionen vorbereitet, aus denen das Bild von ehemals schon recht verändert hervorgegangen ist"[171].

Diesbezüglich können Gedanken oder Erinnerungen nicht ohne sozialen, räumlichen und zeitlichen Kontext gebildet werden. Daher gibt es „so viele Arten, sich den Raum zu vergegenwärtigen, wie es Gruppen gibt"[172]. Erinnerungen sind von benachbarten Erinnerungen gerahmt, sodass sie jeweils in ein Erinnerungsganzes unterschiedlicher Gruppen hineingestellt werden. Diese Gedächtnisrahmen stellen „Denk- und Erfahrungsströmungen dar, in denen wir unsere Vergangenheit nur wiederfinden, weil sie von ihnen durchzogen worden ist"[173]. Die sozialen Überzeugungen sind damit einerseits Erinnerungen oder kollektive Traditionen, andererseits auch Ideen oder Konventionen der Gegenwart. Dabei kann der Gedächtnisrahmen den konkreten Bildern und Erinnerungen Stabilität verleihen, sich aber auch verändern. So lässt nicht ihr Alter die Erinnerungen verblassen, sondern ihr verändertes und verschwundenes Vorstellungssystem

---

[167] So die Definition von Hockerts 2002: 41; ähnlich Faulenbach 2007: 16.
[168] So Assmann 2006: 16, und Schmidt 1996: 9.
[169] Halbwachs 1985: 34 f., s. zu ihrer Unterscheidung ebd.: 1-31; vgl. dagegen Neumann 2001: 637.
[170] Halbwachs 1966: 19 ff., 121; so auch die Neurowissenschaften (vgl. Schmidt 1993: 383 ff.).
[171] Halbwachs 1985: 55-65, 364 (Zitat 55 f.); s. auch Erler 2003: 9, Erll 2005: 7, und Assmann 2007: 129-33.
[172] Halbwachs 1985: 142, 161 (Zitat).
[173] Ebd.: 60 (Zitat), 195 ff.; vgl. die Befunde der Neurowissenschaften (Welzer 2005: 44 f.).

von einst.[174] Gerade die Grenzöffnung am 9. November 1989 stellt nun solch ein den Gedächtnisrahmen massiv beeinflussendes Ereignis dar, sodass für die Filme danach auf veränderte Gedächtnisrahmen und neue soziale Rahmungen geachtet werden muss.

Nun sind acht Jahrzehnte an Halbwachs Theorie nicht spurlos vorübergegangen, und einige seiner Thesen mussten revidiert werden.[175] Insbesondere dem Ägyptologen Jan Assmann ist es zu verdanken, Halbwachs' Konzept konzeptionell und argumentativ geschärft zu haben. Das kollektive Gedächtnis teilt sich laut Assmann in das kulturelle und kommunikative Gedächtnis auf. Dieses umfasst Erinnerungen, die der Mensch mit seinen Zeitgenossen teilt. Das betrifft das in Kapitel 2.6 zu besprechende Generationen-Gedächtnis[176] ebenso wie das aktive Gedächtnis, die aktualisierte Auswahl des Angeeigneten der Vergangenheit. Mit der Epochenschwelle von etwa 40 Jahren schwindet die lebendige Erinnerung zunehmend aus dem Gedächtnis. Nach ca. 80 bis 100 Jahren vergeht es mit ihren Trägern, sodass ein neues Gedächtnis entstehen kann bzw. muss.[177] Dieses kulturelle Gedächtnis bezieht sich dagegen auf Fixpunkte der Vergangenheit, die sich nicht als solche erhalten kann: „Für das kulturelle Gedächtnis zählt nicht faktische, sondern nur erinnerte Geschichte."[178] Das kulturelle Gedächtnis bezieht sich also auf Ursprünge sowie auf einzelne herausragende Ereignisse und Entwicklungen der Geschichte, das kommunikative Gedächtnis auf eigene bzw. vermittelte Erfahrungen und deren Rahmenbedingungen.[179] Thematisiert das Buch also primär das kommunikative Gedächtnis und sozial gerahmte Erinnerungen der Filmemacher, werden mit der Analyse des Mauerfalls im Film Chancen seines Eingangs in das kulturelle Gedächtnis der Deutschen abgewogen.

Darauf aufbauend bestimmt Jan Assmann die konnektive Struktur gemeinsamen Wissens und Selbstbildes. Dieses bindet in sozialer und zeitlicher Hinsicht Individuen zu einem ‚Wir' zusammen, indem es sich auf gemeinsame Regeln und Werte wie auch auf die Erinnerung an eine kollektive Geschichte stützt. Zugespitzt formuliert bedeutet dies: „Identität ist […] eine Sache von Gedächtnis und Erinnerung"[180], und die „Vergangenheit […] entsteht überhaupt erst dadurch, daß man sich auf sie bezieht"[181]. Daher wird nur die erinnerte Vergangenheit bedeutsam und nur bedeutsame Vergangenheit auch erinnert. In einem dialektischen Prozess produziert Gedächtnis

---

[174] Halbwachs 1966: 135, 380-89; vgl. auch die Befunde der Neurowissenschaften (Schmidt 1996: 34 f.).
[175] Als unhaltbar erwies sich Halbwachs' starke These, man könne sich allein innerhalb einer Gruppe erinnern, wie auch seine Trennung zwischen der Geschichte als etwas Objektivem und dem sozialen Konstrukt des Gedächtnisses (Halbwachs 1985: 66-76; vgl. zur Kritik Assmann 2006: 131 ff., Burke 1993: 289 f., Nora 1990, Sabrow 2001: 41 f.) Zudem erfuhr auch der Begriff des Gruppengedächtnisses eine Ausdifferenzierung (vgl. zur Kritik Assmann 2007: 29-61), in mehr als die drei von Halbwachs angenommenen Gedächtnisse (vgl. Halbwachs 1966: 203-360).
[176] Assmann 2005: 48 ff.; vgl. Münkler 1996: 126, und Erkenntnisse der Neurowissenschaften: Welzer 2005: 12 f.
[177] Assmann 2005: 11, 50 f.; vgl. Assmann 1999: 34 ff.
[178] Assmann 2005: 52, vgl. auch Assmann 1999: 49, und die Neurowissenschaften (Schmidt 1993: 391).
[179] Vgl. Assmann 2005: 37-42; 51 f.
[180] Ebd.: 16 f., 89 (Zitat); vgl. Morley / Robins 1995: 91; ähnlich auch Schmidt 1993: 388 f.
[181] Assmann 2005: 30 f., was von der Neurologie bestätigt wird (Schmidt 1993: 381 ff., Welzer 2005: 44).

Sinn, und dieser stabilisiert das Gedächtnis.[182] Das deutet für die Analyse auf Konstruktionsmechanismen und die Persistenz der Mauer und Nationsbilder, ab 1989/90 aber auch auf Brüche im kommunikativen Gedächtnis hin, an dem auch die ausgewählten Filme teilnehmen.

Daran schließen neuere Forschungen über die NS-, Weltkriegs- und DDR-Erinnerung an. Aleida Assmann verweist darauf, dass Vergangenheit nicht ,um ihrer selbst willen' erinnert wird, und unterschiedliche Gruppen aus denselben Ereignissen verschiedene Schlüsse ziehen können. Der Geschichte als Kollektivsingular stehen daher heute „die vielen unterschiedlichen und z. T. einander widerstreitenden Gedächtnisse gegenüber, die ihr Recht auf gesellschaftliche Anerkennung geltend machen"[183]. Denn gerade innerhalb der Zeitgeschichte, in der das Thema dieses Buches einzuordnen ist, kann durch die Einordnung der ,Mitlebenden' in die Geschichtskultur die Vergangenheit selbst zum Politikum werden[184], was die Filmanalyse zeigen wird.

Damit Erinnerungen aber für die Zukunft nutzbar gemacht werden können, müssen sie erst einer Bearbeitung und programmatischen Selektion unterzogen werden. Denn da sie durchweg multiperspektivisch und heterogen sind, können sie ihre Homogenisierung erst auf der Ebene der Repräsentation gewinnen, die zu Harmonisierung und Vereinnahmung tendiert.[185] Daher besitzt auch die Berliner Mauer (im Film) nicht ,an sich' eine bestimmte Bedeutung, sondern erst durch Selektion und Perspektivierung. Das verweist auf die verschiedenen zeitgenössisch wahrgenommenen und retrospektiv erinnerten heterogenen Mauer- und Nationsvorstellungen im Film und wirft auch die Frage nach dem auf, was von ihnen erinnert wird, was bereits vergessen ist. Denn Erinnern und Vergessen sind untrennbar miteinander verbunden: Erinnerung impliziert Vergessen. Während Erinnerungen Selbstbilder, Vergemeinschaftung und Legitimation stiften, verhindern sie andere Erinnerungen und Konstruktionen.[186]

Das führt zum Bereich der Geschichtspolitik, den Praktiken, die sich unter Mitwirkung zahlreicher Akteure und Interessenten vollziehen, „mit der Formulierung und Popularisierung von Geschichtsbildern beschäftigen und letzteren eine verbindliche Geltung verschaffen wollen"[187]. Vereinfacht gesprochen entscheidet derjenige, der über das kollektive Gedächtnis verfügt, auch über Stabilität und Wandel politischer Institutionen, moralischer Bewertungen, Zwecke und Absichten der Menschen. Doch ist selbst in totalitären Staaten dieser Zugriff auf das kollektive Gedächtnis nie umfassend.[188] So bleibt Geschichtspolitik, auch die zur Berliner Mauer und Deutschen Frage, nie statisch, sondern verändert sich etwa durch den Wandel des

---

[182] Assmann 2005: 77; vgl. Assmann 2006: 136, und die Neurowissenschaften (Schmidt 1993: 386).
[183] Assmann 2006: 15 f. (Zitat); Eschebach 2005: 9 f.
[184] Vgl. Steinbach 2001a: 32; s. Anm. 20.
[185] Vgl. Assmann 2007: 202, und Eschebach 2005: 40.
[186] Vgl. Assmann 2006: 30, 408, Assmann 2007: 104, 275, Erll 2005: 7 f., Möller 2001: 8, Wolfrum 1999: 15; vgl. zum „willful forgetting an der ehemaligen innerdeutschen Grenze Berdahl 1999: 219.
[187] Frevert 1999: 309, Anm. 4; vgl. die unterschiedliche Definition von Wolfrum 1999: 32.
[188] Vgl. Münkler 1996: 123 ff.

Gedächtnisrahmens, den Generationenwechsel und den Wechsel des politischen Systems. Diese Einflussfaktoren werden gerade für die Mittelzäsur 1989/90, zur Unterscheidung zwischen den älteren und neueren Filmen bedeutsam sein. So können durch diese Aspekte Überschneidungen und Widersprüche der Filmdarstellung zum (veränderten) geschichtspolitischen Rahmen aufgezeigt werden. Denn ob verordnete oder filmische Erinnerung: „Das kollektive Gedächtnis ist selbst eine politische Größe"[189]. Daher ist nicht die ‚Wahrheit' der Mauer- und Nations-Erinnerungen im Film entscheidend, sondern ob sie in einem sozialen und politisch-kulturellen Rahmen für wahr gehalten werden. Auch falsche Erinnerungen können ‚korrekt' sein, wenn sie in einen etablierten Gedächtnisrahmen hineingeschrieben werden.[190]

Um nun den konkret lokalen Bezug solcher ‚(in-)korrekten' Erinnerungen von Berliner Mauer und Deutscher Frage zu erfassen, greift das nächste Kapitel auf das Konzept der Erinnerungsorte zurück. Daraus wird die Bedeutung des Erinnerungsortes Berliner Mauer für das kollektive Gedächtnis der Deutschen deutlich. Dies hilft, die spezifisch nationalräumlich erinnerte Symbolik der Mauer für die Deutsche Frage in der Filmdarstellung zu verstehen.

2.5 Der Erinnerungsort Berliner Mauer und die Deutsche Frage

Im Folgenden wird die Bedeutung herausgearbeitet, die die Berliner Mauer als Erinnerungsort seit ihrem Bau bis über ihren Fall hinaus für die Bestimmung der deutschen Nation und den damit verbundenen Erfahrungen einnahm. Die Theorie der Erinnerungsorte baut auf Pierre Noras Konzept der *lieux de mémoire* auf. Dieses verstand er als eine „Analyse der ‚Orte' – in allen Bedeutungen des Wortes – […], in denen sich das Gedächtnis der Nation Frankreichs in besonderem Maße kondensiert, verkörpert oder kristallisiert hat"[191]. Gedächtnisorte, wie Nora sie nennt, bestehen, in unterschiedlichem Ausmaß, in einem materiellen, funktionalen und symbolischen Sinn, die neben- und miteinander existieren. Die vorliegende Analyse konzentriert sich auf die symbolische Bedeutung des Erinnerungsortes Berliner Mauer.

Hatte man Noras Konzept im geteilten Deutschland noch kritisch beäugt, adaptierte man es nach 1989/90 u. a. auch hierzulande.[192] Zugleich setzte die Aufarbeitung der DDR-Vergangenheit zeitiger ein und ist heute weit fortgeschrittener als nach jeder vergleichbaren Situation im 20. Jahrhundert. Angesichts ihrer, aber auch der NS-Aufarbeitung im öffentlichen Raum ist Deutschland „heute ein Land der Erinnerungsorte und Gedenkstätten"[193].

---

[189] Assmann 1999: 32 (Zitat); vgl. Assmann 2007: 167-176, und Möller 2001: 12.
[190] Vgl. dazu Assmann 2007: 144-163.
[191] Nora 1990: 7; s. im Folgenden ebd.: 26.
[192] S. zur Rezeption und Abwandlung von Noras Konzept (auf Deutschland) François / Schulz 2005: 8 ff.
[193] Faulenbach 2007: 15. Einsetzen und Fortschreiten der DDR-Aufarbeitung wird besonders deutlich im Vergleich zur bis in die 60er-Jahre hinein praktizierten weitgehenden NS-Verdrängung (Eppelmann u. a. 1999e: 94, Mitter 1992: 367) sowie zu den anderen postkommunistischen Gesellschaften (Eckert u. a 2007: 15).

Auch wenn Erinnerungsorte entgegen Ciceros These kein immanentes Gedächtnis besitzen, *können* sie Erinnerungen lokal verankern, festigen und dauerhaft beglaubigen.[194] Dabei werden die Orte und Erzählungen „mit Bruchstücken aus früheren Geschichten verglichen und ‚zusammengeklebt'"[195], wodurch sie für die nationale Identität und Grenzwahrnehmung neue Orte erzeugen, artikulieren und gliedern helfen. Im Vergleich zu symbolischen Sinnkonstruktionen wie Museen und Denkmälern ist das Gedächtnis der Orte wie der Mauer aufgrund der mit ihnen verbundenen Affekte weit komplexer und uneinheitlicher.[196]

Sowie sich nun das nationale Gedächtnis der Deutschen seit dem 19. Jahrhundert mehrfach grundlegend geändert hat, erfuhr auch der Erinnerungsort Berliner Mauer seit 1961 verschiedene Wandlungen. In Forschung, Literatur und Film ist die Mauer seit über viereinhalb Jahrzehnten *der* Ort zur Thematisierung der deutsch-deutschen Grenze.[197] Mit Blick auf die Deutsche Frage leitete ihr Bau das Scheitern von Konrad Adenauers ‚Politik der Stärke' und eine neue Phase der Deutschlandpolitik ein.[198] Erschien dabei die Mauer vielen wie Helmut Kohl als „Monument der Unmenschlichkeit, das auch heute weltweit verachtet wird"[199], war sie für die offizielle DDR-Seite schlichtweg Sicherheitsgarant und „Existenzberechtigung"[200] des eigenen Staates.

Mit der Grenzöffnung aber war „die Beziehung zur Vergangenheit neu definiert und alles Erinnern auch in eine neue Motivlage gekommen"[201]. Sowie die Mauer zum „Inbegriff des SED-Regimes"[202] wurde, symbolisierte ihr Fall dessen Ende, sogar das „Scheitern und den Untergang des Kommunismus und zwar weltweit"[203]. Für viele Politiker wandelte sich die Mauer vom Zeichen der Unterdrückung zum Symbol des gewaltfreien Kampfes und des Erreichens demokratischer, freiheitlicher Ziele.[204] Doch im Gegenzug verbreitete sich Anfang der 90er-Jahre die Metapher der ‚Mauer in den Köpfen'[205] zwischen Ost- und Westdeutschen, und einige Nostalgiker wünschten sich die Mauer zurück. Diese von Anfang an pluralistische Mauererinne-

---

[194] Assmann 2006: 299. Bei Cicero heißt es: „tanta vis admonitionis inest in locis" (Cicero, *de finibus* V, 2).
[195] Certeau 1988: 227.
[196] Vgl. Assmann 2007: 225, und Till 2003: 290.
[197] In der neueren Forschung bilden Monographien zur innerdeutschen Grenze die Ausnahme (etwa Berdahl 1999), Bücher zur Berliner Mauer die Mehrheit (s. Anm. 58). Die Mauer wurde zum Mittelpunkt von Bestseller-Weltliteratur und Hollywood-Filmen und das Interesse an ihr bereits mit Troja und der Chinesischen Mauer verglichen (Wolfrum 2005: 388 f.; vgl. zur Mauer in der Literatur Frech 1992); s. zu den Filmen Anm. 9.
[198] Vgl. Wetzlaugk 1985: 171-179, und Wolfrum 2005: 391.
[199] So Kohl 1986: 6; vgl. ähnlich Bender 2007: 237.
[200] Hertle 2007: 79. Für Wehler 2008: 33, gilt der 13. August 1961 daher als „heimlicher Gründungstag der DDR".
[201] Mühlberg 2002: 220.
[202] Kielmansegg 2004: 625.
[203] Wolfrum 2005: 401.
[204] Vgl. Eschebach 2005: 40 ff., und Wolfrum 2005: 399; s. etwa Kohl 1990: 299. Diese Bedeutung der Mauer ist in den letzten Jahren eher noch gestiegen. So wird etwa ein verstärktes Engagement des Bundes für die Mauererinnerung gefordert (Sabrow u. a. 2007: 178). 2003 diskutierte man in der Berliner Tagespresse sogar eine Aufnahme der Mauer in das *unesco*-Weltkulturerbe (vgl. den *Tagesspiegel* von 8. bis 12. August 2003). Drei Jahre später legte eine Expertenkommission unter Martin Sabrow einen stark diskutierten Entwurf zur Schaffung eines Geschichtsverbundes ‚Aufarbeitung der SED-Diktatur' vor (vgl. Sabrow u. a. 2007), in dem das Thema „Teilung und Grenze" eine der drei Säulen bilden sollte (vgl. Eckert u. a. 2007, bes. 40 f.).
[205] So etwa Geiss 1992: 109, Potthoff 1999: 339, aber auch schon Schneider 1982: 110; s. dazu Abschnitt 4.

rung verweist auf die fehlende ‚innere Einheit‘ als Neue Deutsche Frage.[206] Die Filmanalysen werden zeigen, inwieweit die Mauer als Erinnerungsort der Deutschen Frage rückblickend von der Neuen Deutschen Frage der ‚Mauer in den Köpfen‘ beeinflusst wird.

Wie in Kapitel 2.4 angedeutet wurde, existieren Erinnerungsorte nicht nur in einem sozialen und politisch-kulturellen Kontext, sondern immer auch in einem spezifischen Zeithorizont, der durch den Generationenwechsel mit bestimmt ist. Harald Welzer definiert das „soziale Gedächtnis als die Gesamtheit der sozialen Erfahrungen der Mitglieder einer Wir-Gruppe"[207], und kommt damit dem Generationenkonzept nahe, das Halbwachs‘ Zeitgenosse Karl Mannheim noch heute weithin gültig in seinem Artikel *Das Problem der Generationen* entworfen hat.[208] Mit ihm wird die zeitliche Komponente des Erinnerungsortes Berliner Mauer um generationsbedingte Erfahrungs- und Erinnerungskontexte erweitert. Diese fließen auch in die Filmdarstellung der Symbolik von Berliner Mauer und Deutscher Frage ein.

2.6 Die Berliner Mauer und die Deutsche Frage im *Problem der Generationen*

Mannheims Theorie grenzt sich entschieden ab von einer konkreten Gruppenverbundenheit oder jeglicher Generationenrhytmik wie etwa der biologischen Generation von 30 Jahren. Entscheidend ist vielmehr eine Generationslagerung, in der „aus den *Naturgegebenheiten* des Generationswandels heraus bestimmte Arten des Erlebens und Denkens den durch sie betroffenen Individuen"[209] nahegelegt werden. Aus ihr *kann* ein Generationszusammenhang erst dann entstehen, wenn durch aktive und passive Teilnahme „reale soziale und geistige Gehalte [der Zeit...] eine reale Verbindung zwischen den in derselben Generationslagerung befindlichen Individuen stiften"[210]. Erleben junge Menschen im Alter zwischen 17 und 25 Jahren ein gesellschaftlich bedeutsames Ereignis und sind sie auf die historisch-aktuelle Problematik hin orientiert, bildet sich eine Generation. Die Jugenderlebnisse setzen sich als *„natürliches Weltbild"*[211] fest, auf die sich die späteren Erlebnisse hin ausrichten, weshalb ältere Generationen die Ereignisse in den bestehenden Erfahrungsrahmen einbauen. Innerhalb eines Generationszusammenhangs verarbeiten bestimmte Gruppen die Erlebnisse auf jeweils eigene Weise und bilden durch ähnliche Reaktionen und Handlungen verschiedene, zum Teil sich gegenseitig bekämpfende Generationseinheiten.[212] Zusammengefasst teilen Generationen, so

---

[206] Vgl. Bisky 2005, Kaase 1993, Neller 2006, und von marxistischer Seite Mitchell 2000: 266 f.
[207] Welzer 2001: 15.
[208] So das Urteil von Daniel 2004: 335, und Heinrich 1996. Es handelt sich um Mannheim 1928.
[209] Mannheim 1928: 524, 529 (Zitat).
[210] Ebd. 543 (Zitat), 550 f.; vgl. auch neuerdings Heinrich 1996: 74.
[211] Mannheim 1928 536-44 (Zitat 536); vgl. auch Heinrich 1996: 74, 91, und Schelsky 1981: 178 f.
[212] Mannheim 1928: 544 ff.; vgl. auch Heinrich 1996: 74.

Helmut Schelsky, „eine Gemeinsamkeit der Weltauffassung und Weltbemächtigung"[213].

Auch wenn der latente Allgemeingültigkeitsanspruch im Generationenkonzept in dieser Studie nicht geteilt wird,[214] lassen sich für die Zeitgeschichte zur Deutschen Frage im Anschluss an Mannheim grob drei Generationen unterscheiden, die auch die Filmemacher und Filmfiguren umfassen. Erinnert sich die ältere noch an ein Gesamtdeutschland, so ist die mittlere in die deutsche Teilung hinein sozialisiert. Die jüngere weiß wenig bis gar nichts von der Zeit vor 1989/90. In allen Generationen sind die kollektiven Erinnerungen stark durch den Nationalsozialismus und 1989/90 geprägt. Das ‚Dritte Reich' ist fest im kollektiven Gedächtnis der Deutschen verankert, der Vereinigungsprozess ebenso, während Nachkriegsereignisse wie der Mauerbau zunehmend verblassen. Dabei bewerten die zwischen 1941 und 1950 Geborenen, die Jahrgänge vieler der hier vorkommenden Filmemacher, die jüngsten Ereignisse bedeutsamer als es jüngere tun, da sie anscheinend 1989/90 mit der prägenden Jugenderfahrung des Mauerbaus verbinden. Dies veranschaulicht den Zusammenhang zwischen historischen Ereignissen und ihrer Erinnerung in bestimmten Altersgruppen.[215]

Zusammenfassend sollten die letzten drei Kapitel nachweisen, dass im Gegensatz zur Diskursgeschichte keine erkenntnistheoretischen, methodischen und historisch begründeten Schwierigkeiten bestehen, das Thema Berliner Mauer und Deutsche Frage im Film in einen erinnerungskulturellen Rahmen mit den Konzepten der Erinnerungsorte und Generationen einzubauen. Die Mauer- und Nationsdarstellung im Film wird also von Generation und politischer Position des Filmemachers, den Erfahrungen und Erinnerungen in einem sozialen, politisch-kulturellen und zeitlichen Rahmen beeinflusst. Dies ermöglicht Rückschlüsse auf Gemeinsamkeiten und Unterschiede zwischen Politik, Publizistik, Wissenschaft und Film.

Da nun aber die geschichtswissenschaftliche Erforschung von Orten und Grenzen im Film noch immer ein Desiderat darstellt, soll Kapitel 2.7 die besondere Selektion, Fokussierung und Interpretation von Nations- und Grenzerinnerungen und –erwartungen im Film aufzeigen. Denn Erfahrungen und Erinnerungen sind abhängig von ihrer Weitergabe und Organisation durch die Medien. *„Kollektives Gedächtnis ist ohne Medien nicht denkbar."*[216]

2.7 Der nationale Erinnerungs- und Erwartungsort Berliner Mauer im Film

Die bisher gewonnenen Kapitel sollen im Folgenden für die spezifisch filmische Erinnerungskultur in zwei wesentlichen Punkten erweitert werden: die unbewusste Geschichtsvermittlung sowie die Existenz von Vergangenheit, Gegenwart und Zukunft zugleich in einem Filmbild, das neben

---

[213] Schelsky 1981: 178.
[214] Vgl. zur Kritik Fuchs-Heinritz 1994.
[215] Vgl. Heinrich 1996: 70 f., 88 ff.; s. auch Faulenbach 2007: 17, Heinrich 2002: 188, Schlögel 2003: 471 f.
[216] Erll 2005: 123; ähnlich auch Assmann / Assmann 1994: 114, und Burke 1993: 292 ff.

dem Erinnerungsort auch einen Erwartungsort Berliner Mauer konstituiert.

Zunächst sind aufgrund der engen Zusammenhänge zwischen Metaphern und Medien des Gedächtnisses Erinnerungsorte neben den politischen und sozialen Interessen immer auch vom technischen Wandel bestimmt. So wurde in den letzten Jahrzehnten die Schrift durch Kino und Fernsehen als dominante Speichermedien des Gedächtnisses zurückgedrängt. Zudem braucht das Gedächtnis Bilder, an die sich Geschichten anknüpfen können, denn „es gibt [...] keine Geschichte ohne Bilder"[217]. Damit schaffen Massenmedien wichtige Impulse für das kulturelle Gedächtnis, können aber selbst keines produzieren. Sie dienen der ‚Vergangenheitsbewältigung', wie sich in der NS-Aufarbeitung, nach 1989/90 im Rahmen der ‚doppelten Vergangenheitsbewältigung' auch für die DDR-Geschichte offenbarte.[218] Dabei wird heute aber niemand mehr wie Rudolf Arnheim behaupten, dass „die Filmkunst [...] nach denselben uralten Gesetzen und Prinzipien arbeitet wie alle andern Künste auch"[219].

Wendet man sich daher dem spezifischen erinnerungskulturellen Beitrag des Films zu, so erkennt man in der klassischen Filmtheorie eine starke Betonung seines Realismuscharakters: „Was die Kamera auch abbildet – es ist Wirklichkeit, getreuste Wirklichkeit"[220]. Dass Filmemacher primär dem Bedürfnis der Kinozuschauer nach naturgemäßer Abbildung entgegen kämen,[221] kann jedoch durch das in den vorigen Kapiteln Gesagte widerlegt werden. So wird die Filmdarstellung der Mauer weniger durch den Anspruch an ‚wahre' Abbildung bestimmt als durch biographisch begründete und generationell geteilte Erfahrungen und Erinnerungen im kommunikativen Gedächtnis, abhängig von der Symbolik des Erinnerungsortes.

Aus anderen Gründen wurde der älteren Forschung aus streng konstruktivistischer Perspektive die These entgegengesetzt, dass der filmische Raum durch den Mechanismus der Wiederholung seine eigenen Objekte konstituiert. „Filme sind Konstrukte, die keine natürlichen Eigenschaften aufweisen"[222]. Da beide Extrempositionen in den letzten Jahren zunehmend hinterfragt wurden, gibt es mittlerweile in den mit dem Medium Film beschäftigten Disziplinen „zwar viele Ansätze, aber keine wegweisende Theorie, welche [...] ein ganzes Heer von Forschern ins Boot zu setzen vermochte"; gleichwohl existiert die Tendenz „hin zu einem Verständnis von Film als Interaktion von Produktion, Distribution und Rezeption, von Technik, Botschaft und Zuschau-

---

[217] Welzer 1995: 8 (Zitat); vgl. Assmann / Assmann 1994: 137-40, Dear 2000: 317; s. Kant in Anm. 88.
[218] Vgl. Assmann 2007: 242, Wilke 1999: 649 f., 667.
[219] So Arnheim 1974: 11; erste Kritik an dieser Gleichsetzung findet sich bereits bei Benjamin 2006: 53 ff.
[220] Arnheim 1974: 182; so für Gegenwartsfilme auch Kracauer 1985: 55, 95-97. Aber schon Kracauer betonte, dass der Filmemacher mit einem historischen Thema die Grundeigenschaften seines Mediums verleugne, da u. a. die Schauspieler an die Gegenwart gebunden sind, die Kulissen und Dekorationen künstlich wirken und die vom Film abgebildete Vergangenheit nicht mehr existiert (vgl. ebd.: 115-21).
[221] Arnheim 1974: 88 f.
[222] Thompson 1988: 451; ähnlich Aitken / Zonn 1994: 21, und Winkler 1992: 148 ff.

er"[223]. Das muss auch die Basis für die folgenden Analysen sein.

Dabei können Filme weder als Widerspiegelung der Realität, ‚wie es wirklich gewesen' noch losgelöst von anderen Darstellungen angesehen werden, da sie vielmehr selbst an der Konstruktion gesellschaftlicher Realität mitwirken.[224] So hängt der Erfolg eines Filmes auch nicht von seinem Realitätsgehalt ab, sondern von der Kompatibilität seiner Geschichten, Darstellungen und Zeichen. Zudem ist der filmische Ort wie die Berliner Mauer immer ein bereits erzählter und somit ein bewerteter Ort, bevor die Zuschauer ihn erneut bewerten.[225]

Das führt zum so genannten *Pictorial Turn*, der „Wiederentdeckung des Bildes als komplexes Wechselspiel von Visualität, Apparat, Institutionen, Diskurs, Körpern und Figurativität"[226], die wesentlich an der Konstitution der Gesellschaft beteiligt sind. Hier klingt die Konzentration der neueren Filmforschung auf die ‚Diskurs'-Theorie an, die sich in Kapitel 2.4 als problematisch erwiesen hat. Dessen ungeachtet versucht Hans Joachim Meurer in seiner Analyse zur nationalen Identität im deutschen Kino die Diskursgeschichte mit der älteren Filmtheorie zu verbinden. Diese bezeichnet vom marxistischen Verständnis her den Film als „Ware", die laut Siegfried Kracauer „nicht im Interesse der Kunst oder der Aufklärung der Massen produziert [wird], sondern um des Nutzens willen"[227]. Dagegen betont die heutige Filmgeschichtsschreibung als Einflussfaktoren neben dem Waren-Charakter den individuell-kreativen Beitrag und die gesellschaftlich-politische Rahmung.[228] Diese Aspekte sollen hier ergänzt werden durch die Funktion des Films innerhalb der Nationsverständnisse, dem kollektiven Gedächtnis, dem Erinnerungsort Berliner Mauer, den generationsbedingten Erfahrungen und Erinnerungen, aber auch den genannten zwei Besonderheiten des Films.

Oftmals wird das nationale Kino als Konstruktion einer durch Gemeinschaft und Tradition vorgestellten Identität und Grenzziehung verstanden, die von den Bewohnern einer Nation geteilt wird.[229] Unter Rückgriff auf das vorige Kapitel stellen sich jedoch (Nations- und Mauer-) Repräsentationen und die damit verbundenen Entscheidungen der Filmemacher (hinsichtlich der Visualisierung) von Generation zu Generation anders.[230] Filmbilder konstituieren einen spezifischen Bedeutungsrahmen, in dem Geschichte wahrgenommen, sozialer Sinn konstruiert und Erfahrungen von Zeitgenossen verdrängt werden können. Neben der geschichtsbewussten Vermitt-

---

[223] Albersmeier 2003: 18.
[224] Vgl. Arand 2006: 195 f., Bollhöfer 2007: 56 ff., Costa 2003: 191 f., Dear 2000: 183 f. Escher / Zimmermann 2001: 228 f., Maasen / Mayerhauer / Renggli 2006: 19, Riederer 2006: 102 f. Inwieweit sie das tun können, kann bei der gewählten Fragestellung jedoch nicht das Thema sein.
[225] Vgl. Dear 2000: 188-193, und Escher / Zimmermann 2001: 228 ff.
[226] Mitchell 1997 (Zitat 18 f.); vgl. auch Maasen / Mayerhauser / Renggli 2006: 22; Paul 2006: 7.
[227] Kracauer 1932: 9, s. auch Arnheim 1974: 327; s. zu Meurer Anm. 92.
[228] So zwei filmgeschichtliche Standardwerke: Elsaesser 1994: 15 f., und Jacobsen / Kaes / Prinzler 2004: 8.
[229] So Elsaesser 1994: 368 f., Morley / Robins 1995: 90 f. Laut Heimann 2006: 235, dienten die beiden „nationalen Fernsehanstalten […] als kulturelles Bindemittel im Kampf der Ideologien und Wertsysteme".
[230] Vgl. Assmann 2007: 235, 237.

lung können Filme „wahrscheinlich für unsere Gegenwart […] als das Medium absichtsloser Vergangenheitsvermittlung par excellence gelten"[231]. Daher vertritt die vorliegende Studie eine Mittelposition zwischen der These vom Autorenfilm[232] und der in der Literaturwissenschaft weit verbreiteten scharfen Trennung von Autor und Werk: Weder sollen Biographie und Intentionen der Filmemacher in der Filmanalyse außen vor gelassen werden noch die geschichts- und erinnerungskulturelle Rahmung des Films.

Diese geschichts- und erinnerungskulturellen Aspekte hat die Filmforschung von Rudolf Arnheim, der davon ausging, der Film müsse sich selbst seine eigenen Symbole suchen[233], bis Umberto Eco, für den die *Konvention […] alle unsere Abbildungsoperationen* [regelt]"[234], lange übersehen. Denn wenn Eco Recht hätte, wäre nur schwer ein historischer Wandel auszumachen. Zudem gelten mittlerweile alle Versuche als gescheitert, Geschichte auf narrative Strukturen zu reduzieren.[235] Natürlich entsteht der filmische Raum aus dem Zusammenschnitt mehrerer Einstellungen, ist daher nicht nur selektiv und fokussierend, sondern auch künstlich, ohne eine direkte Entsprechung in der Realität zu finden.[236] Die bekannten Zeichen wie eben die Berliner Mauer sind aber aufgrund ihrer Allgegenwärtigkeit unumgehbar, sodass die „filmische Stadt aus immateriellen und materiellen Konstitutionsbedingungen besteht"[237]. Daher ziehen nicht nur herausragende Ereignisse, sondern wahrscheinlich jedes beim Publikum erfolgreiche Filmbild eine Kette an Wiederholungen und kreativen Umwandlungen solcher Muster nach sich.[238] Dies wird die Filmanalyse der nationalen Symbolik der Berliner Mauer zeigen.

Abschließend wird die Hypothese aufgestellt, dass die Filmbilder von Berliner Mauer und Deutscher Frage nicht nur aus Intentionen und Konventionen, Produktionen und Rezeptionen, Erfahrungen und Erinnerungen herzuleiten sind, sondern auch aus Hoffnungen und Erwartungen. Mit Hilfe von Gilles Deleuzes Filmtheorie soll dieser die drei Zeitdimensionen umfassende Gedanke für eine geschichts- und erinnerungskulturell geleitete Filmanalyse des Erinnerungsortes Berliner Mauer nutzbar gemacht werden. „Der Film präsentiert nicht nur Bilder, er umgibt sie auch mit einer Welt"[239], wie sie etwa in Erinnerungs- und Weltbildern ihren Ausdruck finden. Darin liegt auch ein Grund, im jeweils zweiten Kapitel der Abschnitte 3 und 4 die Grenz- und Nationsbilder in ebenfalls dargestellte Gesamtrahmen der (Welt-)Deutung zu stellen. Dabei ist die Unmöglichkeit bedeutsam, Filmbilder allein in der Gegenwart zu verorten. Denn es gibt kei-

---

[231] Welzer 2001: 17 (Zitat), und Paul 2006: 19.
[232] Vgl. zum Autor im Neuen Deutschen Film Elsaesser 1994: 115-169.
[233] Arnheim 1974: 220.
[234] Eco 2002: 209 (Zitat), 255 f.; vgl. Aitken / Zonn 1994: 12 ff., Thompson 1988: 451 f. So ist auch die These einseitig: „Berlin im Film ist nie Kulisse, denn der Film bestimmt die Blickrichtung" (Jacobsen 1998: 8).
[235] Vgl. zur Kritik an Narrativitäts-Thesen von A. C. Danto, Haydn White etc.: Lorenz 1997: 177-187.
[236] Vgl. Hickethier 2007: 79 f., und Bollhöfer 2007: 93.
[237] Bollhöfer 2007: 111 (Zitat), 149; vgl. auch Costa 2003: 193, und Fröhlich 2007: 345.
[238] Vgl. zum Thema Film und Stereotypisierung Schweinitz 2006: XI ff.
[239] Deleuze 1991: 95.

ne von Vergangenheit und Zukunft losgelöste Gegenwart, weshalb der Film stets diese Vergangenheit und Zukunft mit erfasst, „die mit dem gegenwärtigen Bild koexistieren. Filmen, was *vorher* und was *nachher* kommt"[240]. Im Film bildet sich daher aus visuellen und auditiven Elementen in der Gegenwart ein Gedächtnis für die Zukunft, in der die Gegenwart vergangen ist. Deshalb wird auch überprüft, ob die Mauer neben dem Charakter eines Erinnerungsortes auch einen spezifischen, in den Filmbildern ausgedrückten Ort der Hoffnungen und Erwartungen, wenn man so will, einen nationalen Erwartungsort darstellt, wie er durch den 9. November 1989 erfüllt wurde.

Der erste Film, an dem sich das in diesem Abschnitt erarbeitete geschichts- und erinnerungskulturelle Konzept der Symbolisierung von Berliner Mauer und Deutscher Frage im Film bewähren muss, ist Reinhard Hauffs *Der Mann auf der Mauer*. Als Verfilmung des im Frühjahr 1982 erschienenen *Mauerspringer* von Peter Schneider lief das Drama im Oktober desselben Jahres in den deutschen Kinos an und ist damit der früheste hier analysierte Film.

---

[240] Deleuze 1991: 56 ff. (Zitat 57), sowie im Folgenden 74 ff.

3 Berliner Mauer und Deutsche Frage im Spielfilm der 80er-Jahre

3.1 *Der Mann auf der Mauer* – Der Patriotismus von links und der ‚Dritte Weg'

3.1.1 Die ‚Diktatur der Mauer'

Wie in Kapitel 1.4 bereits erwähnt, nennen die jeweils ersten Unterkapitel die Mauerszenen und -erwähnungen des Films, um seine Perspektive auf die Grenze und deren Darstellung zu beleuchten. In keinem 80er-Jahre Film ist die Mauer so präsent wie im *Mann auf der Mauer*.[241] Das ist darauf zurückzuführen, dass die Welt seit dem Ende der 70er-Jahre in den so genannten Zweiten Kalten Krieg eingetreten war[242] und, wie in Kapitel 2.3 erläutert, die Deutsche Frage vermehrt gestellt wurde. Zudem wurde das Kino zum privilegierten Medium zur Umsetzung von Nationsbildern.[243] Ein Film über die Mauer war angesichts der intensiven Diskussion zum zwanzigjährigen Mauerjubiläum daher fast schon die logische Konsequenz.

In Hauffs Film wird die Mauer neben drei Andeutungen (28 f., 1.30, 1.34) 14-mal als Betonbauwerk mit Überwachungsturm, Soldaten und Niemandsland gezeigt, von West- *und* Ost-Berliner Seite.[244] Dreimal nur ist eine Grenzübergangsstelle zu sehen, die allein den Bundesbürgern offensteht (3 ff., 39 f., 1.22). Nachdem Kabe per Bus durch Häftlingsfreikauf in die Bundesrepublik gelangt (8 ff.), kann er Andrea nur noch über die Mauer hinweg sehen (17 f., 29, 37). Damit nimmt der Film einen an die Ost-Berliner Hauptfiguren gekoppelten West- und Ost-Blick auf die Grenze ein, fokussiert auf den trennenden, bedrohlichen Charakter der Mauer, ohne Übergangsmöglichkeiten für Ost-Berliner oder Chancen zur ‚Republikflucht'.

So täuscht Kabe zu Beginn einen „illegale[n] Grenzübertritt" vor, um sich von den Grenzern verhaften zu lassen (3 f.). Denn dies sei für ihn aufgrund des Häftlingsfreikaufs der sicherste Weg in den Westen (6 f.).[245] Einem Grenzer redet er ins Gewissen, zuzugeben, „doch auch schon mal daran gedacht" zu haben, zu fliehen (4 f.). Bereits hier wird Kabes Glaube an die alle DDR-Bürger prägende ‚Diktatur der Mauer' und Fluchthoffnung angesprochen. Doch auch auf der anderen Seite lässt ihn die Mauer nicht los, als er, gerade in West-Berlin, vom Bundesnachrichtendienst verhört wird. Er bekennt, jeder DDR-Bürger habe schon einmal Kontakt zur Stasi gehabt; auch Westdeutschland sei, so Kabe historisch übertrieben, „völlig unterwandert […]. Wer sich bei ihnen ausplaudert, das sind allemal die Stasi-Agenten" (13 f.).[246]

---

[241] Das gilt auch für die Vorlange: *Der Mauerspringer* (Frech 1992: 128). Hier sei nochmals auf die Inhaltsangaben im Anhang hingewiesen, ohne die die Filme, sofern nicht bekannt, nicht verstanden werden können.

[242] Vgl. dazu Hobsbawm 2002: 306-17.

[243] Elsaesser 1994: 371.

[244] 2, 5, 11, 17 f., 22, 22 f., 27, 29 f., 37, 40, 51, 1.00, 1.17, 1.35 f.

[245] Fälle wie Kabe sind historisch verbürgt (s. Schumann 1995: 2378). Insgesamt wurden über 60.000 Menschen wegen ‚Versuchs der Republikflucht' oder deren Vorbereitung verurteilt (vgl. Wolfrum 2005: 389).

[246] Vgl. zu diesen noch mehrfach wiederholten (1.08, 1.20) – und insgesamt in ihrer Bedeutungszuweisung überbetonten – MfS-Aktivitäten in der Bundesrepublik allgemein Müller-Enbergs 1998: 432 ff.

Tatsächlich ist das MfS von der ‚Diktatur der Mauer‘ ausgenommen, indem es auf beiden Seiten der Grenze operiert. Erst als Kabe bei der Stasi anheuert, ist es auch ihm möglich, durch den so genannten Ho Chi Minh-Pfad, den geheimen Stasi-Tunnel zwischen Ost- und West-Berlin[247] viermal die Grenze zu überschreiten (57, 1.07 f., 1.23, 1.28 f.). Damit hat „die Betonmauer […] ausgedient“, sodass nun die „Mauer im Kopf“[248] überwunden werden muss (1.12). Neben dieser für Ost-Berliner allein durch Stasi-Kooperation möglichen personalen Grenzüberschreitung ist auch die mit Hilfe der Medien schwierig. Da Telefonate erst durch das MfS ermöglicht werden (11, 29, 33), stellen nur das Fernsehen und Radio unbeeinflusst von der ‚Diktatur der Mauer‘ Informationen über den anderen Teil Deutschlands bereit.[249] Inwieweit sich diese ‚Diktatur der Mauer‘ in ihrer symbolischen Aufladung widerspiegelt, und wie damit verbundene Aspekte der Geschichts- und Erinnerungskultur aufgegriffen werden, aus denen wiederum die Diskussion der Deutschen Frage entsteht, zeigt das folgende Kapitel.

3.1.2 Geschichts- und erinnerungskulturelle Symboliken der Mauer: Liebe und Moses

Trotz ihrer zentralen Stellung im Film wird die Mauer kaum mit sozioökonomischen Metaphern verbunden. Der Film schildert das oft beschriebene West-Ost-Wohlstandsgefälle[250] stets als Westblick, den Kabe und der Film allerdings hinterfragen, wodurch Gemeinsamkeiten beider Staaten hervorgehoben werden.[251] Damit kommt die Filmdarstellung dem Wandel des DDR-Bildes in der Bundesrepublik nach, das zunehmend nicht mehr nur negative Seiten dieses Staates, sondern auch positive Aspekte aufzeigte.[252] Zwar wird von Kabe das Stereotyp der DDR als ‚Gefängnis‘[253] bedient, wenn er betreffs seiner Aufenthalte in fünf DDR-Gefängnissen bemerkt, er habe „die ganze DDR kennengelernt – von innen“ (47); diese Themen dienen aber nicht sosehr der Diskussion der Deutschen Frage, sondern sollen primär belegen, dass vermeintliche Unterschiede zwischen Bundesrepublik und DDR diesbezüglich marginal sind. Weit wichtiger sind die Themen Frieden, religiöses Gedächtnis und grenzüberschreitende Liebe.

Als sich Kabe zwecks beabsichtigter ‚Republikflucht‘ von seiner Frau verabschiedet, will er

---

[247] Es gab damals Gerüchte von solch einem geheimen Tunnel für MfS-Mitarbeiter, der am S-Bahnhof Wollankstraße (Flemming / Koch 1999: 43) oder am Bahnhof Friedrichstraße vermutet wurde (Hertle 2007: 128).

[248] In Schneiders Erzählung, einem Novum der 80er-Jahre, wird darauf verwiesen, der Einriss der Betonmauer werde schneller vonstatten gehen als die Überwindung der „Mauer im Kopf“ (Schneider 1982: 110).

[249] Als Kabe bei Schacht aus dem Westen Ost-Fernsehen sieht, nimmt Erich Honecker gerade eine NVA-Parade ab (23 f.). Schacht sieht im West- und Ost-Fernsehen die unterschiedlichen Kommentare zu Kabes Flucht in die DDR (54), und Viktoria glaubt, die DDR schon zur Genüge aus dem Fernsehen zu kennen (1.23).

[250] In einem Restaurant steht Kabes Entsetzen hervorrufende Vorliebe für Poulette mit Rotkohl den noblen Speisen der *cuisine* gegenüber (32 f.). Später sagt Schacht zu Kabe, er solle anstelle der Radiobotschaften „Kaffee und Zahnpasta“ in die DDR schicken, da sie Walter Ulbricht für weniger Geld bekommen könnten (1.18).

[251] Ein Wohlstandsunterschied zwischen Andreas 50er-Jahre Wohnung und den Lofts in West-Berlin ist nicht zu erkennen (vgl. 28 f., 36 f., 1.30 mit 1.04 ff., 134). Zudem kontrastieren in West-Berlin gefeierte Models (16) mit arbeitslosen, verarmten Reportern wie Schacht, weshalb Kabe Stereotype des Wohlstands persifliert (16 f.).

[252] Vgl. dazu Weidenfeld 1989b: 35 ff.

[253] S. zu diesem Stereotyp etwa Kielmansegg 2004: 510 f., und Weber 2006b: 297 f.

mit der gemeinsamen Liebe die Mauer überwinden und knüpft diese Hoffnung an die Formel der Brandt-Scheel-Regierung, ‚Zwei Staaten, eine Nation‘, die sich in den Umfragen bis 1980 mehrheitlich durchgesetzt hat.[254] Kabe erklärt ihr, nicht sie, sondern den Staat zu verlassen; sie solle daher immer auf ihr Wiedersehen vertrauen (3 f.). Dies läuft aber für sie als ‚Republikflucht‘ „auf das gleiche hinaus“ (3 f.). Da sich diese Szene später bei Viktoria in umgekehrter Richtung wiederholt (49), zeigt dies, wie die Frauen im Film nicht wie Kabe die nationale Bedeutung der Mauerüberschreitung von der privaten trennen (können).

Diese nationale Bedeutung grenzüberschreitender Liebe hält Kabe in der Bundesrepublik aufrecht. Andrea solle sich nicht fürchten und standhaft bleiben, denn „wir kommen wieder zusammen“ (12). Als er Schacht mitteilt, er werde sie aus der DDR „herausholen“ – offenbar weil ihre Liebe stärker ist als Politik und Ideologie –, bemerkt Schacht ironisch: „Die Liebe, die geht durch Beton, was?“ (37) Kabes auf alle Bundesbürger verallgemeinernde Antwort, sie seien „so kaputt“, erscheint Schacht indessen als Ausrede: „Wir haben vielleicht keine Mauer, auf die wir das alles abschieben können.“ (37) Dem Film wie den damaligen Vorstellungen zufolge stehen West-Berliner also weit weniger unter den Zwängen der ‚Diktatur der Mauer‘ als die Ost-Berliner und koppeln Alltag und (Liebes-)Beziehungen auch nicht an die Grenze.

Denn während Kabe sich in West-Berlin für seine die Mauer überschreitende Liebe bloß seinen verständnislosen Freunden gegenüber rechtfertigen muss, sieht sich Andrea hingegen dem MfS ausgesetzt, das eine Ehe mit einem ‚Republikflüchtling‘ nicht duldet. Da sie sich in einem DDR-Ministerium beworben hat, wird sie in einem Verhör an ihre „Pflichten, was Kontakte nach den Westen angeht“, erinnert (28). Als sie einräumt, ihre Scheidung von Kabe zurückgezogen zu haben, wird ihr unmissverständlich, aber historisch zutreffend,[255] nahe gelegt: „Eine zukünftige Mitarbeiterin in einem Ministerium, verheiratet mit einem mehrfach bestraften Grenzverletzer, der jetzt im Westen lebt. Das geht schlecht zusammen.“ (28 f.)

Als wichtigstes Bindeglied, um diese durch die Mauer geteilte Liebe an die Deutsche Frage zu koppeln, dient der alttestamentarische Moses und der Auszug aus Ägypten. Schon in der Erinnerungskultur der Israeliten war der Exodus, wie Jan Assmann bemerkt, weniger als historisches Ereignis, sondern vielmehr als Erinnerungsfigur für den Gründungsakt der eigenen kollektiven Identität von Bedeutung.[256] So eraht auch Kabe im Gefängnis die Bedeutung der Erinnerungsfigur des geteilten und über die Ägypter hereinstürzenden Roten Meeres für sein

---

[254] Kleßmann 1988; vgl. Seiffert 1982: 170 f., und die Umfragen bei Weidenfeld / Glaab 1995: 2827 f., 2852.
[255] Vgl. zur Diskriminierung nach solch spezieller Form der Antragstellung Schumann 1995: 2387-91.
[256] Vgl. Assmann 2005: 200 ff. Erinnerungsfiguren sind kulturell geformte, gesellschaftlich verbindliche Erinnerungsbilder, die sich neben einem konkrete Raum- und Zeitbezug auf eine Gruppe orientieren und rekonstruktiv auf die Vergangenheit zugreifen (ebd. 38). Das religiöse Gedächtnis, die Urform der Erinnerungskultur (Halbwachs 1985: 150-159), beeinflusst noch in vielerlei Hinsicht die Gegenwart (Hockerts 2002: 51 f.).

eigenes Handeln (6 f.).[257] Später erzählt er Viktoria über die Bilder an der Wand seiner Gefängniszelle: Während Marx, Lenin und Ulbricht im Laufe der Zeit immer kleiner wurden, erschien ihm Moses immer größer (45 f.). Daraus wird ersichtlich, wie stark sich der Protagonist von den Idealen des Sozialismus entfernte und der Religion zuwandte.

So verwundert es auch nicht, dass Kabe, gerade in West-Berlin angelangt, von seinem alten Freund Helmut mit „Moses" begrüßt wird (16). Im Folgenden verknüpft er die biblische Figur und den Auszug der Israeliten mit seinem persönlichen und dem deutschen Schicksal, das Rote Meer mit der Berliner Mauer. Den Exodus im Gedächtnis, redet er den zwischen ihm und Andrea auf dem Überwachungsturm stationierten Soldaten zu: „So oder so. Bald stürzt der Herr mitten ins Meer, dass keiner von euch übrig bleibt." (19) Später wird er vor einer eingezeichneten Tür auf der Mauer noch deutlicher: „Nur keine Bange, die Mauern werden sich teilen, zur Rechten wie zur Linken." (27)[258] Nachdem er mit Graffiti „Moses" auf die Mauer sprühte, hat er eine Vision, in der sich die Mauerwände teilen und er als Moses mit *seinem* Volk die Grenze durchschreitet (29 ff.). Damit ist Kabes ,Erlösertätigkeit' für die deutsche Volksnation gefordert. Er allein muss die beide Staaten teilende Mauer niederreißen. Das folgende Kapitel analysiert nun, wie genau diese Symbolik mit der Deutschen Frage verknüpft wird, welche Standpunkte und Nationsverständnisse dabei ausgedrückt werden.

3.1.3 Die Berliner Mauer, die offene Deutsche Frage und der ,Dritte Weg'

3.1.3.1 Positionen der Filmfiguren zu Mauer und Deutscher Frage

> „[Hauffs Film benutzt] das andere Deutschland zu kaum mehr als einem dramatischen Vorwand für eine Liebesgeschichte. Diese Zurückhaltung kann ganz gut der Vorsicht der parteilich dirigierten Fernsehanstalten zuzuschreiben sein, nicht zu weit in politisch sensitive Gebiete einzudringen."[259]

Im Folgenden sollen diese These Thomas Elsaessers und die, wonach die Deutsche Frage im *Mann auf der Mauer* eine „Nummernrevue"[260] sei, widerlegt werden. So fallen bereits auf der sprachlichen Ebene des ,Deutschland'-Begriffs erste Gegensätze zu diesen Thesen auf. In der DDR ist die Deutsche Frage entlang der damaligen Parteidoktrin tabu. Während MfS und Ost-Fernsehen daher offizielle Bezeichnungen wie „DDR" (53, 54), „Staatsgrenze"[261] (51, 54) bzw. „Grenzanlagen der DDR" (52) verwenden, ist die Grenze für das West-Fernsehen der

---

[257] Im Film heißt es: „Als auch der letzte Hebräer und das letzte Lämmchen am anderen Ufer angekommen war, gebot Gott dem Moses: ,Strecke deine Hand über das Meer'. Moses tat es und sofort stürzten die hohen Wassermauern zusammen und begruben die Ägypter mit ihren Wagen und Pferden." (Vgl. dazu 2. Mose, 14)
[258] Vgl. die ähnliche Prognose bei Weizsäcker 1981: 281, s. zu Türen auf der Mauer: *Das Versprechen* 1.09.
[259] So Elsaesser 1994: 101, in seinem Standardwerk zum Neuen Deutschen Film.
[260] So Wieser 1982: 252, in einer Rezension für den *Spiegel*; vgl. ähnlich Thie 1982, und Witte 1982.
[261] Denn die innerdeutsche Grenze habe den „objektiven Charakter als Staatsgrenze" (Hofmann 1989: 282).

„Todesstreifen" (54). Daran anschließend reklamieren die Bundesbehörden gegenüber den Legitimationsbestrebungen von Seiten der DDR treffend die Alleinvertretung für „Deutschland" (10), die von Bundesbürgern wie Schacht übernommen wird (15, 17, 1.18).[262]

Indem Kabe aber die Bundesrepublik als „Westen" (14, 15, 17, 29) bzw. den jeweils anderen Staat wie Andrea und Viktoria als „Drüben" ansieht (49, 55, 58, 1.06, 1.10, 1.10, 1.14, 1.18, 1.20, 1.30), weist dies auf seine Ablehnung der offiziellen Staatsbezeichnungen und damit der Staaten hin. Damit distanziert er sich nicht nur von der DDR, sondern ebenso von der Bundesrepublik. Er selbst bleibt jedoch für Viktoria und Krause ein „Zoni" (47, 106), der laut Viktoria im „Osten" (1.22), laut Steiner in der „Sowjetisch besetzten Zone" lebt (1.02). Alle diese Begriffe zeichnen ein sprachliches Bild der Deutschen Frage, das deutlich dem demoskopischen Befund widerspricht, wonach 1982 nur zwei Prozent der Bundesbürger ihr Land als „Westen" ansahen. Von je 100 Befragten nannten 66 die DDR „DDR", nur sechs sprachen von „Drüben" (1980), zwei von der „Zone" und nur einer von der „SBZ". Wenn also auf sprachlicher Ebene in der Bevölkerung durch die „DDR"-Dominanz die DDR ,als eigenständiges Gebilde' erschien und zwei Drittel „Bundesrepublik" mit „Deutschland" gleichsetzten,[263] so wird durch Hauffs Film bereits sprachlich die deutsche Einheit bewahrt, indem Legitimationsbegriffe bzw. Alleinvertretungsansprüche oft nicht übernommen werden.

Die Bedeutung der verschiedenen ,Deutschland'-Begriffe und -Bewertungen findet sich in den Positionen der Figuren zur nationalen Frage wieder. Kabes allen Gesprächspartnern gegenüber vertretene Meinung lässt sich jedoch nicht aus dem Motiv eingeschränkter Reisefreiheit erklären.[264] Viel eher ist er ein von „Heimweh" (51) geplagter, gesamtdeutsch an einen ,Dritten Weg' denkender Mauerspringer, der an die in zwei Staaten geteilte deutsche Volks- *und* (!) Kulturnation glaubt,[265] das nationale Bewusstsein aber schwinden sieht.

Aufbauend auf der deutschen Geistesgeschichte, in der ,Heimat' schon früh zu einem nationalen Symbol erhoben wurde,[266] erlebte in der Bundesrepublik der 70er-Jahre das Thema ,Deutschland' mit der Renaissance des Heimatfilms neuen Auftrieb. Die nationale Frage wurde ähnlich wie später von Martin Walser als „Wunde namens Deutschland"[267] verstanden, die der politische Körper des Nationalstaates nicht schließen wollte. Das zeigt sich bereits in Kabes

---

[262] Vgl. Bemerkungen bei Kielmansegg 2004: 506 f. und die Statistik bei Weidenfeld / Glaab 1995: 2819.

[263] Jansen 1989: 1138, 1142; vgl. Berschin 1993: 187, König 2004: 122 f., und Weidenfeld / Glaab 1995: 2819 ff.

[264] So Frech 1992: 125 ff., über Schneiders Erzählung, die angeblich „keinen konkreten ideologischen Standpunkt gegenüber der Mauer" vertrete (so ebd.: 129). Da bei der gewählten Fragestellung Schneiders Erzählung nicht Gegenstand der Analyse sein kann, sei gegen diese These allein auf die Anm. 265, 290 und 298 verwiesen.

[265] Auch in der Erzählung sind die Deutschen ein „Volk, das keine staatliche Identität mehr besitzt […,] ein Land, das nur in meiner Erinnerung und Vorstellung existiert. Gefragt, wo es liegt, wüßte ich keinen anderen Aufenthaltsort zu nennen als seine Geschichte und die Sprache, die ich spreche." (Schneider 1982: 117)

[266] Vgl. Weichlein 2006: 325 f.

[267] So Walser 1988: 89; vgl. ähnlich lautend zum Neuen Deutschen Film Elsaesser 1994: 288 ff.; vgl. Dagegen Hake (2004: 277 f.), wonach dieser ,Heimat'-Begriff mit den Themen ,Nation' und ,Volk' nichts zu tun habe.

erster Szene in West-Berlin, wo er in seiner nationalen Identität noch hin und her gerissen ist (13 f.). Dies entspricht durchaus der zeitgenössischen Geschichtskultur, wonach Identitäten als Gesamtdeutscher und Teildeutscher oft miteinander konfligierten.[268]

Besonders deutlich wird dies in seinem ersten Kontakt zum MfS, nachdem er wieder die Mauer gen Ost-Berlin überquerte (50 f.). Zwei MfS-Mitarbeiter legen ihm zur Last, die „Staatsgrenze der DDR" übertreten und einen Wohnsitz in West-Berlin bezogen zu haben. Obwohl er immer noch in „Berlin" lebe und „nach Hause" will, ist aufgrund wiederholter ‚Grenzvergehen' und durch seinen Kontakt zum Bundesnachrichtendienst das „Privileg der Wiederaufnahme in die DDR" nicht so einfach zu gewähren (53). Hier treffen divergierende Auffassungen zur Deutschen Frage aufeinander. So konstatiert der MfS-Mitarbeiter, Kabe wolle „ständig über die Grenze, mal in die eine Richtung, mal in die andere", und fragt: „Wohin wollen Sie eigentlich?" „Auf die andere Seite", antwortet Kabe lakonisch (54); oder wie er es später formuliert: „Wo ich bin, da will ich nicht bleiben. Woher ich komme, da will ich nicht hin" (1.10). Gegen Ende des Films erklärt Kabe Viktoria den Sinn des angestrebten Mauerspringens und will sie überreden, in die DDR zu fahren, in das Land, das für sie „immer nur ein Grund zum Abbiegen war" (1.21). Wie zuweilen in der Literatur geäußert,[269] kann er sich im Gegensatz zum MfS durch eigene, gesamtdeutsche Erfahrungen und Erinnerungen für keinen der beiden Staaten entscheiden. Er denkt dabei gesamtdeutsch, die Mauer, eigene und nationale Teilidentitäten überschreitend: „Du hast dich viel zu lange damit abgefunden. Du kennst nur die Hälfte von Dir. Was Du hier immer suchst und nie findest, das ist drüben." (1.23)

Diese gesamtdeutsche, nach Heimat sehnende Perspektive artikuliert er in West-Berlin vor dem Hintergrund des westdeutschen Desinteresses an Mauer und DDR sowie gegen bundesdeutsche Vereinnahmungen des ‚Deutschland'-Begriffs. So erwidert Kabe auf Schachts Bemerkung von „diesem Teil Deutschlands", dies sei nicht Deutschland, sondern „Westen" (17). Für ihn ist bei zwei Staaten die nationale Identität der Deutschen anscheinend nicht gegeben. Demgegenüber fragt ihn Schacht, ob es „ganz Deutschland" überhaupt gebe (1.18). Aus diesen Bemerkungen wird nicht nur deutlich, dass im Gegensatz zu Kabe Schacht sich wie viele Bundesbürger nichts mehr unter der ‚Nation' vorstellen kann;[270] auch hat er sich mit Mauer und Teilung abgefunden. Verbunden mit der europäischen Dimension kann er ihr sogar positive Aspekte abgewinnen, denn „ohne die Mauer hätte es in den letzten Jahren in Europa keinen Frieden gegeben" (26). Dieses Zitat deutet an, wie in der bundesdeutschen Geschichtskultur und Deutschlandpolitik die Prinzipien von Freiheit und Frieden das Wiedervereinigungsgebot

---

[268] Vgl. dazu etwa Nipperdey 1986: 216 f.

[269] Laut Böhme 1989: 225 ff., brauche jeder Bundesbürger die DDR, um die eigene Identität zu finden.

[270] 1972 gaben in einer Umfrage nur 34 Prozent an, sie könnten ‚Nation' beschreiben (Hobsbawm 2005: 217). Laut Hans-Ulrich Wehler sei die Nation für viele Westdeutsche zu einer „Chimäre" geworden (Wehler 2008: 303).

verdrängt haben.[271] Da es bis zum *Versprechen* (1.12 f.) die einzige direkte Europaerwähnung der ausgewählten bundesrepublikanischen Mauerfilme bleibt, zeigt es auch, dass sie der Mauer vorrangig eine nationale, kaum eine europäische Bedeutung zuwiesen. Dieses Fehlen steht im Kontrast zur Regierungs-,[272] Forschungs-,[273] und gesellschaftlichen Meinung,[274] für die die deutsche Einheit stets in die europäische Integration eingebettet sein musste. Dies wird aber verständlich durch den Bezug auf das vorrangig deutsche Filmpublikum, sowie die erinnerungs- und geschichtskulturelle Rahmung der Filme.

Während sich Schacht also desillusioniert mit der Teilung abgefunden hat und die Existenz der deutschen Nation bezweifelt, vertritt der Regierungssprecher im Ausreisebus einen zutreffenden Alleinvertretungsanspruch der Bundesrepublik für ‚Heimat' und alle Deutschen– gemessen am *Grundgesetz*, der Geschichtspolitik und dem Deutschlandverständnis, dass sich in den 80er-Jahren weithin durchsetzt[275]. Während er offenbar einen ritualisierten Begrüßungstext abspult und eigene Bewegtheit vorspielt, verweist er auf die „vielen Mühen und Wirren", die erst „zu beseitigen waren", bis es zu diesem Moment kommen konnte (11). Ohne langes Reden will er den Ausreisenden „von ganzem Herzen zurufen: Willkommen daheim in Deutschland" (11 f.). Diese Position entspricht der Deutschlandpolitik der sozial-liberalen Regierung, deren ‚Wandel durch Annäherung', Viermächte-Abkommen, Verkehrs- und Grundlagenvertrag zwischen 1970 und 1972 die innerdeutsche Grenze durchlässiger gemacht und die seit 1964 praktizierten Häftlingsfreikäufe erweitert hatten.[276] Es zeigt aber auch die Kehrseite einer Politik, der es wichtiger war, die Last der Trennung zu mindern, als die deutsche Einheit auch herzustellen.[277]

Ein anderes Nationsverständnis vertritt im Film Dr. Steiner, ein ehemaliger SS-Sturmbannführer und Mitbegründer des *Kampfbundes für ein freies Deutschland* (1.15 f.), auf den Kabe vom MfS zur Spionage angesetzt wird (54). Auf einer kleinen, selbst organisierten Kundgebung zur Einweihung eines Mauerdenkmals referiert Steiner über die ‚Republikflucht' aus der DDR, über die „Söhne der Arbeiterklasse [...], die in Scharen davonlaufen" und

---

[271] Vgl. allgemein Wolfrum 2006: 428 f.

[272] S. die Positionen der Regierung (Genscher 1995: 646 f., Kohl 1983: 37); vgl. Weizsäcker 1983b: 16 f., und die Erläuterungen der politischen Positionen bei Garthe 1991: 25, Gruner 1993: 21, und Korte 1998: 111.

[273] Vgl. etwa Garton Ash 1985: 102, Korte 1990: 24, Langewiesche 2000: 190, und Mommsen 1983: 64.

[274] Vgl. Roth 1995: 194-218. 1983 erklärten 36 Prozent die deutsche Vereinigung als vordringlicher, 60 Prozent die europäische Vereinigung (Heß 1986: 50, Anm. 74, Weidenfeld / Glaab 1995: 2872 f.). Es war sogar von der ‚Er-satznation Europa' die Rede (Alter 1993: 484), was starke Kritik hervorrief (Janning 1993: 274).

[275] S. etwa Brandt 1963: 402; Vgl. zur Geschichtspolitik Wolfrum 1999: 258-345, zum ‚Deutschland'-Begriff Weidenfeld / Glaab 1995: 216 ff.; vgl. zum Freikauf- und Ausreiseprozedere Hertle 2007: 118 f.

[276] Vgl. dazu Bender 2007: 165-73, Görtemaker 2004: 233-249, Wetzlaugk 1985: 180-86, Winkler 2004: 279-290, 310-14. Der ‚Wandel durch Annäherung' wurde 1963 vom damaligen West-Berliner Presseamtschef Egon Bahr formuliert (Bahr 1963: 240). In Abgrenzung zur CDU-„Politik des Alles oder Nichts" sollte man die bestehenden Verhältnisse anerkennen und die Teilung schrittweise überwinden. Denn die Wiedervereinigung sei „nicht ein ein-maliger Akt [...], sondern ein Prozess mit vielen Schritten und vielen Stationen" (ebd.: 236). S. zum Grundlagenver-trag Anm. 29; vgl. sowie zu Zahlen und Kosten der über 33.000 freigekauften Häftlinge Garton Ash 1993: 217 f, und Hertle 2007: 84 f., 117.

[277] Vgl. Bender 2007: 145-51, und Knappe / Juling / Heyde / Hacke 1993: 208 f.; s. schon Brandt 1963: 408 f.

resümiert: „Nur ein paar verträumte Spinner faseln heute noch von den Errungenschaften des Kommunismus" (1.01 f.). Er repräsentiert die national-konservative und anti-kommunistische Position eines so genannten Kalten Kriegers vom rechten Rand des politischen Spektrums der Bundesrepublik, die der DDR jegliches Existenzrecht abspricht.

Zusammengefasst gehen die Bundesbürger Schacht, der Sprecher und Steiner alle von einem bundesrepublikanischen Verständnis der deutschen Nation aus, das mal mehr, mal weniger explizit mit Gesamtdeutschland gleichgesetzt wird, ohne konkrete Pläne zur Lösung der Deutschen Frage zu kennen. Ihre Positionen spiegeln den demoskopischen Befund wider, wonach 1984 56,9 Prozent der Bundesbürger die Bundesrepublik mit „Deutschland" gleichsetzten, nur 27 Prozent gemeinsam mit der DDR. Nur noch 42 Prozent sahen Bundesrepublik und DDR als eine Nation an – 1974 waren es noch 70 Prozent.[278]

Folgerichtig erklärt Kabe, nachdem er einige Zeit in West-Berlin verbracht und Steiner ausspioniert hat, der MfS-Agentin: „Die Leute da drüben sind nicht gefährlich. Die haben nur noch Beziehungsprobleme" (55). Tatsächlich sind den West-Berlinern ihre Liebesbeziehungen wichtiger als die Deutsche Frage oder die Menschen in der DDR. Schachts größte Sorge ist seine Ex-Freundin Barbara (s. z. B. 22, 57, 1.18, 1.21, 1.29 f.), und Kabes Westfreundin Viktoria fragt sich: „Was soll ich überhaupt mit so einem Zoni? Was hab' ich überhaupt mit dir [Kabe] zu tun?" „Eigentlich nichts", antwortet er (48 f.), und verweist damit auf die fortgeschrittene Auseinanderentwicklung der Bewusstseinsnation. Daher erwidert Viktoria, als Kabe sie überreden will, in den Osten zu gehen, sie wisse nicht, was sie „da drüben soll", schließlich kenne sie „genug vom Fernsehen" (1.23). Für Viktoria existiert damit wie für viele Bundesbürger die DDR allein in den bundesdeutschen Medien.[279] Sie kommt nur deshalb seiner Bitte nach, um Andrea endlich kennenzulernen, die ‚Frau in seinem Kopf' (1.23).

Während Viktoria der Auseinanderentwicklung der Bewusstseinsnation gleichgültig gegenübersteht, sieht Krause die DDR-Bürger negativ, die Mauer sogar positiv. Das zeigt sich, als er einem Fahrgast seines Taxis die Beziehung zwischen Kabe und Viktoria schildert:

> „Da liegt meine Frau mit einem anderen im Bett, mit einem Zoni, mit einem von drüben. Was ist eigentlich besser an denen, können sie mir das mal sagen? Haben nichts, wollen alles, rotzfrech. Kommen frisch aus dem Knast und legen sich hier ins gemachte Bett. Was haben sie denn zu bieten? Ich werd' ihnen sagen, was falsch an der Mauer ist: dass sie nicht dicht ist." (1.05 f.)

Schläft hier scheinbar ein DDR-Flüchtling mit einer Bundesbürgerin, war es in Martin Scorseses US-Film *Taxi Driver* ein Farbiger mit der Frau des weißen Taxifahrers Travis Bickle. Diese

---

[278] Vgl. die Daten bei Beyme 1996: 88, und Reuter 1988: 12 f.; vgl. die Deutung von Heß 1986: 9. Auch politische Linke wie Reinhard Kühnl sahen die „bundesrepublikanische Nation" im Entstehen (Kühnl 1986: 99).
[279] Vgl. allgemein Wolle 1999: 255; vgl. auch Kielmansegg 2004: 551.

Analogie betont Krauses Trennung einer bundesdeutschen Nation von der DDR. Wie für Schacht ist auch für ihn die Mauer kein Ärgernis, sondern ein prinzipiell nützliches Bauwerk. Abgestoßen von seiner polarisierenden Meinung geht der Fahrgast zu Fuß, ohne aber eine Mauerkritik oder ein gesamtdeutsches Bewusstsein zu artikulieren.

Insgesamt wird an den Figuren Viktoria und Krause, beide Mitte 30, – zum Teil auch am älteren Schacht – die sich an die deutsche Zweistaatlichkeit gewöhnende mittlere Generation dargestellt, welche die geteilte Stadt bewusst gar nicht anders kannte und interesselos auf die DDR und die Mauer blickte. Sie war kein Störfaktor mehr für die persönliche Lebenszufriedenheit, während die in den Westen integrierte Bundesrepublik nicht mehr nur als Provisorium betrachtet wurde.[280] Für die Figuren ist die Deutsche Frage nicht mehr offen, und die Teilung wie die Mauer haben aus ihrer Sicht begründete Vorteile. Der Bevölkerung werden damit Desinteresse, Resignation und Abwehrhaltungen unterstellt, von der sich Kabes Antwort durch den linkspatriotischen ‚Dritten Weg' als umso berechtigter abheben muss.

3.1.3.2 Kabe, der linke Patriotismus und der ‚Dritte Weg'

Diese Position Kabes zur Deutschen Frage klingt bereits in einer Szene während einer im Hintergrund zu hörenden Radiosendung an. Dort schildert der Moderator, wie die deutsche Teilung zunächst von der Bevölkerung nicht akzeptiert wurde. Deshalb musste eine künstliche Abschottung voneinander erfolgen. Die Mauer wurde weder abgerissen noch als Notwendigkeit akzeptiert. Da die beiden Regierungen Teilidentitäten schufen, sei heute die „Wahrnehmung […] vorherbestimmt durch ein halbes Land, das seine Identität seit dreißig Jahren aus der Abgrenzung gegen die andere Hälfte bezieht" (27). Gegenüber dieser Identitätsstiftung durch Abgrenzung hebt der Moderator Gemeinsamkeiten zwischen den Bewohnern beider Staaten jenseits der Regierungsinteressen hervor. Als Alternative zur deutschen Teilung wird ein ‚Dritter Weg' in Aussicht gestellt. Ohne Regierungen, Presse und Soldaten müsse das Volk selbst in Verhandlungen eintreten und Interessen ausgleichen (27 f.).

Diesen bereits in den 50er-Jahren diskutierten, zu Beginn der 80er-Jahre in der politischen Linken massiv ins Gespräch gekommenen ‚Dritten Weg' favorisieren auch Kabe und der Film.[281] In Schachts nahe der Grenze gelegenen Hochhauswohnung baut Kabe aufgrund guter

---

[280] Vgl. allgemein Bender 2007: 204, Flemming / Koch 1999: 100, Weidenfeld / Glaab 1995: 2818 f, 2853, Winkler 2004: 219, und Wolfrum 2005: 392 ff. Zwischen 1971 bis 1989 haben sich jeweils ca. 54 Prozent der Bundesbürger „wenig" bis „gar nicht" für die DDR interessiert (Glaab 1999: 219). Auch in Schneiders Erzählung hatte sich die Mauer „im Bewußtsein der Westdeutschen immer mehr zur Metapher [verdünnt...]. Der Blick nach drüben verkürzte sich zu einem Blick auf die Grenzanlagen […]. Ob es ein Leben gab jenseits des Todesstreifens, interessierte bald nur noch Tauben und Katzen." (Schneider 1982: 12)

[281] Vgl. zur Diskussion des ‚Dritten Weges' im linken Patriotismus u. a. Roth 1995: 166 ff., 219-53. Politisch Links bezeichnet in diesem Buch die Fokussierung auf relative Gleichheit zu einer Zeit (vgl. Bobbio 1994). Wie sich Peter Schneider im Buch als Erzähler zu erkennen gibt (vgl. Frech 1992: 122, Anm. 248), und sich als westdeutscher Lin-

Funkbedingungen mit *Moses 2 – Kanal 3* einen Sender für die vier Millionen Übersiedler in der Bundesrepublik auf, insgesamt aber wohl mit dem Ziel, alle Deutschen zu erreichen (1.12 f.). In seiner Erstausstrahlung werden seine auf die vorherige Radiosendung anspielenden und vom Film übernommenen Ziele und Forderungen zur Deutschen Frage deutlich:

> „Fürchtet euch nicht. Steht fest. Nur keine Bange. Wir sind eine Gruppe demokratisch gesinnter Kommunisten und wenden uns erstmals … Unser Ziel ist infinitiv. Hiermit wird Deutschland zu einer einigen und unteilbaren Republik erklärt. Denn es ist besser in der Wüste zu sterben, als den Ägyptern zu dienen. Das aber bedeutet: Abzug aller fremden Truppen! Raus aus den Pakten! Panzer in den Amazonas! Friede auf Erden! Wir müssen die Mauern zwischen uns niederreißen! Damit meine ich: Alle Umstände vernichten, in denen der Mensch ein verächtliches und geknechtetes Wesen ist. Solange die Mauer zwischen uns steht, Andrea, werden wir niemals unser wahres Gesicht…" (1.17 f.).

Die über die Beziehung zu Andrea ausgedrückte wiederholte Analogie zu Israel beinhaltet seine Forderungen nach Entmilitarisierung, Neutralität und Frieden und entspricht damit den Ideen der westlichen Friedensbewegung.[282] Die Ursachen ihrer Entstehung in der Bundesrepublik lagen vor allem in den schleppenden Abrüstungsverhandlungen zu SALT II im Jahre 1977, dem umstrittenen NATO-Doppelbeschluss vom 12. Dezember 1979 ebenso wie im Einmarsch der UdSSR in Afghanistan und ihrer Stationierung neuer Mittelstreckenraketen (SS 20) in der DDR.[283] Gerade in der Bundesrepublik erhielt die Friedensbewegung regen Zulauf, wobei ihre Ideen in den 80er-Jahren bis weit in die Populärkultur ausstrahlten.[284] Für viele politisch Linke erschien deshalb nicht der jeweilige Gegner, sondern ihr Gegensatz als Hauptgefahr für den Frieden.[285] Denn, so Wolfgang Venohr: *„Von deutschem Boden darf nie mehr ein Krieg ausgehen! – Auf deutschem Boden darf nie mehr ein Krieg stattfinden!"*[286]

Mit dem sich abzeichnenden Scheitern der Entspannungspolitik wurde die Friedensbewegung zu einem Katalysator der neu aufgelegten nationalen Frage, die von 1977/78 bis 1983, mit Schwerpunkt 1981 verstärkt thematisiert wurde.[287] Auch Kabe geht über die Friedensbewegung hinaus, indem er eine nicht rückgängig zu machende Vereinigung der beiden deutschen Staaten in einem ‚Dritten Weg' zwischen Demokratie und Kommunismus fordert. Damit unterscheidet

---

ker mit den Mauerspringern identifizieren lässt (Hinck 1982), kann dies auch für den Film angenommen werden (Scharf 2005: 394). Zudem verweist Elsaesser 1994: 177 ff., auf den hohen Identifikationsgrad mit den Protagonisten in Reinhard Hauffs Filmen, ohne allerdings diesen Film zu nennen. Damit widersprechen die Ergebnisse der Analyse der These, wonach der Film zwar an die Deutsche Frage erinnere, sich ihr aber nicht stelle (so Witte 1982).

[282] Deren Ziele seien E. P. Thompson zufolge „impatience at the domination of Europe by *both* superpowers; a desire to set nations free from their client status" (Thompson 1985: 15).

[283] Vgl. zu diesen hier nur in Stichpunkten genannten Aspekten Pond 1993: 33-55, und Stöver 2007: 429 ff.

[284] 1982 etwa gewann Nicole mit *Ein bißchen Frieden* den *Grand Prix d'Eurovision*, und 1984 stürmte Nenas *Neunundneunzig Luftballons* national und international an die Spitzen der Charts (Wolfrum 2006: 413).

[285] So Brandt / Ammon 1982: 157, und Venohr 1982a: 12 ff.; vgl. Bender 2007: 176-92, Roth 1995: 220 ff. Im September 1981 demonstrierten 40.000 Berliner gegen die Anwesenheit von US-Truppen (Scheuch 1991: 203 f.) und im Oktober Hunderttausende in Bonn gegen das Wettrüsten der Blöcke (Malzahn 2005: 166).

[286] So Venohr 1982a: 12, dessen Sammelband (Venohr 1982c) Autoren von rechts bis links vereint.

[287] Vgl. dazu Hanisch / Knütter / Könitz 1985: 14, Korte 1990: 159, Roth 1995: 219, Wetzlaugk 1985: 9 ff.

sich seine Position von CDU/CSU, FDP und SPD, für die, wie Kapitel 2.3 dargelegt hatte, NATO- und Westbindung sowie das bundesdeutsche Vorbild notwendige Bedingungen der Einheit waren. Erst die Publizistik zeigt hier vergleichbare Positionen.

Da ist das in den Kernthesen fast wörtlich mit Kabes Forderungen übereinstimmende Manifest des *Bundes Demokratischer Kommunisten Deutschlands*, einer SED-internen, aber namentlich ungenannten Oppositionsgruppe, das im Januar 1978 im *Spiegel* erschien.[288] Dass solche Forderungen gerade im Ostblock unrealisierbar waren, muss nicht eigens erläutert werden. Doch interessierte dies weder den *Bund* noch den Film, der sich wie so viele linke Patrioten dieser Tage keine Gedanken über die konkrete Gestaltung der Einheit machte.[289]

Dieser dem Manifest vergleichbare, in seiner Wirkung weit wichtigere Patriotismus von links entstand in der Bundesrepublik infolge der Friedensbewegung. So wehrten sich vor allem linke Schriftsteller gegen neue nationale Identitäten und argumentierten aus der Gefährdung Deutschlands für geteilte Verantwortung und gemeinsames Handeln, bei gleichzeitigem Heraushalten der Supermächte. Dies verdeutlicht u. a. ein deutsch-deutscher Schriftsteller-Appell vom 17. April 1980 an die Bundesregierung, an dem auch Peter Schneider beteiligt war.[290]

Der publizistische Durchbruch gelang dem linken Patriotismus im Januar 1981 mit dem Sammelband *Die Linke und die nationale Frage* der Historiker Peter Brandt und Herbert Ammon.[291] Ihnen zufolge könnten demoskopische Erhebungen nicht über das beiderseits der Grenze vorhandene Gefühl nationaler Verbundenheit hinwegtäuschen, weshalb Versuche, sich ex negativo vom anderen Staat abzugrenzen, scheitern müssen[292] – ein der Radiosendung ähnelndes Gegenargument zur These der Identitätsstiftung durch Abgrenzung. Konträr zu konservativen Positionen diene daher wie schon aus Sicht der Friedensbewegung, West-Integration und

---

[288] Vgl. Kabes Forderungen mit dem Manifest: „Hiermit wenden wir uns an die Öffentlichkeit Deutschlands und teilen mit, daß wir demokratisch und humanistisch denkenden Kommunisten in der DDR uns illegal […] organisiert haben […]. Es ist unser Ziel, in ganz Deutschland auf eine demokratisch-kommunistische Ordnung hinzuwirken, […] daß man alle Umstände vernichten muß, unter denen der Mensch ein unterdrücktes, verächtliches, geknechtetes Wesen ist." ([Bund Demokratischer Kommunisten Deutschlands] 1978: 21; vgl. bereits Marx, *Zur Kritik der Hegelschen Rechtsphilosophie*: 24). Gefordert wird der „Abzug aller fremden Truppen im Gefolge der Entspannung, Austritt aus den Militärpakten, Friedensverträge mit beiden deutschen Staaten, Neutralitätsgarantie durch den Sicherheitsrat der UN, totale Abrüstung und Abführung der ersparten Rüstungskosten an die Vierte Welt" ([Bund Demokratischer Kommunisten Deutschlands]: 24). Am *Manifest* waren u. a. der Historiker Heinz Niemann und der Publizist Hermann von Berg beteiligt (Staritz 1996: 337).

[289] Vgl. zu dieser Kritik am linken Patriotismus Weber 2006b: 17-24, Wehler 2008: 338, und Weidenfeld 1989b: 25.

[290] Vgl. zur Thematik Korte 1990: 82-101 (hier 85 f., 137). Ohnehin lassen sich enge Verbindungen zwischen Studentenbewegung und Neuem Deutschen Film (Elsaesser 1994: 84) sowie zwischen 68er-Generation und Friedensbewegung ziehen (vgl. Stöver 2007: 397). In Schneiders Erzählung ist Kabe „[m]ißtrauisch geworden gegen die hastig ergriffene Identität, die ihm die beiden Staaten anbieten" (Schneider 1982: 22 f.).

[291] Brandt / Ammon 1981; s. zur Bedeutung des Sammelbandes etwa Venohr 1982a, 1982b, und vgl. Roth 1995: 226 f. 240 ff. Die beiden Herausgeber versuchen einerseits den ihrer Meinung nach nur Besitz- und Machtinteressen widerspiegelnden Anspruch der bürgerlichen Rechten zu widerlegen, „Sachverwaltern der Nation zu sein" (Brandt / Ammon 1981: 9 ff.). Andererseits rechtfertigen sie die politische Linke gegen den Verdacht nationaler Unzuverlässigkeit als Vertreter nationaler Interessen seit 1945. Ihre Position stieß nicht nur auf konservativer Seite (vgl. Scheuch 1991: 205 ff.), sondern auch bei vielen politisch Linken auf erhebliche Widerstände (vgl. zur linken Kritik Jesse 1984: 402 f., und Roth 1995: 229 ff.).

[292] Brandt / Ammon 1981: 22 f.

Remilitarisierung nicht der Überwindung der Teilung, sondern ihrer Vertiefung. Die Teilung garantiere nicht den Frieden, sondern erhöhe die (atomare) Kriegsgefahr.[293] Entgegen Schachts Position ist damit für Wolfgang Venohr „die *deutsche Einheit* die einzig wirksame Garantie für den *europäischen Frieden*" […]. Was tut not? […] Deutscher Patriotismus. Und zwar unabhängig von West und Ost."[294] Da aus Sicht von Brandt und Ammon die Lösung des Kalten Krieges durch die Supermächte nicht zu erwarten sei, solle sich die Linke in beiden deutschen Staaten um genau das Bemühen, was auch Kabe im Radio fordert: den Rückzug ausländischer Truppen und den Austritt aus den Bündnissen. Der erste Schritt wäre ein Staatenbund, auf dem dann die „Neuvereinigung Deutschlands […] durch grundlegende demokratische und sozialistische Veränderungen in beiden Staaten möglich"[295] werden soll.

Auf große Resonanz stießen diese Forderungen nur bedingt. So fand in der Bundesrepublik der Rückzug aus der NATO kaum Befürworter, und das westliche Vorbild wurde 1984 von etwa der Hälfte der Befragten als Modell der Wiedervereinigung genannt. Dennoch betrachteten damals immerhin 22 Prozent, vor allem jüngere Menschen die neutrale Wiedervereinigung als Wunschform und 40 Prozent wollten ein wiedervereinigtes Deutschland als Mischung aus beiden deutschen Staaten.[296] Zeigt der Film damit in diesem geschichtskulturellen Diskussionshorizont einen – politisch nicht realisierbaren – ‚Dritten Weg' zur Lösung der Deutschen Frage auf, beeinflusst dies auch die Darstellung des Erwartungsortes Berliner Mauer. Inwieweit also ist dieser Erinnerungsort auch ein konkreter Erwartungsort zur Überwindung der deutschen Teilung?

3.1.4 Der Erwartungsort Berliner Mauer im ‚Dritten Weg'

Aufbauend auf dieser Konzeption eines ‚Dritten Weges' zwischen den Blöcken finden sich die späteren Parolen des Herbstes 1989, besonders das ‚Wir sind ein Volk' (s. Kap. 1.4), als Kampf um den Erwartungsort Berliner Mauer zwischen Kabe und der bundesdeutschen Gesellschaft und Politik sowie den USA wieder. Kabe macht „keine halben Sachen" (3 f.), und als sein Anruf aus West-Berlin zu Andrea nicht durchgestellt wird, versichert er der Stimme am Telefon, den Anschluss wieder herzustellen (11). Obwohl es an seinem Willen zur deutschen Einheit im Film keinen Zweifel gibt,[297] verlaufen seine ersten Bemühungen allesamt erfolglos. Weder kooperiert der Bundesnachrichtendienst mit ihm (13 ff.) noch der Kalte Krieger Steiner. Selbst dieser will nur „geistige Waffen" gegen den Sozialismus einsetzen, weshalb er Kabes Hilfe mit dem anvisierten Sprengen der Mauer nicht benötige (1.03 f., 1.15). Beider Wege trennen sich, und

---

[293] Ebd.: 9, 27; so auch Venohr 1982a: 12, und Schweisfurth 1982: 87 f.

[294] Venohr 1982a: 6, 12.

[295] Brandt / Ammon 1981: 56 f., s. später Brandt / Ammon 1982: 159, und ähnlich Schweisfurth 1982: 87 f., 101; s. zur Gestalt eines solchen Staatenbundes Venohr 1982b; vgl. zu alldem kritisch Scheuch 1991: 202 ff.

[296] Vgl. die Daten bei Korte 1990: 97, und Weidenfeld / Glaab 1995: 2884 f.

[297] In der Straßenbahn quittiert er mit „Abwarten" hämische Kommentare zweier Fahrgäste (21 f.), und verweist damit ebenso auf seine künftigen Pläne wie gegenüber den US-Soldaten vor der Mauer (29 f.).

Kabe berichtet dem MfS, Steiner sei „vollkommen ungefährlich", da er bei ihm keine konkreten Pläne, Ziele und Hoffnungen feststellen könne (1.09).

Während Steiners kaum besuchten Kundgebungen zeigen, „daß nationalistische Organisationen und Parolen politisch kaum eine Rolle spielten", verweist die in Kapitel 3.1.3.1 erläuterte Darstellung des Sprechers und des Bundesnachrichtendienstes darauf, dass „keine der großen Parteien der Bundesrepublik über lange Jahre hinweg mehr als nur Lippenbekenntnisse zur Schaffung eines einzigen deutschen Staates abgegeben"[298] hatte. In ihrer Bevorzugung gesicherter Freiheit gegenüber deutscher Einheit stimmen diese Figuren im Film mit der sozial-liberalen, später christlich-liberalen Koalition und der vorherrschenden gesellschaftlichen Meinung überein.[299] Jedoch trage gerade diese bloß auf Erleichterungen abzielende Position der Regierung zur Mauer aus Sicht Kabes, des Films und linker Patrioten wie Wolfgang Venohr „den Keim der nationalen Resignation in sich"[300]. So hätten bundesdeutsche Politik und Gesellschaft resigniert, wenn es darum geht, die Mauer einzureißen.

Daher versucht Kabe drei andere freigekaufte Häftlinge zu überreden, sich zusammen mit den insgesamt vier Millionen DDR-Flüchtlingen zu organisieren, wie die Juden in den USA: „die geh'n aufs Ganze" (14 f.). Die drei wollen aber nichts mit der Deutschen Frage und Kabes geplanten Aktionen zu tun haben, sich lieber eine Arbeit suchen oder Autos aufbrechen (15). Dieses Desinteresse der Bevölkerung an der Lösung der Deutschen Frage zeigt sich auch bei Kabes Freund Helmut, etwa so alt wie Viktoria und Krause. Er verließ einst vor Kabe die DDR, hat seinen anfänglichen Willen zur Einheit aber inzwischen begraben. Denn in der Bundesrepublik, so Helmut, könne man keine Organisationen aufbauen oder Gruppen gründen, da niemand (mehr) für Aktionismus und revolutionäre Ideen zu haben sei (20 f.). Aufgrund dieser Resignation wirft Kabe Viktoria stellvertretend für alle Bundesbürger vor: „Ihr wisst doch überhaupt nicht, was los ist" (49). Das gilt auch, und vor allem, für Schacht.

Als Schacht darauf verweist, dass die Planeten zu Beginn des Ersten und des Zweiten Weltkrieges eine Stellung zur Sonne innehatten, die sie 1984 wieder einnehmen werden, und er somit auf die Gefahr eines Dritten Weltkrieges anspielt, bemerkt Kabe, die Bundesbürger hätten „doch eigentlich alles und immer nur Angst" (59). Schacht hat in der Tat nichts, woran er glaubt (41). So will auch er sich nicht mit Kabe verbünden, sondern bittet ihn, ein Rezept bei der Apotheke einzulösen, da er selbst nicht mehr aufstehen kann. „Das wird sich auch noch ändern", erwidert Kabe (59 f.). Während die DDR-Flüchtlinge ein unpolitisches Leben in der Bundesrepublik führen, resultiert aus der im vorigen Kapitel konstatierten Gewöhnung der Westdeutschen

---

[298] So Hobsbawm 2005: 202 f., aber auch der Erzähler bei Schneider: „Wen kümmert die Teilung außer ein paar Politikern, die auch nur so tun, weil sie von Leuten gewählt werden wollen, die erwarten, daß sich wenigstens die Politiker für die deutsche Frage interessieren." (Schneider 1982: 20)

[299] Vgl. auf allgemeiner Ebene etwa Nipperdey 1986: 216.

[300] So Venohr 1982b: 183; s. zu seiner wandelbaren und umstrittenen politischen Haltung: Roth 1995: 240 ff.

an die Mauer der treffend geschilderte fehlende Wille, sie wieder einzureißen.[301] 1981 glaubten nur noch 13 Prozent an die Realisierbarkeit der Wiedervereinigung und nur ein Prozent hielt sie für das „wichtigste politische Anliegen", nachdem es Anfang der 70er-Jahre noch 40 Prozent gewesen waren; 1983 erschien 33 bzw. 60 Prozent der Bundesbürger die Aufhebung der Teilung „ungewiss" bzw. „nicht möglich".[302] Dass aber abgesehen von den geringen Erwartungen seit Anfang der 70er-Jahre ca. drei Viertel der Bundesbürger die Wiedervereinigung befürworteten – wobei weit weniger sich auch persönlich dafür einsetzen oder sogar Opfer erbringen wollten – ,[303] findet sich im Film nicht bestätigt. Das bedeutet, dass der Film ihnen eine stärkere Resignation und Interesselosigkeit unterstellt, als sie in realiter besaßen. Da vom linken Schacht über die Flüchtlinge bis hin zum rechten Steiner, von der Bundesrepublik hin zu den USA keine Lösungsvorschläge zur Deutschen Frage existieren, bleibt in der Filmaussage die einzige Mög-lichkeit der ‚Dritte Weg'.

Dieses Ziel fest im Auge installiert Kabe trotz seiner scheiternden Überzeugungsarbeit einen Radiosender, um seine Position zur Deutschen Frage zu artikulieren. Wie aus seiner in Kapitel 3.1.3.2 zitierten Radioansage deutlich wurde, liegt ein wesentliches Problem in der Präsenz der Alliierten, genauer: bei den USA. Da Deutschland offenbar auch für Kabe das ist, was rechts *und* links als „besetztes Land"[304] bezeichnet wurde, geht er zum CIA. Dort wird er allerdings in seiner Forderung nach Krieg mit dem Vorschlag abgewiesen, sich eine Arbeit zu suchen und die Bundesrepublik anzuschauen. Doch er will „dieses Land gar nicht kennen lernen" (25 f.). Der Grund liegt in seiner Distanz zur auch im Film gezeigten ‚westlichen' bzw. bundesrepublikanischen Identität, die kein gesamtdeutsches Bewusstsein darbieten.

Nachdem er mit Graffiti „Moses" auf die Mauer gesprüht hat (29 f.), bohrt er gegen Ende des Films an gleicher Stelle ein Loch in die Mauer, um darin Sprengstoff zu platzieren.[305] Als er von einer US-amerikanischen Patrouille gestellt wird und sich selbstbewusst als „Mann, auf den sie warten" ausweist (1.31 f.), wird ihm Gefängnis angedroht, da die Mauer Eigentum der DDR sei (1.32). Dem zugeschalteten Vorgesetzten am Telefon teilt er mit: „Hier spricht das deutsche Volk. Ich habe Ihnen eine wichtige Mitteilung zu machen. Ihre Tage hier sind gezählt. Wir verwirklichen unser Programm. […] Es geht um Deutschland." (1.32 f.)

In der letzten Szene des Films können die MPs nicht verhindern, dass Kabe als *Mann auf der Mauer* im Angesicht der beiderseitig der Grenze versammelten Soldaten spazieren geht und die Schlussworte des Films spricht: „Fürchtet euch nicht. Seht zu, dass alles anders wird. Solange die Mauern zwischen uns sind, finden wir nie unser wahres Gesicht. Wir sind alle zu schnell.

---

[301] Vgl. Bender 2007: 204 f., Darnton 1989: 58; dagegen Scheuch 1991: 254, und Weizsäcker 1981: 271.
[302] Vgl. Kühnl 1986: 98 f., Jarausch 1995: 316, und Scheuch 1991: 187 f., 196 f. 201.
[303] Vgl. Weidenfeld / Glaab 1995: 2855 ff., 2896 f.
[304] So vom Rechten Diwald 1982: 17, und vom Linken Schweisfurth 1982: 86; vgl. auch Bredow 1987: 33.
[305] Vgl. zu den seit 1963 verbotenen Sprengstoffanschlägen auf die Mauer Hertle 2007: 66 f.

Wie müssen lernen, Niemand zu werden." (1.35 f.) Inga Scharfs These, wonach damit „post-nationality and thus moving beyond identifications with particular places"[306] gefordert werde, kann durch die erläuterten Positionen der von ihr kaum beachteten Nebenfiguren, dem Hintergrund der deutschen Geschichtskultur, der Friedensbewegung, Nachrüstung und des Konzepts des ‚Dritten Weges' als falsch zurückgewiesen werden.

Dennoch kann Kabe bis zum Ende des Films sein Vorhaben nicht realisieren. Obgleich er versucht hatte, Gesellschaft, Politik und USA aufzurütteln und über das Radio für seinen ‚Dritten Weg' eintrat, bleibt ihm schließlich nichts als die Anpassung an die Gegebenheiten und den Umgang mit der Mauer auf seine Weise. Während er in der DDR seinen westdeutschen Ausweis verschenken will, um so eine ‚Republikflucht' zu ermöglichen, aber nur ausgelacht wird (1.28), ist der einzige konkrete Erfolg seiner Bemühungen am Ende der Trick, mit Viktorias Ausweis Andrea für eine Nacht nach West-Berlin zu schleusen. Er kann sie jedoch nicht überreden, zu bleiben. Denn Victoria war sie „nur für eine Nacht" (1.34 f.); sie selbst bleibe in der DDR, könne sich aber ein erneutes Mauerspringen vorstellen. Bis Kabes Radiosendungen zum ‚Dritten Weg' Erfolg zeitigen sollten, ist damit am Erwartungsort Berliner Mauer deren Überspringen durch die weiblichen Filmfiguren und das dadurch ermöglichte Suchen und Finden der eigenen und der gesamtdeutschen Identität eröffnet. Darin spiegelt sich wie in Kabes Spaziergang auf der Mauer die fehlende persönliche in der mangelnden gesamtnationalen Identität wider. Beide können nur zusammen erreicht werden, um die Deutsche Frage in einem ‚Dritten Weg' zu lösen. Dies bleibt in der Filmaussage zu hoffen.

Zusammengefasst ist *Der Mann auf der Mauer* ein linkspolitisches Mauerdrama, das gegen die Gewöhnung an die deutsche Teilung rebelliert und einen ‚Dritten Weg' zwischen Demokratie und Kommunismus einfordert. Damit können die eingangs in Kapitel 3.1.3 zitierten Thesen ob seines unpolitischen Charakters widerlegt werden. Nun hat aber der Kalte Krieg „ideologisch keinen ‚Dritten Weg', politisch keine Neutralität und geographisch keine Pufferzone"[307] zugelassen. Mit Beginn der sowjetisch-amerikanischen Abrüstungsverhandlungen und der Erkenntnis, dass, wenn überhaupt, ein ‚Dritter Weg' in Frieden nur innerhalb globaler Lösungen möglich sei, zerfiel nach 1983 die westdeutsche – ebenso wie die westeuropäische – Friedensbewegung, und die Befürworter eines linken Patriotismus schwanden.[308] Die folgenden Kapitel zeigen, dass auch der bundesdeutsche Spielfilm auf eine Diskussion der Deutschen Frage aus Sicht des linken Patriotismus verzichtete. Denn da ein ähnlich politischer, den ‚Dritten Weg' einfordernder, auf dem Höhepunkt von Friedensbewegung und linkem Patriotismus gedrehter Spielfilm weder früher noch später bekannt ist (s. *Meier* und *Himmel über Berlin*), zeigt sich, wie eng das

---

[306] So Scharf 2005: 393.
[307] Bender 2007: 76; vgl. auch Nipperdey 1986: 215 f.
[308] Vgl. Hartleb 2006: 174 f., und Roth 1995: 250; s. Blumenwitz 1986: 10 f., und Thompson 1985: XII.

Zeitfenster für einen Spielfilm solch linkspatriotischen Inhalts war. Mauerspringer, wie sie Kabe im Film verkörpert, hat es aber tatsächlich gegeben.[309] Sie dienten auch als Vorbild der Hauptfigur des nächsten zu analysierenden Films: Peter Timms *Meier* aus dem Jahre 1986.

3.2 *Meier* – Mauerspringen ohne Diktatur und gesamtdeutsche Nation

3.2.1 Die selbst gesetzte ‚Diktatur der Grenze(n)'

Peter Timms *Meier* wurde als humorvolle, weithin unpolitische Ost-Berliner Grenzkomödie eines ehemaligen DDR-Bürgers ausgewählt, die ganz anders die Mauer und Deutsche Frage diskutiert als Reinhard Hauffs Film. Wie im *Mann auf der Mauer* schlägt sich die ‚Diktatur der Grenze' hier in vielerlei Hinsicht auf die Bewegungsfreiheit und Gedanken der Figuren nieder. Während bei Hauff aber Betonwand, Niemandsland und Überwachungstürme für die ‚Diktatur der Mauer' stehen, bleibt dieser Aspekt mit der Ausnahme eines Computerspiels (26 f.) in *Meier* unsichtbar, während alle zehn Szenen, in denen die Mauer gezeigt wird, Meiers Mauerspringen visualisieren.[310] Damit wird der bedrohliche, trennende Charakter der Mauer zurückgedrängt, die Verbindungsmöglichkeiten zwischen West und Ost aber hervorgehoben (s. dazu Kap. 4.2.1).

Realitätsnah stehen im Film die Grenzübergänge allen West-Berlinern offen, weshalb fast alle von ihnen im Film bereits im Ostteil der Stadt gewesen sein müssen.[311] Demgegenüber bleibt die Grenze den Ost-Berlinern verschlossen, mit Ausnahme von Meier, dem einzigen DDR-Bürger, der sie, sogar mehrfach und fast nach Belieben, durchqueren kann. Da es ihm durch West-Ausweis mit Berechtigungsschein möglich ist, täglich einmal in die DDR aus- und wieder einzureisen, steht er unter einer selbst gesetzten ‚Diktatur der Grenze(n)', indem sein Leben als Mauerspringer von den strikten Einreiseregelungen für West-Berliner und ihren mitgeführten Waren diktiert wird. Schon früh im Film nutzt er seine Aufenthalte im Westen für Einkäufe im Fachmarkt *Wand & Boden*, um Raufasertapeten für seine Tapezierbrigade in die DDR einzuführen (24 f.). Zuerst geschieht dies allein, dann mit Hilfe seines Onkels, später mit der West-Berliner Müllabfuhr. Trotz Schwierigkeiten (25 f., 40, 1.03 ff.) mit Grenzpolizei und MfS darf er bis zum Schluss stets ein- bzw. ausreisen.

Noch einfacher, gerade im Vergleich zum *Mann auf der Mauer*, ist es es aber, die Mauer mit Hilfe der Medien zu überwinden, sei es per Telefon oder vor dem Fernseher (8 f., 1.11, 1.14 f.). Diese gegenüber Hauffs Film harmlos wirkende ‚Diktatur der Grenze(n)' beeinflusst in mehrfacher Hinsicht die persönlichen Einstellungen der Ost-, aber auch der West-Berliner.

---

[309] Vgl. zu verschiedenen Mauerspringern Flemming / Koch 1999: 102 ff.
[310] 2 f., 12 f., 25 f., 28, 37 f., 40, 54 f., 55 ff., 1.03 ff., 1.22 ff.
[311] Da Meiers Onkel Werner und Tante Inge Lore kennen (6), waren sie höchst wahrscheinlich schon mal in der DDR. Ein Mitarbeiter der Müllabfuhr überquert täglich die Grenze, um Westmüll dort abzuliefern (38 f.).

3.2.2 Geschichtskulturelle Symboliken der Mauer zu Reisen, Tapeten und Orden

Im Gegensatz zu Hauffs Film wird in *Meier* die Mauer mit einer Vielzahl unterschiedlicher Bedeutungen aufgeladen. Dadurch wird die Deutsche Frage in den Schatten gestellt, während sie im *Mann auf der Mauer* dominiert. Wird dort die nationale Frage über die Symbolik der Liebesgeschichte, den altestamentarischen Bezug und die Friedensbewegung in West-Berlin dargestellt, sind für *Meier* die Dichotomien Sozialismus gegen Systemkritik, ‚Mangel' gegen Wohlstand und Eingesperrtsein gegen (Reise-)Freiheit innerhalb der DDR von Interesse.

Brigadier Erwin träumt von einem Urlaub in Florida. Sieht man von Rock-Bands und Nationalmannschaften ab, kann aber nur Meier, möglich durch den West-Ausweis, die „enge, aber sozialistische Welt" (31 f.) durchbrechen. Er reist nicht, wie er vorgibt, nach Bulgarien, sondern zu den Pyramiden, nach Afrika, Machu Picchu und New York (3 ff.). Später rät er Erwin, sich selbst eine Reise zu gönnen – „nach Bulgarien" (1.19 f.). Damit wird realistisch eingefangen, „was das Leben in diesem Land zentral beherrschte: Enge, Eingesperrtsein und Abschottung"[312], und das vor allem bei der Generation der DDR-Bürger, die *Meier* zeigt.

Ebenfalls weit bedeutsamer als in der Schneider-Verfilmung sind die sozioökonomischen Aspekte der Berliner Mauer. Während Werner versucht, seinen Neffen zu überreden, sich wie er selbst nach dem Mauerbau im „goldenen Westen" (9 ff.) „eine Existenz zu gründen, Malergeschäft aufzumachen, Tapetenladen" (5 f.), will Meier in Ost-Berlin bleiben. Dem Wohlstand der Bundesrepublik steht, im Gegensatz zum Hauff-Film, die ‚Mangelgesellschaft' der DDR gegenüber, in der es weder Dessous aus reinster Seide noch teure Kleider gibt, geschweige denn brauchbare Tapeten. Das spiegelt den zeitgenössischen Hintergrund der schlechten Qualität von DDR-Produkten und der Verknappung von Versorgungsgütern aus der UdSSR wider. Getreu dem Erinnerungsort ‚Made in (West-)Germany' als Garant technischer Zuverlässigkeit und hoher Qualität, rufen daher im Film die Westimporte stets Bewunderung bei DDR-Bürgern hervor und sind als Geschenke gern gesehen.[313] Die Darstellung zeigt, wie stark DDR-Bürger auf die überlegene Konsumwelt der Bundesrepublik fixiert blieben.[314] Wie bei diesen Gütern des mittleren Bedarfs, offenbart sich die dargestellte ‚Mangelgesellschaft' auch im dürftigen Angebot der Restaurants (49 ff.), dem luxuriöse Speisen der SED-Spitze gegenüberstehen (1.15 f.). Der stete Blick über die Mauer macht deutlich, dass trotz des,

---

[312] So Wolfrum 2005: 393, über die Generation der DDR-Bürger, die auch der Film *Meier* durch die Brigadiere schildert, die 25- bis 35-jährigen; vgl. zum Tourismus in andere sozialistische Länder Ritter 1998: 158.
[313] Vgl. zum Erinnerungsort *Made in Germany* seit den 50er-Jahren Umbach 2005: 255 ff.; vgl. zur (mangelnden) Wettbewerbsfähigkeit der DDR-Produkte Wentker 2007: 520. Lores Dessous werden ebenso schnell als „Westpaket" enttart (21 f.) wie teure Kleider aus West-Berlin (1.07 f.). Ost-Tapeten aber sind aus Sicht der Maler (17) und Kunden zu schlecht und zu hässlich (44 f.), sodass in der DDR nicht erhältliche Raufasertapeten als „Westgeschenke" gern gesehen sind (28 f., 29 ff.) und der Brigade volle Auftragsbücher bescheren, u. a. durch Bestellungen von Parteifunktionären (1.16 ff., 1.20 f.).
[314] Vgl. allgemein Schildt 2005: 48.

verglichen mit anderen sozialistischen Staaten, seit den 70er-Jahren hohen Lebensstandards „die Referenzgesellschaft, mit der sich ihre Bürger verglichen, nicht die Sowjetunion, nicht Polen oder Ungarn, sondern die wirtschaftlich viel leistungsfähigere Bundesrepublik"[315] blieb. *Meiers* Ost-Berlin ist also durch die aus der Mauerschließung resultierende eingeschränkte Reisefreiheit, den Mangel an Westprodukten[316] und den Blick über die Mauer gekennzeichnet. Demgegenüber mangelt es in der DDR aber nicht an Orden.

Nach der Weltreise meldet sich Meier beim Parteisekretär Kuno zurück, der ihm mitteilt, sein Betrieb erhalte die ‚Medaille verdienter Aktivist', ein Orden, der beiden augenscheinlich nichts sagt (20). Viel mehr Hoffnungen macht sich Meier durch seine Einkäufe der Raufasertapeten aus West-Berlin, die er als selbst hergestelltes Produkt ausgibt, auf die fünfstellige Summe als ‚Held der Arbeit' (35 f.). Tatsächlich erhält er an der Spitze seiner Brigade diese Auszeichnung und steht auf der Titelseite im *Neuen Deutschland* (58 ff.). Als „logische, folgerichtige Konsequenz", wie es ein SED-Mitglied ausdrückt, soll ihm die Parteiaufnahme gewährt werden (1.20). Veranschaulicht dies die Bedeutung dieses höchsten und geschätzten Arbeiterordens,[317] hält Meier nur sehr wenig vom Angebot der Parteiaufnahme.

So begegnen den als Apologeten des Sozialismus gezeichneten Parteimitgliedern wie Kuno[318] die Brigadiere Meier, Erwin und der durch Kritik am Sozialismus in seine Brigade versetzte Ex-Geschichtsstudent Kalle mit einer ironischen Übersteigerung der SED, ihrer Parolen, Grüße und Lieder sowie ihrer Ideale vom ‚Arbeiter- und Bauernstaat', Planerfüllung und Klassenbewusstsein.[319] Dass die nach sowjetischem Vorbild geschaffenen Arbeitsbrigaden „der sozialistischen Schulung und Erziehung der Arbeiter sowie ihrer Disziplinierung und Kontrolle dienen"[320] sollten, wird vom Film mit Distanz und Humor quittiert. In all diesen Punkten zeigt sich demnach eine Unterlegenheit des DDR-Staats- und Wirtschaftssystems, aber eine Sympathie mit den Figuren, die von diesem scharf getrennt werden. Insgesamt unterscheidet somit die Filmdarstellung wie der *Mann auf der Mauer*, die Bundestagsparteien und die Mehrheit der Bundesbürger zwischen positiver Bewertung von „Land und Leuten" und der negativen des poli-

---

[315] So Ritter 1998: 154 ff. (Zitat 157); vgl. auch Genscher 1995: 628, und Köhler 1995: 1643 f.

[316] Auch in Peter Timms *Go, Trabi, Go* erscheint die DDR als ‚Mangelgesellschaft' (vgl. Naughton 2002: 165-73).

[317] Vgl. zu den Orden und ihrer Bewertungen in der Bevölkerung Lüdtke 1994: 193.

[318] Laut Kuno habe Kalle „Geschichte studiert, sie offenbar aber nicht richtig begriffen" (20); auch Meier habe „klassenstandpunktmäßig gesehen" ein falsches „Bewusstsein" (1.02 f.). Diese Bemerkungen zeigen auch, dass DDR-Historiker (so z. B. Hofmann 1989: 305 f.) und SED-Parteimitglieder das Geschichtsmodell des Marxismus-Leninismus kaum hinterfragten (vgl. Lorenz 1997: 412, und Weber 2006a: 83, 130 ff.).

[319] Meier und Erwin unterhalten sich über die ‚101-prozentige' Planerfüllung ihrer Brigade (17 f.). Sie treffen eine Gruppe junger Pioniere, die ein militärisches Lied singen (33 f.), das Meier, Erwin und Kalle später karikieren (35 f.). Meier erklärt die schlechte Qualität der Tapeten damit, die Tapete sei theoretisch „eine gute Geschichte, nur zum Tapezieren taugt sie nichts" (24). Auch der Student sagt scherzhaft zu Erwin: „Lungern sie doch nicht immer 'rum in der Freizeit, sondern tun sie doch mal was für ihr Klassenbewusstsein. Sie gehören doch schließlich zur herrschenden Klasse." (45; s. auch 1.14)

[320] Ritter 1998: 164.

tischen „Systems“[321], verkörpert vor allem durch die Stasi.

Denn das MfS ist neben der Reisefreiheit und der Warenwelt, den Orden und dem Sozialismus das fünfte wichtige geschichtskulturelle Bindeglied zur Berliner Mauer. Wie in der Schneider-Verfilmung ist es aber nicht ‚Schild und Schwert der Partei‘, sondern ein selbstständig agierender, der Politik sogar Überwachungen diktierender ‚Staat im Staat‘. Damit wird erneut die Hauptschuld an der Diktatur auf die Stasi reduziert (s. Kap. 4.1.2). Neu ist aber, dass das MfS aus Sicht der Figuren „Gespenster“ sieht (20), und entgegen Lores Erwartungen Meier nicht überwacht wird (1.02 ff., 1.32 f.). Im Gegensatz zum *Mann auf der Mauer* hat das MfS damit zum Teil seinen Schrecken verloren und ist zum Gegenstand von Witzen geworden, mit denen man die Stasi leicht abwehren kann. Als Kuno Meier bittet, für das MfS Informationen über Kalle einzuholen, deckt Meier seinen neuen Mitarbeiter damit, dass bei ihm „alles seinen sozialistischen Gang“ gehe (20 f.) und Kalle daher in seiner „sozialistischen Produktion […] goldrichtig“ sei (18 f.). Durch diese Verhaltensweisen der Brigadiere schildert *Meier* die vielfachen Überlebensformen und -strategien im Alltag der ‚Nischengesellschaft‘, die eine vollständige ‚Durchherrschung‘ verhinderten.[322] Im Gegensatz zum Hauff-Film ist die offene Deutsche Frage nicht das Kernproblem, sondern wird überlagert durch die genannten, vor allem alltäglichen geschichtskulturellen Aspekte der Mauer. Daher erfährt man über die nationale Frage weit weniger als im *Mann auf der Mauer*.

3.2.3 Die Berliner Mauer und die offene, aber unbemerkte Deutsche Frage

In der Bundesrepublik ist Meier laut Personalausweis „deutscher Staatsangehöriger“ (1.00), von der es laut *Grundgesetz* und Bundesregierung auch nur eine gab bzw. gibt.[323] Dem steht die auf staatliche Anerkennung beruhende Perspektive der „DDR“ (1.04, 1.28 f.) gegenüber, die sich mit ihrer „Staatsgrenze“ (25 f.) vor dem „Westen“, das heißt dem „Staatsfeind“ (1.02) abschirmt. Wie in der Schneider-Verfilmung wird dieser Anspruch aber durch antiquierte DDR-Bezeichnungen der Bundesbürger delegitimiert. Das zeigt der Arbeitstitel des Films *Zoni Meier* ebenso wie die Termini „Osten“ (1.10, 1.14) und „Zone drüben“ (7), die durch eine „Zonengrenze“ (10) vom „Westen“ getrennt ist. Dass auch die Bundesrepublik von allen Figuren, West- ebenso wie Ostdeutschen, als „Westen“ bezeichnet wird (21, 29, 30, 31, 32, 1.20, 1.33), widerspricht der Demoskopie, wonach, wie erwähnt, zwei Drittel der Bundesbürger ihren Staat „Deutschland“ nannten. Es zeigt auch, wie stark im Gegensatz zum Hauff-Film die Deutsche Frage vom globalen Systemgegensatz ‚West‘ gegen ‚Ost‘ überlagert wird.

---

[321] Vgl. Weidenfeld / Glaab 1995: 2931. Dass damit die „Deutschen aus dem Osten weiterhin als Figuren des Anderen und der Differenz [fungierten]“ (so Hake 2004: 301), ist daher nicht einzusehen.

[322] Vgl. allgemein Lindenberger 1999: 31, und zur ‚Durchherrschung‘ Kocka 1994. Für Gaus 1983: 155-228, war das „Nischendasein die vorherrschende Existenzform“ in der DDR (ebd.: 161).

[323] S. *Grundgesetz für die Bundesrepublik Deutschland* Art. 16, 1, und Kohl 1986: 35.

Aus der Delegitimierung der DDR erwächst eine hohe Identifikation der Bundesbürger mit ihrem Staat bei gleichzeitigen Abgrenzungsbestrebungen der DDR-Offiziellen. Erneut erkennt man ein verbreitetes Desinteresse der Bundesbürger an der DDR und der Berliner Mauer. Als Meier während eines Westaufenthalts eine Spielothek betritt, sieht er junge Erwachsene vor einem Spielautomaten, bei dem es darum geht, aus der DDR durch das Niemandsland am Überwachungsturm vorbei über die Mauer in den Westen zu fliehen: Entweder wird der Flüchtling erschossen oder die Haydn-Hymne erklingt aus den Lautsprechern (26 f.). Dass so ein Spiel gespielt, von anderen Spielothekbesuchern mit Interesse verfolgt und vom DDR- und Bundesbürger Meier nicht kritisiert wird, deutet darauf hin, dass die Mauer bereits ihren Schrecken verloren hat. Mauer und Teilung sind wie im Hauff-Film zu einem unabänderlichen, kaum mehr Aufregung provozierendem Faktum verkommen. Sie begegnen einem nicht mehr direkt, sondern nur noch in der Populärkultur.

Durch die Gewöhnung an Mauer und Teilung haben sich aus Sicht der West-Berliner Filmfiguren unterschiedliche Nationen entwickelt, wie in Meiers Besuch bei Onkel Werner und Tante Inge deutlich wird. Während seine Tante Lore als „sauberes Mädchen" ansieht, wie es sie im Westen heute kaum noch gäbe, ist sie für Werner „eine saubere Genossin" und leicht zu ersetzen, da Westfrauen „schon ein Unterschied" seien (6). Meier dagegen erzählt ihnen, dass er Lore vermisst und einen Berechtigungsschein zur mehrmaligen Einreise in die DDR besitzt, weshalb er nicht in West-Berlin bleiben werde. Inge warnt ihren Neffen, da sie glaubt, er werde dort verhaftet (6 f.). Da in der Darstellung des Films das MfS aber nur „Gespenster" sieht und man sich von ihm in der DDR durch List und Humor leicht distanzieren kann, erscheint dieser Verdacht unberechtigt. Werner jedoch erkennt nach erster Enttäuschung neue Möglichkeiten durch Personalausweis und Berechtigungsschein:

> „Rein theoretisch, da könnte er ja mit seinem West-Berliner Personalausweis und dem Berechtigungsschein
> in der Zone drüben leben. […] Er müsste nur Mitternacht zur Grenze ausreisen und gleich wieder, kurz nach
> Mitternacht mit dem neuen Tagesvisum wieder einreisen. Tolle Idee. Mensch, da wärst du sozusagen ein
> Doppeldeutscher." (7 f.)

Auch wenn damit die Deutsche Frage kurz angedeutet wird, verrät das Lachen der Beteiligten, dass die drei nicht wie Kabe im *Mann auf der Mauer* ein konkretes Ziel mit festen Vorstellungen und Plänen verfolgen, sondern sich einer amüsanten Vorstellung von einer inzwischen erloschenen gesamtdeutschen Nation hingeben: „Das wär' ja 'nen Ding" (8). Aus Werners und Inges Sicht ist die Deutsche Frage gelöst: Es gibt zwei deutsche Nationen und durch zwei Pässe wird man kein (Gesamt-)Deutscher, sondern ein „Doppeldeutscher".[324]

Wie für Werner ist für den Fluchthelfer die Bundesrepublik eine Staatsbürgernation, wie sie auf Meiers West-Personalausweis ausgedrückt ist. Dieser kostete ihn 10.000 DM,[325] wozu der Fluchthelfer bemerkt: „Das ist ihnen doch die Freiheit wert, was?" Meiers trockenes „ja, ja" (10) zeigt seine eher distanzierte Haltung zur vorherrschenden westlichen Rhetorik von Harry Truman bis Helmut Kohl, den eigenen Staat und den ‚Westen' als ‚Ort der Freiheit' vom ‚Totalitarismus' des ‚Ostblocks' abzugrenzen.[326] Er teilt nicht u. a. Kohls Anspruch, westliche Errungenschaften auch für DDR-Bürger zu vertreten. Im Gegensatz zu Kabe verhindert Meiers unpolitische Haltung in West-Berlin aber eine Stellungnahme zur Deutschen Frage.

Später versucht er den Fluchthelfer zu überreden, ihn wieder in die DDR einzuschleusen, da er seine Westpapiere nur für eine Weltreise haben wollte. Da sein Erbe fast aufgebraucht und der Pflichtumtausch auf Dauer zu teuer sei, scheitert er somit an der „Mauer des Zwangsumtausches"[327]. Der Fluchthelfer, der seine Arbeit als humanitäre Hilfeleistung stilisiert – was für Meier indessen Menschenhandel ist –,[328] hat zwar von DDR-Flüchtlingen gehört, die zurückwollen, „weil sie hier nicht klar kommen"; es ist für ihn aber unvorstellbar, „dass einer nach dahin abhauen will, von wo er abgehauen ist" und „der erste Testfall in Sachen Ostflucht" (1.09 ff.). Die Bundesrepublik erscheint ihm durchweg wünschenswerter als die DDR und andere Meinungen als abwegig. Die Deutsche Frage interessiert ihn und Werner nicht. Denn beiden geht es wie den bundesdeutschen Regierungspositionen in realiter und im *Mann auf der Mauer* nicht um die Überwindung, sondern die Erleichterung der Teilung durch die Möglichkeiten, die sich der Staatsbürgernation Bundesrepublik bieten.[329]

So zeichnen sich, stärker noch als im *Mann auf der Mauer*, die Bundesbürger im Film durch einen zeitgenössisch typischen Stolz auf die Staatsbürgernation Bundesrepublik aus, insbesondere in den Bereichen Recht, Wohlstand und Freiheit.[330] Außer in der Demoskopie, in Publizistik und politischer Rhetorik stellte die Gesamtnation für kaum jemanden mehr einen attraktiven Bezugsrahmen dar. Man gewöhnte sich an das Provisorium Bundesrepublik, weshalb das Leitbild der Gesamtnation zusehends verblasste. Laut Hans-Ulrich Wehler entwickelten sich im Gegenzug „Konturen einer postnationalen Gesellschaft"[331]. Dabei beriefen sich die Bundesbürger vor allem auf den Verfassungs-, Rechts-, Wirtschafts- und Sozialstaat, Aspekte,

---

[324] Daher erscheint die Charakterisierung des Films als „gesamtdeutsch" (so Mischke 1986) unzutreffend.

[325] Seit Ende der 60er-Jahre kostete die Fluchthilfe etwa 15-20.000 DM; gefälschte Pässe stellten dabei die häufigsten Fluchthilfen dar (vgl. Flemming 1999: 51); vgl. die Flüchtlingszahlen von 1961-1989 (Hertle 2007: 57).

[326] So etwa Brandt 1963: 404 f., Kohl 1986: 8, Truman 1947; vgl. Glaab 1999: 213, Hobsbawm 2002: 316 f.

[327] Wolfrum 2005: 392; ähnlich auch Weizsäcker 1981: 274. Seit Oktober 1980 lag der Mindestumtausch bei 25 DM, woraufhin die Besuche in der DDR zurückgingen (vgl. Holzweißig u. a. 1993: 365).

[328] Diese Frage – Menschenhandel oder humanitäre Hilfe – ist bis heute umstritten (vgl. Hertle 2007: 117).

[329] So auch Winkler 1981; s. zu den politischen Positionen aus CDU/CSU und SPD Kap. 2.3.

[330] Vgl. etwa die Erörterung von Mommsen 1983: 61 f., und von Weidenfeld / Glaab 1995: 2932, 2954 f.

[331] Wehler 2004: 88 (Zitat), 102; vgl. auch Potthoff 199: 29 f., und Wolfrum 2000: 234 f.

die auch in *Meier* geltend gemacht werden. Diese Darstellung zeigt dabei auch, wie stark die Beurteilung der Verdrängung von Nation und Deutscher Frage vom politisch inspirierten, diese Frage offen haltenden linkspatriotischen Hauff-Film abweicht.

Wird die Diskussion der Deutschen Frage in West-Berlin durch Meiers Schweigen, die starke bundesdeutsche Identität als Staatsbürgernation und die Gewöhnung an Mauer und Teilung verhindert, bleibt in Ost-Berlin jede Diskussion der nationalen Frage mit dem Sozialismus verknüpft (s. Kap. 3.2.2). Wollte so die DDR eine ideologische Identität gewinnen, die ihr mangels demokratischer und nationaler Identität versagt geblieben war,[332] so bemerkt Brigadier Erwin ironisch: „Als Arbeiter und Bauer bist du doch im Arbeiter- und Bauernstaat der Rest aus der Kanne." (32 f.) Kalle fügt dem ebenso distanziert hinzu: „Mieten, Eier, Milch, keine Nazis – Das ist unsere Deutsche Demokratische Republik." (42 f.)

Zunächst überrascht es, wie offen und frei Systemkritik vorgetragen wird, bedenkt man, dass sich in der DDR jeweils über 60 Prozent in der freien Meinungsäußerung beeinträchtigt fühlten.[333] Peter Timms eigene Erfahrungen als 1973 ausgewiesener, ehemaliger DDR-Bürger mögen sicher ihren Teil dazu beigetragen haben. Mindestens ebenso wichtig aber ist, dass in diesem Film von 1986 getreu gezeigt wird, wie wenig das Selbstbild vom ‚Arbeiter- und Bauernstaat' überzeugen konnte, um den gesellschaftsstabilisierenden Effekt zu erfüllen. So hatte die DDR in der Nachkriegsphase, vor allem seit der deutschlandpolitischen Wende Mitte der 50er-Jahre versucht, sich mit Hilfe der aus dem antifaschistischen Widerstand erwachsenen Gründungslegende ein eigenes kollektives, sich von der Bundesrepublik unterscheidendes Gedächtnis zu schaffen.[334] Das von der Führung propagierte Verständnis vom ‚Arbeiter- und Bauern-Staat' und der ‚Klassennation' wurde als Alternative zum westdeutschen Begriff der ‚Kulturnation' als Mittel nationalstaatlicher Identifikation etabliert, bot dem Großteil der Bevölkerung aber zu wenig Verhaltensorientierung.[335] Auch die Figuren in *Meier* distanzieren sich von diesen Versuchen zur Begründung einer neuen sozialistischen Identität[336], die die Trennung in eine gute (kommunistische und sozialistische) und eine schlechte (ermöglicht durch die Verknüpfung von Kapitalismus und Faschismus) deutsche Nation gewährleisten sollte. Ein Nationalstolz ist nicht zu erkennen, eine DDR-Identität allenfalls nur negativ im neidvollen Blick über

---

[332] Vgl. dazu Winkler 2004: 325 ff.

[333] Vgl. Köhler 1995: 1674 f. Gleichwohl ist der Demoskopie (gerade) in der DDR mit Vorsicht zu begegnen; doch ist für eine generelle Diskussion demoskopischer Belege und Ergebnisse in diesem Buch kein Platz.

[334] Vgl. allgemein Danylow 1991: 585, Eppelmann u. a. 1999a: 316, Kleßmann 2005b: 22 f., Münkler 1996.

[335] S. das *Programm der Sozialistischen Einheitspartei Deutschlands* [1976]: 77 ff. Vgl. die kritischen Bemerkungen bei Lepsius 1982: 20 ff., Seiffert 1982: 170 ff., Weber 2006a: 40 f., und dagegen Gibas 2000: 219. Wie in den anderen Filmen fehlen hier die alternativ etablierten Gründungsmythen der 80er-Jahre, angefangen mit Martin Luther und dem Bauernkrieg über Friedrich den Großen und die Befreiungskriege bis hin zur deutschen Arbeiterbewegung (vgl. dazu Münkler 1996: 135 ff., Ritter 1998: 140 f., Terray 1995: 192 ff.).

[336] So allgemein Lorenz 1997: 412; vgl. auch Münkler 1996: 128.

die Mauer auf die Bundesrepublik.[337]

So bestätigen die wenigen demoskopischen Daten aus der DDR, dass das Gegenbild der Bundesrepublik, gerade in den auch in *Meier* diskutierten Themen (Reise-)Freiheit und Wohlstand die Entwicklung einer eigenständigen DDR-Identität erschwerte und die bundesrepublikanische Vergleichsgesellschaft immer mehr an Attraktivität gewann. Daher fühlten sich die DDR-Bürger aufgrund ihrer Fixierung auf die Bundesrepublik eng mit ihr verbunden.[338] Dazu trug auch bei, dass 1984 80 Prozent der DDR-Bürger die Deutschen in DDR und Bundesrepublik als *ein* Volk betrachteten. Demnach sah sich die DDR durch die Bundesrepublik in Frage gestellt, während diese umgekehrt durch Kontrast zur DDR eigene Legitimität gewann.[339] Dies beschreibt auch treffend die Darstellung der Figuren in *Meier*.

Zudem büßte die Glaubwürdigkeit der antifaschistischen Gründungslegende an Sinn stiftender Bedeutung ein, je stärker jüngere Generationen nachrückten, womit das Generationenkonzept bekräftigt wird.[340] Dorothee Wierling unterscheidet vier DDR-Generationen, wovon die auf die Gründungsväter folgende zweite Generation der in den zwanziger und dreißiger Jahren Geborenen überwiegend loyal war und die meisten Kader und ZK-Mitglieder stellte. Die dritte Generation der zwischen 1945 und 1955 Geborenen stellt eine Übergangsphase zur vierten, in den 60er-Jahren Geborenen dar, die sich ohne Pathos und Sicherheitsbedürfnis der Älteren, aber auch ohne konkrete Zukunftsvisionen in der DDR selbst durchsetzen mussten und wollten.[341] Gerade der späten dritten und der vierten Generation sind die Brigadiere in *Meier* zuzuordnen, wohingegen die den älteren Generationen zuzuordnenden Parteimitglieder wie Kuno den sozialistischen Idealen loyal folgen. Auf diese deutsch-deutsche Generationen- und Identitätsproblematik wird Kapitel 4.2.3 für *Sonnenallee* zurückkommen.

Zuletzt sei noch auf die Schlusssequenz, die wohl deutlichste Stellungnahme zur Deutschen Frage, eingegangen. Meier holt an der DDR-Grenzübergangsstelle versehentlich den DDR-Ausweis hervor, wird bei seiner anschließenden Flucht von den Grenzern aber gestellt und abgeführt (1.22 f.). Als die eingetroffenen MfS-Mitarbeiter von der Titelseite des *Neuen Deutschland* aber erfahren, ein ‚Held der Arbeit' stehe vor ihnen, vermuten sie, der Bundesnachrichtendienst habe ihnen Meier angedreht als „klarer Fall von Sabotage", um die DDR „lächerlich [zu] machen" (1.24 f.). In einem Verhör wird ihm die entscheidende – dem *Mann auf der Mauer* (s. Kap. 3.1.3.1) nicht unähnliche – Frage gestellt: „Was sind wir denn nun?

---

[337] Dass 1980 48 Prozent der jungen Arbeiter in der DDR „stolz" waren, DDR-Bürger zu sein (Förster 1995: 1323; ähnlich auch DDR-Historiker zum Thema: Hofman 1989: 269), findet sich im Film also nicht bestätigt.
[338] Vgl. Glaab 1999: 212 ff., Köhler 1995: 1793, Mommsen 1983: 74 f., Weber 2006a: 3, Wolfrum 1999: 313.
[339] Vgl. Kielmansegg 2004: 556, und Köhler 1995: 1651 ff. So gab es in der DDR laut bundesdeutschen Einschätzungen viel eher ein gesamtdeutsches als ein DDR-Nationalbewusstsein (Korte / Weidenfeld 1993: 475, Mommsen 1981, Weidenfeld / Glaab 1995: 1277 f., von Weizsäcker 1982: 301, und Winkler 1981).
[340] Vgl. dazu Eppelmann u. a. 1999a: 303, Gibas 2000: 218 f., Münkler 1996: 135, Terray 1995: 191.
[341] Vgl. ihren Beitrag in Eppelmann u. a. 1999b: 345 ff.; und ähnlich Kielmansegg 2004: 611 f.

Ostdeutsch oder westdeutsch? Oder was?" „Gesamtdeutsch!", erwidert Meier angetrunken. Damit ist aber entgegen dem Hauff-Film keine bestimmte nationale Vorstellung oder Identität verbunden. So antwortet Meier auf die nächste Frage, für wen er arbeite, ironisch: „Für mich – (lallend) und für unsere sozialistische Volkswirtschaft!" (1.25 f.) Ihm wird geraten, die Wahrheit zu sagen, wenn er „überhaupt noch mal das Tageslicht wiedersehen will"; mit einem „Arbeiterehrenwort" beichtet er „die volle Wahrheit" (1.26 f.).

„Das kann ja auch gar nicht anders sein", erkennt der MfS-Oberst (1.28). Denn da das MfS „überall drin" stecke, im Bundesnachrichtendienst, Verfassungsschutz, militärischen Abschirmdienst und bei *Springer*, hätte man im Falle einer Spionage von Meier gewusst (1.28 f.). Wie im Hauff-Film ist die Bundesrepublik, auch hier übertrieben dargestellt, vom MfS unterwandert. Beide Darstellungen dürften in einer bundesdeutschen Sorge vor Stasi-Infiltration begründet liegen, wie sie in der Affäre um Günter Guillaume ihren Höhepunkt fand.[342] Ebenso ähnlich wie im vorigen Film notiert der MfS-Oberst Meiers ‚Grenzvergehen', die auf die konstruierte Abgrenzungsstrategie von der Bundesrepublik mit Hilfe der Mauer verweisen.

> „Erstens: Republikflucht, Planung, Vorbereitung, Durchführung. Zweitens: staatsfeindliche Verbindungsaufnahme, die Fluchthilfe-Organisation. Drittens: Zollvergehen, mehrfach, die Tapete. Viertens: Wirtschaftsverbrechen: Das Kleben dieser Tapete anstelle der DDR-Tapete. Fünftens: Anstiftung zu Staatsvergehen, die Brigade hat ja mitgeklebt. Sechstens: Passvergehen, die zwei Ausweise. Siebentens: Erschleichung staatlicher Auszeichnungen. Achtens: Das Führen eines DDR-Autos als Ausländer. Sie sind ja ihren Trabbi als West-Berliner gefahren. […] 10 Jahre." (1.28 f.)

Als Meier ihm mitteilt, niemand wisse von seinem Mauerspringen, wird er unter der Bedingung freigelassen, er werde auch in Zukunft schweigen, denn „wir können nicht den besten Arbeiter gestern zum Helden machen und heute einbuchten"; allein zwei MfS-Mitarbeiter werden ihm in die Brigade versetzt (1.31 f.). Abschließend stehen Meier und Lore vor einem Plakat der Brigade mit dem Titel „Mit Phantasie und Köpfchen" – und lachen (1.33 ff.). Das können sie im Gegensatz zu Kabe vor allem deshalb, da für sie keine Deutsche Frage existiert, und ihre alltäglichen Erfahrungen und Wünsche keinen Bezug zur ihr haben.

3.2.4 Gewöhnung an die Mauer und fehlende Hoffnung auf ihren Fall

Trotz ‚Mangelgesellschaft', Systemkritik und fehlender DDR-Identität wird das Bedürfnis, die Mauer einzureißen bzw. die Hoffnung auf ihren Fall von keiner Figur im Film artikuliert. Zwar beeinflusst die ‚Diktatur der Grenze(n)' DDR-Bürger und -Flüchtlinge in vielfacher Hinsicht; sie spielt aber für die West-Berliner ähnlich wie im Hauff-Film keine Rolle, sofern sie nicht mit

---

[342] Vgl. zur Guillaume-Affäre und den Rücktritt Willy Brandts Görtemaker 2004: 265 ff.

Grenzschmuggel und Fluchthilfe beschäftigt sind. So haben die Bundesbürger (auch in beiden Filmen) laut Hans Mommsen im Stolz auf ihr Staatswesen, auf Wohlstand und Freiheit ein eigenes Nationalbewusstsein entwickelt, in dem sich Überlegenheitsgefühle der DDR gegenüber niederschlagen.[343] Auch auf der anderen Seite der Mauer existiert keine Deutsche Frage, sondern nur der weit verbreitete Wunsch nach Reisefreiheit und das Finden eigener ‚Nischen' innerhalb der ‚Diktatur der Grenze(n)'. Die Ostdeutschen flüchten, abgesehen von einigen regimetreuen Genossen wie Kuno und die Mitarbeiter beim MfS, aus der ‚Mangelgesellschaft' einerseits durch einen neidvollen Blick über die Mauer, andererseits durch eine ironische Distanzierung von DDR, sozialistischer Gesellschaft und Stasi.

Die Deutsche Frage und die Hoffnung auf ihre Lösung wurden von allen Filmfiguren aus dem aktiven Gedächtnis gedrängt, ohne dass der Film dies kritisiert wie es *Der Mann auf der Mauer* tat. Die Auseinanderentwicklung der deutschen Nation wird auf beiden Seiten der Grenze gleichgültig ohne den Wunsch hingenommen, geschweige denn das Streben, etwas daran zu ändern. Dass 1984 47 Prozent der Deutschen die nationale Frage als offen betrachteten,[344] findet sich im Film wie im *Mann auf der Mauer* – mit wenigen Ausnahmen – nicht bestätigt. Nach Reinhard Hauffs Drama zeigt Peter Timms Komödie durchaus ähnliche Figuren in ihrer Gewöhnung an Mauer und Teilung, schildert die Mauer aber weitgehend ohne den Aspekt der Bedrohung und fern der Deutschlandpolitik. Dies zeigt, dass dem Erinnerungsort Berliner Mauer auch alltägliche Bedeutungen ohne nationale Erwartungen in einem Unterhaltungsfilm für ein Massenpublikum zugeschrieben werden konnten.

Inwieweit sich aber innerhalb weniger Jahre die Darstellung nationaler Grenzen im Film massiv ändern konnte, zeigt Wim Wenders' *Himmel über Berlin*. Fünf Jahre nach dem *Mann auf der Mauer* gedreht, erörtert er mit anderen Symboliken und sehr viel anspruchsvoller als die beiden vorigen Filme die Existenz der Mauer und die offene Deutsche Frage. Das liegt vor allem an der verstärkten Zuwendung zu dem für die beiden anderen Filme weitgehend unwichtigen Thema der Erinnerung und der Geschichte des (Zweiten Welt-)Krieges.

3.3 *Der Himmel über Berlin* – Grenze(n) und Erinnerungen im „Epos des Friedens"

3.3.1 Die ‚Diktatur der Grenze(n)' im Himmel und auf Erden

Obwohl der Film vom besagten Himmel über Berlin handelt, genauer: ein „Film *in* und *über* Berlin"[345] ist, spielt er nicht in der ganzen Stadt. Da Wenders der Dreh im Ostteil verweigert wurde, gibt es nur vier Einstellungen mit Straßenzügen (1.02 f.), eine Szene im nachgebauten

---

[343] Vgl. Mommsen 1981. Aufgrund der fehlenden DDR-Identität der Filmfiguren kann man jedoch in *Meier* wie im *Mann auf der Mauer* nicht von Mommsens „Bi-Nationalisierung" sprechen.
[344] Vgl. die Daten bei Noelle-Neumann / Köcher 1987: 40.
[345] Wenders 1986: 94; vgl. Interview mit Jansen 1992: 73, Rauh 1990: 114.

Niemandsland[346] (1.25 f.), und aus der Ferne ist der Fernsehturm zu sehen. Da Ost-Berliner nicht zu Wort kommen, darf man auf einen (Engels- und) Westblick auf die Mauer schließen, die sechs Mal gezeigt wird, jeweils als Betonwerk mit Überwachungsturm und Laternen (39 ff., 59 ff., 1.03 f., 1.25 ff., 1.28, 1.58). Da Grenzübergänge nicht zu sehen sind, kann man sich, so Marion, „nicht verlaufen. Man kommt immer wieder an der Mauer an" (30).

Während mediale Grenzüberschreitungen nicht gezeigt werden, sind die fünf personellen bloße Randnotizen. Kaum hörbar ertönt zu Beginn des Films im Radio die Nachricht vom starken Ausreiseverkehr an den Kontrollpunkten (5), und Damiel erinnert sich, wie vor kurzem Flüchtlinge mit einem Heißluftballon die Mauer überquert haben (10 f.).[347] Die Mauer durchschreiten können nur die Engel (1.01 f., 1.25, 1.27 f.). Die gezeigten West-Berliner reisen nicht nach Ost-Berlin und mit Ausnahme von Homer denken sie auch nicht an Mauer und Teilung. Die spärlichen sechs Mauerszenen, verglichen mit der Vielzahl in den beiden anderen Filmen und den weiteren gezeigten Wahrzeichen West-Berlins,[348] deuten die Nebenrolle der Mauer in Wenders' Film an. Im Vordergrund stehen die inneren Monologe der Menschen, ihre alltäglichen, zumeist mauerfernen Erinnerungen und Gedanken, Sorgen und Nöte.[349]

Obwohl die Engel durch die Mauer gehen können, stehen auch sie unter einer ‚Diktatur der Grenze(n)'. Denn *Himmel über Berlin* ist auch ein Film über Dualismen, über Himmel und Erde, Spiritualität und Materialität, Gedanken und Handlungen, Mann und Frau. Selbst Engel werden hier als Grenzgänger und Reisende begriffen. Sie leiden unter der individuellen Grenze, Engel sein zu müssen und nicht Mensch sein zu dürfen, um die Dinge des Alltags genießen zu können. Daher wird den metaphorischen, nicht-staatlichen Grenzen[350] ein weit höherer Stellenwert zugewiesen als in den beiden anderen Filmen. Dennoch kleidet Cassiel auch diese metaphorischen, individuellen Grenzen in die militärische Sprache der Mauer:

> „Gibt es noch Grenzen? Mehr denn je. Jede Straße hat ihren eigenen Grenzbalken oder Grenzstrich. Zwischen den einzelnen Grundstücken gibt es einen Niemandslandstreifen, getarnt durch eine Hecke oder einen Wassergraben. Wer da hinein gerät, der fällt über spanische Reiter oder wird getroffen vom Laserstrahl." (42)

Dies sollte nicht bloß als Anspielung auf die aus Postmoderne und Globalisierung resultierende

---

[346] S. dazu *Audiokommentar Himmel über Berlin* 1.25 f.
[347] 1979 flohen zwei Familien auf diese Weise nach West-Berlin (vgl. Wolfrum 2005: 389).
[348] Neben dem Potsdamer Platz und der Mauer sieht man das Kongresszentrum (2, 1.06), die Skyline (37, 1.05, 1.06, 1.59), Gedächtniskirche (2, 1.06), Bibliothek (15 ff.), Siegessäule (36 f., 39, 1.06, 1.38 f., 1.56), Mietskasernen und die Straße des 17. Juni (4 f., 9, 35 f., 1.39). Es ist daher nicht richtig, Berlin sei im Film mit Ausnahme von Gedächtniskirche und Mauer „a town without monuments" (so Kolstrup 1999: 117).
[349] S. zu den alltäglichen Gedanken und Sorgen der Berliner im *Himmel über Berlin* 5 ff., 30 ff., 1.04 ff., im Neuen Deutschen Film Elsaesser 1994: 285 ff., und überhaupt zu dieser Zeit Nipperdey 1986: 218 f.
[350] Vgl. zu den metaphorischen Grenzen im Film Fröhlich 2007: 182 ff., und s. zu den metaphorischen Grenzen zwischen dem himmlischen Dasein Cassiels und Damiels und dem der Menschen 13 ff., 1.25 ff.

hybride Identitätsbildung an zwischenmenschlichen Grenzen verstanden werden,[351] sondern als indirekte Stellungnahme zur Berliner Mauer. So wird man in Cassiels Worten der „Grenzbalken oder Grenzstrich[e]“, „Niemandslandstreifen“ und „spanische[n] Reiter“ unweigerlich an die Berliner Mauer erinnert, wo die DDR-Bevölkerung mit der jeweils neuesten Technologie von ‚Grenzdurchbrüchen‘ abgehalten wurde. In den Kapiteln 3.3.3 und 3.3.4 wird die Kopplung dieser Grenze(n) an die Deutsche Frage überprüft. Das Bindeglied dafür stellen die verschiedenen Symboliken der Mauer dar, in denen viel stärker als in den bisher analysierten Filmen neben dem geschichts- auch der erinnerungskulturelle Aspekt ausgedrückt wird.

3.3.2 Erinnerungskulturelle Symboliken von Nation und Mauer, Krieg und Frieden

Nachdem Damiel als Mensch auf der Westseite der Mauer erwacht ist, sieht er die Welt – und die wie auch sonst im Westen bemalte Mauer – in ihren ganzen Farben (1.28 ff.). Hier in der Waldemarstraße[352] erklärt ihm ein Passant die verschiedenen Farben anhand der Mauerfiguren. Dass dafür gerade die Mauer gewählt wurde, mag nicht verwundern, glich sie in den 80er-Jahren als „größte Leinwand der westlichen Popkultur“ einem „postmodernen Kunstwerk“[353], deren menschenverachtende Funktion vom Westen aus deutlich gegenüber der Farbenpracht zurückstand. Sieht man von Kabes Perspektive im Hauff-Film ab, wird die Mauer wie in vorigen Filmen in der Alltagswahrnehmung der West-Berliner ihres Schreckens entkleidet, ohne durch ihre bloße Existenz Anstoß oder Protest hervorzurufen. Die West-Berliner leben mit, besser: *neben* der Mauer, ohne ihr bestimmte Symboliken zuzuschreiben.

Wie im *Mann auf der Mauer* grenzt sich aber eine Figur, Homer, von der Gewöhnung der West-Berliner ab. Dabei ist *Himmel über Berlin* nicht nur ein Film über Grenzen und Frieden, sondern auch über Geschichte und Erinnerung, und das in einem Ausmaß, das *Mann auf der Mauer, Meier* und bisherige Wenders-Filme weit übertrifft.[354] Zwar war schon Ende der 70er-Jahre ein regelrechter Geschichts-Boom in der Bundesrepublik ausgebrochen; eine „Rückkehr der Erinnerung“[355] setzte aber erst Mitte der 80er-Jahre ein, indem die westdeutsche Gesellschaft zu neuen Auseinandersetzungen mit der (eigenen) Geschichte motiviert wurde. Daher erschien

---

[351] So etwa Bromley 2001: 72 ff., Caldwell / Rea 1991: 51 ff. und Harvey 1990: 308-323.

[352] Die jeweiligen Ortsbezeichnungen sind dem Filmbuch entnommen (vgl. Handke / Wenders 1992).

[353] Wolfrum 2005: 396 f. Laut Gareis 1999: 19, wurde die Mauer zum „interessantesten Gesamtkunstwerk der 80er“. Man lud im Rahmen offizieller Wettbewerbe und finanziert vom Senat auch Künstler aus aller Welt ein, um die Mauer ästhetisch zu gestalten (vgl. Frech 1992: 24). So erzählt auch *Die allseitig reduzierte Persönlichkeit – Redupers* die Geschichte von Mauer-Fotografinnen in West-Berlin (vgl. Knapp 1978).

[354] In keinem anderen Film von Wenders ist die Geschichte so bedeutsam (Ganter 2003: 56), und, wie er es selbst sagt, erst mit *Himmel über Berlin* besitzt die Stadt ein Gedächtnis (Möbius / Vogt 1990: 156).

[355] So Assmann 2007: 103; vgl. Behrmann 1988: 92 f., Wolfrum 2006: 391-400. Denn die zwischen 1975 und 1985 in der Bundesrepublik gedrehten 50 Kinofilme über die Jahre 1933 bis 1945 hatten im Rahmen der ‚Hitler-Welle‘ der 70er-Jahre das ‚Dritte Reich‘ weithin auf Hakenkreuze, SS-Uniformen etc. stereotypisiert, die oft nur den Hintergrund für anspruchslose Unterhaltungsfilme abgaben. Als abgeschlossene Epoche begriffen, fühlte sich der Zuschauer bei kaum einem Film direkt von der NS-Geschichte betroffen (vgl. Kaes 1989, 22 f. Die Ausnahme, der ungeahnte Erfolg der US-Fernsehserie *Holocaust*, ist ein eigenes Thema: s. Reichel 2007: 250-63).

ab Mitte der 80er-Jahre nicht mehr die Geschichte selbst, sondern die Erinnerung an NS- und Kriegszeit von Bedeutung, voran getrieben durch die Bitburg-Affäre um die Gräber von Soldaten der Waffen-SS im Rahmen des Besuches von US-Präsident Reagan im Mai 1985 und den Historikerstreit des folgenden Jahres. Noch wichtiger war aber der 8. Mai 1985, an dem der damalige Bundespräsident Richard von Weizsäcker für eine aktive Erinnerung an den Zweiten Weltkrieg eintrat.[356] Das neue Interesse an der Nationalgeschichte fand seinen Niederschlag in zahlreichen historischen Ausstellungen, (geplanten) Museumsgründungen, etwa in Bonn und West-Berlin, neuen ‚Geschichten der Deutschen‘,[357] und, wie *Himmel über Berlin* zeigt, anscheinend auch im Film. Im Folgenden wird analysiert, inwieweit diese Erinnerung in Wenders' Film als Bindeglied einer bestimmten Vorstellung von der deutschen Nation dient.

Wie im Rahmen dieser Erinnerungskultur Mitte der 80er-Jahre nicht anders zu erwarten, dominiert in Wenders' Film die Erinnerung an den Zweiten Weltkrieg, dessen Vergangenheit bewältigt werden soll. So sehen die Engel nicht nur die Gegenwart Berlins, sondern auch die Stadt wie sie 1945 aussah. Durch ihre Erinnerungen und Gedanken sowie die der Nebenfiguren Homer und Peter Falk, selbst ehemaliger Engel, werden Verbindungen zwischen der (Stadt-) Geschichte und der nationalen Frage hergestellt. Bereits im Landeanflug auf Berlin sinniert Peter Falk über die Stadt und denkt sogleich an „von Stauffenberg" (4) – bei der seit Mitte der 50er-Jahre erkennbaren Konzentration der Geschichtspolitik auf den militärischen Widerstand um dem 20. Juli 1944 nicht weiter verwunderlich.[358] In Berlin überlagert der Zweite Weltkrieg alle anderen Erinnerungen, etwa am Set im Luftschutzbunker in der Goebenstraße, wo Falk einen Fernsehfilm über die letzten Kriegsmonate in Berlin dreht (44-53, 1.02 ff.). Zuweilen unterlegt durch nicht unbekannte Dokumentarfilmaufnahmen der Roten bzw. US-Armee aus dem Berlin des Jahres 1945,[359] besitzt jeder Schauspieler, abhängig von seiner Rolle am Set, sozial gerahmte Erinnerungen an Krieg und Naziherrschaft. Sie reichen vom ‚Judenstern‘ und von Konzentrationslagern über Uniformen hin zu Flüchtlingen und Bildern von der zerstörten Stadt (44-51). Abseits des Sets erinnern sich die Berliner an Bombardierungen, Flakabwehr (1.07), brennende Häuser und Straßenbahnen, die Lösch- und Aufräumarbeiten (43 f., 1.07), die ‚Trümmerfrauen‘, Trauernden und Toten (38 f., 43 f., 50). Dabei werden die sozialen

---

[356] Vgl. Korte 1990: 149 ff.; vgl. zur Bitburg-Affäre Wolfrum 1999: 338 ff., und zum Historikerstreit Roth 1995: 254-92; s. Weizsäcker 1985, und zur Bedeutung seiner Rede Genscher 1995: 885 f., Wolfrum 2000: 238 ff. Mit der meist verkauften Rede der Bundesrepublik setzte er ein Zeichen gegen das Verdrängen des ‚Dritten Reiches‘, das oft nur als knappe Vorgeschichte der Bundesrepublik erschien (Frevert 1999: 271); vgl. dazu Thamer 2006: 89 ff.
[357] Vgl. Mommsen 1988: 193 f.
[358] Vgl. zur Erinnerung an den 20. Juli Frevert 1999: 198 ff.
[359] S. zu den Dokumentarfilmaufnahmen den *Audiokommentar Himmel über Berlin* 30 f. Dass es dieselben Filmaufnahmen sind, die auch in Dokumentarfilmen verwendet werden (z. B. in *100 Jahre Berlin* 36 f., 44 f.), verweist auf die weitere Verwendung und Persistenz einmal in Umlauf gebrachter Bilder; vgl. allgemein zur filmischen Aufarbeitung von NS-Herrschaft und Zweitem Weltkrieg in Deutschland Reichel 2007. Solch stereotype Wiederholungen gleicher Bilder zeigt sich auch im Dokumentarfilm und der -Fotografie der Bundesrepublik an der innerdeutschen Grenze in den 60er und 70er-Jahren (vgl. dazu Ullrich 2006: 100 f.).

Bedingungen des Gedächtnisses deutlich. Denn bei der Dominanz des Zweiten Weltkrieges im kulturellen Gedächtnis der 80er-Jahre, bei gleichzeitiger Verdrängung seines Vorgängers aus dem kommunikativen Gedächtnis,[360] wird der Schwerpunkt auf die letzten Kriegsjahre, die Bomben und Trümmer, kurz: auf die Opfer- und weniger auf die Täterrolle gelegt.

Bereits kurz nach 1945 nahm die Bombardierung deutscher Städte einen wichtigen Platz im kollektiven Gedächtnis der Nachkriegsgesellschaft ein, wobei die gemeinsame ‚Opfer-erinnerung‘ einen wichtigen Entlastungsmechanismus von der Vergangenheit darstellte.[361] Mit dem radikalen Bruch saßen die Deutschen „buchstäblich und im übertragenen Sinne auf den Trümmerhaufen ihrer Geschichte. Neben riesigen Territorien verloren die Deutschen ihre natio-nale Identität“[362]. Das entspricht auch der vorherrschenden Erinnerung deutscher Spielfilme, die seit Ende der siebziger Jahre immer stärker die auch im *Mann auf der Mauer* deutlich gewordene Heimat(-losigkeit) als Ersatz bzw. Symbol (fehlender) nationaler Identität thematisierten.[363] Im Gegensatz zu Carlo Avventi, dem zufolge die Geschichtsdarstellung in Wenders' Film als „Ab-wendung vom eigenen Land“[364] zu verstehen sei, wird im Folgenden die These vertreten, dass gerade durch die Reflexion von Geschichte, Erinnerung und Heimat eine nationale Identität überhaupt erst ermöglicht wird.

Diese wird im Gegensatz zum Hauff-Film von der Friedensbewegung der frühen 80er-Jahre losgelöst und auf eine Kritik des Krieges allgemein verschoben. So wird die Erinnerung an den Zweiten Weltkrieg im kulturellen Gedächtnis der Filmgesellschaft durch ein längeres Gespräch zwischen Damiel und Cassiel ergänzt, in dem sie die Weltgeschichte im Zeitraffer Revue passie-ren lassen. Als ihre Erzählung beim Vorgänger des Menschen angelangt ist, stehen sie auf der Lohmühlenbrücke über dem Landwehrkanal, deren Straße geradewegs auf die Mauer zuführt und vor ihr endet. Hinter ihr türmen sich auf Ost-Berliner Seite ein Überwachungsturm und La-ternen aus dem Niemandsland auf. Vor diesem Hintergrund und ihrer ewigen Erzählung schei-nen ideologische Trennungen durch Mauern vergeblich zu sein. Das verdeutlicht auch Damiels Geschichte des Homo sapiens, als Geschichte von Teilung und Krieg:

> „Dann brach einer plötzlich aus dem Kreis aus und lief geradeaus. Solange er so geradeaus lief und
> manchmal vielleicht im Übermut kurvte, erschien er nur frei und wieder haben wir mitlachen können. Aber
> dann, anders plötzlich, rannte er im Zickzack und die Steine flogen. Mit seiner Flucht begann eine andere

---

[360] Vgl. dazu Thamer 2000 (hier 899 f.); vgl. zum Verblassen der Erinnerung nach etwa 80 Jahren Kap. 2.4.
[361] Vgl. dazu Assmann 1999: 140 ff., Assmann 2007: 183-204, und Frevert 1999: 158-172.
[362] Lorenz 1997: 411.
[363] ‚Heimat‘ wurde als Ort verstanden, zu dem man sich sehnt und der abgegrenzt ist von allem, das fremd und fern ist (Morley / Robins 1995: 91 ff.). „In the face of the division of Germany and the Cold War, Heimat films served to re-establish German identity based on a regional sense of belonging and on local traditions." (Boa / Palfreyman 2000: 90) Vgl. zur *Heimat*-Fernsehserie von Edgar Reitz ebd.: 171-193, Morley / Robins 1995: 95-104, Reichel 2007: 264-72; vgl. zu westdeutschen Heimatfilmen der 80er-Jahre Boa / Palfreyman 2000: 144-170.
[364] So Avventi 2004: 62 f.

Dieser Kriegführung erwachsener Menschen stellt der 68er-Pazifist Wenders die Utopie der Kindheit gegenüber.[365] Die ‚Logiken' des Kalten Krieges, wie etwa Ronald Reagans 1983 aufgeworfene Theorie der UdSSR als ‚evil empire', prallen an den Kinderfragen des Films ab. Denn weder können sie beantworten, warum man „ich" ist „und warum nicht du", warum man auf der einen, nicht auf der anderen Seite steht, und ob es „Leute [gibt], die wirklich die Bösen sind" (8 f.). Wenn „die Zeit selbst die Krankeit ist" (26), wie Marion fragt, zählen vor den aktuellen Gegnern und Kriegen weder das Gedächtnis der Kinder noch Erinnerungen an die Kriege der letzten 200 Jahre. Alle liegen „mitsamt der Panzerspuren" vergessen und „vergrast" unter der Erde (1.00 f.). Nur die Engel erinnern sich noch an sie und durchschreiten die Mauer gen Osten, während Damiel seinem Freund mitteilt, er wolle Mensch werden (1.01 f.).

In dieser Darstellung kann der Krieg immer nur durch das Vergessen der vorigen Kriege und das Übersehen seiner gerade in Berlin sichtbaren Kennzeichen wie der Berliner Mauer entstehen. Dadurch wird das durch den Kalten Krieg fortgeführte Zeitalter der Kriege zum Erwachsenenwerk ohne göttliche und moralische Legitimation. So hat sich als Hintergrund der Story Gott nach 1945 von den Menschen abgewandt und die Engel „an den damals furchtbarsten Ort der Welt [verbannt]: Berlin"[366]. Im Gegensatz zur (Film-)Bevölkerung dürfte Wenders damit der von Linksradikalen bis zur Kohl-Regierung geteilten Ansicht der Friedenssicherung als wichtigstem politischen Ziel zustimmen.[367] Während im *Mann auf der Mauer* das Sprengen der Mauer noch als eine Möglichkeit zur Einheit erschien, bleibt *Himmel über Berlin* gänzlich pazifistisch, was sich neben den Engeln auch in der Figur Homers zeigt.

So argumentiert Homer, ergänzend zu Cassiels und Damiels subtiler Reflexion von Kaltem Krieg und deutscher Teilung auf der Basis der Weltgeschichte, des Erinnerns und Vergessens, in der Staatsbibliothek aus der eigenen Lebenserfahrung und Erinnerung an die Berliner Stadtgeschichte heraus für den Frieden. Der alte Mann sieht sich als greiser Erzähler, dessen Zuhörer „mit der Zeit zu Lesern geworden [sind,] und sie sitzen nicht mehr im Kreis, sondern für sich und einer weiß nichts vom Anderen" (20 f.). In seiner Erzählung scheint die „Welt […] zu verdämmern" (37). Zu Berlin-Bildern von 1945 glaubt er sich „durch die Erzählung verschont von den Wirren der Jetztzeit und geschont für die Zukunft" (37 f.). Im Gegensatz zu seinem griechischen Namenspatron erzählt er aber vom Frieden. Er weiß, wenn er aufgäbe, verliere die Menschheit ihren Erzähler, ihre Kindheit und ihre Hoffnung auf Frieden.

---

[365] Wenders traut dem Urteilsvermögen des Kindes mehr als dem Erwachsener und distanzierte sich früh von der Gewalt(-darstellung) der 68er-Generation, zu der er sich selbst zählt (Interview mit Jansen 1992: 95 f.).
[366] Wenders 1986: 99.
[367] Vgl. etwa Kühnl 1986: 122, und Kohl 1984: 31: „Von deutschem Boden muß Frieden ausgehen."

„Meine Helden sind nicht mehr die Krieger und Könige, sondern die Dinge des Friedens [...]. Aber noch niemandem ist es gelungen, ein Epos des Friedens anzustimmen. Was ist denn am Frieden, dass er nicht auf die Dauer begeistert und dass sich von ihm kaum erzählen lässt?" (37 f.)

Dieses Kapitel sollte aufzeigen, dass der Film materielle Folgen des Zweiten Weltkrieges wie die Berliner Mauer ebenso wie individuelle und sozial gerahmte Erinnerungen an den Krieg aufnimmt, um diesen einzudämmen und ein „Epos des Friedens" aufzubauen. Wenders nimmt die Erinnerungen an den Zweiten Weltkrieg wie auch die Gegenwart des Pseudo-Friedens des Kalten Krieges[368] auf und verbindet beide Zeiträume zur Diskussion der Deutschen Frage.

3.3.3 Die Berliner Mauer und die Deutsche Frage in Geschichte und Gedächtnis

Auf Anhieb erscheint es abwegig, dass der Film die nationale Frage thematisiert: Außer Homer ist keiner der wichtigen Filmfiguren Deutscher und der 68er Wenders glaubt konstruktivistisch nicht daran, dass es *die* Deutschen überhaupt gibt.[369] Doch obgleich er sich ein „distanziertes Verhältnis zu Deutschland als ‚Vaterland'" zuschreibt, betrachtet er den 9. November 1989 nach Willy Brandts Kniefall als zweites wichtige emotionale Ereignis der Deutschen.[370]

Was zeigt sich davon aber schon in diesem Film von 1987? Zunächst fällt auf, dass Begriffe wie ‚Westen' oder ‚Drüben' nicht fallen, ‚Deutschland' aber immerhin fünfmal vorkommt, und das gänzlich unkonstruktivistisch. Wie im Folgenden erläutert wird, hat Wenders mit seiner späteren Aussage eine Vorstellung auf die Vergangenheit übertragen, die er damals noch nicht besaß. Neben Cassiel, der über das „deutsche Volk" (43) und die „deutsche Seele der Gegenwart" nachdenkt (44), verwendet auch Peter Falk den Begriff – allerdings in Bezug auf Aussehen, Speisen (46, 49) und den Drehort seines Films (1.06). Trotz des weitgehenden Fehlens von Bezügen zur DDR thematisiert der Film die Deutsche Frage in den Erinnerungen Homers und der Engel an die Geschichte der Stadt, die im Premierenjahr ihren 750. Geburtstag feierte – Ost- und West-Berlin weitgehend getrennt voneinander. Zu diesem Anlass erklärte Helmut Kohl im Mai 1987 unter Missfallen der DDR-Führung, Berlin sei trotz Mauer und Stacheldraht weiterhin eine Stadt. Im Juni forderte der damalige US-Präsident Ronald Reagan vor dem Brandenburger Tor äußerst medienwirksam via Fernsehen Michail Gorbatschow auf, die Mauer niederzureißen.[371] Auch für Wenders war es nach Jahren in den USA mit seinem Umzug nach Berlin Kreuzberg an der Zeit, einen Film über sein Heimatland zu drehen, und dies war nur in Berlin möglich.

---

[368] Die Ergebnisse widersprechen damit Hellmut Fröhlich, wonach der Film „die Berliner Mauer [...] nicht in ihrer ideologischen Dimension als aktuelle Ost-West-Trennung verwendet" (Fröhlich 2007: 180).

[369] So Wenders 1991: 51, und: „I was never proud of this country, and I never wanted to stay here" (ebd.: 55).

[370] Interview mit Behrens 2005: 135. Nicht zuletzt deshalb wollte Wenders zuerst Willy Brandt für die Rolle Peter Falks besetzen. Der konnte dies terminlich aber nicht wahrnehmen (Interview mit Raskin 1993: 12).

[371] Vgl. dazu Görtemaker 2004: 333 ff., und Kießling 1999: 61.

„The city was very much destroyed, and when the wall was up, it was a city that totally and very clearly showed the traces of history where it did come from. It was showing its wounds without hiding them, all the no man's lands, the wounds, the wall itself was like a scarf."[372]

Dieser Verweis auf die Existenz der Mauer als langfristige Folge des Zweiten Weltkrieges – und nicht etwa durch den Kalten Krieg, wie noch im *Mann auf der Mauer* geschildert – deutet auf ein Schuldbewusstsein an der deutschen Teilung hin, das in der westdeutschen Geschichtspolitik erst seit Mitte der 80er-Jahre vermehrt um sich griff.[373] Wenders versuchte, Deutschland „über diese Stadt zu verstehen" und das zu erzählen, was er „von diesem Land eigentlich [hält und denkt], aber was sozusagen nie bewusst geworden ist"[374]. Er konnte und wollte Charakteristika des ‚Deutschseins' „immer nur in dieser Stadt wiedererkennen", da Berlin-Besuche durch die physische und emotionale Vergegenwärtigung von Geschichte für ihn immer „die einzig wahren ‚Deutschlanderlebnisse'"[375] bedeuteten.

In keiner Szene wird dies so deutlich wie in der, als Cassiel Homer zum Potsdamer Platz begleitet, der in den Filmbildern als Symbol der deutschen Teilung erscheint und in Homers Gedächtnis als Erinnerungsort vom Fortbestehen der deutschen Kulturnation Zeugnis abgibt. Den Platz begrenzt zum Osten hin die bemalte und mit Sprichwörtern versehene Mauer, hinter der im Niemandsland neben Fabrikschornsteinen und dem Ost-Berliner Fernsehturm ein Überwachungsturm und Laternen zu sehen sind (39 f.). Der einst verkehrsreichste Platz Europas war Mitte 80er-Jahre, im Film realistisch dargestellt, „a remnant of the outcome of the Second World War: the division of Berlin into four sectors, and the building of the Berlin Wall"[376]. Er ist eine Brache mit langen Gräsern, industriellen Überresten, einer Bahnteststrecke, matschigen Wegen, Pfützen und einem Sessel; im Hintergrund hat sich eine Künstlerkommune niedergelassen (39 ff.). Dieses Bild des Grenzortes wird kontrastiert mit Homers Erinnerung an den Platz der Weimarer Republik, denn „das kann er hier nicht sein, der Potsdamer Platz" (39 f.). Er, genauer, sein Schauspieler Curt Bois, der wie seine Figur 1933 aus Berlin emigrierte,[377] erinnert sich an seine ehemalige Bebauung. Denn „es war ein belebter Platz, Straßenbahnen, Omnibusse mit Pferden, zwei Autos" (40). Dann, gemeint ist das ‚Dritte Reich', „hingen plötzlich Fahnen dort [...] und die Leute waren gar nicht mehr freundlich und die Polizei auch nicht" (40).

Mit den Erinnerungen Homers/ Curt Bois', die zum Teil begleitet werden von Dokumentarfilmaufnahmen ausgebrannter Häuser, bricht die Erzählung ab und suggeriert, dass mit dem

---

[372] *Audiokommentar Himmel über Berlin* 3, 34 f. (Zitat); vgl. ähnlich auch Wetzlaugk 1985: 195.
[373] So z. B. Weizsäcker 1983a: 176; vgl. auch Noelle-Neumann 1995.
[374] *Wim Wenders – befragt von Roger Willemsen* 21; vgl. ähnliche, gänzlich unkonstruktivistische Aussagen über Deutschland von Wenders im Dokumentarfilm *Auge in Auge*; vgl. die ähnliche Analyse von Cook 1997: 183 f.
[375] Wenders 1986: 94.
[376] So Ward 2005: 303 f.; vgl. Pond 1993: 7, und Wolfrum 2005: 393. Nicht umsonst dominierten nach 1989/90 dann die Bilder dieses Platzes, der viel zitierten ‚größten Baustelle Europas' wieder die Medien (Stucke 2006: 179).
[377] S. zu Curt Bois und seinen Erinnerungen im Monolog den *Audiokommentar Himmel über Berlin* 40 f.

Zweiten Weltkrieg auch die Zerstörung des Platzes zum heutigen Zustand einherging. Als am Ende der Sequenz in einer Spieluhr das Gesamt-Berlin symbolisierende Lied *Berliner Luft* erklingt, wurde Homer durch die Teilung, verdeutlicht durch den zerstörten Potsdamer Platz, „vom Engel der Erzählung zum unbeachteten oder verlachten Leiermann draußen an der Schwelle zum Niemandsland" (41). Dennoch hält er an der Bedeutung dieses mauernahen Erwartungsortes für die Lösung der Deutschen Frage fest: „Ich gebe so lange nicht auf, bis ich den Potsdamer Platz gefunden habe" (40 f.). Dass mit Curt Bois/ Homer die älteste Person im Film an die Symbolik des Platzes erinnert, veranschaulicht, dass viele ältere Berliner diesem Ort noch Bedeutung beimaßen, während er für die Jüngeren längst vergessen war.[378]

Eine ähnliche symbolische Aufladung des Erinnerungs- und Erwartungsortes Berliner Mauer zeigt auch die nächste Szene mit Homer. Während am Himmel über der Mauer Krähen über die Grenze ziehen – ohne natürlich von ihr aufgehalten werden zu können – sinniert er über die alten West- und Ost-Berlin verbindenden Römerstraßen und Passhöhen:

> „Dort erst fängt mein Land, das Land der Erzählung an. Warum sehen nicht alle schon als Kinder die Pässe, Furten und Durchschlüpfe unten auf der Erde und oben im Himmel. Würde jeder sie sehen, gäbe es eine Geschichte ohne Totschlag und Krieg." (1.03 f.)

Damit wird „Berlin, die geteilte Stadt, […] zum Symbol der geteilten Welt"[379]. Das liegt aber weniger an Berlin als an der Symbolik des Erinnerungsortes Berliner Mauer. Dieser spiegelt auch nicht bloß die geteilte Welt wider, sondern auch die offene Deutsche Frage. Im Anschluss an das in Kapitel 3.1.3.1 zur kaum vorhandenen Europa-Symbolik Gesagte zeigt dies, wie wenig der Mauer im Film eine europäische, wie stark eine nationale – hier ausnahmsweise auch eine globale – Bedeutung zugeschrieben wurde. Das schien auch der Mitarbeiter im DDR-Film-Ministerium befürchtet zu haben, der Wenders trotz vorheriger Zusicherung die Dreherlaubnis in Ost-Berlin verweigerte. Denn als der Regisseur ihm mitteilte, der Filme handele von Schutzengeln, die Menschen beobachten, unsichtbar sind und durch die Mauer, den Hauptdrehort des Films, gehen können,[380] sprach er ein Tabu an, das den Dreh verhinderte.

Homer, der „ewige Erzähler"[381], ist wie Kabe im *Mann auf der Mauer* die einzige (menschliche) Filmfigur, die mit der Berliner Mauer eine spezifische Symbolik als Erinnerungs- und Erwartungsort der deutschen Nation verbindet. Dass es gerade die Erzählung ist, welche die Deutsche Frage fest im kulturellen Gedächtnis verankern soll, lässt sich durch Wim Wenders' Deutschlandverständnis als die beide Staaten übergreifende Sprachnation erklären, die trotz Teilung einen gesamtnationalen Halt darstellt: „The German language is everything that our country

---

[378] Vgl. zur von den Generationen abhängigen Erinnerung an den Platz Darnton 1990: 83, und Parr 2005: 34.
[379] So Kolditz 1992: 275.
[380] S. dazu den *Audiokommentar Himmel über Berlin* 1.30 ff.
[381] *Wim Wenders – befragt von Roger Willemsen* 13; so auch Graf 2002: 128. Vgl. zur Narration Cook 1997.

no longer is, what it is not yet, and what it may never be."[382]

Entgegen dem *Mann auf der Mauer*, in der die durch Kabe repräsentierte 68er-Generation gegen Mauer und deutsche Teilung rebelliert, ist es hier die älteste Figur. Dies lässt sich durch demoskopische Daten erklären: 1987 sahen 80 Prozent der Bundesbürger die Bewohner von Bundesrepublik und DDR als ein Volk an, wobei die 14- bis 29-jährigen dies zu 65 Prozent, die über 60-jährigen wie Homer aber zu 90 Prozent unterstützten. Zwischen 1976 und 1987 empfanden nur etwa 15 Prozent der Bundesbürger über 60 Jahre die DDR als Ausland, von den jüngeren aber bereits die Hälfte.[383] Daher sprach u. a. im Rückgriff auf das Generationenkonzept Konrad Jarausch davon, durch die verblassende Erinnerung an ein Gesamtdeutschland „kam die Einheit im letzten Moment, an dem sie noch politisch machbar war"[384]. Dieser Generationenproblematik für die nationale Frage dürfte Wenders zustimmen.

Die Mauersymbolik leitet sich nun in seinem Film nicht mehr aus Friedensbewegung und Nachrüstungsdebatte her wie es 1982 im *Mann auf der Mauer* der Fall war, sondern aus der seit Mitte der 80er-Jahre typischen Erinnerung an den Zweiten Weltkrieg. Hat für die im Film dargestellte jüngere Generation weder die Kriegserinnerung noch die Deutsche Frage eine Bedeutung, sind die persönlichen oder vermittelten Erinnerungen der mittleren Generation auf die Schrecken des Zweiten Weltkrieges konzentriert, ohne daraus die nationale Frage abzuleiten. Nur der älteste, Homer, denkt über Mauer, Geschichte *und* Nation nach. Auf diese überträgt Cassiel seine oben in Teilen dargelegten Gedanken zu den individuellen Grenzen:

> „Das deutsche Volk ist in so viele Kleinstaaten zerfallen, als es einzelne Menschen gibt und die einzelnen Staatsgebilde sind beweglich. Jeder trägt das Seine mit sich herum und verlangt eine Übertrittsgebühr, wenn ein anderer es betreten will […]. Das nur für die Grenze." (43 f.)

Ausgehend vom grundlegenden Wertewandel und Systembruch zwischen ‚Drittem Reich' und Bundesrepublik sowie der daraus resultierenden weitgehenden nationalen Identitätsferne, liegt Cassiel zufolge das Kernproblem der nationalen Frage bzw. der „deutsche[n] Seele der Gegenwart" in den persönlichen Abgrenzungsstrategien, im Individualismus und dem fehlenden Gemeinschaftsgefühl, in Wandelbarkeit und Profitgier der Menschen. Alle schwärmen aus, während der Glaube an Gemeinschaft längst erloschen ist (44).

Wenders selbst erkannte ein Vakuum eigener nationaler Bilder, das von fremden Vorstellungen eingenommen wird.[385] In ganz ähnlicher Weise diagnostizierte Thomas Nipperdey 1986,

---

[382] Wenders 1991: 57 ff. (Zitat 59); s. auch Wenders 1986: 95; vgl. dazu kritisch Lafontaine 1990: 174.
[383] Vgl. Jansen 1989: 1337, Weidenfeld / Glaab 1995: 2830, und Winkler 2004: 480; vgl. auch Schlögel 2003: 471 f., wonach die 68er-Generation bereits aus Mitteleuropa heraus gewachsen war.
[384] Jarausch 1995: 317.
[385] S. Wenders 1991: 55 ff.

dass für die Jugend der Bundesrepublik „das Problem der Nation irrelevant" sei und es „den Deutschen an Selbstverständlichkeit politischer Identität"[386] mangele. Wenn Ende der 1980er-Jahre neben der Gewöhnung an den eigenen Teilstaat festgestellt wurde, nur die Mauer erinnere noch an die Offenheit der Deutschen Frage,[387] so muss bei der Darstellung im *Himmel über Berlin* hinzugefügt werden, dass außer der ältesten Generation und den Engeln niemand die Mauer überhaupt noch bemerkt. Die Erinnerungen an ein Gesamtdeutschland verblassen und das Bewusstsein nationaler Einheit schwindet. Da die Grenze(n) nicht nur Ost und West, sondern auch Familie, Freunde und Nachbarn trennen, scheint die Hoffnung auf Einheit im Kleinen vergeblich und, wenn dies der Fall ist, die Einheit im Großen erst recht.

3.3.4 Erwartungsort Berliner Mauer zwischen Frieden und Einheit

Im Umkehrschluss müsste dann, wie zuweilen betont wurde,[388] die Einigung im Kleinen beginnen. Heute räumt Wenders ein, er habe damals wie jeder andere an dem Film Beteiligte nicht daran geglaubt, den Fall der Mauer selbst zu erleben, was 1987 auch nur acht Prozent der Bundesbürger möglich schien.[389] Spiegelt sich dieser Pessimismus aber auch im Film wider?

Wie im *Mann auf der Mauer* ist es erneut eine Liebesgeschichte, an der sich die deutsche Einheit bewähren muss. Damiel und Cassiel treffen sich im Niemandsland wieder (1.25 ff.). Jedem Kinozuschauer, der vom DDR-Grenzregime und den Toten an der Mauer weiß, musste es damals befremdlich erscheinen, ein Gespräch zweier Filmfiguren, umringt von Doppelmauer, Wachturm und Laternen in der Nähe von Volkspolizisten neben einem Militärfahrzeug zu sehen. Genau hier aber teilt Damiel Cassiel seine durch die Liebe zu Marion bewirkte und durch Peter Falk ermunterte (1.24 f.) endgültige Entscheidung mit, Mensch zu werden (1.26). Im Moment der Menschwerdung hebt Cassiel seinen Freund hoch und trägt ihn noch rechtzeitig auf die Westseite der bemalten, nicht aber von Soldaten bewachten Mauer. Damit verhindert er die Festnahme bzw. den Tod Damiels im Ost-Berlin, der hier im Westen als Mensch erwacht. Aus Cassiels Sicht kann Damiel anscheinend nur dort im Westen seine Liebe und sein Glück finden.

Inga Scharfs Interpretation, die Mauer sei „a border between the spiritual life of Bruno Ganz's angel and the earthly existence of the woman"[390], ist zwar korrekt, übersieht aber die nationalgeschichtliche Bedeutung der Grenze(n). Aufbauend auf den in den vorigen Kapiteln dargelegten Reflexionen Cassiels und Homers über die *gesamt*deutsche Nation wird im Folgenden die These vorgetragen, dass mit Damiels Mauerdurchquerung von Ost nach West und seiner Menschwerdung die Hoffnung auf die deutsche Einheit nach westlichem Vorbild artikuliert wird. Dass ein

---

[386] Nipperdey 1986: 216 f.
[387] Vgl. dazu Jarausch 1995: 22 f.
[388] So z. B. Hanisch / Knütter / Könitz 1985: 21, Kohl 1986: 23.
[389] *Audiokommentar Himmel über Berlin* 39, vgl. zu den Erwartungen in der Gesellschaft Winkler 2004: 480.
[390] So Scharf 2005: 397, Anm. 39.

Engel Damiel nach West-Berlin bringt, nicht nach Ost-Berlin, deutet bereits den Vorzug des bundesdeutschen Modells an. Es verweist aber auch auf die Unwahrscheinlichkeit der Einheit und darauf, dass sie nicht nur von den Deutschen selbst abhängt.

Obwohl Damiel nach seiner Menschwerdung feststellen muss, dass Marions Zirkus abgereist ist, ist er davon überzeugt, sie wieder zu finden. „Etwas wird geschehen und es wird gelten." (1.42) Tatsächlich treffen sich Damiel und Marion in der Vorhalle des Clubs Esplanade, in dem sie ihn sofort als ihre große Liebe erkennt. Ihr fünf-minütiger Monolog lässt sich nicht nur als Geschichte der Liebe zwischen Mann und Frau lesen,[391] sondern auch als deutsch-deutsche Nachkriegsgeschichte und (westdeutsche) Hoffnung auf Wiedervereinigung.[392] „Ich war viel allein, aber ich habe nie allein gelebt. […] So bin ich älter geworden." (1.51 f.) Dies lässt sich mit ihren weiteren Ausführungen als Metapher für die Nachkriegszeit und die Bündnispartner deuten, denn „es hätten auch andere sein können" (1.52 f.). Doch hat die West-Integration der Bundesrepublik den Glauben und den Wunsch an ein Gesamtdeutschland nicht verdrängen können. Denn „einsam war ich nie, weder allein noch mit jemand anderem. Aber ich wäre gern in dich einsam gewesen [sic!]. Einsamkeit heißt ja, ich bin endlich ganz." (1.53) Eine Wiedervereinigung muss aber auf friedlichem Wege geschehen, wonach „kein Blut [...] in der ganzen Stadt" fließen wird (1.53 f.). Jetzt aber gelte es, den Zufall zurück zu stellen. Mit einem Schnitt zur Großaufnahme von Marions Gesicht blickt sie direkt den Zuschauer im Kino und vor dem Fernseher an, seit dem Mauerbau die einzige verbliebene gesamtdeutsche Öffentlichkeit,[393] und artikuliert zu ihm die westdeutsche Hoffnung auf Überwindung von Mauer und Teilung durch die Bürger der DDR:

> „Nicht nur die ganze Stadt, die ganze Welt nimmt gerade Teil an unserer Entscheidung. Wir zwei sind jetzt mehr als nur zwei, wir verkörpern etwas. Wir sitzen auf dem Platz des Volkes, und der ganze Platz ist voll von Leuten, die sich dasselbe wünschen wie wir. […] Ich bin bereit. Nun bist du dran. Du hast das Spiel in der Hand. Jetzt oder nie! Du brauchst mich, du wirst mich brauchen!" (1.54 f.)

Darin wird zunächst deutlich, dass nur „die Erzählung […] und die Liebe noch Hoffnung [bergen], die Teilung der Welt und der zerrissenen Seelen aufzuheben"[394]. Wenn Marion und Damiel ihr privates Glück finden, ist zugleich der Fortbestand der deutschen Nation angesprochen und die Hoffnung auf das Glück eines wiedervereinigten Deutschlands scheint greifbar. Fernab von

---

[391] Diese These vertreten etwa Bromley 2001: 80 f., und Visarius 1992: 48.

[392] Vgl. Marions folgenden Monolog etwa mit Peter Benders ähnlicher Deutung der deutsch-deutschen Nachkriegsgeschichte: „Die vierzigjährige Existenz zweier deutscher Staaten hat die Existenz Deutschlands mehr und mehr in Frage gestellt, aber nicht aufgehoben. Bundesrepublik und DDR blieben, solange sie bestanden, aufeinander bezogen. […] Keiner konnte vom anderen absehen, auch wenn er es wollte. Jeder folgte seinen eigenen Grundsätzen und Erfordernissen, aber meist mit einem Blick auf den Konkurrenzstaat." (Bender 2007: 5)

[393] Vgl. allgemein zur Öffentlichkeit in den Medien Hickethier 2007: 13 ff.

[394] Kolditz 1992: 276 f., für den diese Szene aber „der fraglichste, weil schwülstigste Teil des Films" ist.

einem konstruktivistischen Nationsverständnis, wie es Wenders eingangs für sich reklamierte, liegt dem ein Glaube an die Unveränderlichkeit der Volksnation über die Jahrhunderte zugrunde, wie der Ostdeutschland symbolisierende Damiel nach dem Monolog der Westdeutschland verkörpernden Marion[395] bemerkt: Gezeugt wurde „ein unsterbliches gemeinsames Bild […]. Sie hat mich heimgeholt und ich habe heimgefunden. Es war einmal, es war einmal und also wird es sein" (1.57 f.). Dabei soll Wenders nun nicht ein Menschenbild voller „crypto-fascist fantasies […], allowing images of Nazi racial superiority to creep in", und damit das Versprechen einer „creation of a unifying immortal race of giants"[396] unterstellt werden. Gleichwohl ist ein konservatives Menschenbild und ein über die Zeit fortdauerndes Verständnis der (deutschen) Volksnation in Marions Monolog und Damiels Kommentar nicht von der Hand zu weisen. Durchaus ähnlich hieß es etwa in Helmut Kohls Regierungserklärung vom 13. Oktober 1982: „Der Nationalstaat der Deutschen ist zerbrochen. Die deutsche Nation ist geblieben, und sie wird fortbestehen."[397] Das unterstreicht auch der Film.

So schreitet mit ähnlichen Hoffnungen Homer in der Schlusssequenz des Films die Köthener Straße auf den Erwartungsort Berliner Mauer zu. Anschließend an das, was über die antike Mythologie, speziell der *Odyssee* als Bedeutungsträger in Wenders' Filmen herausgearbeitet wurde,[398] erscheint Homer als Pendant zu seinem griechischen Namensgeber als Träger und Repräsentant des kulturellen Gedächtnisses der Deutschen. Durch seine Erinnerung an das geeinte Berlin fungiert er als Nationaldichter und Beschwörer der deutschen Einheit. „Nennt mir die Männer und Frauen und Kinder, die mich suchen werden, mich ihren Erzähler, Vorsänger und Tonangeber, weil sie mich brauchen, wie sonst nichts auf der Welt." (1.58 f.)

Insgesamt summiert *Himmel über Berlin* ähnlich wie u. a. das Nationsverständnis Helmut Kohls die Deutschland-Definitionen vorheriger Kanzler. Anthropologisch seien die Deutschen eine Volksnation, aber auch eine trotz Teilung fortbestehende Kulturnation, ein Volk gemeinsamer Geschichte und Sprache sowie eine Bewusstseinsnation.[399] Gerade diese schwindet aber, und die Gesamtnation wird nur noch von den Ältesten erinnert. Sie muss daher über den Erwartungsort Berliner Mauer vom Nationaldichter Homer für das kulturelle Gedächtnis bewahrt werden. Das wird auch in der letzten Einstellung deutlich, einer Totale, die ,ganz' Berlin tief unter dem Himmel als Utopie zeigt und die Stimme ertönt: „Nous sommes embarqués" (1.59). Das

---

[395] Alexander Graf vertritt eine ähnliche These, wonach beide Figuren Ost- und West-Berlin darstellen und unvollständig ohne die andere erscheinen (Graf 2002: 114).

[396] So Kolker / Beicken 1993: 157 ff., was sich u. a. auf die „Geschichte von Stammeltern" (1.53) bezieht.

[397] Kohl 1982: 43. Denn die „deutsche Nation war vor dem Nationalstaat da und hat ihn auch überdauert" (Kohl 1983: 8); so etwa auch Hanisch / Knütter / Könitz 1985: 60, und Seiffert 1986: 130.

[398] Vgl. Fleig 2005, der unabhängig von diesem Film auf die Transformation antiker Figuren in neue Kontexte hinweist, in denen sie „als Fingerzeige" ihren mythologischen Gehalt weiter entfalten können (ebd.: 293).

[399] Vgl. Garthe 1991: 25. „Denn in ihrer Geschichte, in ihrer Sprache und in ihren Werten ist die Einheit der Nation unverlierbar." (Kohl 1983: 14) Darüber hinaus hält die Rechtslage und „die geschichtliche Kraft dieses Willens unseres Volkes […] die deutsche Frage offen." (ebd.: 22; vgl. ähnlich Schwan 1988: 153 f.)

verdeutlicht die Titelwahl des Films, „weil der Himmel das Einzige sein mag, was den beiden Städten in dieser Stadt noch gemeinsam ist, außer ihre Vergangenheit natürlich. ‚Nur der Himmel weiß‘ sozusagen, ob es noch eine gemeinsame Zukunft gibt"[400]. Unterlegt mit der Einblende „Fortsetzung folgt" (1.59) ist die *Himmel über Berlin*-Fortsetzung *In weiter Ferne, so nah* angedeutet, aber zugleich auch die Offenheit der Deutschen Frage und die Überwindung der Teilung, denn: *Die deutsche Geschichte geht weiter*[401].

3.4 Zwischenfazit zur Berliner Mauer und Deutschen Frage im 80er-Jahre Film

Bevor die drei neueren Filme analysiert werden, die nach dem Erwartungsort gedreht wurden, auf den Richard von Weizsäcker hier anspielt, die Öffnung der Grenze, sollen kurz wesentliche Ergebnisse des dritten Abschnittes herausgestellt werden. Dabei weisen die – aus den wenigen Filmen, die in den 80er-Jahren überhaupt die Berliner Mauer thematisieren – ausgewählten Filme neben beträchtlichen Unterschieden auch einige Gemeinsamkeiten auf.

Vom Ex-DDR-Bürger Peter Timm über die linksradikalen Reinhard Hauff und (den damaligen) Peter Schneider hin zum linksliberalen Wenders sind alle Regisseure der politischen Linken zuzuordnen. Konservative Filmemacher haben sich damals nicht des Themas angenommen. Das bekräftigt ihren schwachen Standpunkt in der intellektuellen Öffentlichkeit der 80er-Jahre, zeigt die fehlende Massenkompatibilität ihrer Ideen für einen in der Geschichtskultur tragbaren Kinofilm und ihre politisch nicht realisierbaren Konzepte zur Lösung der Deutschen Frage.

Keinem der Filme unterlaufen allzu grobe historische Fehler. Alle teilen sie einen kurzen Erzählrahmen von wenigen Tagen im *Himmel über Berlin*, einigen Wochen in *Meier* bis hin zu wenigen Jahren im *Mann auf der Mauer*.[402] Das deutet darauf hin, dass zur Thematisierung der zeitgenössisch bestehenden Berliner Mauer, ihre Geschichte und die der deutschen Teilung nicht besonders relevant erschienen. Wichtiger ist die ‚Diktatur der Grenze(n)‘ in der Gegenwart, in den Filmen als West-, bzw. als West- *und* Ost-Blick auf die Mauer geschildert. Unter ihr stehen alle Filmfiguren, die Ost-Berliner aber weit stärker als die West-Berliner. Die prägende Bedeutung der Betongrenze im *Mann auf der Mauer* lässt es gerechtfertigt erscheinen, von einer ‚Diktatur der Mauer‘ zu sprechen, während in *Meier* neben der Mauer aus Stein sehr viel mehr alltägliche, sozioökonomische, und im *Himmel über Berlin* einige über die Engel ausgedrückte metaphorische Grenzen thematisiert werden. Das Bauwerk selbst wird in allen Filmen wie in der

---

[400] Wenders 1986: 95. Nicht umsonst spricht Wenders von der „Doppelstadt" Berlin (ebd.: 96).
[401] So der Titel von Weizsäcker 1983b. Wenders' *In weiter Ferne, so nah* (1993) zeigt, wie Cassiel im vereinigten Berlin der beginnenden 90er-Jahre Mensch wird und mit Damiel und Marion die Herausforderungen der Unterwelt meistert. Insgesamt vertritt die vorliegende Studie damit eine genau entgegen gesetzte Interpretation zur Rolle der Kindheit, Homers und seiner Erzählung im Film zu der unpolitischen, auf der dekonstruktivistischen Literaturtheorie beruhenden Deutung Matthias Ganters (vgl. Ganter 2003: 76-96).
[402] So auch *Einmal Kudamm und zurück*, *Die allseitig reduzierte Persönlichkeit – Redupers*, der im März 1977 spielt, und – mit Ausnahme der Vorblende zur Friedenskonferenz von Jalta – auch der *Der Willi-Busch-Report*.

literarischen Prosa[403] schlicht ‚Mauer' oder ‚Grenze' genannt, während man Propagandabegriffe wie den ‚antifaschistischen Schutzwall' vermisst.

Dabei ist sie im *Mann auf der Mauer* und im *Himmel über Berlin* nur als Betonmauer sichtbar. Mit Ausnahme der Stasi-Mitarbeiter bzw. der Engel findet hier so gut wie keine Grenzüberschreitung statt. In Wenders' Film haben sich die West-Berliner in ihren alltäglichen mauer- und nationsfernen Sorgen an die deutsche Teilung und die Berliner Mauer gewöhnt. Sie wird von den West-Figuren, mit Ausnahme Homers, überhaupt nicht mehr wahrgenommen, ihr werden keine Symboliken zugeschrieben und sie hat ihren Schrecken ebenso verloren wie in Peter Timms Komödie. Dort tritt die Mauer aber, mit Ausnahme eines Computerspiels, ausschließlich als Grenzübergang in Erscheinung. Im Mauerspringen des Protagonisten fungiert sie gemäß der, hier vor allem westlichen, Logik des Kalten Krieges als Scheidelinie zwischen Ost und West, Sozialismus und Kapitalismus, ‚Mangel'- und Wohlstandsgesellschaft, Einsperrung und Reisefreiheit. Trotz einiger Persiflierungen der DDR-Gesellschaft wird man diese Mauerdarstellung als weitgehend deutschland*un*politisch ansehen dürfen. Denn noch stärker als die Berliner Mauer wird auch die nationale Frage in ihrem konkreten politischen Gehalt von den Figuren nicht erörtert, oft nicht einmal bemerkt.

Das genaue Gegenteil zeigt *Der Mann auf der Mauer*, in dem die sozioökonomischen bzw. kulturellen Semantiken der Mauer, wenn sie überhaupt vorkommen, entweder als zweitrangig nivelliert oder als falsches Auto- bzw. Heterostereotyp zurückgewiesen werden. Dadurch rückt in Hauffs Film die in *Meier* nur gestreifte Deutsche Frage ins Zentrum. Die Peter Schneider-Verfilmung nimmt die die Geschichtskultur der frühen 80er-Jahre prägende Friedensbewegung, Besatzungs- und Nachrüstungsdebatte auf und transferiert sie in das keiner Bundestagspartei zuzuordnende Deutschlandverständnis des linken Patriotismus'. In dieser Darstellung ist die Mauer das Haupthindernis für einen blockfreien ‚Dritten Weg' zwischen Demokratie und Sozialismus. Gegenüber der auch in *Meier* und im *Himmel über Berlin* erkennbaren Verdrängung der Deutschen Frage in der Bundesrepublik versucht Kabe erst persönlich, später mit seinem Radiokanal Gesellschaft und Politik für die Einheit zu mobilisieren und fordert den Rückzug der alliierten Soldaten.

Rebelliert Kabe hier gegen die Präsenz der USA, und Meier im gleichnamigen Film gegen den Sozialismus der SED-Parteispitze, zeigen beide Filme am Rande den Einfluss des Systemgegensatzes des Kalten Krieges auf die deutsche Teilung. Beide Filme suggerieren damit, wie damals weithin üblich,[404] die Berliner Mauer sei langfristige Folge der globalen Blockkonfrontation. Erst mit dem verstärkten Schuldbewusstsein in der Geschichtspolitik seit

---

[403] Vgl. dazu Frech 1992: 26.
[404] Denn, so Helmut Schmidt, der „Kalte Krieg zerriß Europa, zerriß Deutschland" (Schmidt 1979: 18).

Mitte der 80er-Jahre sucht man wie im *Himmel über Berlin* die Ursachen der Mauer und der deutschen Teilung im Zweiten Weltkrieg. Das veranschaulicht den Einfluss einer veränderten Erinnerungskultur auf die Darstellung und Interpretation der deutschen Gegenwart im Film.

Wenn Inga Scharf die Figuren in den Grenzfilmen des Neuen Deutschen Films als „divided between the desire for 'home' and the reality of 'homelessness'"[405] beschreibt, ist das vor dem geschichts- und erinnerungskulturellen Hintergrund der 1980er-Jahre nur die halbe Wahrheit. Eine Heimatlosigkeit und Identitätssuche ist bei den Figuren Kabe, Meier, Damiel und Marion zwar durchaus zu erkennen, doch die Mehrzahl der West-Berliner im von Scharf u. a. analysierten *Mann auf der Mauer* hat sich an die Mauer ebenso gewöhnt wie in *Meier*. Dabei ist die Deutsche Frage nicht nur „deaktualisiert worden"[406]; beide Filmgesellschaften entwickelten weithin eine bundesrepublikanische Identität als Staatsbürgernation, ohne einem gesamtdeutschen Nations- und Heimatideal anzuhängen. Im *Himmel über Berlin* und in *Meier* glauben die Filmfiguren, mit Ausnahme Homers, ebenso wie Schacht im *Mann auf der Mauer*, links stehende Wissenschaftler wie Reinhard Kühnl oder Politiker von der SPD und den Grünen, die Einheit der deutschen Nation und die Deutsche Frage bestünden nicht mehr.

Auf der Aussage-Ebene grenzen sich aber *Himmel über Berlin* und *Mann auf der Mauer* entschieden von dieser Mauergewöhnung und dem bundesrepublikanischen Nationsverständnis der Staatsbürgernation ab. Ihre auf der älteren Nationsvorstellung als urwüchsige Ordnung beruhenden Konzepte stellen sich als eine Mischung aus Volks-, Kultur- und Bewusstseinsnation dar, wohl um dem Kinozuschauer möglichst viele Argumente zur Offenhaltung der Deutschen Frage und der Wichtigkeit der deutschen Einheit aufzuzeigen. Im Wenders-Film wird in dem Konzept der Sprachnation von Homer als Träger des kulturellen Gedächtnisses die Erinnerung an die Kulturnation und ein Gesamtdeutschland vor dem Zweiten Weltkrieg aufrechterhalten. Cassiel sieht das Bewusstsein nationaler Einheit schwinden und für Damiel und Marion findet ‚zusammen, was zusammengehört', die auf anthropologischer Gemeinsamkeit beruhende Liebe von Mann und Frau sowie die deutsche Volksnation.

Kabe bei Reinhard Hauff dagegen überträgt die Erinnerungsfigur Moses und den Auszug der Israeliten auf die deutsche Volksnation und ihre Teilung, und erprobt ein Mauerspringen seiner beiden Freundinnen. Damit will er die Idee der deutschen Kultur- und Bewusstseinsnation gegenüber der vorherrschenden bundesdeutschen Teilidentität festigen. Gegner beider Positionen ist damit die bundesrepublikanische Staatsbürgernation (*Mann auf der Mauer*) bzw. die Verdrängung der Deutschen Frage (*Himmel über Berlin*). Damit fordern die Filme, um Gellners Nationalismus-Konzept wieder aufzugreifen, dass politische und nationale Einheiten deckungs-

---

[405] Scharf 2005: 378 (Zitat), 394 f.; vgl. auch Morley / Robins 1995: 101 f., für die Filme von Wim Wenders.
[406] So Herdegen 1987: 1263, über die damalige Einstellung der Bundesbürger zur Wiedervereinigung.

gleich sein sollten. Die deutsche Nation sei beiden Filmen zufolge, um Benedict Andersons Definition zu variieren, eine natürliche Volksgemeinschaft, natürlich weil im Bezug auf die Berliner Mauer *ent*grenzt *und* (!) geschichtlich gewachsen, aber als Kulturnation in zwei Staaten geteilt, wobei das gesamtdeutsche Bewusstsein schwindet.

Diese Vielfalt von Nationsverständnissen schlägt sich auch begriffsgeschichtlich nieder. So werden von DDR-Seite Bezeichnungen zur Selbstlegitimierung als Klassennation verwendet. Während sich nicht parteilich gebundene Ost-Berliner von dieser Nationskonzeption distanzieren, greifen die Westdeutschen auf antiquierte, DDR und Mauer delegitimierende Termini wie ‚Zone' oder ‚Drüben' zurück. Das resultiert in *Meier* aus dem negativen Bild der West-Berliner von der DDR, im *Mann auf der Mauer* auch aus der Kritik an der Gewöhnung der West-Figuren an die Mauer und aus einer Absage an die Teilidentitäten beider Staaten.

Nur bei den Filmfiguren Krause und Steiner im Hauff-Film zeigt sich ein negatives DDR-Bild, wodurch die bundesdeutsche Gesellschaft zusätzlich ob ihres fehlenden Einsatzes für die Überwindung der Mauer gemahnt wird. Ansonsten lässt sich in der Aussage der drei Filme kein konkretes DDR-Feindbild erkennen. Gleichwohl unterscheiden *Mann auf der Mauer* und *Meier* deutlich zwischen positiv bewerteten Menschen und negativ bewertetem DDR-System, wie allgemein in Politik, Publizistik und Gesellschaft üblich.[407] Durch diese Unterscheidung und die Absage an die Legitimität der DDR, lässt sich das Verständnis der Kulturnation zur Selbstlegitimierung der Bundesrepublik aufrechterhalten, sodass die Lösung der Deutschen Frage aufgrund des Fortbestandes dieser Kulturnation grundsätzlich möglich erscheint.

Dass nun die Aussicht auf Wiedervereinigung unter annehmbaren Bedingungen bis zum Ende des SED-Regimes niemals bestand,[408] scheint die Hauptfiguren der Filme eher zusätzlich animiert zu haben. Ist es im Hauff-Film mit Kabe die mittlere Generation, die von einem aus dem Kontext der 68er-Generation erwachsenen Deutschlandverständnis des linken Patriotismus' das Land einen will, fordert Wenders' Homer, der älteste und einzig verbliebene Erzähler einer gesamtdeutschen Kulturnation, wie die beiden Engel Frieden und Einheit der Nation aus der Erinnerung an die (Stadt-)Geschichte. So fungiert er als Träger des kulturellen Gedächtnisses der Deutschen. Der Unterschied beider Filme liegt darin begründet, dass mit der ‚Rückkehr der Erinnerung' in Geschichtskultur und -politik Mitte der 80er-Jahre das Thema Gedächtnis und Erinnerung nun im Film eine entscheidende Rolle spielt. Die zu Beginn des Jahrzehnts heiß diskutierte Friedensbewegung und Nachrüstungsdebatte, wie sie im *Mann auf der Mauer* zum

---

[407] So Weidenfeld / Glaab 1995: 2960, zur bundesdeutschen Wahrnehmung der DDR seit den 70er-Jahren. Durch die politisch eher quer zu den jeweiligen Block- und Staatsideologien verlaufenden Mauer- und Nationsverständnisse ist es also nicht so, wie Jürgen Engert behauptet: „Die Spaltung Deutschlands ging zwangsläufig mit der Spaltung der Bilder einher, und keiner konnte sich ihr entziehen." (Engert 2000: 180) Ähnlich heißt es bei Hake (2004: 208): „Der Bau der Mauer vollendete die Aufspaltung des Nachkriegskinos in zwei deutsche Kinokulturen."
[408] Vgl. etwa Hobsbawm 2002: 202, und Jesse 1993a: 65.

Ausdruck kommt, wurde dagegen weithin aus dem kommunikativen Gedächtnis verdrängt.

Schließlich scheitern aber Kabe und Homer mit ihren Antworten zur Deutschen Frage – Frieden und ‚Dritter Weg' bzw. Frieden und Einheit (nach bundesdeutschem Vorbild) durch Erinnerung. Dies ist jedoch nicht sosehr auf die auch in der westdeutschen DDR-Forschung der 80er-Jahre erkennbare Fehleinschätzung der wirtschaftlichen und politischen Stabilität dieses Staates zurückzuführen.[409] Ganz im Gegenteil erweisen sich die Gewöhnung der bundesdeutschen Gesellschaft an Mauer und Teilung, ihre fehlenden Initiativen und die starke Teilidentität (*Mann auf der Mauer*) bzw. die Sorgen des Alltags, das Verdrängen der Geschichte sowie das Verblassen der Erinnerung und der Gesamtnation (*Himmel über Berlin*) (vorerst) als stärker. Kabe und Homer müssen sich auf ihre Weise an die ‚Diktatur der Mauer' bzw. die ‚Diktatur der Grenze(n)' in beiden Staaten sowie an die Gegebenheiten und Befindlichkeiten der 1980er-Jahre anpassen, ihre Hoffnung auf Überwindung der Teilung und Lösung der Deutschen Frage auf unbestimmte Zeit aufschieben. Dennoch bleibt die Hoffnung auf die Lösung der Deutschen Frage bestehen.[410] Kabe rebelliert aktiv, per Radio und durch ein Mauerspringen seiner Lebensgefährtinnen gegen die vorherrschenden Teilidentitäten und macht die Mauer medial und personell durchlässiger. Homer bleibt im hohen Alter nur das Abwarten, die Erinnerung und Erzählung, um das kulturelle Gedächtnis der Gesamtnation zu bewahren.

Während die Hoffnung auf Wiedervereinigung in *Meier* überhaupt nicht artikuliert wird, sprechen die ungleich deutschlandpolitischeren beiden anderen Filme aber auch nicht an, was nach dem Mauerfall geschehen sollte bzw. könnte. Dies lag noch jenseits des Erwartungshorizontes, der in allen Filmen durch die Berliner Mauer fest betoniert erschien. Denn der Mauerfall war in den westdeutschen Spielfilmen der 80er-Jahre, mit den Worten des Titels der *Himmel über Berlin*-Fortsetzung, *In weiter Ferne, so nah*.

---

[409] Vgl. zu diesen Fehlprognosen Ihme-Tuchel 2007: 101 ff.

[410] Eine Hoffnung auf Wiedervereinigung scheint es auch in Niklaus Schillings *Willi-Busch-Report* aus dem Jahre 1979 und Helke Sanders *allseitig reduzierte Persönlichkeit – Redupers* von 1977 zu geben (vgl. Scharf 2005: 390). Das müsste aber näher untersucht werden. Damit hinterfragen die Ergebnisse Sabine Hakes knappe Beschreibung dieser Thematik in ihrer Monographie zur Geschichte des Deutschen Films, der zufolge „die deutsch-deutschen Begegnungen in den Filmen der 1980er Jahre unausweichlich in Verwirrung, Unzufriedenheit und Desillusionierung [endeten]" (Hake 2004: 301 f.).

4 Berliner Mauer und Deutsche Frage im kommunikativen Gedächtnis der Spielfilme nach 1989/90

Wie in der Einleitung angedeutet, blieb auch der deutsche Spielfilm von den Ereignissen der Jahre 1989 bis 1991 nicht unberührt. Mit der Öffnung der Berliner Mauer, dem Zusammenbruch der UdSSR und dem Ende des Kalten Krieges stürzten die Stützpfeiler des internationalen Systems und die Strukturen zahlreicher innenpolitischer Ordnungen in Mittel- und Osteuropa ein.[411] Dadurch erschien laut Eric Rentschler auch der deutsche Film als „Feld offener und ungewisser Möglichkeiten", in dem das „Bewußtsein einer nationalen Filmkultur […] trotz der Wiedervereinigung"[412] schwand. Margarethe von Trottas im Februar 1995 auf der Berlinale uraufgeführtes *Versprechen* ist der erste der hier analysierten Filme, die nach dem 9. November 1989 gedreht wurden und die in diesen erinnerungskulturellen, die Gedächtnisrahmen verändernden globalen und nationalen Strukturen interpretiert werden müssen.

4.1 *Das Versprechen* – offene Fragen und ‚innere Einheit' in 28 Jahren Berliner Mauer

4.1.1 Die ‚Diktatur der Mauer' in der Erinnerung

Obwohl die Mauer in fast jeder Szene des Films in den Gedanken der Personen präsent ist und die Handlung in vier Episoden strukturiert,[413] ist sie weniger häufig zu sehen als im *Mann auf der Mauer* und in *Meier*. Verschwinden aus Stadtbild und Film gehen also miteinander einher, wie auch die nächsten beiden Filme zeigen werden. Aus Gründen der Vergleichbarkeit mit den anderen Filmen werden vom *Versprechen* vor allem die Episoden 1981 und 1989 analysiert, die Abschnitte 1961 bis 1963 und 1968/69 jeweils nur einleitend herangezogen.[414]

In der 1981er-Episode wird die Grenze viermal gezeigt, stets vom Westen aus als undurchdringliche Betonmauer, eingeleitet durch eine Totale der mit einer Leiter und der Phrase „immer an der Wand lang" bemalten Mauer (1.02). Später geht Konrad mit seinem Sohn Alex an der Mauer entlang spazieren (1.09 f.), und sieht im West-Fernsehen, wie sich Harald in Mauernähe an einem Fensterkreuz festgebunden hat (1.27). Harald stirbt nach seiner

---

[411] Hobsbawm 2002: 322.

[412] Rentschler 2004: 317.

[413] Originalaufnahmen vom Mauerbau stehen am Anfang des Films (1961 bis 1963 0-33) und drei Totale von der Mauer leiten die Zeitsprünge in die Jahre 1968 (33-1.01), 1981 (1.02-1.41) und zum 9. November 1989 (1.41-1.48) ein. Sie zeigen vom Westen aus die stets anders bemalte und zusehends perfektionierte Mauer.

[414] In den ersten Episoden wird die Mauer in vier Szenen gezeigt (1 ff., 20 ff., 26 f., 33), in denen sie nach Sophies Kanalisationsflucht nach West-Berlin (4 ff.) als Betonmauer für Konrad unüberwindbar bleibt. Bestärkt wird dieses Bild einer auf beiden Seiten gleichermaßen unausweichlichen und undurchdringlichen ‚Diktatur der Mauer' in den Jahren 1961 bis 1969 durch die 17 Szenen mit Erwähnung von Mauer und Flucht (8, 10 f., 12 ff., 15 f., 16, 16 f., 18, 20 f., 28, 29 f., 31, 37 ff., 42 ff., 46, 56, 59 f., 1.01). Sie thematisieren die ‚Diktatur der Mauer' in Ost-Berlin, das später versuchte, dann gescheiterte Mauerspringen von Konrad nach Prag und Stockholm sowie von Sophie nach Ost-Berlin. In diesen Begegnungen arbeiten sie ihre Liebesgeschichte auf, hoffen auf die Zukunft, müssen schließlich aber allein und getrennt auf beiden Seiten der Mauer weiterleben.

Ausweisung in die Bundesrepublik bei seiner Flucht zurück nach Ost-Berlin (1.36 f.). Zuvor konnte Konrad aufgrund des Grundlagenvertrages und der Reiseerleichterungen als Reisekader eine Kongressreise nach West-Berlin antreten (1.05), und Alex mehrfach seinen Vater in Ost-Berlin besuchen (1.05, 1.17 f., 1.40). Welch enge Grenzen dem Mauerspringen aber weiterhin gesetzt sind, zeigt sich durch die 15 Mauernennungen im Jahr 1981. Es geht um Konrads Kongressreise (1.07, 1.08), die Trennung der Stadt (1.11 f.), vor allem aber um die Grenzdiktatur des MfS (1.15 f., 1.28 f., 1.29 f., 1.30 f., 1.33 f., 1.41) und die durch die Mauer geteilte Liebe zwischen Konrad und Sophie (1.13 ff., 1.20 f., 1.23 f., 1.24 f., 1.31 f., 1.38 f.). Die Themen dieser Szenen werden in den folgenden Kapiteln vertieft diskutiert.

Neben diesen Mauerzitaten sei noch auf die mediale Grenzüberschreitung hingewiesen. Schon zu Beginn des Films wird der Briefverkehr zwischen Sophie und ihrer Mutter unwiderruflich unterbunden (18, 19, 34 f.). Damit ist die Grenze medial wie im *Mann auf der Mauer*, und entgegen *Meier*, nur im Fernsehen leicht zu überschreiten. So sehen Harald und Konrad in der DDR West-Fernsehen (50 f, 1.26 f.), Sophie schaut im West-Fernsehen einen Bericht über DDR-Flüchtlinge (26), und im DDR-Fernsehen eine Militärparade unter Erich Honecker (1.25 f.). Andere Medien sind aber offensichtlich gleichgeschaltet und/ oder lassen keine Grenzüberschreitung zu.[415] Die ‚Diktatur der Mauer' verhindert also gerade in den Dramen über ihre bloße Präsenz als Bauwerk hinaus grenzüberschreitende (mediale) Kontakte.

Zusammengefasst koppelt der Film den Blick auf die Mauer an die beiden Protagonisten und bemüht sich, die ost- und westdeutsche Perspektive gleichermaßen zu berücksichtigen. Nach der teils missglückten Kanalisationsflucht kann die Grenze aber immer schwerer überwunden werden und diktiert Verhalten und Gedanken der Figuren. Darin zeigt sich das im kommunikativen Gedächtnis der Bundesrepublik negativ bewertete Grenzregime: „Das DDR-Grenzregime war der für jedermann sichtbare Beweis der Exekutierung von Unrecht durch den SED-Staat"[416]. Der Film nimmt diese ‚Diktatur der Mauer' auf, und koppelt daran einige stark von der Erinnerungskultur der frühen 90er-Jahre beeinflusste Mauer-Symboliken.

4.1.2 Erinnerungskulturelle Symboliken der Mauer zwischen Stasi, Kirche und Liebe

Obwohl Peter Schneider mit am Drehbuch schrieb, fehlt im *Versprechen* die Rebellion gegen die westdeutsche Gesellschaft und die Präsenz der Aliierten wie im *Mann auf der Mauer*. Demgegenüber diktiert die Mauer sehr viel stärker den Alltag von Liebe und Familie, Wirtschaft und Wissenschaft in der DDR. Wie bei Hauff und Wenders, und entgegen *Meier*, spielen die sozioökonomischen Unterschiede zwischen der Bundesrepublik und der erneut als

---

[415] Während die Einfuhr westlicher Printmedien weitgehend verhindert werden konnte, blieben den DDR-Bürgern vor allem die elektronischen Medien der Bundesrepublik (Knabe 1999b: 300; vgl. Holzweißig 1999).
[416] So auf allgemeiner Ebene Grasemann 1999: 1251.

‚Mangelgesellschaft' gekennzeichneten DDR für die Thematisierung der Deutschen Frage ebenso wenig eine Rolle wie Konrads ermöglichte Reisefreiheit.[417] Demgegenüber werden die Grenzhandlungen und -gedanken von Konrad und Sophie, Harald und Barbara während des gesamten Films von dem Organ beeinflusst und strukturiert, das in *Meier* und im *Himmel über Berlin* nur als Persiflage bzw. überhaupt nicht vorkam: „die Krake"[418] Stasi.

Das MfS prangert realitätsgetreu die kirchliche Friedensbewegung von Barbara (1.03 f.) sowie Konrads „landesverräterische Nachrichtenübermittlung" durch sein Interview mit *Le Monde* an (1.15 ff.).[419] MfS-Mitarbeiter nehmen Harald fest, als er sich am Fensterkreuz in Mauernähe aufgehängt hat (1.27), um gegen 20 Jahre Berliner Mauer zu protestieren. Sie erpressen Konrad, seine Schwester zu überreden, mit ihrem Mann in die Bundesrepublik auszureisen, da sonst Alexander seinen Vater nicht mehr besuchen dürfe (1.29 f.). Auch wenn Harald nach einem erzwungenen Ausreiseantrag nicht ohne Barbara gehen will, wird er ausgewiesen (1.33), wie es häufig bei unbequemen Oppositionellen geschah.[420] Alex werden daraufhin weitere Besuche verwehrt (1.40 f.). Auf Konrads Frage, warum sich der für ihn zuständige MfS-Mitarbeiter Müller dafür hergebe, antwortet er eindeutig:

> „Sie werden sich wundern. Als ich so alt war wie ihr Junge, wir ihr Alexander, da wollte ich schon für die Staatssicherheit arbeiten. Das ist ein Kinderwunsch. Erinnern sie sich an die Aufklärungsfilme gegen die Nazis? Da ist in mir so ein, so ein Hass entstanden. Ich wollte unbedingt etwas dafür tun, das so etwas nie wieder passiert." (1.16 f.)

Müllers Begründung aus der Erinnerung an das ‚Dritte Reich' zeigt, wie stark sich die DDR in Selbstverständnis und Außendarstellung normativ von der NS-Herrschaft abgrenzte. Mit der Errichtung einer „sozialistischen Gegengesellschaft"[421] sollte ein konsequenter Bruch mit der Vergangenheit vollzogen und dargestellt werden. Als Konrad feststellt, dem MfS sei dafür jedes Mittel und jede Lüge recht, erwidert Müller: „Die Wahrheit, lieber Professor, liegt grundsätzlich bei uns." (1.16 f.) Das verweist auf das Kerndogma der SED, sie leite aus dem Marxismus-Leninismus die Gesetze der Gesellschaft ab und habe daher „immer recht"[422], wie es prägnant in einem 1950 von Louis Fürnberg komponierten Propagandalied heißt.

Im Gegensatz zum *Mann auf der Mauer* und zu *Meier* bleibt die Tätigkeit des MfS aber auf

---

[417] So gibt es Pandabären nur im West-Berliner Zoo (1.9). Hinzu kommen Westtautos (9) und Modeschauen (12, 15), die aber ähnlich wie im Hauff-Film mit den Obdachlosen im Bahnhof Zoo kontrastieren (1.33 f.) (vgl. Ward 2001: 229). Dass Konrad als Reisekader nach West-Berlin reisen darf, ist für Gerard eine „Sensation" (1.07). Der Nachfrage, ob die Deutschen in Zukunft in der Forschung zusammenarbeiten werden, weicht Konrad aus.

[418] Steinbach 1999: 352 (Zitat); so auch Wolle 1999: 152; s. für die ersten Episoden 8, 15, 18, 30, 50, 52, 58.

[419] Das MfS schaltete sich sofort bei wissenschaftlichem Kontakt über die Mauer ein (Eckert 1999: 1030 f.).

[420] Vgl. Wolle 1999: 286.

[421] So allgemein Thamer 2003 (Zitat 12).

[422] Vgl. Glaessner 1988: 128 ff., Weber 2006a: 32 f., Weber 2006b: 379 f; s. zu diesem Dogma Anm. 318 f.

die DDR beschränkt. Das könnte daran liegen, dass eine Sorge der Bundesbürger vor Stasi-Unterwanderung nach 1989/90 keine reale Grundlage mehr hatte und daher aus dem aktiven Gedächtnis fiel. Im Gegenzug erscheint im *Versprechen* die Durchsetzungsfähigkeit, Hinterhältigkeit und Skrupellosigkeit des MfS in der DDR, vor allem durch den Film-Vorzeigebösewicht Müller, noch weitaus schärfer als in den Filmen vor der Öffnung der Grenze. Dabei wird das MfS, wie in vorigen Filmen und der Erinnerungskultur der frühen 90er-Jahre üblich, als ,Staat im Staat' beschrieben. Nun war jedoch das MfS ohne die SED ebenso undenkbar wie die Herrschaft der SED ohne die Staatssicherheit.[423] Deshalb geht mit dieser einseitigen Darstellung eine klare Schuldzuweisung an das MfS für den repressiven Charakter des Staates einher, während die übrige Bevölkerung, inklusive der großen Mehrheit der 2,3 Millionen SED-Mitglieder entlastet werden konnte und auch weitgehend wurde.[424] Denn wie in der Nachkriegsgeschichte in Bundesrepublik und DDR trennte man auch in der Erinnerungskultur der beginnenden 90er-Jahre eine kleine Gruppe von ,Verbrechern' von der ,anständigen' Mehrheit der Bevölkerung. Daraus erwuchs eine einseitige Zuweisung der Täter wie auch der Identität als Opfer, die nicht in das Unrechtsystem verwickelt gewesen seien.[425]

Auch in vielen Filmen „markierte die Stasi den, von einigen SED-Oberen abgesehen, alleinigen Sündenbock für Unfreiheit, Unterdrückung und Verbrechen in der DDR"[426]. *Das Versprechen* steht symptomatisch für diesen einseitigen Zugriff auf die DDR-Vergangenheit. Die Dominanz der Stasi-Aufarbeitung führt hier dazu, eine Mitarbeit im MfS stärker als hohe Parteifunktionen zu verurteilen. So wurde in der DDR-Aufarbeitung der Stasi-Mitarbeiter, vor allem der ,IM' zum „ideellen Gesamtossi"[427] erklärt, während Herrschafts-Mechanismen und Befehlsgeber weithin im Dunkeln blieben. Diese auch hier moralisierende Konzentration auf das MfS in gesellschaftlicher und filmischer Aufarbeitung ist wohl nicht zuletzt auf Stasi-Enthüllungen der frühen 90er-Jahre zurückzuführen. Hier überstieg das Ausmaß der Stasi-Überwachung die vorherigen Vorstellungen bei Weitem und ließ die DDR in einem noch dunkleren Licht erscheinen als vor 1989/90.[428] Dies zeigt auch der filmische Vergleich mit *Mann auf der Mauer* und *Meier*, wo das MfS noch durch unbeugsamen Willen bzw. leicht für die eigenen Zwecke des Mauerspringens benutzt bzw. hintergangen werden konnte. Im *Versprechen* aber verhindert es jedes Mauerspringen und diktiert das Verhalten der Figuren.

---

[423] Vgl. Mitter 1992: 378 f. Beispielsweise war jeder hauptamtliche MfS-Mitarbeiter auch Mitglied der SED.
[424] Vgl. zu dieser Deutung allgemein Engelmann / Janowitz 2005: 248 f., und Malzahn 2005: 178. Obwohl das MfS 1985 91.000 hauptamtliche und 173.000 inoffizielle Mitarbeiter beschäftigte, 1,3 Prozent des Staatshaushalts ausmachte und von vier Millionen DDR- sowie zwei Millionen Bundesbürgern Akten anlegen lies (Weber 2006b: 467), ist es nicht die ganze DDR-Geschichte, und verweist damit auf die selektive Erinnerung.
[425] Vgl. zur Stasi-Erinnerung Jesse 1993b: 653 f., zur NS-Erinnerung Thamer 2006: 84 ff. Geschichtspolitisch gesehen diente dies auch zur Integration der Nicht-Stasi-Mitarbeiter als neue Wähler.
[426] Schenk 2005: 35; vgl. Berghahn 2006: 89 f. s. Anm. 45.
[427] So Winkler 2004: 634, zur Stasi-Aufarbeitung Anfang der 90er-Jahre; vgl. auch Faulenbach 1993: 177.
[428] Vgl. Geiss 1992: 94, und Pond 1993: 140-52.

Daher wird auch die ‚Wahrheit' des MfS-Manns Müller mit Konrads und Sophies Streben nach ‚Republikflucht' und ihrer grenzüberschreitenden Liebe kontrastiert. Als Konrad 1981 zu einem Kongress nach West-Berlin fahren darf und Sophie nach zwölf Jahren wiedersieht, ahnt er bereits, dass es bis zu ihrem nächsten Treffen „lange dauern" werde, „zehn Jahre", wie Sophie hinzufügt (1.10). Im Olympiastadion, wo sie eine Stadtgeschichtsführung leitet, stellt er ihr die zentrale Frage: „Kann eine Frau einen Mann lieben, den sie in zwanzig Jahren genau dreimal sieht?" (1.13) Zuerst wirft sie ihm noch das Scheitern seiner Fluchtversuche vor, da er „nicht zwanzig verpasste Jahr auf die Mauer" und die Stasi schieben könne (1.13 f.). Konrad räumt ein, er habe den „Platz gefunden, der [...ihm] offen stand" (1.14), was für die Übernahme der Theorie der ‚Nischengesellschaft' spricht. Trotz dieser Kritik an ihm und der DDR fungiert im Folgenden ihr gemeinsamer Sohn Alex als Mittler ihrer Liebe, indem er Konrad mehrfach im Osten besucht. Doch obwohl wie bei Hauff ihre Liebe „durch Beton" (28) geht,[429] scheitert die Beziehung an der Existenz der Mauer – und nicht etwa daran, dass sich Liebesbeziehungen zwischen Ost- und West-Deutschen nicht entwickeln können.[430] Zudem bricht Konrads eigene Ehe entzwei, da ihm Sophie und sein Sohn wichtiger sind als seine Familie in der DDR (1.38 f.).

Die dritte durch die Mauer zerstörte Beziehung ist die Ehe zwischen Harald und Barbara. Der Verzweiflung nahe, wird ihm vom MfS „ein Angebot gemacht, wovon Millionen träumen [...]: die Ausreise in den Westen" (1.29). Dennoch kommt Barbara der einzigen Voraussetzung, sie selbst müsse mitkommen, nicht nach. Die evangelische Pastorin wirbt stattdessen unter ständiger Einschreitung vom MfS für die Friedensbewegung, will ihre Ideale in der DDR durchzusetzen und empfände es als Verrat, durch ‚Republikflucht' ihre Gemeinde im Stich zu lassen (1.30 f.). Treffend wird damit der Konflikt geschildert, dass die Kirchen stets für ein Bleiben in der DDR plädierten, zugleich aber diejenigen verteidigten, die aus der DDR fliehen wollten.[431]

Entgegen den Interpretationen, die wie im *Himmel über Berlin* auch im *Versprechen* eine nicht nationale, hybride deutsch-deutsche Identitätsbildung erkennen wollen,[432] soll im nächsten Kapitel nachgewiesen werden, dass sich gerade in diesem Konflikt zwischen den durch die Mauer getrennten Liebenden und Familien und der durch das MfS vertretenen DDR-Perspektive die Diskussion der Deutschen Frage entspannt. Gemäß der in der Erinnerungskultur der frühen 90er-Jahre vorherrschenden Aufarbeitung der DDR-, nicht der bundesdeutschen Geschichte geht es nicht mehr wie in den 80er-Jahren um die nationale Frage in der Bundesrepublik. Das

---

[429] Darin erkennt wiederum Sophies Lebensgefährte Gerard die private Symbolik, aber auch den persönlichen Nutzen der Mauer: „Ich möchte nicht darauf angewiesen sein, dass die Mauer dicht bleibt." (1.20 f.)
[430] So Naughton 2002: 112 ff., der zufolge die meisten 90er-Jahre Filme wie *Der Brocken, Go, Trabi, Go, Wir können auch anders* und *Das Versprechen* suggerieren, dass nur Beziehungen von West- und Ostdeutschen unter einander dauerhaft sein können, während sie zwischen West- und Ostdeutschen nicht existierten (ebd. 140, 166).
[431] Vgl. Neubert 1998: 375.
[432] So Ward 2001: 231.

Interesse an und Bedürfnis nach DDR-Aufarbeitung hat den Fokus auf Ost-Berlin gelenkt.

4.1.3 Berliner Mauer und die Suche nach der Offenheit der Deutschen Frage

4.1.3.1 Die private und die Deutsche Frage festgemauert?

Zwei weitere Aspekte unterscheiden auf der Darstellungsebene *Das Versprechen* von den drei Filmen der 80er-Jahre: der veränderte Erzählrahmen und das nachlassende Interesse an der Deutschen Frage. So schildern die 80er-Jahre Filme eine Geschichte von nur wenigen Tagen bis Jahren.[433] Da aber 1989/90 die Deutsche Frage beantwortet wurde und die DDR als abgeschlossene Epoche historisiert werden kann, wird die nationale Frage im *Versprechen* zwar weniger thematisiert als in vorigen Filmen, dafür aber über die gesamte Geschichte der Mauer vom 13. August 1961 bis zum 9. November 1989 erzählt. Dieser Darstellungsmodus findet sich sowohl in einigen Filmen dieser Zeit[434] als auch in Geschichtswissenschaft und Publizistik wieder. So ging nach 1989/90 nicht nur das wissenschaftliche und publizistische Interesse an der Deutschen Frage zurück; auch waren die Beiträge zu ihr in den 80er-Jahren stärker auf den Ist-Zustand, auf Risiken und Veränderungsmöglichkeiten konzentriert.[435] Die weit wenigeren Schriften seit ihrer Lösung historisieren demgegenüber vergleichsweise häufiger die nationale Frage in ihrer nunmehr abgeschlossenen Geschichte der letzten 200 Jahre.[436]

Bereits auf sprachlicher Ebene der Staaten- und Nationalitätenbezeichnung zeigt sich, inwieweit die Beantwortung der Deutschen Frage durch 1989/90 die historische Darstellung im *Versprechen* beeinflusst. Nach häufigen ‚Deutschland'-Nennungen in den ersten beiden Episoden des Films[437] fällt die Nationalitätenbezeichnung ‚Deutsch' später nur noch vom Franzosen Gerard (1.07) und von Sophie gegenüber einer internationalen Touristengruppe (1.12), also jeweils nicht mehr im deutsch-deutschen Austausch. Im Gegensatz zum *Himmel über Berlin* und stärker noch als im *Mann auf der Mauer* und in *Meier* dominiert der Begriff „Westen". Die anderen Begriffe beider Filme, die auf eine Delegitimierung der DDR

---

[433] Neben den drei analysierten Filmen sind hier *Die allseitig reduzierte Persönlichkeit – Redupers, Einmal Kudamm und zurück* sowie – für die innerdeutsche Grenze – *Der Willi-Busch-Report* zu ergänzen.

[434] Z. B. schildert in *Apfelbäume* die Protagonisten Lena Heller ihre Biographie von 1962 bis Anfang der 90er-Jahre. Die Verfilmung des 1995 erschienenen Bestsellers *Helden wie wir* von Thomas Brussig erzählt durch den Ich-Erzähler die Lebensgeschichte von Klaus Uhltzscht (sic!) vom Prager Frühling bis zur Maueröffnung.

[435] In den 80er-Jahren stehen anscheinend – ein kompletter Forschungsüberblick ist wie bereits erwähnt nicht möglich, sodass diese Aussage unter Vorbehalt stehen muss – den wenigen Schriften, Monographien und Sammelbänden, welche die Deutsche Frage in ihrer Geschichte seit Beginn des 19. Jahrhunderts bzw. nach 1945 thematisierten (z. B. Hillgruber 1989, Jahn 1985), einer Vielzahl der auf die Problematik der Gegenwart konzentrierten Schriften, Monographien und Sammelbände gegenüber: Blumenwitz / Meissner 1986, Blumenwitz / Weigelt 1986, Blumenwitz / Zieger 1989, Brandt / Ammon 1982, Bredow 1985, Gaus 1983, Grewe 1986, Hanisch / Knütter / Könitz 1985, Jeismann 1987, Korte 1990, Kühnl 1986, Michalka 1986, Mommsen 1990, Scheel 1981, Stürmer 1988, Venohr 1982c, Weidenfeld 1989a, Windelen 1984.

[436] Von den wenigen neueren Werken seien Geiss 1992, Gruner 1993, zitiert.

[437] Zu dieser erzählten Zeit sprechen nicht nur das Radio am Stacheldraht (22) und Bundesbürger (27, 48) von ‚Deutschland', auch die Flüchtlinge (6), das MfS (13) und die NVA (20) verwenden diese Bezeichnung.

hingewiesen haben, fehlen aber. Nicht nur in Prag spricht man vom „Westen" (46); auch die MfS- und SED-Mitarbeiter (13, 14, 15, 1.33, 1.41) ebenso wie Sophie (43), Harald (1.27) und das West-Fernsehen (0) tun dies. Das wird im folgenden Unterkapitel näher thematisiert.

Zunächst aber zum Vorspann (0 ff.), in dem der Mauerbau von einem Erzähler mit Originalfilmaufnahmen der Augusttage dargestellt wird, von Nikita Chruschtschow und Walter Ulbricht hin zu Redeversatzstücken vom damaligen West-Berliner Oberbürgermeister Willy Brandt und dem US-Vizepräsident Lyndon B. Johnson.[438] Trotz der schon vorhandenen Teilung der Welt wurden erst am Tag des Mauerbaus „die paar hundert Meter zwischen Ost und West zur längsten Wegstrecke der Welt" (1). West- und Ostdeutsche verabschiedeten sich voneinander und es entstanden „allmählich zwei Völker", bis „nur noch die Mauer die Illusion aufrecht [erhielt], dass nur noch eine Mauer die Deutschen trenne" (1).

Bei der gewählten Fragestellung interessieren weniger die damaligen Einschätzungen zum Mauerbau[439] als der Aspekt der Erinnerung. So schwand nach dem 13. August 1961 das Bewusstsein, zu einer gesamtdeutschen Nation zu gehören und der Anteil der Bundesbürger, die sich an die deutsche Teilung gewöhnte, stieg stetig an.[440] Die Allwissenheit des Erzählers über die besagte „Illusion" kann aber nur aus den Erfahrungen nach 1989/90 stammen, in denen die ‚innere Einheit' stockte und „eine Mauer in den Köpfen […] weiterwirkte, nachdem die reale Mauer schon gefallen war"[441]. Wirkt damit das kommunikative Gedächtnis der frühen 90er-Jahre auf die Darstellung des Mauerbaus zurück, so wurde Deutschland diesbezüglich nicht mit dem Mauerbau, sondern erst Anfang der 90er-Jahre eine *gespaltene Nation*[442].

Zu Beginn des Films stößt man auf die Mauerpropaganda durch SED, MfS und NVA. Mit dem Bau sei man den Angriffsvorbereitungen des „Westens" zuvorgekommen (13). Als „Friedensmaßnahme" sei die Mauer daher eine „reale Chance" zum Aufbau des Landes (24). Das entspricht der Mauerbau-Rhetorik in der DDR, indem, so Erich Honecker, „der Frieden gerettet und der Grundstein für das weitere Aufblühen der Deutschen Demokratischen Republik gelegt [wurde]"[443]. Demnach schützen die Grenzer „die menschlichste Ordnung, die es je in der Geschichte Deutschlands gegeben hat" (20). Die Kritik von Konrad und Sophie, Harald und

---

[438] In der Darstellung des Erzählers war bis zum Mauerbau trotz zweier Staaten das Gefühl einer gesamtdeutschen Nation lebendig, bis mit dem 13. August 1961 der eigentliche Einschnitt einsetzte. Dabei habe der „Westen" überhaupt zuviel geredet und nicht gehandelt (1 f.). Das entspricht durchaus der damals weit verbreiteten Meinung in der Bundesrepublik (vgl. Augstein 1989, Ihme-Tuchel 2007: 43, Stöver 2007: 138).

[439] Vgl. dazu Görtemaker 2004: 233 f., Spittmann 1993: 460, und Wolfrum 2005: 386 f.

[440] Vgl. auf allgemeiner Ebene Glaab 1999: 209; s. etwa Brandt 1963: 407 f.

[441] So Potthoff 1999: 339, auf allgemeiner Ebene; ähnlich auch Geiss 1992: 109.

[442] So der Titel von Weidenfeld / Lutz 1992.

[443] Honecker 1980: 206; vgl. zur Stasi-Rechtfertigung des Mauerbaus Camphausen 2002: 106, 118 ff., vgl. zu den DEFA-Filmen Stöver 2006, zur DDR-Fotografie Demke 2004: 91 ff.; vgl. zum ‚Gefängnis'-Charakter Hertle 1996: 202, Kielmansegg 2004: 597. Gleichwohl entspricht diese Rhetorik der durch den Bau der Mauer erst ermöglichten wirtschaftlichen und politischen Stabilität der DDR (vgl. Flemming / Koch 1999: 31, Grasemann 1999: 1251 f., Ihme-Tuchel 2007: 52 ff., Kieselmannsegg 2004: 581, Kleßmann 1988: 475, Potthoff 1999: 25, Stöver 2007: 130, Weber 2006a: 58 ff.); vgl. zu den Einstellungen der Bevölkerung zum Mauerbau Ross 2004.

Barbara an dieser Argumentation von Mauer und Deutscher Frage in Ost-Berlin (16 ff, 23 f.) zeigt jedoch, wie entgegen den amtlichen Darstellungen die Einsperrung der eigenen Bevölkerung eher das Scheitern des ‚real existierenden Sozialismus' symbolisierte.[444]

In West-Berlin dagegen beschränkt sich die Thematik auf eine oberflächliche Darstellung des Flucht-Bedürfnisses der DDR-Bürger.[445] Einzig das *Studio am Stacheldraht* liefert sich mit einem ostdeutschen Armeefahrzeug über Lautsprecher an der Mauer einen stereotypen Ideologiekonflikt mit den konträren Thesen beider Staaten zur Deutschen Frage.[446]

1968 ist die nationale Frage zwar noch immer offen, in der Thematisierung des Films aber abgeklungen. Vor dem Hintergrund des ‚Prager Frühlings' wird ein ‚Dritter Weg' zwischen den antagonistischen Blockpositionen nur kurz angedeutet. Sophie und Konrad wollen nach Prag ziehen, denn „Demokratie und Sozialismus: das ist die Zukunft" (43). Die rollenden Panzer zerstören aber schnell all ihre Hoffnungen (51 f.).[447] Damit hat die ‚Diktatur der Mauer' die Liebenden getrennt, wodurch die private und die nationale Frage festgemauert wurde.

4.1.3.2 Die Mauer, die private und die Deutsche Frage in den 80er-Jahren

Davon ausgehend wird in der 1981er-Episode nun aber kein ‚Dritter Weg' wie im Hauff-Film, sondern die Erinnerung an Nationalsozialismus und Nachkriegszeit thematisiert. Da an beiden Drehbüchern Peter Schneider beteiligt war, deutet dies darauf hin, wie stark seit Anfang der 90er-Jahre die Deutsche Frage zugunsten der NS- und DDR-Erinnerung aus dem aktiven Gedächtnis der Bundesbürger fiel. Indem Sophie ihren fehlenden Partner und ihre in der DDR gebliebene Mutter mit einem Verlust von ‚Heimat' konnotiert,[448] zeigt der Film, wie sehr die Erinnerung Auseinandersetzungen der Gegenwart ersetzt, wie das noch im *Mann auf der Mauer* und in *Meier* der Fall war. Auch Konrad begründet später sein Bleiben in der DDR damit, sich dort zuhause gefühlt zu haben. Es war „ein Wagnis, ein Abenteuer, […] hier etwas ganz neues aufbauen" zu wollen: „Wir nannten es Sozialismus." (1.23)

Bezüglich der NS-Erinnerung, die entlang der ‚Rückkehr der Erinnerung' erst wieder entscheidend für die Einordnung der eigenen Biographie ab Mitte der 80er-Jahre und mit *Himmel*

---

[444] Vgl. auf allgemeiner Ebene Gareis 1999: 9, Ihme-Tuchel 2007: 58 ff., und Potthoff 1999: 21.

[445] Der Reporter berichtet über eine Tunnelflucht von 41 Personen, wobei „auf der anderen Seite der Mauer jetzt viele an ihren Fernsehgeräten sitzen, die seit anderthalb Jahren an Flucht denken" (26). Er kommt damit der Informationspflicht nach, wonach das West-Fernsehen stets die DDR-Bürger mit ins Programm einbezog (vgl. Holzweißig 1991: 398 f.); vgl. zu Tunnelfluchten Flemming / Koch 1999: 43, 49 ff., Hertle 2007: 60 ff.

[446] Der DDR-Sprecher verspricht den Bürgern West-Berlins „Freiheit von imperialistischer Kriegspolitik, von Revanchisten, von Spionage", denn „der Sieg gehört den Sozialisten" (22). Das *Studio am Stacheldraht* verkündet dagegen gerichtet, kein geflüchteter Grenzer werde zurückgeschickt und warnt: „Deutsche, schießt nicht auf Deutsche!" (22) Vgl. zu den Lautsprecherduellen im Berlin der 60er-Jahre Flemming / Koch 1999: 62.

[447] S. zu den enttäuschten Hoffnungen nach Prag Eppelmann u. a. 1999c: 392 398 ff., Malzahn 2005: 137 ff.

[448] Bereits 1961 spricht Konrad mit Barbara über Sophie, die Mauer und Chancen eines Wiedersehens (15 f.), 1968 dann auch in Prag, wo Sophie zugibt, Konrad und ihre Mutter zu vermissen und auch nach sieben Jahren in der Bundesrepublik noch nicht heimisch geworden zu sein (39). Bei ihrer Tagesreise in die DDR vermutet der Grenzer: „Wer weiß, vielleicht werden sie ja wieder heimisch bei uns." (55 f.)

über Berlin von Bedeutung war, schildert Sophie in ihrer Touristenführung im Olympiastadion eine Bilanz der Spiele von 1936 als Prestigegewinn Hitlers und fügt hinzu: „Without the many Germans cheering Adolf Hitler there would have been no Second World War, no Soviet occupation in middle and eastern Europe and ... no wall in Berlin." (1.12 f.) Dies verweist entgegen der älteren, auch im *Mann auf der Mauer* und in *Meier* vertretenen Deutung, die Mauer sei Ergebnis des Ost-West-Konflikts,[449] auf die bereits im Vorspann angedeutete (0), sich aber erst seit Mitte der 80er-Jahre wie bei Wenders, dann u. a. auch bei Peter Schneider durchsetzende These der weitgehenden Selbstverschuldung der deutschen Teilung und der Berliner Mauer durch Nationalsozialismus und Niederlage im Zweiten Weltkrieg.[450]

Nimmt man die Bemerkung von Professor Lorenz hinzu, der nach 1945 durch die Persistenz der Nationalsozialisten in der westdeutschen Wirtschaft in die SBZ ging (43 f.), so zeigen diese Szenen zwar die Bedeutung der Kriegsfolgen für das individuelle und kollektive Gedächtnis. Da es die (Nach-)Kriegserinnerung in Hauffs Film aber nicht gab, wird auch deutlich, wie sich linke Intellektuelle wie Peter Schneider durch veränderte gesellschaftliche Rahmen des Gedächtnisses auch selbst anders an die Folgen des Zweiten Weltkrieges für die Deutsche Frage erinnern als zuvor. Im Film müssen daher, durch die Mauer getrennt, Sophie und Konrad im Fernsehen des anderen Staates mit ansehen, wie festgemauert die Deutsche und ihre private Frage tatsächlich ist. Während einer Truppenparade im DDR-Fernsehen heißt es:

> „Sie [die Soldaten der DDR] dokumentieren die enge Partnerschaft zwischen den Kampftruppen der Arbeiterklasse und den anderen bewaffneten Kräften unseres sozialistischen Staates. Gemeinsam geführt von der Partei der Arbeiterklasse, mit der Sowjetarmee verbündet, dem Volk der DDR verpflichtet, sind sie ein dichter Schild für unsere sozialistischen Errungenschaften, sind sie die Gewähr für die Unantastbarkeit unserer Grenzen und unseres Territoriums. Das war am 13. August 1961 so, das ist heute so und wird in Zukunft so bleiben." (1.25 f.)

In der nächsten Szene sieht Konrad im West-Fernsehen am 20. Jahrestag des Mauerbaus einen Korso zum Reichstag, als Demonstration gegen Mauer und Schießbefehl, gegen die Ermordung der über 70 Menschen an der Berliner Mauer. Es wird berichtet, wie sich sein Schwager mit der auf den Körper geschriebenen Jahrestagszahl 20 an seinem Fensterkreuz in der Nähe der Mauer festgebunden hatte, bis ihn die Staatssicherheit festnahm (1.26 f.). In dieser Darstellung zeigt sich, wie in der Erinnerung das West-Fernsehen ebenso wie Sophie und ihr Onkel – ganz im Gegensatz zu den 80er-Jahre Filmen – die Deutsche Frage offenhält.

Es verweist auch darauf, dass wie bereits im *Mann auf der Mauer* und in *Meier* die Einwohner der DDR durch die „Gegenöffentlichkeit" des Fernsehens „eine Art von virtueller

---

[449] So etwa auch Genscher 1995: 672, und Seiffert 1986: 131 f.
[450] So z. B. Jarausch 1995: 17, Schneider 1990: 24, Stöver 2007: 457, Weber 2006a: 22, Weizsäcker 1985.

Emigration"[451] antraten und so „über 45 Jahre der Trennung die kulturelle Einheit der deutschen Nation aufrechterhalten"[452] werden konnte. Als Harald ungewollt in die Bundesrepublik abgeschoben wird, heißt es von MfS-Seite aus: „Der Westen kann ja nicht schlimmer sein als ein paar Jahre Haft." (1.33) Harald stirbt jedoch bei seinem Fluchtversuch zurück in die DDR durch eine Mine als eines der zahlreichen Maueropfer im ‚Todesstreifen' (1.36 f.).[453] Mit diesem Beispiel versucht Müller Konrad, der inzwischen am Montagskreis seiner Schwester teilnimmt und über einen Ausreiseantrag nachdenkt, die Nachteile der Bundesrepublik zu verdeutlichen: „Der Westen bekommt nicht jedem, das haben sie doch an ihrem Schwager gesehen" (1.41).

Diese Identitätsstiftung durch die Abgrenzung von der Bundesrepublik, aber auch vom ‚Dritten Reich', zeigt sich auch im Vorgehen des MfS gegen die Friedensbewegung, die im Gegensatz zu Hauffs Film von der westdeutschen Gesellschaft komplett in die evangelische Kirche der DDR verlagert wird. Gerade diese ‚Kirche im Sozialismus', wie sie sich nach 1976 verstand, konnte trotz Anpassungszwängen und Mitgliederschwund ihre Autonomie wahren und entwickelte sich in den 70er-Jahren zum Hauptort der Opposition und Kristallisationspunkt der Friedensbewegung.[454] Diese wird wie bereits im *Mann auf der Mauer* stark vom religiösen Gedächtnis beeinflusst, was aus Barbaras Predigt gegen Supermachtpolitik, Blockbildung und Nachrüstung sowie für Entspannung, Abrüstung und Frieden deutlich wird.[455]

> „Wehe denen, die hinab ziehen nach Ägypten um Hilfe und sich verlassen auf Rosse und hoffen auf Wagen, weil ihrer viele sind und auf Gespanne, weil sie sehr stark sind! Noch haben wir einen Mund zum Reden, noch haben wir Luft zum Atmen, noch haben wir Brot zum Beißen. Aber durch Reden und Bitten allein werden wir die neuen Raketen diesseits und jenseits der Grenze nicht aufhalten. Unsere Friedensbewegung braucht die Aktion, das sichtbare Bekenntnis..." (1.02).

Ihre Predigt spiegelt nicht nur die Friedensforderungen Kabes aus dem *Mann auf der Mauer* wider, sondern auch die eines Briefes, den Margarethe von Trotta mit anderen linkspolitischen Intellektuellen 1982 an Leonid Breschnew verfasste. Sie befürchten „die totale Vernichtung in einem nuklearen Weltkrieg", für den Deutschland als „Aufmarschbasis der Weltmächte" fungiert, da die (atomaren) Waffen dem „Untergang"[456], nicht dem Frieden dienen.

---

[451] So Kielmansegg 2004: 614, 536; ähnlich Trampe 1998: 308, und Wehler 2008: 325.

[452] So Wolle 1999: 69. Daher wird auch nicht „vor allem auf der Westseite ferngeschaut" (so Dell 2005: 145).

[453] Die Schätzungen der Mauertoten reichen von 80 (Bollin / Fischer-Bollin 1999: 549) bis zu 239 (Wolfrum 2005: 385); vgl. die chronologische Auflistung der Mauertoten bei Hertle 2007: 104 ff.

[454] Vgl. zur Rolle der evangelischen Kirchen in der Friedensbewegung Knabe 1999a: 144 ff., Neubert 1998: 375 ff., Staritz 1996: 334 ff., Stöver 2007: 434 f., und Weber 2006b: 416 f. Ihr Symbol fand die Friedensbewegung in der Friedensdekade der evangelischen und der Freikirchen im November 1981 durch das Symbol ‚Schwerter zu Pflugscharen' (vgl. Neubert 2000: 394-404, Stöver 2007: 435 f., Micha 4,3); vgl. zu Problemen, den Friedensbegriff gleichbedeutend auf beide deutsche Staaten auszudehnen Eppelmann u. a. 1999c: 410.

[455] Überhaupt wird der Regisseurin ein protestantisch inspiriertes Ethos zugeschrieben (Elsaesser 1994: 317).

[456] Albertz u. a. 1982.

Barbaras Predigt wird aber, wie zuweilen geschehen,[457] von anwesenden Stasi-Mitarbeitern torpediert. Dass diese, so Matthias Dell, „ironisch-eloquenten Stand-up-Comediens ähnlicher [sind] als bürokratisch-pädagogischen MfS-Mitarbeitern"[458], lässt sich schwerlich behaupten, da sich in ihren Äußerungen die seit 1961 bekannten Propagandaformeln und die Geschichtspolitik der SED-Diktatur niederschlagen. Von Anfang an bemühte sich die DDR um Legitimation „als Bollwerk des Antifaschismus, als Wegbereiter des Sozialismus, als Friedensmacht"[459]. Rhetorisch fragen die MfS-Mitarbeiter nach, wie Barbara mit Gesangbuch, Verhandlungen und gutem Zureden den Frieden verteidigen will, wenn er angegriffen werde (1.02). Vor dem Hintergrund der amtlichen Ideologie, die die Sicherung und Erhaltung des Friedens als Hauptziel der Außenpolitik vorgab,[460] stellt sich für einen MfS-Mitarbeiter die Frage, wozu „überhaupt eine Friedensbewegung" benötigt werde, bis ein anderer die Antwort gleich hinzufügt: „Unser Staat ist eine einzige Friedensbewegung" (1.02 f.). Deshalb soll ein Protestbrief an den Bonner Bundestag vorgelesen werden. Als Barbara dies ablehnt, ‚fürchtet' Müller, sie habe „ein gestörtes Verhältnis zur Demokratie. Die Mehrheit der hier Anwesenden will den Brief an die Bonner Nachrüster hören. Stimmen wir doch ab!" (1.03) Da ohne ihre Einwilligung aber nichts aus dem Haus gehe, sei dies, so Müller weiter, „die reinste Diktatur" bzw. „klerikaler Faschismus", wie es ein anderer ausdrückt (1.03). Dies entspricht der Parteirichtlinie, Systemgegner als Faschisten anzusehen, bekräftigt aber auch den düsteren West-Blick des Films auf DDR und MfS, wie er sich in nahezu jeder Szene offenbart.

Insgesamt kommen in der Darstellung der Friedensbewegung, verglichen mit dem Film Reinhard Hauffs von 1982, einerseits die spezifischen deutsch-deutschen Gemeinsamkeiten der Friedensbewegung zum Ausdruck, die so den Antagonismus der Systeme zum Teil untergraben konnten.[461] Andererseits wird die Friedensbewegung in Trottas Film von dem damals auf beiden Seiten der Grenze und im Mann auf der Mauer thematisierten konkreten linkspatriotischen Deutschlandbild des ‚Dritten Weges' zwischen Kapitalismus und Sozialismus entkleidet[462] und auf Antimilitarismus, Abrüstung und Frieden reduziert.

Dies lässt sich dadurch erklären, dass 1989/90 die Deutsche Frage beantwortet wurde und (auch die Filme) nicht mehr nach Lösungen suchen mussten, sodass ihre geringere Bedeutung im aktiven Gedächtnis verglichen mit den Filmen von Hauff und Wenders verständlich wird. Als sich nach 1989/90 in der filmischen Erinnerung der Fokus von der Bundesrepublik auf die DDR verlagert, bezieht Das Versprechen nicht mehr wie Der Mann auf der Mauer Position gegen die

---

[457] Vgl. zum MfS-Einsatz gegen Friedensbewegung und Kirche Neubert 1998: 375 ff.
[458] Dell 2005: 150.
[459] Kielmansegg 2004: 561 f.; vgl. Zieger 1989b: 129.
[460] Vgl. hierzu und im Folgenden Weber 2006a: 91, 198.
[461] Vgl. allgemein Garstecki 1999: 281 ff.
[462] Vgl. zum ‚Dritten Weg' in der DDR-Opposition Geisel 2005, bes. 107-24.

bundesdeutsche Politik und Gesellschaft. Im Gegenteil wendet sich der Film gegen die inflationär und weitaus ausführlicher als in vorigen Filmen geschilderte Propaganda von SED und MfS, gegen Militarismus, Staats- und Parteimacht in der DDR. Da gerade diese Themen auch die deutsche Erinnerungskultur und Geschichtspolitik der frühen 90er-Jahre bestimmten, verwundert es nicht, dass der Film in Zusammenarbeit mit dem *Bundesministerium des Innern* entstand (0). Durch die Ereignisse der späten 80er-Jahre und von 1989/90 wie auch durch die Einbettung in die Geschichts- und Erinnerungskultur der frühen 90er-Jahre wird nicht nur Margarethe von Trottas Entwicklung von einer sozialistisch inspirierten Ideologie hin zu einer eher sozialdemokratisch gemäßigteren Position verständlich; darüber hinaus ist auch die These einer von Trotta-Biographie zu hinterfragen, wonach sie als Autorenfilmerin „sämtlichen Moden und Strömungen widerstanden [habe]"[463]. Dieser Einfluss der sozialen Rahmen des Gedächtnisses zeigt sich auch im abschließenden Kapitel. Darin wird ersichtlich, inwieweit die nach 1989/90 gesammelten Erfahrungen die Darstellung des 9. November 1989 und seiner Erwartungen in Margarethe von Trottas Film beeinflusst haben.

4.1.4 Der unerwartete Mauerfall als Erinnerungsort und die ‚innere Einheit'?

Laut Matthias Dell gibt zwar die Liebesgeschichte die Möglichkeit der Vereinigung vor, doch hat sich der Film „mit der Teilung abgefunden"[464]. Überträgt man diese Thematik auf die Deutsche Frage, so ist in der ersten Episode trotz einiger Zweifel der Glaube an ihre Lösung noch sehr lebendig, und man ist sich wie Sophies Onkel in West- und Ost sicher, die Mauer werde nicht lange stehen, da die Deutschen „so 'was nicht mit sich machen [lassen]" (27).[465] Nach der Resignation durch die Niederschlagung des ‚Prager Frühlings' gibt es 1981, im Gegensatz zu den Filmen, die in den 80er-Jahren gedreht wurden, tatsächlich keine Hoffnung mehr auf die Öffnung der Grenze. Das bedeutet, dass mit der Lösung der nationalen Frage diese in der Erinnerung nicht erwartet wurde und unlösbar erschien, während die Filme der 80er-Jahre gerade Möglichkeiten der Überwindung, aber auch der Erleichterung der (deutschen) Teilung suchten, und zumindest privat zum Teil fanden. Im *Versprechen* scheint die Deutsche Frage durch die Weltpolitik und die Abgrenzungsstrategie der DDR unlösbar, nicht aber durch die Gewöhnung der Bundesbürger an die Mauer wie in den 80er-Jahre Filmen. So denkt 1981 keine Figur mehr über eine Überwindung der Teilung nach: Während Sophie im Westen weint, als sie im Fernsehen die oben zitierte Truppenparade mit Mauerpropaganda sieht (1.25 f.), glaubt in Ost-Berlin Harald anhand historischer Forschungen, der „Untergang" des ‚real existierenden Sozialismus' werde „zu lange für ein Menschenleben" dauern (1.04 f.).

---

[463] So Wydra 1995: 7 f. Ähnlich neutral bewertet von Trotta selbst ihren Film (s. Geißler 1995).
[464] Dell 2005: 145; ähnlich auch Naughton 2002: 114; vgl. dagegen Hake 2004: 328.
[465] Ähnliches prognostiziert auch das West-Fernsehen (27), aber auch Barbara (15 f.).

Nach dem Zeitsprung zum November 1989 sieht man die gleiche Totale der Mauer wie 1968 und 1981, diesmal aber ohne politische Botschaften und allein von Graffiti bemalt (1.41 f.). Die *längste Leinwand der Welt*[466] legt damit – wie bereits im *Himmel über Berlin* – Zeugnis ab von der westdeutschen Gewöhnung an die Mauer, die für die Bundesbürger kein Ärgernis mehr war, sondern eher eine Folie für Kunstwerke. Nachdem Konrad Stasi-Mann Müller K.O. schlug, als dieser ihm weitere Besuche seines Sohnes verwehrte (1.41), wurde er zum Heizen in ein Hallenbad versetzt, von wo er am 9. November erschöpft in seine trostlos-leere Wohnung zurückkehrt. Als sein Nachbar ihm mitteilt, die Mauer sei offen, fragt Konrad ahnungslos: „Welche Mauer?" (1.44) Dies zeigt, dass die Mauer für ihn kein Erwartungsort mehr ist wie noch in den 60er-Jahren und er jede Hoffnung auf ihren Fall aufgegeben hat. Doch dann tritt – unbeeinflusst von den Akteuren im Film –, mit den Worten Konrad Jarauschs, die *unverhoffte Einheit*[467] ein. Zeitgleich fordert in West-Berlin Konrads Sohn seine ebenfalls allein lebende Mutter auf, sie müsse „sofort mitkommen", da sie „es ja doch nicht glauben" könne, wenn er es ihr erzählte (1.43). Auch Sophie hat demnach die Hoffnung auf Grenzöffnung und Lösung der privaten und Deutschen Frage längst aufgegeben.

In einer von der Filmkritik heftig kritisierten, nachgespielten Szene[468] gehen Sophie und Alex zur Bornholmer Straße, wo Ost- und West-Berliner am geöffneten Grenzübergang gemeinsam feiern. Dabei werden Grenzern Blumen angesteckt, Sekt eingeschenkt, und Trabi-Kolonnen schieben sich durch die offene Grenze in den Westen (1.44 f.). Die vom *SFB* eingefangene, realistisch gezeichnete Europhie bestätigt auf den ersten Blick die Brandtsche Metapher des darauf folgenden Tages: „Jetzt wächst zusammen, was zusammengehört"[469]. So interpretiert scheinbar folgerichtig auch Sabine Hake diese Szene als „Happy End für die Nation [...] durch die postideologische Vision von einem vereinten Deutschland"[470].

Doch obwohl am 9. November und in der Folge das heute vielzitierte Problem ‚innerer Einheit' in der öffentlichen Diskussion kaum eine Rolle spielte,[471] machen sich im Film bei allem Jubel bereits an diesem Abend erste Schattenseiten der Einheit bemerkbar. Dies mag darauf zurückzuführen sein, dass Peter Schneider einer der wenigen Intellektuellen war, der zwar

---

[466] So der Titel einer Monographie zur Kunst auf der Mauer (Gareis 1998).
[467] So der Titel von Jarausch 1995; in der Tat erscheinen die Filmfiguren als Objekte der Geschichte (s. Foell 2001).
[468] Diese Kritik bezieht sich auf die unglückliche Vermischung aus Privatsphäre und Politik bei Holighaus 1995: 4, und Nicodemus 2004: 321, die „Sammlung unbequemer Klischees" bei Schenk 2005: 35, und die Tatsache, dass, ohne Originalaufnahmen zu integrieren, der Abend nachgedreht wurde (Seidel 1995). Selten nur lobt jemand die (Liebes-)geschichte und die (scheinbare) Authentizität (so Wydra 2000: 202 ff.).
[469] Brandt 1989: 36; s. die Zitate im Film: „Wir konnten's einfach nicht glauben, mussten uns selbst überzeugen. Jetzt sind wird hier." „Sogar die Grenzer freuen sich, nicht zu fassen." „Ich hätte nie gedacht, dass dieser Tag kommt, und dass es so leicht geht." „Nur einmal Kudamm und zurück, das genügt uns." (1.45) Vgl. zu dieser Euphorie allgemein [O. Autor] 1989b, Görtemaker 2005: 31, Staritz 1996: 382 f.
[470] Hake 2004: 328.
[471] Vgl. Arzheimer 2006: 212, und Wolfrum 2006: 449 f.

den Mauerfall begrüßte, zugleich aber schon 1990 über Ironien der Vereinigung nachdachte.[472] Wichtiger für die anachronistische Darstellung dürften aber Erfahrungen der ersten Jahre seit der Grenzöffnung bis Drehbeginn sein. Denn auch wenn die Regisseurin vor der Film-Premiere erzählte, „die jetzige Situation zwischen Ost- und Westdeutschen […] nicht für diesen Film"[473] zu thematisieren, schlägt sich in diesen Schlussminuten des Films die der erinnerungs- und geschichtskulturellen Erfahrung der 1990er-Jahre geschuldete fehlende ‚innere Einheit' nieder.

Denn auch Stasi-Mann Müller ist anwesend, der wie viele seiner Mitstreiter nach 1989/90 scheinheilig vorgibt: „Das ist ein Freudentag. Auf diesen Tag haben wir jahrelang […] hingearbeitet" (1.46).[474] Als eine ältere Frau gefragt wird, warum sie sich nicht auch freue, antwortet sie nüchtern: „Für mich kommt es zu spät […]. Wenn nach 30 Jahren der Käfig aufgemacht wird, kann man nicht mehr fliegen." (1.46) Dies spielt nicht nur auf die im Werk Margarethe von Trottas und in der Erinnerungskultur verbreitete ‚Gefängnis'-Metaphorik an,[475] sondern verweist auch auf westdeutsches Mitleid und Missmut den Ostdeutschen gegenüber, denen nach 1989/90 erst das ‚richtige' Verhalten in der Demokratie beigebracht werden sollte.[476] Es verbreitete sich die ‚Mauer in den Köpfen' zwischen alten und neuen Bundesbürgern, womit sich, durchaus ähnlich wie in einigen Wende-Filmen, die in der Film-Euphorie nicht bemerkte, geschweige denn thematisierte Deutsche Frage hin zur Neuen Deutschen Frage der ‚inneren Einheit' verschob.[477] So bereitete Umfragen zufolge schon im Juni 1992 in den alten Bundesländern die Vereinigung erstmals mehr „Sorge" als „Freude", bis Ende des Jahres 64 Prozent der West-, 74 Prozent der Ostdeutschen der These zustimmten, die „Mauer in den Köpfen wachse"[478].

Diese geschichtskulturelle Rahmung zeigt sich auch als Alex zu Konrads Wohnung läuft, wo sie sich kaum wiedererkennen (1.47). Als er ihn zu der an der Bornholmer Straße wartenden Sophie bringt, schaut er sie regungslos an und der Film endet mit einer Großaufnahme von Sophies emotionslosem Gesicht (1.48). Wollten sowohl *Mann auf der Mauer* als auch *Himmel über Berlin* über die Einheit im Kleinen zur deutschen Einheit führen, bleibt im *Versprechen* aufgrund der durch die Erfahrungen nach 1989/90 fraglich gewordenen ‚inneren Einheit' auch die Einheit im Kleinen zweifelhaft. Denn, so von Trotta selbst nach anfänglicher Mauerfalleuphorie: „Das ist wie mit Liebenden, die einander verlangen und verlangen, und wenn

---

[472] So das Urteil von Jarausch 1995: 147; s. dazu vor allem Schneider 1990.

[473] So Margarethe von Trotta über sich und Peter Schneider in einem Interview mit Geißler 1995.

[474] Laut Fricke 2001: 11 ff. (Zitat 13) zeigen die Stasi-Memoiren kein Schuldbewusstsein, sondern viel eher einen Stolz, „im Auftrag einer Diktatur gehandelt haben, die durch das Volk zu ihrem Ende gebracht wurde".

[475] Vgl. zur Regisseurin Wydra 2000: 55 f. Auch drei Einstellungen im *Versprechen* zeigen Konrad metaphorisch ‚hinter Gittern' (40, 1.19, 1.40); vgl. zur Forschung Garton Ash 1993: 209 f., und Kielmansegg 204: 618.

[476] So Schenk 2005: 35 f.

[477] So die Neue Deutsche Frage von Geiss 1992: 109 ff., bis Bisky 2005; vgl. auch Lafontaine 1990: 174-84. S. zu der fehlenden Harmonie trotz Einheit in den Wende-Filmen Naughton 2002: 202.

[478] Vgl. die Daten bei Herdegen / Schultz 1993: 264.

sie endlich zusammen sind, klappt es nicht.[479]

War die nationale Frage 1989/90 im bundesdeutschen Sinne gelöst worden und die Erinnerungskultur bis zur Mitte des Jahrzehnts von DDR-Aufarbeitung, Stasibewältigung und Schwierigkeiten ob der ‚inneren Einheit' dominiert, blieben nostalgische Rückblicke auf die DDR-Geschichte auf den Stammtisch beschränkt.[480] Bereits kurze Zeit später verschob sich aber die Erinnerung mit der aufkommenden ‚Ostalgie'-Welle in Richtung einer oft verharmlosenden und beschönigenden Darstellung der DDR. Mit Leander Haußmanns *Sonnenallee*, im Oktober 1999 pünktlich zum 50. Geburtstag der DDR erschienen, erhielt diese Gegenerinnerung zur primär von Westdeutschen dominierten DDR-Aufarbeitung Einzug in den Film. Dieser für die Fragestellung aussagekräftigste Film der ‚Ostalgie'-Welle enthält sehr unterschiedliche Visualisierungen von Mauer und Deutscher Frage verglichen mit dem *Versprechen*.

4.2 *Sonnenallee* – farben-„reiche Erinnerungen" vom „antifaschistischen Schutzwall"

4.2.1 ‚Die heile Welt der Diktatur der Grenze(n)'

Leander Haußmanns Komödie bleibt – abgesehen von Marios Mopedreise über Landstraßen der DDR (54) und die Schmugglerszene in der Nähe des Berliner Doms (33-35) – auf das *kürzere Ende der Sonnenallee* beschränkt, d. h. auf den Treptower Teil.[481] In der für den Film nachgebauten Szenerie ist die Grenze mit Übergangsstelle und Überwachungsturm insgesamt 20-mal zu sehen,[482] wie in der Komödie *Meier* und im Gegensatz zu den drei analysierten Dramen aber ohne das Niemandsland. In den lediglich zwei Szenen, in denen allein das kurze, die Grenzanlagen arg verharmlosende Mauerstück gezeigt wird, unterhält sich Michael mit Miriams Bruder (13) bzw. uriniert mit Mario auf die Mauer (48 f.). Obwohl diese häufiger gezeigt wird als im *Versprechen*, gibt es hier wie in *Meier* keine ernsthafte Gefahr oder Bedrohung einer ‚Diktatur der Mauer'. Dies zeigt sich auch in den *establishing shots* vom Überwachsturm, die allein der Einleitung der Jugendszene im Grenzgebiet dienen (3 f., 42).

Mit dieser Mauerdarstellung wird angedeutet, wie wenig die Komödien den trennenden, eingrenzenden und gefährlichen Charakter der Mauer wahrnehmen, der in den Dramen so betont wird. Dies findet sich durch die wie in *Meier*, hier mit 15 Szenen, dominierende Visualisierung

---

[479] Kilb 1995. Peter Bender, wie Margarethe von Trotta (zumindest nach 1989/90) der Sozialdemokratie nahestehend, kommentiert fast spiegelbildlich für die im *Versprechen* erzählte deutsch-deutsche (Liebes-) Geschichte zwischen Konrad und Sophie: „Solange die Mauer dafür gesorgt hatte, daß man sich nicht zu nahe kam, waren auf beiden Seiten Illusionen übereinander möglich. Als man sich nun unmittelbar begegnete, breitete sich Enttäuschung aus." (Bender 2007: 273)

[480] Vgl. zur Stammtisch-Nostalgie, ohne die folgenden Jahre vorhersehen zu können: Giesen 1993: 254.

[481] So der Titel des nach dem Film verfassten Romans des Drehbuchautors Thomas Brussig (Brussig 1999). Vgl. zum Treptower Grenzgebiet die Foto-, Materialien- und Interviewsammlung Scholze / Blask 1992.

[482] 2 f., 3 f., 7, 9, 13, 17, 31 f., 37, 41, 42, 48 f., 58 f., 1.00 ff., 1.08 f., 1.09 f., 1.10, 1.11, 1.13, 1.14 f., 1.18 ff.

der Grenzübergangsstelle bestärkt.[483] In acht weiteren Szenen wird auf die Mauer verwiesen, fünfmal als Grenzübergang für Westdeutsche (2, 13 ff., 37, 55, 1.03 ff.), zweimal betreffs unmöglicher Ausreise (9, 12), einmal zur Beerdigungsreise in den Westen (1.09). Fünf Szenen mit der Aussichtsplattform neben dem Übergang zeigen West-Berliner, die das Grenzgebiet beobachten, Michael demütigen (2 f., 31 f.), seine Abführung (41) und Wuschels Unfall mit dem ‚Scheich von Berlin' sehen (1.13) sowie Fotos von Michael und Mario schießen (48 f.).[484]

Zuvor ist eine problemlose Grenzüberschreitung nur für Bundesbürger möglich (2, 8 f., 17, 1.11) und größtenteils mit Schmuggel verbunden. Neben dem Schallplattendealer (33 ff., 44 ff.) betrifft dies Miriams Westfreund, den so genannten ‚Scheich von Berlin' (21 ff.). Am bedeutendsten sind aber die Besuche von Onkel Heinz, der „mehrmals die Woche" (9) die Grenze passiert (9 ff., 1.00 ff.), und dabei *Smarties* (1.09), Strumpfhosen und *Triumph*-Unterwäsche legal ‚schmuggelt' (14). Wie bei *Meier* und entgegen den drei Dramen kann die Grenze auch in den Medien leicht überschritten werden, sei es in Form von *Rolling Stones*-LPs (33 ff.), durch das Westfernsehen[485] oder durch MfS-Arbeiter, die Westpresse lesen (48).

Obwohl alle Bewohner der Sonnenallee aufs Engste mit der ‚Diktatur der Grenze(n)' verbunden sind, bemerken sie die Mauer nicht (s. Kap. 4.2.2, 4.2.3.1). Mehr Aufmerksamkeit genießt die Bundesrepublik, ihr Fernsehen, ihre Besucher und ihre Kulisse jenseits der Mauer (2, 49). Das wird etwa in Marios Blick über die Skyline West-Berlins, dem „Schaufenster des Westens"[486] deutlich, die die Vielfalt nationaler und internationaler Leuchtreklamen der Konsumgesellschaft zeigt (49). Zusammengefasst ist trotz Grenzgebiet die ‚Diktatur der Mauer' nicht so wichtig wie in den analysierten Dramen. Zudem thematisiert *Sonnenallee* weder das Mauerspringen von Ost-Berlinern wie die Filme der 80er-Jahre noch die unwiderbringliche Teilung von West- und Ostdeutschen im *Versprechen*, sondern allein die DDR-Vergangenheit. Noch stärker als in von Trottas Film hat sich der West- und Ost-Blick der 80er-Jahre auf eine Darstellung der DDR verschoben. Hier, im Grenzgebiet der Sonnenallee, werden daher sämtliche Mauer-Symboliken des Films visualisiert.

4.2.2 Erinnerungskulturelle Symboliken der Mauer von Ost- contra West-Sicht

In *Sonnenallee* hat die Mauer, so Ralf Schenk, „etwas von ihrem Schrecken verloren", indem „auch hinter dem ‚Eisernen Vorhang' geflirtet, gefeiert und Rockmusik gehört wurde"[487]. Den Jugendlichen im Film geht es nicht um Mauer und Deutsche Frage, sondern allein um

---

[483] 2 f., 7, 9, 17 f., 31 f., 37, 58 f., 1.00-05, 1.08 f., 1.09 f., 1.10, 1.11, 1.13, 1.14 f., 1.18-21; s. Kap. 4.2.2.
[484] S. zur Schlussszene (1.14), in der die Aussichtsplattform leer bleibt Kap. 4.2.4.
[485] Zu Beginn schaut Otto ARD und ZDF (4). Die einquartierten Gäste, Olaf und Udo, die in ihrem ‚Tal der Ahnungslosen' in Dresden kein West-Fernsehen empfangen konnten (vgl. Holzweißig 1989: 70), setzen sich sofort vor den Fernseher, und verfolgen noch gebannt das Testbild im bundesdeutschen Fernsehen (56-59).
[486] Winkler 2004: 192.
[487] Schenk 2005: 32.

Rockmusik und Liebe. Damit kommt der Film auch den Interessen seiner Hauptzielgruppe, den Kindern und Jugendlichen in Ost und West entgegen.[488] Sie sind zugleich Hauptträger der seit 1993/94 erkennbaren Form der ‚Ostalgie' auf Ebene der Musik. Da sie aber zu jung waren, um eigene DDR-Erfahrungen zu haben, hat dies nichts mit einer DDR-Identität zu tun, sondern eher mit einer anderen Teilen der Republik vergleichbaren regionalen Identität der Ostdeutschen.[489]

Wichtiger für die Deutsche Frage sind daher diejenigen Mauer-Symboliken, die die Hauptfiguren kritisch-humoristisch in Auseinandersetzung sowohl mit den Westdeutschen, die in fast jeder Sequenz zugegen sind, als auch mit der DDR-Ideologie entfalten. Wie dieses Kapitel zeigen soll, wird dabei keine ‚platte' ‚Ostalgie' ausgedrückt, in der die DDR in allen Belangen der Bundesrepublik als überlegen angesehen wird. Vielmehr wird in der Erinnerung durch die Auseinandersetzung mit Staat, Partei *und* Westdeutschen, eine scheinbare ‚DDR-Identität' als Ostdeutsche erfunden, die sich von den anderen, bisherig analysierten Filmen unterscheidet.

Neben den Mauerspringern Heinz, dem ‚Scheich von Berlin' und dem Schmuggler, kommen ‚westliche' Stereotype durch internationale Bustouristen und Bundesbürger auf der Aussichtsplattform, dem „politischen Wallfahrtsort"[490] im Mauertourismus, zur Geltung. Während, so die These des Kapitels, die Westdeutschen ihr stereotypes DDR- und Mauerbild bestätigt finden, dekonstruiert der Film die vor *und* nach 1989/90 entstandenen Vorstellungen von Mauer, MfS, Kampfbereitschaft, ‚Gefängnis' und ‚Mangelgesellschaft'. Im Gegenzug versucht er anders gelagerte ostdeutsche Erfahrungen zu rechtfertigen. Die Darstellung liegt im Glauben vieler Ostdeutscher begründet, sich nach 1989/90 wie „unter einem Mikroskop […] vom Westen aus betrachtet"[491] zu fühlen, wobei die gegenseitige Wahrnehmung Negativstereotype verstärkte. Das beginnt bereits in Michaels Begriff der „Hochstände" für die Aussichtsplattformen, die von den „Westlern" gebaut wurden, „um uns zu demütigen" (2).

Dieser hier angedeutete Konflikt zieht sich durch den ganzen Film, wobei wie in allen bisherigen Filmen die SED mit der Mauer scheinbar nichts zu tun hat,[492] ganz im Gegensatz zum MfS. Während die Stasi im *Mann auf der Mauer*, vor allem aber im *Versprechen* eine starke

---

[488] S. zur Rockmusik für Michael und seine Freunde 1, 3 f., 5 f., 17 f., 18-21, 31, 34 f., 1.05 f., 1.13, sowie für den ABV und die SED 2, 8, 31 f.; vgl. ähnliche Erinnerungen bei Malzahn 2005: 146. West- und ostdeutsche Popkultur waren seit den 70er-Jahren eng verflochten (Jarausch 2005: 226 ff.). Da heute eine Wertangleichung zwischen Jugendlichen in Ost und West stattfindet (Gluchowski 1999: 545 ff.), lässt sich der Film in das Merchandisingkonzept, die jugendliche Zielgruppe und die Sehgewohnheiten der seit den 80er-Jahren sozialisierten Mediengeneration einbetten (vgl. dazu Arand 2006: 196 f., und Lindenberger 2000: 88 f., 93 f.).

[489] Vgl. zur regionalen Identität der Ostdeutschen Gebhardt / Kamphausen 1999: 535 f., Misselwitz 1993: 111 f., und Wicke 1999: 1891 f. Den Begriff ‚Ostalgie' liest sich übrigens der ostdeutsche Kabarettist Uwe Steimle bereits 1992 patentieren (Mühlberg 2002: 234, Anm. 37).

[490] So Hertle 2007: 82, wobei der Westen auf die ‚kommunistische Schandmauer' und das ‚Gefängnis', Ost-Berlin auf die Abwehr der ‚Imperialisten' durch den ‚antifaschistischen Schutzwall' verwies (ebd.: 80 ff.).

[491] So Helga Schubert vor der Enquete-Kommission (Eppelmann u. a. 1999a: 246; vgl. Fritze 1999: 498); vgl. zu den entstehenden Negativstereotypen in aller Kürze Eppelmann u. a. 1999c: 428, und Kaase 1995: 165 ff.

[492] Die SED-Position wird nur durch Sabines zeitweiligen Freund Georg und Schulleiterin Nitzold vertreten (24 f.); s. dazu das nächste Kapitel. So persifliert Onkel Heinz das de facto Einparteiensystem der DDR (15).

‚Mauerdiktatur' ausübt, wirken ihre Mitarbeiter in *Meier* und *Sonnenallee* „wie trottelige Märchenfiguren, die mit ein bisschen Geschick leicht auszutricksen waren"[493]. Unter Drogen urinieren Michael und Mario vom Balkon aus „Protest" auf die Mauer, denn „Urin kennt keine Grenze" (48). Fotografiert von einem Westfotograf (48), stehen beide am nächsten Tag auf der Titelseite der *BILD*-Zeitung. Das wiederum ruft einen MfS-Mitarbeiter zum Verhör in die Schule. Für ihn zählt es „zu den unangenehmen Pflichten [s]eines Berufes, jeden Tag die Feindpresse lesen" zu müssen (52).[494] Da aber erstens nicht das MfS, sondern das *Springer*-Blatt auf ihre Tat aufmerksam wurde, und zweitens wie in *Meier* ein Stasi-Verdacht – hier der von Familie Ehrenreich gegenüber ihrem Nachbarn – unberechtigt ist,[495] wird die vor allem westdeutsche Vorstellung vom Stasi-Überwachungsstaat hinterfragt und im Gegenzug auf bundesdeutsche Meinungsmacher aus der Boulevard-Presse verwiesen. Damit greift *Sonnenallee* zugleich die seit Mitte der 90er-Jahre immer häufiger vertretene These vieler Ostdeutscher auf, wonach Spitzelsystem und Mauer das persönliche Leben nicht bestimmt hätten.[496]

Vom Aspekt der Erinnerungskultur ist das nun insofern von Interesse, als dass sich laut Reinhart Koselleck das Gedächtnis auch weigern kann, das Negative überhaupt zur Kenntnis zu nehmen.[497] Dies trifft auch für *Sonnenallee* weitgehend zu, indem sich die Filmfiguren vom Einzug in die Armee[498] ebenso leicht distanzieren können wie von SED und MfS. Im Gegenzug finden die Westdeutschen aber ihr Bild der immerzu kampfbereiten und gewalttätigen DDR und ihrer Einwohner bestätigt. Heinz vermutet, die Soldaten auf dem Überwachungsturm freuen sich „schon auf den nächsten, den [sie] abknallen könn[en]" (37); später sieht er, wie an der Grenzübergangsstelle eine Person abgeführt wird (1.00 f.). Ein ähnliches Bild gewinnen westdeutsche Schüler, nachdem sie vom ‚Hochstand' den „glückliche[n] Zoni" Michael fragen, ob es „bei euch überhaupt was zum Lachen" gäbe (31). Michael ‚droht' ihnen, sich drei Jahre verpflichten zu lassen, „und dann knall' ich euch alle ab" (31).

Während solch humoristische ‚Drohungen' leer bleiben, wird der Militarismusvorwurf auf den illegalen Waffenhandel in der Bundesrepublik verschoben. Dies zeigt sich beim ‚Scheich von Berlin', ein West-Berliner Aufschneider mit überheblichen Posen der DDR gegenüber und scheinbar zahlreichen Autos (22 f.). In Wirklichkeit aber ist er bloß ein Gymnasiast und

---

[493] So Schenk 2005: 32, über die Darstellung Grenzer, ABVs und Stasi-Mitarbeiter in *Sonnenallee*.

[494] Daraufhin wird Mario von der Schule verwiesen und heuert bei der Stasi an. Er rechtfertigt dies mit den Eintragungen in seine Akte und seiner angehenden Vaterschaft. Da er aber die Organisation „von innen aufmischen" will (1.07), nimmt *Sonnenallee* im Gegensatz zu vorigen Filmen Stasi-Mitarbeiter in Schutz.

[495] Familie Ehrenreich stört trotz regimekritischer Äußerungen von Otto und Heinz nicht die Anwesenheit von Sabines Parteifreund. Den Nachbarn aber verdächtigen sie als Stasi-Mitarbeiter, weshalb sie sich stets um einen regimetreuen Eindruck bemühen (26 f., 37 f.), bis sich schließlich dieser Verdacht nicht bestätigt findet (1.09 f.).

[496] Vgl. zu diesen Vorstellungen allgemein Wolle 1999: 16 f.

[497] Vgl. zu dieser Thematik mit Bezug auf die Holocaust-Erinnerung Koselleck 2005.

[498] Die Androhung, Michael könne nicht einfach den Armeedienst verweigern (1.06 f.), zieht im Film keine Strafe nach sich – obwohl stets weniger als 1,5 Prozent den Dienst an der Waffe nicht antraten (Hübner 1992: 135).

Parkwächter beim Hotel Schweizer Hof,[499] der die Autos der Hotelgäste über die Grenze fährt, bis in seinem Kofferraum Waffen gefunden werden (1.12 ff.).

Neben der Kampfessymbolik und Angeberei der Westdeutschen wird die Mauer auch mit dem ‚westlichen‘ Blick auf das ‚Gefängnis‘ DDR konnotiert, ein Stereotyp, das aber durch Alltagswahrnehmung und –handeln der DDR-Bürger widerlegt wird. Sie nehmen die Mauer selbst kaum wahr (2 f., 7, 9, 17 f., 31 f., 1.11, 1.14 f.), die allein von Bundesbürgern bemerkt wird. Nur aus ihrer Perspektive zeigt sich der bedrohliche Aspekt der DDR als ‚Gefängnis‘. Als Michael zur Telefonzelle im Grenzgebiet eilt, um mit Miriam zu telefonieren, beobachten zwei Westdeutsche vom ‚Hochstand‘ mit Spannung, wie der „auf der Flucht“ befindliche 17-Jährige zwecks Personalienkontrolle vom ABV abgeführt wird (41). Der ABV, so fordern sie, müsse ihn „festsetzen“ bzw. „gleich erschießen“ (41). Heinz ist sich sicher, aus der DDR komme „doch überhaupt keiner raus“ (16), und ein Banner an einem westdeutschen Propeller-Flugzeug fordert die betreffende Geliebte zur ‚Republikflucht‘ auf (1.08 f.).

Diesem Westblick widersprechend, genügt Otto die durch die Verfassung eingeschränkte Reisefreiheit, da er „überall hin[kommt], nach Thüringen, überall, auf den Mond“ (16).[500] Auch wenn laut Mario und Sabrina alle DDR-Bürger fliehen oder fliehen wollen, bleiben beide im Land, um ihr gemeinsames Kind in Ruhe zur Welt zu bringen (1.03 f.). Ähnliches gilt für Doris Ehrenreich, die einen West-Pass findet (12 f.), aber trotz Vorbereitung zur ‚Republikflucht‘ (27, 57 ff.) das Leben bei ihrer Familie vorzieht. Auch als sie zur Beerdigung ihres Bruders, wie in den deutsch-deutschen Verträgen festgelegt, „rüber“ reisen darf und „endlich“, so Michael, „den goldenen Westen“ betritt, kehrt sie, obwohl dort „alles so bunt“ ist, zu ihrer Familie zurück (1.10). Deutlich wird die Beschönigung dieser ‚Gefängnis‘-Thematik in Michaels eigens für Miriam verfassten Tagebüchern. Darin erfindet er seine oppositionelle Einstellung und setzt seine scheinbaren Hoffnungen auf den Erwartungsort Berliner Mauer. „Dieses Land drückt wie zu enge Schuhe. Man kann sich nicht bewegen, nur träumen.“ (1.02 f.) Das bezieht sich nicht nur auf seinen für Miriam erfundenen Tunnel-Fluchtversuch (1.03 f.), sondern allgemeiner auch auf die gewünschte eigene Biographie, den Kern der ‚Ostalgie‘-Problematik in *Sonnenallee*.

Geht es also in erster Linie gerade um diese Rechtfertigung eigener Erfahrungen und Erinnerungen, soll sekundär eine Überlegenheit der DDR in *mancher* sozioökonomischer und moralischer Hinsicht gegenüber der Bundesrepublik geltend gemacht werden. So wird trotz aller

---

[499] Diese Erläuterung befindet sich im Roman: Brussig 1999: 22, 136.
[500] Vgl. die *Verfassung der Deutschen Demokratischen Republik* [1974]: Art. 32. Dieser legt das „Recht auf Freizügigkeit innerhalb des Staatsgebietes“ fest. Die de facto beschränkte, für die Figuren aber ausreichende Reisefreiheit, wird auch in Marios und Sabrinas Beziehung deutlich. In der „schönsten Zeit seines Lebens“ auf ihrer Mopedreise durch die ihnen „riesig“ vorkommende DDR erfährt er, „was Freiheit ist“ (54).

Rückständigkeit und trotz ‚Mangel' in der Warenwelt der DDR[501] das klassische Stereotyp der ‚Mangelgesellschaft' als West-Vorurteil enttarnt. Ein West-Besucher will „nicht vergammeln in der Zone" (59) und westdeutsche Schüler beschimpfen vom ‚Hochstand' Michael ob seiner Kleidung als „Ossi" (2, 31). In einem „Zoobesucher-Reflex"[502] bieten sie ihm ein *Mars* an, obwohl „füttern verboten" sei (2). Ein Schüler fragt: „Hey, uns geht's gut, und wie geht's dir?" (2) Michael aber lobt demgegenüber die *heile Welt der Diktatur*[503] und rechtfertigt innerlich die Meinung vieler ehemaliger DDR-Bürger, welche die Vorteile ihres ehemaligen Staates nie so penetrant wie die Westdeutschen vertreten hätten:

„Mir geht's nicht so schlecht, aber das muss ich denen ja nicht auf die Nase binden. Außerdem ist Kontaktaufnahme schwerst verboten. Obdachlose gibt's bei uns jedenfalls nicht und verhungern muß auch keiner, Grundnahrungsmittel sind günstig, Preise stabil." (2 f.)

Durch die korrekte Darstellung des Verbots grenzüberschreitender Kommunikation, der betont künstlich wirkenden Grenzgebietskulisse wie auch weiteren Szenen, die Versatzstücke des DDR-Alltags aufgreifen, wird der Schein historischer Korrektheit gewahrt.[504] Doch zeigen bereits die Verwendung des nach 1989 entstandenen Neologismus' „Ossi" und die Darstellung der ‚Besserwessis' inwieweit der Film unter einer, wenn man so will, ‚Diktatur der Erinnerung' steht. Dadurch wird die DDR-Vergangenheit mit heutigen Wünschen, Vorstellungen und Projektionen verbunden. Michael repräsentiert die zahlreichen verletzten Selbstwertgefühle der Ostdeutschen, die zu trotziger ‚Ostalgie' führen können.[505] Seine im Film innerliche, auf der Leinwand aber öffentlich gemachte Rechtfertigung der eigenen Biographie und Perspektive, die sich von der Bundesrepublik-Bewunderung in *Meier* unterscheidet, wird dadurch verständlich, dass aufgrund der Erfahrungen nach 1989/90 die Zustimmung der Ostdeutschen zu Werten wie ‚Sozialismus' und ‚Gleichheit' nicht schwand, sondern sogar stieg. Während sie 1990 die DDR nur auf drei von neun Gebieten der Bundesrepublik als überlegen ansahen, waren es 1995 bereits sieben von neun, darunter auch die von Michael genannten Aspekte.[506]

---

[501] So mangelt es an Gütern wie dem Telefon (26), und einige DDR-Produkte wie der Multifunktionstisch („Mufuti") (5, 13 ff.) und das DDR-Radio (1.01 f.) sind gegenüber Westprodukten technisch rückständig.

[502] Dies diagnostizierte Jäckel 1990: 1561 f., allgemein über den Blick der Bundesbürger über die Mauer.

[503] So der Buchtitel von Wolle 1999, um diesen Widerspruch zwischen dem Staats- und Repressionssystem aus SED, MfS und Mauer einerseits und Lebensformen des Alltags andererseits einzufangen.

[504] Vgl. zu diesen Mauer-Verboten Flemming / Koch 1999: 40; vgl. zur eigens für den Film in Babelsberg gebauten Kulisse Holler 1999, die als „DDR aus Sekundärrohstoffen", als „Puppenstube" erscheint (Peitz 1999).

[505] Vgl. dazu allgemein Jarausch 1995: 308, 326. 1991 wurde „Besserwessi" zum ‚Wort des Jahres' gewählt;

[506] Vgl. allgemein zu diesen Daten Eppelmann u. a. 1999a: 305, 1999c: 423, Fritze 1999: 488 f., und Fuchs 1996: 267 ff. Noch in einer *Spiegel*-Umfrage vom Oktober 2007 nannten 92 Prozent der Ostdeutschen aus der Generation Haußmanns und Brussigs (35- bis 50-jährige) die soziale Absicherung und 78 Prozent die geringere Kriminalitätsrate als besondere Stärke der DDR gegenüber der Bundesrepublik (vgl. Osang 2007: 78). 56 Prozent waren mit der Demokratie hierzulande „weniger" bis „gar nicht" zufrieden (ebd.: 85). Zudem lassen sich Verbindungen zwischen Rechtfertigungen der eigener Biographie und ‚Ostalgie'-Rückblenden auf die DDR erkennen (Dieckmann 2003).

Der Verlust an gewohnter Sicherheit und (drohende) Arbeitslosigkeit führten, oft losgelöst von den objektiven Lebensbedingungen, bei vielen ehemaligen DDR-Bürgern zu Krisenfurcht und Existenzängsten. Mitte der 90er-Jahre erschien daher vielen Ostdeutschen „die DDR-Zeit als ein ‚goldenes Zeitalter', in dem man noch sicher und geborgen leben konnte"[507]. Dabei wird die eigene Gegenwart selten mit der eigenen Vergangenheit, viel häufiger aber im Querschnitt mit den alten Bundesländern verglichen, ‚deren' Kapitalismus Ungleichheit begünstige. Die in *Sonnenallee* gezeigte ‚Ostalgie' vergleicht also die (scheinbaren) Vorteile der DDR mit den Nachteilen des heutigen Systems, anstelle jeweils nur Vor- und Nachteile miteinander aufzuwiegen.[508] Dazu belegt die Sozialpsychologie, was auch für Haußmanns Film zutrifft, dass Gruppen im Bedürfnis nach positiver Identität oft Vergleichsdimensionen suchen, bei denen sie anderen Gruppen gegenüber günstig abschneiden.[509]

Sonnenallee enttarnt zudem das westliche, auch in älteren westdeutschen Fernsehserien vermittelte Stereotyp, in der ‚Mangelgesellschaft' der DDR sei alles ‚grau'[510]. In schwarz-weiß-Bildern – Symbol für das Negativimage der DDR bei den Westdeutschen sowie für deren eindimensionale Sicht – laufen Michael und Mario einem Touristenbus hinterher, verzerren ihr Gesicht und persiflieren den West-Blick durch die mehrfachen Rufe „Hunger, Hunger" (8). Dem Stereotyp entsprechend bermerken die Touristen, die beiden seien „just like those we saw in Africa" und „so sad"; eine andere ergänzt: „Oh wie schrecklich" (8 f.).

Zusammengefasst greift *Sonnenallee* die Vielzahl der kursierenden eigenen Erfahrungen und veränderten DDR- und Mauer-Erinnerungen auf. Dabei dekonstruiert der Film Mauer-Vorstellungen von der kampfbereiten DDR, der MfS-Überwachung und dem ‚Gefängnis' als westliches Vorurteil und macht (scheinbare) sozioökonomische Vorteile der DDR stark. Kurz, die ‚Dikatur der Grenze(n)' ist in der Erinnerung gar keine. Indem die Westdeutschen im Film normalisiert, die Ostdeutschen gestärkt werden, ist ‚Ostalgie', wie es Thomas Ahbe 1997 feststellte, auch „ein Stück Normalisierung, eine produktive Selbstermächtigung der Ostdeutschen nach der Transformationskrise"[511]. Einerseits drängt in *Sonnenallee* wie in *Meier* die Thematisierung von Alltag, Wohlstand und (Reise-)Freiheit die Deutsche Frage in den Hintergrund. Andererseits wird aber gerade durch die im Gegensatz zu *Meier* erkennbare Rechtfertigung der eigenen ostdeutschen Perspektive auch die Deutsche Frage neu gestellt.

---

[507] Gebhardt / Kamphausen 1999: 513; vgl. Fritze 1999: 484 ff. Fuchs 1996: 279 f., Görtemaker 2004: 384.

[508] So allgemein zur ‚Ostalgie' Gebhardt / Kamphausen 1999: 519 ff., und Schorlemmer 2006: 154; vgl. dagegen Dell 2005: 151, für den *Sonnenallee* „kein nostalgisches, sondern ein popistisches Verhalten" zeige.

[509] Vgl. allgemein die sozialpsychologischen Befunde bei Mummendey / Simon 1997b: 176 ff.

[510] Vgl. zu diesem Stereotyp Pinkorz 1994: 190, zum Film Dresen 2009, zu Fernsehserien Steinle 2003: 442 ff.

[511] Ahbe 1997: 618. Eine Normalisierung von DDR-Erfahrungen in *Sonnenallee* konstatieren auch Berghahn 2006: 95 f., und Cooke 2003: 166.

4.2.3 Die Berliner Mauer und die (Neue) Deutsche Frage

4.2.3.1 Verdrängung der Mauer vs. Offenhaltung der Deutschen Frage

Nur Heinz verwendet den beide Staaten umfassenden Begriff „Deutschland" (16). Von DDR-Seite greift man auf die These von ‚Zwei Staaten – zwei Nationen' zurück, wozu die offiziellen Staatsbezeichnungen zwecks Abgrenzung von „BRD" (12), „Ausland" (16) und „Klassenfeind" ebenso dienen wie Verweise auf die „Errungenschaften unseres Volkes" (24 f.). Selbst politisch ungebundene Figuren bekennen sich als Bewohler der „DDR" (1, 9), was bereits auf eine Übernahme der von Staatsseite angestrebten kollektiven Identität hindeutet.

Die Bundesbürger dagegen sprechen von der „Zone" (58) und dem „Zoni" (31). Die darin ausgedrückte Abwertung der DDR dient aber nicht als Abgrenzungsposition für eine gesamtdeutsch denkende Figur wie im *Mann auf der Mauer*, sondern als Kennzeichen einer (in der Darstellung des Films) unzutreffenden negativen West-Sicht auf die DDR. So fällt wie bei *Meier* die Dominanz der Begriffs „Westen" auf, ergänzt durch den „Osten" (2, 22, 40) – sogar im Neologismus „Ossi" (2). DDR-Bürger sprechen von „Westverwandtschaft" (9), „Westanhang" (37) und „West-Fernsehen" (56); die „Westler" (23) selbst wohnen folglich im „goldene[n]" (2, 1.10) und „bunt[en]" (1.10) „Westen" (2, 1.10, 1.14). Diese Dominanz von ‚Westen' und ‚Osten' lässt sich, wie im Folgenden gezeigt wird, zunächst auf die Überlagerung der Deutschen Frage durch den ‚Klassenkampf' zurückführen. Im Anschluss an das *Versprechen* könnte dies, so eine Hypothese für künftige Untersuchungen, aber auch auf Erfahrungen des wiedervereinigten Deutschland zurückzuführen sein, indem die alltäglichen Bezeichnungen der neuen und alten Bundesländer in den 90er-Jahren, nämlich Ost- und Westdeutschland, das, wenn man so will, sprachliche Gedächtnis veränderten. In *Sonnenallee* bekennen sich die Figuren entgegen den anderen Filmen zur DDR und grenzen sich durch ein eigenes kommunikatives Gedächtnis von den Westdeutschen, nicht von den Bundesbürgern, ab.

Wie in der durch den Systemgegensatz gekennzeichneten Position des Grenzers,[512] findet die Staats- und Parteiposition der DDR vor allem in undifferenzierten Propagandaformeln ihren Ausdruck. Für Sabines zeitweiligen SED-Freund Georg kommt Heinz aus dem „imperialistischen Ausland" (16), was eine offizielle Bezeichnung der Bundesrepublik war.[513] Ähnelt dies den Phrasen aus *Meier* und dem *Versprechen*, wurde der Begriff in der Bevölkerung nur von weniger als einem Drittel geteilt.[514] Zudem hatte man in der DDR-Verfassung vom 7. Oktober 1974 sämtliche Bezüge zur deutschen Nation getilgt, um „für immer und unwiderruflich

---

[512] Ohne Befürworter und Gegner der DDR auseinander zu halten, ist Onkel Heinz für den Grenzer „ein guter Mensch", denn jemand „der so oft kommt wie Sie, ist bestimmt ein Freund unserer Ordnung" (1.01).
[513] Vgl. zum ‚Ausland'-Begriff in der DDR Berschin 1993: 146, und Wentker 2007: 144 ff.
[514] Vgl. die Daten bei Glaab 1999: 217, für die Jahre 1977 und 1984.

[…] untrennbarer Bestandteil der sozialistischen Staaten-gemeinschaft"[515] zu sein. So waren die innerdeutschen Beziehungen aus Sicht der DDR-Führung Teil des Klassenkampfes, der Auseinandersetzung zwischen Sozialismus und Kapitalismus.[516] Auch die jungen Pioniere des Films ,lernen' in der Schule, den Menschen gehe es vor allem in den kapitalistischen Ländern wie den USA, Frankreich und Skandinavien schlecht (17). Schulleiterin Nitzold fragt bezüglich der Anwesenheit des ,Scheichs von Berlin' – für Michael schlicht der „Westler" (23): „Wer hat den Klassenfeind in unsere Schule gelassen?" (22) Gemäß dieser ideologischen Position hebt sie, als Mario und Michael auf die Mauer uriniert haben, die Bedeutung der Mauer für das Selbstverständnis der DDR hervor:

> „Sie urinieren auf den antifaschistischen Schutzwall? Sie urinieren auf unseren Staat? Dafür sind Ernst Thälmann und Tausende seiner Genossen hingerichtet worden. Und Sie urinieren auf ihre Gräber? Auf die Gräber derer, denen Sie ihre kostenlose Ausbilung und ein Leben in Frieden und Wohlstand verdanken." (53 f.)

In dieser Kopplung von Mauer und Staatswesen DDR kommt erstens die u. a. auf Ernst Thälmann beruhende antifaschistische Gründungslegende, oder besser: „Geburtslüge"[517] der DDR zum Ausdruck. Zweitens wird die in den vorigen Filmen nicht erwähnte Formel des ,antifaschistischen Schutzwalls'[518] aufgegriffen. Beides zusammen verweist auf die Selbststilisierung der DDR als ein von Nazis ,gesäuberter' Staat, der für Frieden und Wohlstand aller sorgt. Durch diesen ,verordneten Antifaschismus' bemühte man sich um die moralische Basis, im Kampf gegen die Nazis die größten Opfer gebracht zu haben.[519]

In Abgrenzung von Parteispitze *und* Westdeutschland bei gleichzeitiger Verdrängung der Deutschen Frage leben nun die Bewohner der Sonnenallee in ständigem Kontakt zur Mauer:

> „Hinter dieser Wand steht die Mauer. Sie teilt Berlin in Ost und West. Der goldene Westen liegt nur einen Steinwurf entfernt. Ich wohne in einer Straße, deren längeres Ende im Westen und deren kürzeres Ende im Osten liegt… in der Sonnenallee." (2)

Daran anschließend rechtfertigt der Film, im Gegensatz zum *Mann auf der Mauer* und dem *Versprechen*, das Leben der Ostdeutschen, die sich wie in *Meier* klug und humorvoll von der Partei distanzieren können. So kritisiert Otto Parteimitglied Georg gegenüber direkt die Ideale der SED ebenso wie die DDR-Produkte (12 ff.), und fordert, den *Schwarzen Kanal*, „die Hetze" auszumachen (5). Für ihn bleibt noch ein gesamtdeutsches Gefühl maßgebend, indem er seinem

---

[515] *Verfassung der Deutschen Demokratischen Republik* [1974]: Art. 6, Abs. 2.
[516] Vgl. allgemein Görtemaker 2005: 12; s. auch Kap. 2.3.
[517] So zum Antifaschismus wörtlich Gregor Gysi (Gysi 1992: 194); s. zu Ernst Thälmann Anm. 649.
[518] Der Begriff „antifaschistischer Schutzwall" stammt von Horst Sindermann und war 28 Jahre die offizielle Bezeichnung in der DDR (Frech 1992: 219); vgl. zur offiziellen Mauer-Ikonographie Demke 2004: 104 ff.
[519] Vgl. Weber 2006a: 198

Schwager zustimmt, dass Bürger aus West und Ost „alle Deutsche" sind (16). Dennoch überwiegen ihre Meinungsverschiedenheiten bei Weitem, und so wird auch bei Otto die nationale Frage vom globalen Systemgegensatz überdeckt. Daher ist Heinz, demzufolge man in Moskau nur mit einer „MP in der Faust oder der Kugel am Bein" studiere, für Otto ein „Revanchist und Scharfmacher" (15 f.) sowie ein „alter Kommunistenjäger" (13).

Noch distanzierter, aber nicht mehr gesamtdeutsch denkend wie Otto ist die jüngere Generation im Film. Als Michael zur „Ehre" wie Miriam „einen selbstkritischen Beitrag leisten" muss (23), überzeichnen beide die Ideale von sozialistischer Treue, Theoriebildung und Parteiideologie und finden so in der Distanz zur Partei erste Gemeinsamkeiten (27 f., 30). Später schreibt er in sein eigens für Miriam verfasstes Tagebuch, er „warte und warte auf etwas, das nicht passiert" (1.06). Was das genau ist, bleibt ebenso unklar wie die Pläne im Freundeskreis, „eine aktive Widerstandsgruppe" zu gründen (1.06). Diese Distanzierung entspricht zunächst bloß der üblichen Unterscheidung der Filme zwischen positiv gezeichneten Figuren und der Parteiführung. Neu ist aber eine Verdrängung der Mauer durch die Figuren, die der Wahrnehmung von Olaf aus Dresden widerspricht, wonach das Leben im Grenzgebiet „doch gefährlich" sei (55). Dazu bemerkt Drehbuchautor Thomas Brussig:

> „Das merkwürdige an der Mauer war, daß die, die dort wohnten, die Mauer gar nicht als außergewöhnlich empfanden. Sie gehörte so sehr zu ihrem Alltag, daß sie sie kaum bemerkten, und wenn in aller Heimlichkeit die Mauer geöffnet worden wäre, hätten die, die dort wohnten, es als allerletzte bemerkt."[520]

Diese Verharmlosung und Verdrängung der Mauer steht der These der Forschung gegenüber, wonach Überwachung, Eingesperrtsein und Bedrohung eine enorme Belastung der Bewohner des Grenzgebiets bewirkten.[521] Solche Beschönigungen der Mauer führten zu einer später zurückgezogenen Strafanzeige gegen *Sonnenallee* durch die Organisation *Help*, und sind Zielscheibe heutiger Befürchtungen, das Verschwinden dieser Grenze führe zu einem Verlust der Erinnerungsmöglichkeiten, wobei die „Vergoldung der DDR-Vergangenheit […] ohne das Anschauungsmaterial Mauer besser voran [komme]"[522]. Dabei steht nun im Film dieser Verdrängung der Mauer und der Distanzierung von der Partei in der ostdeutschen Erinnerung eine erfundene Offenhaltung der Deutschen Frage durch die Westdeutschen gegenüber.

Gegenüber der breiten Diskussion der Mauer auf Ost-Berliner Seite sind bundesdeutsche Stellungnahmen zur nationalen Frage nur über Westbesucher zu erschließen. In ihren Einstellungen zeigt sich aber nicht wie in den Filmen der 80er-Jahre eine realistisch dargestellte Interesselosigkeit an der DDR und eine Gewöhnung an Mauer und Teilung. Ganz im Gegenteil

---

[520] Brussig 1999: 137.
[521] So Flemming / Koch 1999: 46 f., und ehemalige Grenzgebietsbewohner in Scholze / Blask 1992: 199 ff.
[522] So Jürgen Schmude (Bahr u. a. 2007: 35); s. zur Diskussion des Rechtsstreites die Beiträge in der *Frankfurter Allgemeinen Zeitung* vom 27. Januar, 28. Januar, 9. Februar und 1, April 2000, zur Rezeption Cafferty 2001: 254 ff.

besteht, wie das vorige Kapitel deutlich machte, ein breites, auch touristisches Interesse am Leben der DDR-Bürger, woraus, wie in den anderen Filmen, aus Abgrenzung von der DDR ein übersteigertes Selbstwertgefühl als Bundesbürger resultiert. Der einzige Westdeutsche, der im Film explizit zur Deutschen Frage Stellung bezieht, ist Onkel Heinz. Anschließend an seine durchgängige Kritik an der DDR, reagiert er empört auf Georgs These vom „imperialistischen Ausland": „Wie bitte, Ausland? Ausland? Aus Deutschland! […] Wir sind ja alle Deutsche. Es gibt solche und solche, aber nur Deutsche." (16) Entschieden artikuliert er gegen das Abgrenzungsbestreben der DDR eine vom bundesrepublikanischen Verfassungsverständnis und von vielen Bundesbürgern vertretene gesamtdeutsche Position, die die DDR nicht als Ausland ansieht und die Deutsche Frage offen hält.[523] Diese Position kennt keinen ‚Dritten Weg‘ und hebt vor allem die Reise- und Wahlfreiheit, Universitäten und Wohlstand „der freien Welt"[524] hervor. Zusammengefasst wird also wie im *Versprechen* die Gewöhnung der Bundesbürger an Mauer und Teilung aus dem aktiven Gedächtnis verdrängt und ein gesamtdeutsches Nationalgefühl auf die Vergangenheit, hier die 70er-Jahre, zurück projiziert, das in *Sonnenallee* aber der ostdeutschen Erfindung der ‚DDR-Identität‘ gegenübersteht.

4.2.3.2 Die Erfindung der ‚DDR-Identität‘

Aus der Verdrängung von Mauer und Bedrohung sowie der Rechtfertigung des Ost-Blicks behauptet *Sonnenallee*, die DDR-Bewohner hätten sich von der Partei distanziert, aber, was die anderen Filme überwiegend ablehnen, mit ihrem Staat identifiziert. In der Aussage des Films sind nicht nur einige, bei Weitem nicht alle, wirtschaftlichen, sozialen und moralischen Aspekte der DDR überlegen; auch werden entgegen der vorherrschenden DDR-Aufarbeitung der 90er-Jahre in *Sonnenallee* einige Nachteile der Bundesrepublik sowie West-Klischees enttarnt. Aus dieser Konfrontation entsteht im Film eine ‚DDR-Identität‘ der Ostdeutschen.

Nun ist man sich heute aber in der Forschung weithin einig, dass es eine solche DDR-Identität nicht gab (s. auch Kap. 3.2.3), und diese allenfalls an kollektiv geteilte Erfahrungs- und Gedächtnisrahmen aus DDR-Zeiten anschließt. Die seit etwa 1993/94 konstatierte ‚DDR-Identität‘ beruht demnach sehr viel stärker auf den nach 1989/90 geteilten Erfahrungen und der Überforderung durch den Einigungsprozess.[525] Sozialisationsprozesse aus DDR-Zeiten gehen

---

[523] S. Brandt 1970: 7, und Kohl 1989: 12, und vgl. allgemein Bruns 1987: 42, und die Umfragen bei Weidenfeld / Glaab 1995: 2831, 2852. Laut Bundesverfassungsgericht war die innerdeutsche Grenze eine Ländergrenze, weshalb die DDR niemals ‚Ausland‘ sein konnte (vgl. Holzweißig u. a. 1993: 361 f.). DDR-nahe Positionen hingegen sehen in diesem Urteil einen Verstoß gegen das Völkerrecht (so Baumgarten 2004: 231).
[524] Dies ist eine Äußerung von Heinz aus dem Drehbuch (Brussig / Haußmann 1999: 116).
[525] So die einhellige Meinung der zweiten Enquete-Kommission (Eppelmann u. a. 1999a: 232 f., 236, 265, 305, 311, 408, 413, 418), und weiterer Experten (Bach 2002: 548, Fritze 1999: 496 f., Jarausch 1995: 24, Offe 1993: 283, Schorlemmer 2006: 138 f., Weidenfeld 1991: 382). Wenn es überhaupt so etwas wie ein Wir-Gefühl gegeben hat, dann bei der jüngeren Generation, die in die DDR hineinsozialisiert wurde (so Eppelmann u. a. 1999a: 265). Nur Wenige betonen ein DDR-Nationalgefühl vor 1989/90 (so Seton-Watson 1977: 101, und Neller 2006: 16 ff.).

mit weit wichtigeren späteren Erlebnissen nach 1989/90 einher wie Desillusionierung, Ernüchterung, Enttäuschungen vom politischen System, wirtschaftliche (Des-)Integration und dem Gefühl, durch mangelnde soziale Akzeptanz benachteiligt zu werden.[526] Als sich die deutsche Einheit nicht auf Augenhöhe vollzog, wurde (fast) alles, was den Ostdeutschen Heimat gab oder sie mit der DDR verbunden hatte, von der (westdeutschen) Politik und Wirtschaft abgeschafft und verdrängt.[527] Die Kosten der Einheit stiegen für alle spürbar an, wodurch bei vielen Ostdeutschen im Glauben an die genannten (scheinbaren) Vorteile der DDR das Gefühl gesamtnationaler Identität abnahm. Bereits 1992 fühlten sich 56,4 Prozent der neuen Bundesbürger als Ostdeutsche, nur 43,6 Prozent als Deutsche, und 1997 identifizierten sie sich signifikant weniger mit ihrem Land als die Westdeutschen.[528]

Auch in *Sonnenallee* wird die hohe Identifizierung mit der Bundesrepublik, wie dies *Meier* noch gezeigt hat, nachträglich in Frage gestellt, während eine Verklärung früherer Verhältnisse und des damaligen Staates einsetzte.[529] Im Zentrum des Films stehen Rockmusik und Liebe, ohne dabei an Nation und Mauer zu denken – und das obwohl in den 70er-Jahren mit der intensiven Rezeption westlicher Radio-, Fernsehsender und Popkultur die Identifikation mit der Bundesrepublik eher anstieg.[530] In den ersten zehn Jahren der Einheit aber fühlten sich alle Generationen, besonders die der Haußmanns und Brussigs (Jahrgang 59 bzw. 65), zunehmend mit DDR und Ostdeutschland verbunden, oft in klarer Abgrenzung zu Westdeutschland.[531] *Sonnenallee* mobilisiert damit Gegensätze, während die Regierungspolitik Einheit predigt. In der Filmdarstellung ist das Deutschland der Gegenwart „ein Staat, zwei Gesellschaften"[532].

Im Anschluss an Hobsbawms These der *intention of tradition*, den mehr oder minder bewusst erfundenen Traditionen zur Schaffung von Identität und Legitimität, lässt sich für *Sonnenallee* festhalten, dass der Transformationsprozess nach 1989/90 die gesellschaftlichen Muster zerstört hat und ein erhöhtes Bedürfnis schuf, eine eigene kollektive Identität zu erfinden. Dieser Typus erfundener Traditionen dient der Gruppenkonstruktion der Ostdeutschen ebenso wie ihrer Symbolisierung.[533] Dabei wird der in den 80er-Jahren wieder aufgekommene, bei Wenders und Hauff für Gesamtdeutschland geltend gemachte Heimatgedanke in *Sonnenallee* wie in einigen Wende-Komödien zuvor als verlorene Heimat der DDR umgedeutet.[534]

---

[526] Neller 2006: 27 f.
[527] Vgl. Bender 2007: 261 ff.
[528] Vgl. Beyme 1996: 90, Blank / Schmidt 1997: 139 ff., und Kaase 1995: 174.
[529] So Köhler 1995: 1644 f., auf allgemeiner Ebene.
[530] Vgl. dazu allgemein Förster 1995: 1298 ff., 1380.
[531] Vgl. Bisky 2005: 114 f., und Neller 2006: 26 f., auf gesamtgesellschaftlicher Ebene.
[532] So Görtemaker 2004: 384, allgemein zur ‚inneren Einheit'; vgl. zum Film auch Lindenberger 2000: 88.
[533] Vgl. dazu allgemein Hobsbawm 1998: 102 f., 109 ff.
[534] Vgl. zum Heimatgedanken in den neuen Bundesländern Boa / Palfreyman 2000: 194, 203 ff., sowie in den Filmen *Brocken* und *Das war der wilde Osten* Naughton 2002: 123 ff., 155, 191. Damit widersprechen die Ergebnisse auf der Ebene ostdeutscher filmischer Erinnerung einer auf der Darstellungsebene der Film-Figuren selbst korrekten

Denn schon früh nach 1989/90 war das Geschichtsbewusstsein der Ostdeutschen durch Versuche gekennzeichnet, die eigene biographische Kontinuität zu wahren. Im Bekenntnis zum ‚Ostdeutschsein‘ bzw. zur ‚DDR-Identität‘ schlägt sich der Versuch der Selbstbehauptung, Identitätswahrung und Rettung eigener Lebensvorstellungen nieder.[535] Regisseur Haußmann und Drehbuchautor Brussig sind selbst in der DDR der 70er-Jahre aufgewachsen, und ließen in den Film wohl wie Peter Timm in *Meier* viele eigene Erfahrungen einfließen. Sie stammen aus der Generation ehemaliger DDR-Bürger, die nicht mehr so stark durch utopische Ideale geprägt war, sondern die DDR als das ansah, „was man selbst daraus machte"[536]. Aber nur in *Sonnenallee* wächst dadurch „heute in der Vorstellung zusammen, was einst im Leben zusammengehörte, aber gewaltsam getrennt blieb: die Gesellschaft der DDR"[537].

Durch diese in der Erinnerung vollbrachte Konstruktion widerspricht der Film der Demoskopie, wonach sich im Jahre 1970 98 Prozent der Jugendlichen „sehr stark" bis „stark" für das „Verhältnis zwischen der DDR und der BRD" interessierten und der „deutschen Frage […] eine sehr starke Aufmerksamkeit des größten Teiles der Jugendlichen [galt]"[538]. Das zeigt, wie deutlich im kommunikativen Gedächtnis nach 1989/90 die inzwischen gelöste Deutsche Frage zurückgedrängt wurde und neue Wunschvorstellungen einer ehemaligen ‚DDR-Identität‘ auf die Vergangenheit zurück projiziert werden. Dass der Film am 7. Oktober 1999, zum 50. Geburtstag der DDR in die Kinos kam, und mit Bedacht nicht zum Mauerfall,[539] sollte sicher seinen Teil zum Fortleben scheinbarer ‚DDR-Identität‘ über 1989/90 hinaus beitragen.

4.2.4 Erinnerungsort Mauerfall als ‚friedliche ostdeutsche Revolution‘

In der Erinnerung werden nicht nur die DDR, Mauer und Deutsche Frage qualitativ umgedeutet; beim 9. November 1989 ist es ähnlich. Während in den Filmen der 80er-Jahre fast keine der Filmfiguren an die Möglichkeit einer Grenzöffnung und der Lösung der Deutschen Frage denkt, ist sich Heinz wie Sophie, ihr Onkel und das West-Fernsehen im *Versprechen* sicher: „Die Mauer muss fallen!" (37) Damit wird den Bundesbürgern ein Wille zur Lösung der Deutschen Frage unterstellt, den sie de facto und in den 80er-Jahre Filmen – außer in der politischen Rhetorik der damaligen Bundestagsparteien und den Filmfiguren Kabe und Homer – nicht besaßen (s. dazu Kap. 4.3.3). Den historischen Befunden[540] und den anderen Filmen widerspre-chend wird nun sogar auch von DDR-Seite die Grenzöffnung erhofft. Diese antizipiert der Gren-

---

Interpretationen, wonach *Sonnenallee* keinen Heimatgedanken favorisiere, sondern den Aufbruch hin zu westlicher Rockmusik (so Dale 2007: 162).

[535] Vgl. Fritze 1999: 500 ff., Gebhardt / Kamphausen 1999: 539, und Lutz 1993: 328.

[536] Lindenberger 2000: 92 ff. (Zitat 94); s. das Interview von Brussig und Haußmann mit Maischberger 1999.

[537] So Lindenberger 1999: 43, unabhängig von *Sonnenallee* über die erfundene ‚DDR-Identität‘.

[538] Förster 1995: 1378; vgl. zu den Umfragedaten ebd.: 1253.

[539] Das macht Thomas Brussig im Interview mit Maischberger 1999: 13, deutlich.

[540] Mit einer absehbaren Vereinigung rechnete in der DDR später fast niemand mehr (Köhler 1995: 1643).

zer nicht als bundesdeutsche Lösung oder ‚Dritten Weg', sondern als Niederlage des Westens insgesamt: Die Lychees von Heinz sind Indiz dafür, dass „der Westen […es] nicht mehr lange [macht]" (9). Siegesgewiss konstatiert er über Heinz' Sorgen um Asbest: „Während wir den Sozialismus aufbauen, fürchten sich eure vor Krebs oder die bauen Radios, die keiner bedienen kann. Die haben doch keine Chance." (1.02)

Dient das in erster Linie bloß der Parodie parteioffizieller Propaganda und Durchhalteparolen, so bezieht sich wie *Das Versprechen* auch *Sonnenallee* auf den 9. November 1989, obgleich er streng genommen hier für die Handlung überflüssig ist, spielt diese schließlich nur an wenigen Tagen in den 70er-Jahren. Im Folgenden soll die Schlussszene nicht nur als Anspielung auf die seit Jahrzehnten geläufigen Bilder und Vorstellungen von West-Berliner Rock-Konzerten in Mauernähe interpretiert werden,[541] auch nicht bloß als Zeitsprung von den 70er-Jahren hin zu den verbreiteten Wünschen des Mauerfalls im Herbst,[542] sondern als gewünschte Erinnerung an die Grenzöffnung, als ‚friedliche ostdeutsche Revolution'. Hatte *Das Versprechen* die Anlässe des 9. November verschwiegen, die Ursachen im ‚Dahinsiechen' des ‚real existierenden Sozialismus' gesehen und die Filmfiguren als Objekte welthistorischer Prozesse interpretiert, vertritt *Sonnenallee* eine vielen Ostdeutschen genehme Deutung.

Als Michael und Wuschel die neue, scheinbare *Rolling Stones*-LP hören, versammeln sich Menschen auf der Straße, tanzen und jubeln den DDR-Rockstars auf dem Balkon zu, während Miriam als Fanartikel Michaels Sweatshirt ergattert. Indem ein Agent von dieser „Zusammenrottung im Grenzgebiet" berichtet, deren genaue „Einschätzung der Lage noch nicht möglich" ist (1.18), und die Grenzer ob der unklaren Rechtslage „wohl machtlos" sind (1.18), spiegelt sich der Abend des 9. November wider: Die Folgen der durch Günter Schabowski verkündeten neuen Ausreiseregelung waren nicht abzusehen, die unklare Informationsweitergabe bewirkte Unsicherheit und verhinderte ein konsequentes Vorgehen gegen die Menschen vor den Grenzübergängen, was zu ihrer Öffnung führte.[543]

Als ein Grenzer auf dem Überwachungsturm mit seinem Gewehr als Gitarre zur Feier in die Luft schießt, dreht sich die Menge, die mit Ausnahme von SED, Volkspolizei und Staatssicherheit alle im Film gezeigten Ostdeutschen umfasst, um und schreitet auf den Grenzübergang zu. Die Grenzer stehen hinter dem Schlagbaum und ein Soldat, der sein Gewehr erhebt, wird vom Vorgesetzten zurückgehalten (1.19). Dies dürfte als Anspielung auf die oft genannte ‚friedliche Revolution' zu deuten sein, der oft beschworenen ersten Revolution, in der kein einziger Schuss fiel. Diese hat in *Sonnenallee* aber nichts mit der Deutschen Frage und dem nationalen Bewusst-

---

[541] So Lindenberger 2000: 93; s. auch Lindenberger 2006a: 357 ff.; das betrifft Gerüchte um ein *Rolling Stones*-Konzert am 7. Oktober 1969 sowie Konzerte von *Barclay James Harvest* und *Pink Floyd* im Jahre 1987.
[542] So Cafferty 2001: 268.
[543] Vgl. die Szene mit der Chronik des Mauerfalls (Grafe 2002: 358 ff., Hertle 1996: 163-240). Dieser war eine „nicht beabsichtige Folge sozialen Handelns" (ebd.: 299); vgl. Krenz 1990: 183, und Staritz 1996: 381 ff.

sein zu tun, *ein* Volk zu sein, wie das viele Demonstranten damals forderten, im *Himmel über Berlin* und *Mann auf der Mauer* antizipiert sowie im *Versprechen* dargestellt wurde, bis dort die ‚innere Einheit' fraglich erscheint. Es geht allein um die DDR.

Als Michael und Wuschel in der Schlusseinstellung auf die offene Grenze zu tanzen, vernimmt man aus dem Off Michaels ‚ostalgische' Verklärung der DDR: „Es war einmal ein Land und ich hab' dort gelebt. Wenn man mich fragt, wie es war: Es war die schönste Zeit meines Lebens, denn ich war jung und verliebt." (1.20) Dadurch erscheint die DDR als *Deutsche Dynamische Republik*, als Land, in dem es zur Zeit der eigenen Jugend von Regisseur und Drehbuchautor scheinbar schöner war als überall sonst auf der Welt.[544] Zugleich bekräftigt dies die seit Jahren aufgestaute Sehnsucht vieler Ostdeutscher nach der für sie schönen DDR-Vergangenheit und ermutigt sie dazu, diese Meinung öffentlich vorzutragen.

Dass in dieser, und nur in dieser Szene die Aussichtsplattform frei bleibt, ist vielleicht kein Zufall. Denn laut *Sonnenallee* ist die glückliche Zeit in der DDR sowie die durch die Ostdeutschen vollzogene friedliche Revolution den Westdeutschen, auch aufgrund ihrer Stereotype, entgangen. Erschien die Bundesrepublik immer „bunt" (1.10), und „golden" (2, 1.10), sahen und sehen die Westdeutschen in der *Sonnenallee*-Aussage die DDR wie die Bustouristen schwarz-weiß. Dies wird dadurch unterstrichen, als die letzte Film-Einstellung schwarz-weiß wird und Nina Hagens berühmter Refrain ertönt: „Du hast den Farbfilm vergessen, mein Michael. Nun glaubt uns kein Mensch wie schön's hier war." (1.20 ff.) War das Lied zunächst „ein 1974 in musikalische Nettigkeit gehüllter Protestschrei gegen die aufgezwungene Langeweile und Un-Wahrheit des DDR-Alltags"[545] so will dieser in „Ost und West" zu sehende „Farbfilm von Leander Haußmann", nun als „erste Mauerkomödie über eine wilde Zeit"[546] die farben-„reichen" Aspekte der DDR-Vergangenheit gegen die vorherrschende (westdeutsche) Geschichtspolitik und für das kommunikative Gedächtnis der Berliner Republik hervorheben.

So kann sich neben der Situation der Niederlage die „revolutionäre Kraft der Erinnerung" vor allem „in der drückenden Erfahrung der Ohnmacht"[547] entfalten. Genau diese haben auch viele Ostdeutsche angesichts der (westdeutschen) Geschichtspolitik, des medialen und musealen Gedächtnisses verspürt, wobei die Konzentration der Aufarbeitung auf die – auch im *Versprechen* erkennbaren – Themen Diktatur, Stasi, Täter und Opfer den Ostdeutschen zu wenig Anknüpfungspunkte bot.[548] So vertraten 1995 97 Prozent der Ostdeutschen die These, das Leben in der

---

[544] Platthaus 1999a (Titel); s. Haußmann selbst über seine Jugend im Interview mit Maischberger 1999: 17.
[545] So Lindenberger 2000: 94; vgl. ähnlich Cafferty 2001: 269.
[546] *Trailer Sonnenallee*.
[547] Assmann 1993: 23.
[548] Vgl. Mühlberg 2002: 249. S. Egon Krenz' Selbststilisierungen als Opfer, seine Beschönigungen der DDR und die westdeutsche „Verzerrung der Wende" (in einem Interview mit Soboczynski 2007: 38 f.). Den Ostdeutschen fehlten die Printmedien der alten Bundesländer (Schorlemmer 2006: 134), die Zeitgeschichtsforschung wurde „fast voll-

DDR könne nur der verstehen, der selbst dort gelebt hat.[549] Daher ist *Sonnenallee* als erster
(‚Ostalgie'-)Kinofilm, des wohl massenwirksamsten Mediums überhaupt, in Abgrenzung zum
westdeutschen Zugriff zum Thema, zugleich ein Mittel zur Etablierung eines eigenen ostdeutschen kommunikativen Gedächtnisses. Ähnliches bemerkt Thomas Brussig im Roman:

> „Wer wirklich bewahren will, was geschehen ist, der darf sich nicht den Erinnerungen hingeben. Die
> menschliche Erinnerung […] vollbringt beharrlich das Wunder, einen Frieden mit der Vergangenheit zu
> schließen, in dem sich jeder Groll verflüchtigt und der weiche Schleier der Nostalgie über alles legt, was
> mal scharf und schneidend empfunden wurde. Glückliche Menschen haben ein schlechtes Gedächtnis und
> reiche Erinnerungen."[550]

Nun können solche farben-„reiche Erinnerungen" dann als ‚wahr' gelten, sobald sie „in der
Öffentlichkeit erzählbar und akzeptabel sind. Nach dem Siegeszug der ‚Ostalgie' durch
verschiedene Produkte und Medien von der Literatur bis hin zu Ausstellungen war Ende der
90er-Jahre diese Plattform offenbar auch für einen massenkompatiblen Kinofilm gegeben.[551]
Wie beim *Versprechen* ist mit der Grenzöffnung, historisch nicht zutreffend, die Deutsche Frage
beantwortet. Dabei wird sie auch hier als Neue Deutsche Frage für das Zusammenleben von
West- und Ostdeutschen anders gestellt. So regt *Sonnenallee* zum Nachdenken an, wie die
Deutschen nach über 45 Jahren staatlicher Teilung und 28 Jahren Mauer wieder
zusammenfinden sollen. Das wird nicht nur im Konflikt zwischen Ostdeutschen und
‚Besserwessis' angedeutet, sondern auch, als der Grenzer einen geschmuggelten japanischen
Kassettenrekorder in der DDR-Steckdose anschließen will, durch die „zwei Systeme" aber die
gesamte Stromversorgung des Grenzgebietes zum Erliegen bringt (1.03 f.). Zuletzt sei auf den
DVD-Vorspann verwiesen, in dem der nach 1989/90 arbeitslos gewordene ehemalige ABV im
Radio eine, wohl nicht nur von ihm selbst lang ersehnte Mitteilung hört:

> „Liebe Hörer und Höherinnen, wie das Bundesministerium soeben bekannt gab, werden aufgrund der
> Auszählungsergebnisse der Volksabstimmung die Mittel bereitgestellt. Somit steht nun fest: die Mauer wird
> wieder aufgebaut."[552]

---

kommen von Westdeutschen beherrscht" (Eppelmann u. a. 1999d: 59) und auch Ausstellungen und Museen leiteten
oft westdeutsche, konservative Historiker (vgl. Frevert 1999: 234-257).
[549] Vgl. Eppelmann u. a. 1999a: 291; vgl. ähnlich auch Gebhardt / Kamphausen 1999: 526 ff.
[550] Brussig 1999: 156 f.
[551] Nachdem der WDR 1992 das Drehbuch des ein Jahrzehnt später zu einem der erfolgreichsten Filme der deutschen Geschichte avancierten *Good Bye, Lenin!* abgelehnt hatte (vgl. Töteberg 2005), erhielt die ‚Ostalgie'-Welle
nach 1993 durch die an den Alltag und den Erinnerungsbestand anknüpfenden Videos, Spiele, CDs und Poster sowie Festlichkeiten und Ausstellungen vermehrt Eingang in die ostdeutsche Erinnerungskultur (vgl. Bach 2002: 554,
und Mühlberg 2002: 234 f.). 1995 entfachte Thomas Brussig mit seinem später verfilmten Bestseller-Roman *Helden
wie wir* einen außerwissenschaftlichen Streit über den zulässigen Umgang mit der DDR-Geschichte (Mühlberg
2002: 243). Mittlerweile gibt es auch eine „veritable GDR industry on the Web" (Bach 2005: 266).
[552] *Vorspann* DVD 0.

Der ABV zieht daraufhin seine alte Uniform an, da er nun wieder einen Arbeitsplatz habe. Dominieren zusammengefasst im *Versprechen* von einem westdeutschen Blick der frühen 90er-Jahre die Nachwirkungen des Stasi- und Unterdrückungssystems, ist für die ostdeutsche Perspektive von *Sonnenallee* die Arbeitsmarkt- und Wirtschaftspolitik der Bundesregierung das größte Problem der Neuen Deutschen Frage. Damit wird insgesamt im Film ein harmonisches Bild der *heilen Welt der Diktatur* gekennzeichnet, wie es wiederum den Machern vom *Leben der anderen* völlig fern liegt. Denn Florian Henckel von Donnersmarcks Oscar-prämiertes Werk ist nicht nur der einzige ausgewählte Film eines konservativen Regisseurs, sondern auch weit stärker darum bemüht, historische Fakten ebenso wie eigene Vorstellungen und kollektive Erinnerungen in eine realistische Zeichnung Ost-Berlins und der DDR Mitte der 80er-Jahre einfließen zu lassen. So findet der letzte hier analysierte Film einen Weg zwischen der negativen West-Perspektive vom *Versprechen* und der ironischen ‚Ostalgie-Sicht' aus *Sonnenallee*.

4.3 *Das Leben der anderen – vom guten Menschen* an der *unsichtbaren Front*

4.3.1 Die ‚Diktatur der Grenze(n)' in der Erinnerung

Im *Leben der anderen* wird die Mauer nicht gezeigt. Es wird aber mehrfach auf sie Bezug genommen, zuerst über das Thema ‚Republikflucht' (1 ff., 14), im politischen Witz (35 f.) und bei Paul Hausers abgesagter Vortragsreihe in die Bundesrepublik (48 f., 54, 1.06). Im Laufe des Films verlagern sich die Bezüge zu Georg Dreymans *Spiegel*-Artikel (1.07 f., 1.13 ff.) und den Problemen dieser grenzüberschreitenden Veröffentlichung (1.24 f., 1.28, 1.32 f., 1.35 f.). Vor der Maueröffnung (1.52 f.) aber kann sie nur von Bundesbürgern überschritten werden, dem *Spiegel*-Redakteur Gregor Hessenstein und Hausers Onkel Frank (1.08).

Nach der verweigerten Vortragsreihe des Journalisten Hauser bleibt für die Ostdeutschen die mediale Grenzüberschreitung die einzig mögliche Flucht aus der ‚Diktatur der Grenze(n)'. Dies geschieht sowohl passiv, wenn Dreyman West-Fernsehen schaut (1.24 f.), *Frankfurter Allgemeine Zeitung* und *Spiegel* liest (20, 1.59), als auch aktiv durch Telefonate (1.11). Am wichtigsten ist Dreymans mit Hilfe von Paul Hauser und Karl Wallner verfasster und durch den *Spiegel*-Journalisten Gregor Hessenstein publizierter Artikel über den Freitod in der DDR (1.13 f., 1.24). Bemühen sich die Filme der 80er-Jahre also um einen West- und Ost-Blick auf die Mauer, so setzt sich in neueren Filmen die Perspektive vom Osten aus durch. Das zeugt vom steigenden Interesse an der DDR-Vergangenheit und von ihrem erhöhten Aufarbeitungsbedarf.

Wie im *Mann auf der Mauer* und im *Versprechen* wird die ‚Diktatur der Grenze(n)' vom MfS begleitet, wie überhaupt bis heute ein seit 1989/90 andauerndes „Schwingen der Stasikeule"[553] konstatiert wird, und der Anschluss an diese geschichtskulturelle Basis sicher auch eine Erklärung für Entstehung und Erfolg des Films darstellt.[554] Dazu trägt gewiss die erzählte Zeit des Films bei, der im November 1984 beginnt, im Orwell-Jahr, als Gorbatschow und seine Politik von ‚Perestroika' und ‚Glasnost' noch nicht zu erahnen waren.[555] Dennoch wird erstmals in einem bekannten DDR-Film und entgegen der vorherrschenden deutschen Filmtradition neben der Opfer- auch die Täterperspektive eingenommen, die des Stasi-Hauptmanns Gerd Wiesler, der einen der wenigen MfS-Mitarbeiter darstellt, die opponierten oder ausstiegen.[556] Beschäftigt in der seit 1969 für die Überwachung der Kulturszene eingerichteten Abteilung XX/7, ordnen sein Vorgesetzter Anton Grubitz und ZK-Minister Bruno Hempf einen ‚Operativen Vorgang' (‚OV') gegen den Theaterdichter Dreyman an, für den Wiesler „freie Hand" erhält (16).[557] Diese wie in Hauffs und von Trottas Filmen durch das MfS ausgeübte ‚Diktatur der Grenze(n)' unterscheidet sich stark von deren Verharmlosung in *Meier* und *Sonnenallee*. So erkannte der Regisseur in seiner Recherche zwar „den witzigen Aspekt der Stasi" und dass „sich viele Leute auch über die Stasi lustig gemacht" haben, bemerkt aber ebenso:

> „die Führungsriege war eine absolute Elite […]. Die Stasi war keine Armee von Trotteln, das war keine Volkspolizei, das waren […] hoch geschulte, psychologisch begabte Kämpfer an der unsichtbaren Front […]. Und die unsichtbare Front ist Dreymans Schlafzimmer."[558]

Diese Perspektive der *unsichtbaren Front,* ein Zitat aus Markus Wolfs Nachdichtung *Kundschafterlied*, eines MfS-Propagandaliedes, unterscheidet den Film von den Mauerdarstellungen voriger Filme. Denn die kein einziges Mal im Film zu sehende Mauer wird nur als *unsichtbare Front* der Stasiüberwachungen greifbar. Dass dieser Liedtext auch eine Titelüberlegung war, zeigt die hohe Bedeutung dieser Grenzmetaphorik für den Film. Denn auf den ersten Blick hat diese ebenso wenig mit der Berliner Mauer zu tun wie die von Cassiel beschriebenen Grenzen im *Himmel über Berlin*. Bei näherem Hinsehen zeigen beide Filme aber die Strukturierung des Alltags durch Grenzen auf, hier: der *unsichtbaren Front*. Diese an Spionage-Filme aus dem Kalten Krieg erinnernde Stasi- und Grenzmetaphorik stellt zugleich das Bindeglied zu der Stasiüberwachung der Theaterszene und der ‚Republikflucht' dar, in deren

---

[553] So Schorlemmer 2006: 132, unabhängig von *Das Leben der anderen*.
[554] Vgl. Horn 2008: 130 f., die darüber hinaus auch noch von einer „public's enduring fascination with the subject of secret surveillance and the dark medial side of power" ausgeht.
[555] Dass Gorbatschows Reformpolitik bereits die DDR-Medien „beherrscht" (so Wach 2006), ist daher abwegig.
[556] So Wilke 2007: 205 ff., und Biermann 2006; vgl. dagegen Stein 2008: 585. Das war auch erklärtes Ziel des Regisseurs (*Audiokommentar Florian Henckel von Donnersmarck* 1.17 f.; Ohnehin gab es im bundesdeutschen Film eine Vorliebe für positive Helden (vgl. Elsaesser 1994: 17), und auch in der Erinnerung an das ‚Dritte Reich' gibt es noch immer kaum Filme aus der Täterperspektive (vgl. Assmann 2007: 213 f., und für ältere Filme Elsaesser 1994: 321-370). Vgl. zur Problematik, beim MfS klar Täter von Opfern zu unterscheiden Steinbach 2001b: 356 ff.
[557] Vgl. zur Abteilung XX/7 Eckert 1999: 1026, und Falck 2006: 9 f. Der ‚Operative Vorgang' (‚OV') bezeichnete die Überwachung verdächtiger Personen durch das MfS (vgl. Jäger 1995: 204 ff.); vgl. zur Überwachung der Literaturszene im Film Stein 2008: 572 ff.
[558] *Audiokommentar Florian Henckel von Donnersmarck* 1.07 f.

Kontext wiederum die Deutsche Frage diskutiert wird.

4.3.2 Erinnerungskulturelle Symboliken der Mauer zwischen Stasi und Theater

Bereits in der parallel geschnittenen Doppelszene zu Beginn des Films werden MfS-Einsatz und Mauer-Ideologie deutlich: Wiesler verhört im Untersuchungsgefängnis des MfS Hohenschönhausen einen Fluchthelfer und schildert dies den Studenten der Stasi-Hochschule Postdam-Eiche. Nachdem der Häftling seine Fluchthilfe nicht zugibt, fragt Wiesler nach:

> „Sie glauben also, dass wir unbescholtene Bürger einfach so einsperren, aus einer Laune heraus? [...] Wenn sie unserem humanistischen System so etwas zutrauen, dann hätten wir schon recht, sie zu verhaften, auch wenn sonst gar nichts wäre." (1)

Ausgehend von dieser These einer humanistischen Grenzsicherung, die sich noch heute in DDR-treuen Publikationen findet,[559] erklärt Wiesler den Studierenden, die „Gegner unseres Staates" seien arrogant; um herauszufinden, ob jemand schuldig ist, müsse man ihn ca. 40 Stunden lang verhören (2 f.). Nachdem er das Geständnis erpresst hat, schließt er den Vortrag mit den Worten: „Bei Verhören arbeiten sie mit Feinden des Sozialismus, vergessen Sie das nie." (5) Damit wird, wie auch in den Überwachungen der Kirche (1.17), deutlich, dass die Feinde viel stärker auch in der DDR, nicht nur wie in *Sonnenallee* jenseits der Mauer verortet werden.[560] Da die Mauer für Feinde durchlässig ist, rechtfertigt dies die *unsichtbare Front*. Die Szene zeigt damit den zunehmenden „Realitätsverlust der politischen Führungsschichten, die in ihrem ideologischen Politikverständnis die Welt nur noch in Feinde und Freunde einteilten und sich vom Verdacht gegen Verschwörungen und Sabotage leiten ließen"[561].

Doch nicht nur das Feindbild wird verschoben; auch entwickelt sich *Das Leben der anderen* nicht wie die anderen Filme zu einer Alleinanklage des MfS, sondern schildert in aller Deutlichkeit die Verbindungen zwischen MfS und SED.[562] Im Gegensatz zu den Stasi-Darstellungen vorheriger Filme ist das MfS für Grubitz ganz „Schild und Schwert der Partei" (9), was sich vor allem in der Überwachung der Theaterszene zeigt. Da die Literatur schon länger als alternative Öffentlichkeit galt, war die frühzeitige Erkennung von ‚Gefahrenherden' und deren Beseitigung ein Kernbereich der Stasi-Überwachung.[563] So schlägt Wiesler auf der

---

[559] S. zum Selbstverständnis der DDR und ihrer Grenzsicherung Generaloberst a. D. Baumgarten 2004: 226.

[560] Dass die DDR „keine inneren Feinde" gehabt habe (so Hübner 1992: 134), stellt eine Verklärung dar.

[561] So allgemein Thamer 2003: 20, und bezogen auf den Film Wilke 2008: 593.

[562] Vgl. Wilke 2007: 213, der als wissenschaftlicher Berater des Films fungierte, und nicht zuletzt Neumann 2007.

[563] Vgl. Falck 2006: 9 f., und Jäger 1995: 186. Als Wiesler erkennt, dass ZK-Minister Bruno Hempf den ‚OV' auf Dreyman (9-11) nur deshalb ansetzte, um seinen Nebenbuhler aus dem Weg zu räumen (10 f., 34 f.), fragt er Grubitz: „Sind wir dafür angetreten? Weißt du noch unseren Eid damals, Schild und Schwert der Partei zu sein." (35) Korrekt schildert der Film den Einsatz des MfS gegen die Medien und die angestrebte lückenlose Überwachung (vgl. Holzweißig 1999: 588 ff.). Eine solch unbürokratische Bearbeitung eines ‚OV' ohne interne Kontrollmechanismen ist aber ebenso unrealistisch (Falck 2006: 8) wie Wieslers Totalüberwachung, denn der *Achtstundentag galt*

Premierenfeier des neuen Dreyman-Stückes *Gesichter der Liebe* vor, Dreyman überwachen zu lassen (8). Zunächst erwidert Grubitz jedoch, Dreyman sei

> „arrogant aber linientreu. Wenn alle so wären wie der, wäre ich arbeitslos. Er ist so ziemlich unser einziger Autor, der nichts Verdächtiges schreibt und den man trotzdem im Westen liest. Für ihn ist die DDR das schönste Land der Welt." (6 f.)

Diese scharfe Trennung zwischen Freund und Feind mit dem stetigen Blick über die Mauer auf die Bundesrepublik zeigt sich auch, als Dreyman und Hempf erstmals aneinander geraten. Dreyman versucht ihn zu überreden, das ‚Berufsverbot' – was es laut Hempf in der DDR gar nicht gibt – für seinen Regisseur Albert Jerska zurückzunehmen. Denn Jerska „könnte im Westen in jedem Theater arbeiten, aber er will ja nicht weg, weil er fest an den Sozialismus glaubt und an dieses Land" (14)[564]. Doch, so Hempf, „Menschen verändern sich nicht"; daher sei für Jerska jede Hoffnung vergeblich (15). Als er dies erfährt, erhängt er sich (49).

Wie bereits in Dreymans „Liebe zum Menschen, die guten Menschen" angedeutet (15), distanzieren sich wie in den anderen Filmen alle Nichtparteimitglieder von den Idealen des Sozialismus, insbesondere von dessen Ausführung durch SED und MfS. Dies veranschaulicht auch hier die Trennung zwischen negativ konnotierten System und positiv beurteilter Bevölkerung, deren an Dreymans Nachbarin personifiziertes Mitläufer-Dasein entschuldigt wird.[565] Wie im *Versprechen* und damit im Gegensatz zu *Sonnenallee* erscheint die ‚Diktatur der Grenze(n)' jedoch als zu mächtig, um sich von ihr lossagen zu können,[566] was auf die besagte ‚Stasikeule' in der westdeutschen Erinnerungskultur zurückzuführen sein dürfte. Nachdem Dreyman anfangs noch die aus einer MfS-Abhörung resultierende Absage von Hausers „Vortragsreihe in den Westen" befürwortete (48, 1.06), will er später „soviel anders machen" (57). Er fasst auf Jerskas Beerdigung den Entschluss, einen Artikel über den Freitod in der DDR zu verfassen, worüber im „Land des real existierenden Sozialismus" seit neun Jahren keine Statistiken mehr zu erhalten seien (1.05 f., 30 f.).[567] Er bittet Hauser um Unterstützung, seinen

---

auch im MfS (Schmidt 2006). Zudem waren seine Funktionen als Verhörer, Abhörspezialist und Hochschuldozent tatsächlich auf mehrere Personen und Abteilungen verteilt (Gieseke 2006).

[564] Der Hintergrund von Jerskas Figur sind Solidaritätserklärungen der DDR-Künstler nach der Biermann-Ausbürgerung (vgl. dazu Staritz 1996: 298 ff.). Die Figur Jerska zog seine Unterschrift nicht zurück und blieb als „überzeugter Sozialist" in der DDR (*Audiokommentar Florian Henckel von Donnersmarck* 24 f.).

[565] Vgl. zum von der NS- auf die DDR-Geschichte übertragenen Erinnerungsort Mitläufer Schwan 2001.

[566] Dreymans Lebensgefährtin Christa-Maria Sieland entschuldigt ihre Affäre mit Hempf damit, dass sie zwar wie Dreyman „dieses ganze System" nicht braucht, sich aber beide „mit denen ins Bett" legen, da „sie bestimmen, wer gespielt wird, wer spielen darf und wer inszeniert" und sie nicht enden will wie Jerska (56 f.). Hauser verdächtigt Dreymans Regisseur Egon Schwalber, sich diese Position durch eine IM-Tätigkeit erschlichen zu haben und als Dreyman aus Unwissenheit Schwalber deckt, geraten beide aneinander (30 f.).

[567] Auch wenn in der DDR diese Statistik nicht veröffentlicht wurde, aber schon seit 1963 nicht mehr, lag die DDR ‚nur' an dritter Stelle in Europa, nicht wie im Film gesagt an zweiter. Zudem waren seit 1976 die Zahlen wieder rückläufig und sie liegen insgesamt in der Größenordnung der Daten, die dort seit dem Kaiserreich gemessen wurden (vgl. Gieseke 2006, sowie vertiefend Goeschel / Grashoff 2003: 477 f., 483 f.).

Artikel „im Westen" zu veröffentlichen (1.07 f.). Dazu dient der mit Hauser befreundete *Spiegel*-Journalist Gregor Hessenstein (1.08), einer der West-Journalisten, durch deren DDR-Reportagen das Informationsmonopol der SED zuweilen unterlaufen werden konnte.[568] Denn es war, wie auch Hauser erkennt, aufgrund von Zensur und drohender Strafen unmöglich, systemkritische Artikel in der DDR zu publizieren. So blieb die ‚Nische' der Westpublikation oft der einzige Ausweg für eine oppositionelle Öffentlichkeit.[569]

Um zu überprüfen, ob auch Dreymans Wohnung wie die Hausers vom MfS überwacht wird, täuscht er mit Hilfe von Hausers Onkel Frank einen scheinbaren Fluchtversuch des Neffen vor. Frank, „der jeden Samstag aus West-Berlin zu Besuch kommt mit seinem dicken, goldenen Mercedes", ist laut Eigenaussage am Grenzübergang der Heinrich-Heine-Straße „richtig befreundet mit den Grenzern" (1.08 f.). Er glaubt daher, dort nicht kontrolliert zu werden. Da Wiesler die Grenzübergangsstelle nicht über die scheinbare ‚Flucht' in Kenntnis setzt, wäre Hauser „drüben", wie Frank Dreyman aus einer West-Berliner Telefonzelle mitteilt (1.11).

Im festen Glauben, nicht überwacht zu werden, verfasst Dreyman mit Hilfe von Hauser und Wallner in seiner Wohnung für den *Spiegel* einen Artikel über den Freitod in der DDR. Diese Westpublikation gelingt ihnen allerdings nur durch Wieslers Wandlung. So taucht der anfangs regimetreue, allein lebende Stasihauptmann[570] durch den ‚OV' immer tiefer in das ‚Leben der anderen' ein und lernt es schätzen. Damit entfaltet sich die von Brecht abgewandelte *Sonate vom guten Menschen*[571]. Sie verweist einerseits auf den Glauben des Filmemachers an eben diese ‚guten Menschen', andererseits auf das zwischen Ost und West konsensfähige Deutungsangebot zur Erinnerung, dass gerade diese *guten Menschen* von der Brutalität des DDR-Regimes zerstört wurden. Innerhalb dieser Sonate kann Wiesler nun Dreyman ein ums andere Mal vor dem MfS-

---

[568] So allgemein Trampe 1998: 310. Für den *Spiegel* waren „Dissidenz, Opposition und Widerstand im sowjetischen Imperium stets ein Thema" (Wilke 2007: 207; s. auch das in Kap. 3.1.3.2 dargelegte Manifest).

[569] Vgl. Lokatis 1999: 1283-1304. Auch wenn laut Art. 27 der *Verfassung der Deutschen Demokratischen Republik* [1974] die Freiheit der Presse garantiert und jedem Bürger das Recht eingeräumt wurde, „den Grundsätzen dieser Verfassung gemäß seine Meinung frei und öffentlich zu äußern", unterlagen Veröffentlichungen der staatlichen Kontrolle. Eine Publikation geheimer Statistiken im Ausland verstieß laut DDR-Strafgesetzbuch gegen die Paragraphen 97: „Spionage", 99: „Landesverräterische Nachrichtenübermittlung" sowie 219: „Ungesetzliche Verbindungsaufnahme", und wurde mit Freiheitsstrafen geahndet (Wilke 2007: 206). Dennoch gingen seit November 1976 neben Schriftstellern auch einzelne Werke in die Bundesrepublik – der wichtigste Umschlagplatz für DDR-Literatur (Mommsen 1983: 81) –, die daheim nicht veröffentlicht werden konnten (Wolle 1999: 244).

[570] Wiesler lebt allein in einer tristen Plattenbauwohnung (16 f., 45 f., 48), die für Darsteller Ulrich Mühe ein „Eintauchen wieder in eine Ästhetik des Mangels" war (*Audiokommentar Ulrich Mühe* 16) – und deren Unterschied zu der vom Berliner Künstler Jonathan Meese kreierten Wohnungseinrichtung in *Sonnenallee* (35 f., 42, Meese 1999) nicht größer sein könnte. Selbst privat observiert Wiesler Mitbürger (*Zusätzliche Szenen* 1 f.) und erpresst Dreymans Nachbarin, ihm nichts von der Überwachung zu erzählen (21).

[571] Zuerst schenkt Jerska Dreyman zum Geburtstag eine *Sonate vom guten Menschen* (32). Als Dreyman sie spielt, fragt er sich und unbeabsichtigt auch den ungeahnt lauschenden Wiesler, ob „jemand der diese Musik gehört hat […] ein schlechter Mensch sein [kann]"; Wiesler weint (51). Nachdem dieser dann bereits regimefeindliche Äußerungen gedeckt hat (52 f., 57 f.), kann er in einer Kneipe als „ein guter Mensch" Sieland, die „große Künstlerin", überzeugen, nicht zu Hempf zu gehen, sondern zu Dreyman zurückzukehren (1.02 f.).Vgl. zur Brechtrezeption im Film Henckel von Donnersmarcks Horn 2008: 142 ff.

Zugriff beschützen.[572] Nachdem am Ende des Films Dreyman von Hempf über seine komplette Überwachung in Kenntnis gesetzt wurde und nachlesen konnte, wie Wiesler ihn in fünf Monaten Überwachung durch ein eigens erfundenes Theaterstück gedeckt hatte (1.58 ff.), widmet er ihm sein neues Buch, die *Sonate vom guten Menschen* (2.05 f.).

Da das MfS zudem laut Dreyman „doch jeden überwachen" ließ (1.56 f.), wird verständlich, wie deutlich sich der Film von den Stasi-Verharmlosungen á la *Sonnenallee* distanziert und der in der westdeutschen Erinnerungskultur dominanten Stasi-Aufarbeitung folgt. Damit zeigt der Film wie *Himmel über Berlin* eine subtile Form der ‚Diktatur der Grenze(n)', hier: der *unsichtbaren Front*. Diese ist zwar auf die metaphorischen Grenzen konzentriert, berührt aber auch die Berliner Mauer und ist die Grundlage der Diskussion der Deutschen Frage.

4.3.3 Die Berliner Mauer und die Verfechter der offenen Deutschen Frage

Zunächst fällt wie bei den anderen beiden neueren Filme auf, wie häufig vom „Westen" die Rede ist (6, 14, 36, 48, 1.06, 1.07, 1.08), vom „Westler" Hessenstein (1.15), von „Westliteratur und Westzeitungen" (1.35), Demgegenüber fällt der Begriff ‚Deutschland' nur dreimal, vom *Spiegel*-Redakteur Hessenstein als „Gesamtdeutschland" (1.16), in der *Tagesschau* im „deutsch-deutschen Verhältnis" (1.24 f.) und von Bruno Hempf in Form der „deutschen Bühne" (1.30). Da ältere Bezeichnungen wie ‚Zone' oder ‚Drüben' nicht vorkommen, bekräftigt der Film die These, wonach alte Unterscheidungen im sprachlichen Gedächtnis der Berliner Republik durch die neuere Trennung zwischen West- und Ostdeutschland überlagert und verdrängt wurden.

So wird die Deutsche Frage wie bei *Sonnenallee* und *Meier*, d. h. im Gegensatz zu den drei älteren Dramen vom Systemgegensatz überdeckt. Zudem ist aufgrund der *unsichtbaren Front* keine klare DDR-Bundesrepublik-Trennung zu erkennen wie in den anderen Filmen. Auch daher wird die nationale Frage nur am Rande, und allein vom Bundesbürger Hessenstein erwähnt. Im Gespräch mit Dreyman und Hauser warnt der Redakteur Dreyman, niemandem vom Artikel und der mitgebrachten Schreibmaschine zu erzählen, denn „mit der Stasi ist nicht zu scherzen" (1.14 f.). Als Hauser ihm zusichert, Dreymans Wohnung sei „der letzte Ort in der DDR, wo ich ungestraft sagen kann, was ich will", toastet Hessenstein mit Sekt und gesamtdeutschem Pathos: „Gut, dann lassen Sie uns darauf anstoßen. […] Auf dass Sie Gesamtdeutschland das wahre Gesicht der DDR zeigen!" (1.16 f.) Tatsächlich wird der Artikel als Titelgeschichte im *Spiegel* abgedruckt und die *Tagesschau* berichtet über die „Anspannung im deutsch-deutschen Verhältnis" (1.24 f.).

Aus diesen Bemerkungen von Hessenstein, *Spiegel* und *Tagesschau* wird ersichtlich, wie

---

[572] Er schreibt in seinen Berichten selbst das von den dreien nach außen vorgegebene Theaterstück „zum 40. Jahrestag der DDR" (1.12) weiter, zwingt seinen Gehilfen Udo Leye, das Denken seinem Vorgesetzten zu unterlassen (1.12), und verschweigt Grubitz Dreymans Verfasserschaft des *Spiegel*-Artikels (1.19 f.).

nach Sophie, ihrem Onkel und dem West-Fernsehen im *Versprechen*, Onkel Heinz in *Sonnenallee* auch die Bundesbürger im *Leben der anderen* vom ungebrochenen Fortbestehen der deutschen Nation ausgehen. Ihrer aller Meinung nach ist die Deutsche Frage solange offen, wie Deutschland geteilt ist und die Frage nach bundesdeutschem Vorbild beantwortet werden kann. Sie interessieren sich für die DDR und fühlen sich verpflichtet, das gesamtdeutsche Bewusstsein aufrecht zu erhalten. Damit widerspricht die Darstellung der Mauer- und Teilungsgewöhnung der Bundesbürger in den 80er-Jahren abseits der politischen Rhetorik, die in den älteren Filmen treffend eingefangen wurde. Deren Ausnahmen sind Kabe, ein Ostdeutscher, Cassiel, ein Engel und Curt Bois/ Homer, der bereits 1933 emigriert ist. Demnach wurde mit der Lösung der nationalen Frage die Gewöhnung der Bundesbürger an ihre einstige Offenheit aus dem kommunikativen Gedächtnis verdrängt. Das gilt auch für die von der Geschichte überholten und vergessenen Konzepte vom ‚Dritten Weg' (*Mann auf der Mauer*) und der ‚Einheit durch Frieden und Erinnerung' (*Himmel über Berlin*). Spielen diese Konzepte in den drei neueren Filmen keine Rolle, gilt Ähnliches auch für die DDR-Seite.

Wie erwähnt, gehörte dort das deutsch-deutsche Verhältnis zu den brisantesten Angelegenheiten. Im Film aber hat wie in *Sonnenallee* keine Figur direkt die Deutsche Frage im Sinn – im Gegensatz zu den DDR-Bürgern im *Mann auf der Mauer* und dem *Versprechen*. Als sich Sieland von Hempf abwendet, teilt dieser Grubitz mit, er „will sie auf jeden Fall nicht wieder auf einer deutschen Bühne spielen sehen" (1.29 f.). Sieland sollte also weder für fünf Jahre in West-Berlin spielen dürfen noch in die Bundesrepublik abgeschoben werden, sondern überhaupt nie wieder auf irgendeiner deutschen Theaterbühne auftreten. Die konkrete Bedeutung zur Deutschen Frage wird darin aber ebenso wenig deutlich wie im politischen Witz des Stasiunterleutnants Axel Stigler in der Kantine des MfS: Erich Honecker begrüßt morgens und mittags die Sonne; als sie am Abend nicht antwortet, teilt sie ihm auf Nachfrage mit, „jetzt im Westen" zu sein (36). Der anwesende Grubitz bemerkt entlang der SED-Linie politischen Witzen gegenüber treffend,[573] Stigler habe „unsere Partei verhöhnt"; Grubitz versetzt ihn daher wegen „Hetze" (37) zum Aufdampfen von Briefen (1.52 f.). Zur Schärfe des Vorgehens gegen ‚Republikflucht', ‚Hetze' und West-Publikation bemerkt Wiesler-Darsteller Ulrich Mühe:

> „Nichts war der Staatssicherheit oder dem Staat so unangenehm und so eklatant gegen den Kragen wie eine Veröffentlichung oder Diffamierung des Staates im Ausland. Und natürlich, wenn irgendetwas gerade in Westdeutschland aus dem innersten Dunstkreis der DDR herauskam und veröffentlicht wurde […]: das musste unterbunden werden, mit der ganzen Härte des Systems."[574]

---

[573] Vgl. dazu Wolle 1999: 154 ff.; dieser und andere Mauerwitze finden sich abgedruckt in Röhl 1999: 51 f.; vgl. gegen diese Darstellung MfS-Oberstleutnant a. D. Wolfgang Schmidt (Schmidt 2006).
[574] *Audiokommentar Ulrich Mühe* 1.33 f.

Tatsächlich schaltete sich auf eine Publikation in der Bundesrepublik – fast automatisch das MfS ein, und die betreffenden Autoren wurden „prompt, sauber und gekonnt abserviert"[575] . Dies galt insbesondere in der für die Legitimation wichtigen Frage der Suizide,[576] und zeigt sich auch nach den Reaktionen des MfS auf die *Spiegel*-Publikation (1.25 f., 1.32 f., 1.41 f.).

Alle diese Szenen dienen allein dazu, den Stasi-Überwachungsstaat herauszustellen, ohne damit eine nationale Komponente zu verknüpfen. Das gilt auch für die positiv gezeichneten Figuren. Während Hauser Hessensteins gesamtdeutschen Trinkspruch belächelt, ist Dreyman „nicht glücklich, macht aber gute Miene zum bösen Spiel"[577]. Das rührt daher, dass sein Widerstand allein aus der im vorigen Kapitel erläuterten Systemkritik begründet wird,[578] nicht aber durch einen Wunsch nach nationalstaatlicher Einheit wie bei Kabe oder nach privater Vereinigung wie im *Versprechen*. Als Hessenstein am Artikel moniert, stärker auf die sozialen Umstände zu verweisen, damit der Text auch „bei uns richtig verstanden" werde, erwidert Dreyman: „Es soll ein literarischer Text bleiben, keine journalistische Hetzschrift" (1.13).

Erst gegen Ende des Films erkennt er, alles was geschehen ist, habe „mit dem ganzen Land" zu tun (1.45). Derweil hat Wiesler vor der MfS-Durchsuchung die Schreibmaschine entwendet. Damit wird der ‚OV' beendet, Wiesler aber von Grubitz, wie bei ‚Verrätern' innerhalb der Stasi üblich,[579] strafversetzt: „Du wirst höchstens noch in irgendeinem Kellerloch Briefe aufdampfen bis zu deiner Rente, das sind die nächsten 20 Jahre. 20 Jahre, eine lange Zeit." (1.52) Entgegen dem Bundesbürger Hessenstein und seinem Willen zur Aufrechterhaltung der Deutschen Frage haben Dreyman und Hauser, Grubitz und Wiesler alles andere als ihre Lösung im Sinn. Für sie existiert keine nationale Frage – ganz im Gegensatz zu Kabe im *Mann auf der Mauer* und den Figuren im *Versprechen* – und die Berliner Mauer ist kein Erwartungsort mehr zu ihrer Lösung.

4.3.4 Erinnerungsort Mauerfall und der Deutungskampf um die ‚innere Einheit'

4.3.4.1 Der Erinnerungs- und Erwartungsort 9. November 1989

Nach einem Schnitt sieht man auf Wieslers Beifahrersitz das *Neue Deutschland* vom 11. März 1985, dessen Titelseite verkündet, dass Michail Gorbatschow zum Generalsekretär des ZK der KPdSU gewählt wurde (1.52). Da sein Name weder in *Meier* noch im *Himmel über Berlin* als Hoffnungsschimmer der deutschen Einheit genannt wurde, zeigt die Titelseite zweierlei. Erstens konnte in den Filmen der späten 80er-Jahre Gorbatschows Bedeutung für die Lösung der Deutschen Frage noch nicht ermessen werden, weshalb die Grenzöffnung und das Ende des

---

[575] Lokatis 1999: 1286 ff., (Zitat 1294).
[576] Vgl. zur hohen Bedeutung der Selbstmordziffern für das SED-Regime Goeschel / Grashoff 2003: 477, 488.
[577] So die Mimikanweisung im Drehbuch (Henckel von Donnersmarck 2007a: 104).
[578] Dies entsprach auch dem Ziel der DDR-Opposition (Potthoff 1995: 80)
[579] Vgl. Fricke 2001: 11.

Kalten Krieges Politik, Wissenschaft und Gesellschaft gleichermaßen überraschte.[580] Wie auch anhand mehrerer Beispiele im deutschen Film deutlich wird,[581] erkannte man erst nachträglich seinen Beitrag zur Grenzöffnung. Daher gelang laut Peter Bender, und das dürfte *Das Leben der anderen* unterstreichen, die Einheit „nicht deshalb, weil die Nation zu stark war, um die Teilung für immer zu ertragen; sie wurde möglich, weil die Sowjetunion zu schwach war, um sich für immer in Mitteleuropa zu behaupten"[582].

Zweitens geht eine unterschiedliche Gewichtung der Akteuren der Grenzöffnung einher. Tritt diese im *Versprechen* unbeeinflusst von den Figuren ein, ist sie in *Sonnenallee* positiv konnotiert eine ‚friedliche ostdeutsche Revolution', angetrieben von der Generation des Regisseurs und Drehbuchautors.[583] Dies verweist auf eine der ostdeutschen Bevölkerung und der eigenen Generation und Biographie genehme Sicht auf die Grenzöffnung und die Lösung der Deutschen Frage. Im *Leben der anderen* aber ist sie für Hempf die Krenzsche „Wende" (1.55). Wie in der Filmaussage kommt darin eine von der ostdeutschen Bevölkerung losgelöste, aus der Weltpolitik resultierende Antwort auf die nationale Frage zum Ausdruck, hergeleitet aus dem antiquierten Geschichtsbild des Regisseurs:

> „Und dann ein Mann, dieser Mann, der sicherstellt, dass man gar nicht von 20 Jahren reden kann, sondern von genau vier Jahren und sieben Monaten. Denn es sind immer nur einzelne Individuen, die der Geschichte einen anderen Lauf geben, einzelne Individuen wie Gorbatschow"[584].

Als Wiesler nach vier Jahren und fast acht Monaten am 9. November 1989 im besagten Keller der Abteilung M die Briefe aufdampft, teilt ihm der ebenfalls dorthin versetzte Axel Stigler erstaunt mit: „Die Mauer ist offen" (1.52 f.). Im Radio hört Wiesler die Stimme des Regisseurs, der am Tag des Mauerfalls erst 16 Jahre alt war und ihn anschließend an Mannheims Generationenkonzept als einschneidendes Erlebnis empfunden haben dürfte. Als 73er-Jahrgang war er aber zu jung, um wie Hauff (Jg. 39), Schneider (Jg. 40), von Trotta (Jg. 42) und Wenders (Jg. 45)

---

[580] Vgl. zum unvorhergesehenen Mauerfall Behrmann 1988: 94, Geisel 2005: 28-41, Jarausch 1995, Jesse 1986: 65, Potthoff 1999: 285 f., Weber 2006a: 1 f., Wetzlaugk 1985: 194. Noch kurz zuvor warnten etwa CSU-Mitglied Franz Gruber (Gruber 1989: 166) und Kohl-Berater Michael Stürmer (Stürmer 1988: 14) davor, in Gorbatschow die Hoffnungen auf die deutsche Einheit zu setzen.

[581] Das zeigt Gorbatschows Gastauftritt in Wenders' *Himmel über Berlin*-Fortsetzung *In weiter Ferne, so nah* 5. In *Der Willi-Busch-Report*-Fortsetzung *Deutschfieber* fällt in der Nacht vom 9. auf den 10. November mehrfach Gorbatschows Name (*Deutschfieber* 8 ff.) und am Ende des *Sonnenallee*-Romans stoppt Gorbatschow den Regen, bringt Sabrinas Kind zur Welt und Marios Trabi wieder zum Fahren (Brussig 1999: 155 f.).

[582] Bender 2007: 283 f. Unabhängig davon, ob das Ende des ‚Kalten Krieges' Gorbatschows „persönlicher Erfolg" war (so Hobsbawm 2002: 315) oder die Einheit eher auf den Zusammenbruch der Sowjetunion zurückzuführen ist: sie bleibt ohne die durch ihn vorangetriebene Lösung des Ost-West-Konflikts undenkbar (vgl. Kohl 1996: 96, Lafontaine 1990: 176, und zur Forschung Dann 1992: 318 f., Geiss 1992: 100, Korte 1998: 392 f., Mayer 1999: 508).

[583] Vgl. zu dieser Generation, die im Herbst 1989 den Protest vorantrieb Eppelmann u. a. 1999b: 365.

[584] *Audiokommentar Florian Henckel von Donnersmarck* 1.52 f.; s. auch *Audiokommentar Ulrich Mühe* 1.53. Durch das Zitat fühlt man sich an Johann Gustav Droysens *Geschichte Alexanders des Großen* erinnert: „Der Name Alexander bezeichnet das Ende einer Weltepoche, den Anfang einer neuen." (Droysen 1880: 1)

durch Mauer und offene Deutsche Frage entschieden geprägt worden zu sein. Denn die Deutsche Frage war immer auch eine Generationen-Frage. Daher kommentiert er ganz im Gegenteil zu den Mauerfall-Erwartungen bzw. -Darstellungen voriger Filme mit eigener Stimme ganz ohne nationales Pathos die Grenzöffnung:

> „Die Grenzer öffnen tatsächlich die Tore, die Freude ist unermesslich. Hören Sie den Jubel? Die Menschen stürmen zu Tausenden heraus. Es ist unglaublich. Ja, liebe Zuhörer, der 9. November 1989 wird in die Geschichte eingehen." (1.53)

Strömen in dieser Darstellung die DDR-Bürger aus ihrem ‚Gefängnis' „heraus", steht Wiesler bloß auf und geht. Die anderen drei im Zimmer folgen ihm, ohne Freude und Jubel und, vor allem, ohne eine ostdeutsche Revolution wie in *Sonnenallee*. Ulrich Mühe bemerkt zu beiden Szenen, dass durch den Verzicht auf Dokumentar- und nachgestellten Spielfilmszenen diese Darstellung „die Opulenz der Ereignisse einfach im Kopf stattfinden lässt, weil jeder hat ja diese Bilder doch im Kopf"[585]. Durch die genannte Kritik an der Schlussszene im *Versprechen* und die nur angedeutete Maueröffnung in *Sonnenallee*, darf man ihm Recht geben: Die Konkurrenz zwischen filmischen Bildern und den eigenen Erinnerungen der Zuschauer scheint bei einem solch bekannten Ereignis nicht ratsam zu sein.

Trotz dieser unterschiedlichen Darstellungen wird wie im *Versprechen* und in *Sonnenallee* auch im *Leben der anderen* den zeitgenössischen Reaktionen entsprechend der 9. November 1989 als historisches Datum bewertet.[586] Diese, in der Geschichtswissenschaft bis in die 1960er-Jahre vorherrschende Konzentration auf die Ereignisgeschichte zeigt ebenfalls, dass der Erinnerungsort Mauerfall in *Sonnenallee* und dem *Leben der anderen* thematisiert wird, obgleich die Handlung beider Filmen dies streng genommen nicht erfordert. Die Bedeutung ergibt sich aber aus der Generation des Regisseurs, dem das kommunikative Gedächtnis dominierenden Geschehen, der Wahrscheinlichkeit seines Transfers ins kulturelle Gedächtnis und dem Bedürfnis, einprägsame Filmbilder bzw. historische Ereignisse wieder aufzugreifen.

Damit werden zugleich die Leipziger Montagsdemonstrationen, die DDR-Wahlen vom 18. März 1990, die Währungsunion oder andere Ereignisse von 1989/90 verschwiegen.[587] So zeigen die Darstellungen des 9. November 1989 in allen drei Filmen die Dominanz der Maueröffnung in

---

[585] *Audiokommentar Ulrich Mühe* 1.53. Genauer gesagt, entsteht durch den Radiokommentar ein Hörraum, der sich mit dem jedem Zuschauer bekannten Bildraum des Ereignisses verbindet (vgl. Hickethier 2007: 90).

[586] S. zu den unmittelbaren Reaktionen dieses Abends [O. Autor] 1989a: 18 ff.

[587] Vgl. zu den Ereignissen Jarausch 1995: 29-100. Wer warum den 9. Oktober und damit Leipzig als „Kulminationspunkt" der Ereignisse ansieht (etwa Schorlemmer 2006: 146 ff.), kann hier nicht erläutert werden. Eine Ausnahme bildet hier der Fernsehfilm *Nikolaikirche*, der seinen Höhepunkt bereits auf die Leipziger Montagsdemonstrationen setzt, und nicht auf den 9. November (vgl. Foell 2001: 242 f.).

der Erinnerungskultur der Deutschen auch im Gegensatz zum 3. Oktober auf.[588] Das ist insofern etwas verwunderlich, als dass die Deutsche Frage mit dem 9. November noch nicht beantwortet war, sondern sich überhaupt erst stellte, wie etwa Debatten zum ,Dritten Weg' zeigten.[589] Dieses Ideal spielt jedoch in keiner Filmdarstellung mehr eine Rolle, da es von den Ereignissen bis zum 3. Oktober überrollt wurde. Zwei Gründe sprechen aber sicher für den Fokus des Mediums Film auf dem 9. November: Erstens wird im Gegensatz zu offiziellen Gedenktagen im Film keine Perspektivenvielfalt mit gedacht, da jeder 9. November der vergangenen Jahre unberücksichtigt bleibt. Zweitens zeigt der Streit um den Nationalfeiertag den Deutungskampf um die Akteure der Ereignisse. Wird mit dem 3. Oktober die politische Komponente der Staatsmänner ins Zentrum gerückt, scheint dieser Tag für die Bevölkerung als „eher ereignisarmes Datum [...], an dem sich die Bevölkerung kaum mit Enthusiasmus öffentlich an den Mauerfall wird erinnern wollen"[590]. Während alle Filme die große Politik fast vollständig beiseite lassen, konzentrieren sie sich auf Alltag und Leben der Menschen, für die die Grenzöffnung ein bedeutenderer Einschnitt war. So hatte Berlin „durch den Fall der Mauer 1989 symbolisch wie physisch seine Teilung überwunden [...], lange bevor durch den Einigungsvertrag ein politisch vollzogener Akt den Prozeß besiegelte"[591]. Die Berliner Mauer und ihre Öffnung ist dadurch für die Bevölkerung und für den Film *der* Erinnerungsort der deutschen Teilung und ihrer Überwindung, selbst wenn die Politik den 3. Oktober favorisiert, und unabhängig davon, ob der Film die Mauer zeigt, oder nicht.

4.3.4.2 Die ,innere Einheit' und die Neue Deutsche Frage

Die drei neueren Filme diskutieren nicht nur die Grenzöffnung, sondern auch ihre Bedeutung für das vereinigte Deutschland, woran keiner der älteren Filme gedacht hatte. Da die Thematisierung der ,inneren Einheit' in den letzten 14 Minuten vom *Leben der anderen* ebenso wichtig erscheint wie die Deutsche Frage im übrigen Film, zeigt dies, inwieweit der Regisseur seine nach 1989/90 gewonnenen Erfahrungen auf die Vergangenheit und das bewusstseinsprägende Ereignis der Grenzöffnung hin orientiert. Dadurch wird seine individuelle Erinnerung an den Mauerfall durch die heiß diskutierte ,Mauer in den Köpfen' kollektiv gerahmt und verändert.

Zwei Jahre nach Öffnung der Grenze hält Dreyman bei einer Aufführung seines zu Beginn des Films gezeigten Stückes seinen Erinnerungen nicht stand und verlässt den Saal (1.54). Dort trifft er Hempf, dessen Aussagen wie die Michael Ehrenreichs in *Sonnenallee* die *heile Welt der Diktatur* verklären und die DDR gegenüber der Bundesrepublik rechtfertigen:

---

[588] Vgl. zu den Auseinandersetzungen Vergin u. a. 1999: 185-90, und Reichel 2005: 94 f.; vgl. zum 9. November in der deutschen Erinnerungskultur Reichel 2005: 89-98, und Willms 1994a.
[589] Vgl. Bender 2007: 240-56, Genscher 1995: 710 ff., Jarausch 1995: 119-147, und Kohl 1996: 144 ff.
[590] Reichel 2005: 63; ähnlich auch Jarausch 1995: 14, Potthoff 1999: 335 f., und Schorlemmer 2006: 147 f. Ganz im Gegensatz dazu unterstreichen die Staatsmänner die Relevanz des 3. Oktober (s. z. B. Kohl 1996: 480).
[591] Scheer 2000: 23 f.; ähnlich auch Kil 2000: 373.

„Zu viele Erinnerungen, was? Mir ging's genauso, ich musste auch raus. Aber was höre ich von Ihnen?

Nichts mehr geschrieben seit der Wende. Das finde ich nicht gut, nach allem, was unser Land in sie inves-

tiert hat. Im Grunde verstehe ich sie Dreyman. Was soll man noch schreiben in dieser BRD? Nichts mehr

da, woran man glauben kann, nichts mehr, wogegen man rebellieren kann. Es war schön in unserer kleinen

Republik, das verstehen viele erst jetzt." (1.54 f.)

Hempfs Aussage spiegelt nicht nur ein verbreitetes Gefühl ostdeutscher Theaterregisseure wider,[592] zu denen auch Leander Haußmann gehörte, sondern ebsenso eine reaktionäre Position vieler Ostdeutscher der Bundesrepublik gegenüber. In einer *Spiegel*-Umfrage vom Oktober 2007 empfanden es 60 Prozent von ihnen als „schlimm, dass nichts von dem geblieben ist, worauf man in der DDR stolz sein konnte"[593]. Dass die ‚Mauer in den Köpfen' in der Erinnerung noch immer nicht abgebaut werden konnte, verdeutlicht auch Dreymans Antwort: „Dass Leute wie Sie wirklich mal ein Land geführt haben." (1.56) Ulrich Mühe bemerkt, dass sich diese Frage schon seine Eltern stellen mussten und, wie er hinzufügt: „diese Frage muss ich mir stellen"[594]. Dieser Widerstreit der Gedächtnisse verweist auf die politische Ebene.

Denn der Einschätzung des konservativen Regisseurs zufolge sei niemand aus dem ehemaligen Politbüro „so ganz untergegangen", sofern er noch in der Lage war, aktiv etwas zu unternehmen, wobei für Hempf „die Welt gewissermaßen immer noch Sinn [macht]"[595]. So zeigt eine zusätzliche, im Film nicht verwendete Szene, wie er „immer noch Geschäfte mit den Russen"[596] macht, nachdem er sein politisches Erbe seinem Sohn vermachte, der Abgeordneter bei der PDS ist. Diese Szene wird vom Regisseur damit begründet, dass die Stasi „nicht mehr und nicht weniger als Schild und Schwert einer Partei [war], und der Rechtsnachfolger dieser Partei regiert zur Zeit unsere Hauptstadt"[597]. Dies verdeutlicht, wie entschieden der Regisseur eine ‚DDR-Identität' und eine Beschönigung ihrer Vergangenheit ablehnt, wie sie in *Sonnenallee*, anderen ‚Ostalgie'-Filmen und der damaligen PDS propagiert wurde.[598]

Ist die ‚innere Einheit' also auch im bundesdeutschen Film noch nicht erreicht, so verdrängt 16 Jahre nach dem Ende der DDR die vermittelte Geschichtserfahrung von Mauer und Teilung

---

[592] Vgl. etwa die ganz ähnlich lautenden Aussagen Christoph Heins (Irmer / Schmidt 2006: 292).

[593] Osang 2007: 74; bei den Westdeutschen lag dieser Anteil nur bei knapp über 40 Prozent.

[594] *Audiokommentar von Ulrich Mühe* (1.56 f.).

[595] *Audiokommentar Florian Henckel von Donnersmarck zu den zusätzlichen Szenen* 7 f.

[596] *Zusätzliche Szenen Das Leben der anderen* 7 f.

[597] *Audiokommentar Florian Henckel von Donnersmarck* 1.32 f. So sind die Teilungsfolgen in Berlin ebenso wie in der ganzen Republik noch immer greifbar, vor allem in den Wahlergebnissen (Kießling 1999: 70); vgl. zum ‚verordneten Vergessen' in Reihen der PDS Mitter 1992: 372 ff.

[598] Vgl. zum Zusammenhang zwischen Erstarken der PDS und Verbreitung der ‚Ostalgie'-Welle in den Medien Dieckmann 2003; vgl. zur Propagierung ‚ostdeutscher Interessen' dieser Partei Eppelmann u. a. 1999a: 419, Ritter 1998: 238 ff. Daher dient die PDS bzw. Die Linke bzw. die Linkspartei bis heute „für Ostdeutsche mit einer starken DDR-Verbundenheit oder einen ausgeprägten Ostidentität […als] mögliches Auffangbecken" (Neller 2006: 35). Weitaus schärfere, vor allem gegen Gregor Gysi gerichtete Äußerungen des Regisseurs im *Audiokommentar* führten zu einem Rechtsstreit, der zur Überarbeitung von DVD und Filmbuch führte ([o. Autor] 2007).

immer mehr die persönliche. Florian Henckel von Donnersmarck war weder wie Reinhard Hauff, Peter Schneider, Wim Wenders, Peter Timm und Margarethe von Trotta Zeitgenosse der gesamten Geschichte der Mauer, noch hat er – mit Ausnahme weniger Kindheitsjahre – wie Timm, Thomas Brussig und Leander Haußmann die 80er-Jahre selbst vor Ort miterlebt. Daher hat er nicht nur weniger eigene, in der Erinnerung veränderte Erfahrungen umsetzen können, sondern verbrachte auch anderthalb Jahre der Recherche zum Film.[599]

Dennoch ging es dem Regisseur nicht primär um eine einwandfreie Geschichtsdarstellung, sondern darum, „den Geist einer Sache", die „innere Wahrheit der DDR" zu beschreiben und „da die Erinnerung Tendenzen verstärkt, müssen wir das auch machen"[600]. Dieser von den Fakten gelöste, quasi-missionarische Anspruch schlägt sich nicht nur in unberechtigtem Selbstlob nieder, „mit der Aufarbeitung auf fiktionalem Gebiet [zu beginnen]"[601], sondern auch in der klaren Abgrenzung zu den hier delegitimierten ‚Ostalgie'-Filmen. So bezeichnet der Grubitz verkörpernde Ulrich Tukur Leander Haußmanns Filme als „eine bestimmte Herangehensweise an die jüngste deutsche Geschichte, die ich für ganz lustig halte, aber die dem Gegenstand in keiner Weise gerecht wird"[602]. In diesen Bemerkungen ist eine (gewollte?) Unkenntnis über die ernsten DDR-Filme vor der ‚Ostalgie'-Welle zu erkennen. Dabei ist den am Film Beteiligten die ‚korrekte' Erinnerung weit wichtiger als die Frage, ‚wie es wirklich gewesen'.

Was eine ‚korrekte' Erinnerung ist, mag aber durchaus unterschiedlich beurteilt werden, wie die anhand der drei neueren, sehr unterschiedlichen Filme ausgedrückten widerstreitenden Gedächtnisse im bundesdeutschen Spielfilm seit 1989/90 zeigen.[603] Dies widerspricht erstens einer wesentlichen These Leonie Naughtons, wonach es in den Wende-Filmen der 90er-Jahre keine

---

[599] *Audiokommentar Florian Henckel von Donnersmarck* 1.17 f.

[600] Ebd.: 0 f., 9. Evelyn Finger ist zuzustimmen, wenn sie die Darstellung als Spiel mit unseren Vorstellungen von der DDR, als „spätsozialistische Schwermutshöhle wie aus dem Bilderbuch [schildert]: graubraune Amtsstuben, blaugraue Verhörräume, Künstlerwohnungen mit knarzenden Dielen und durchgesessenen Sofas" (Finger 2006).

[601] *Audiokommentar Florian Henckel von Donnersmarck* 1.32 f. Das sieht Ulrich Mühe ähnlich: „Es hat ja schon viele Versuche gegeben, die DDR-Realität einzufangen und nachzuorganisieren, auch das Stasi-Thema. […] Viel ärgerlicher Mist dabei […]. Und plötzlich war da ein Buch, wo sich alles richtig anfühlte wo ich während des Lebens nicht einmal die Stirn in Falten legen und sagen mußte: ‚Das ist jetzt aber übertrieben.' […] Ich hielt es für wichtig, daß dieser Film gemacht wird." (Henckel von Donnersmarck / Hochhäusler / Mühe 2007: 182; ähnlich auch Biermann 2006, und Mohr 2006); vgl. zur Medienkampagne des Films Lindenberger 2008: 559.

[602] Ulrich Tukur im *Making Off Das Leben der anderen* 14; ähnlich auch Produzent Quirin Berg in ebd.: 13. Besonders vehement trafen diese beiden unterschiedlichen Sichtweisen auf die DDR-Geschichte am 2. Juni 2006 in der NDR-Talkshow *3 nach 9* aufeinander, als Florian Henckel von Donnersmarck den in *Sonnenallee* den Familienvater spielenden Henry Hübchen als Ignoranten denunzierte, der all die gerade im *Leben der anderen* ‚korrekt' dargelegten historischen Erkenntnisse der DDR leugne. Hübchen dagegen insistierte auf seine Zeitzeugenschaft und verspottete damit das junge Alter und Nicht-Dabei-Gewesen-Sein des Regisseurs, während er versicherte, man habe sich damals nicht vor der Stasi gefürchtet, sondern über sie gelacht.

[603] Die These von widerstreitenden Gedächtnissen darf aber nicht dahin gehend verstanden werden, dass sich allein die Träger dieser Gedächtnisse die von diesen maßgeblich beeinflussten Filme anschauen. Denn Bekanntheitsgrad, kommerzieller und künstlerischer Erfolg eines Films hängen von weit mehr Faktoren und Zufällen ab als ihrer Einbettung in bestimmte Generationen und Gruppengedächtnisse (s. dazu Anm. 54). Sie bieten gleichwohl *eine* plausible Erklärung zur Analyse filmischer Darstellung, die im Rahmen einer Rezeptionsanalyse vertieft werden kann.

sich widersprechenden oder unvereinbaren Interpretationen der deutschen Einheit gab.[604] Zweitens wird damit Thomas Lindenbergers vor dem Erscheinen vom *Leben der anderen* geäußerte Vermutung bekräftigt, dass vielleicht gerade der Erfolg von Filmen wie *Sonnenallee* „überhaupt erst den Raum für Filme geschaffen [hat], die auch Geschichten vom Scheitern in und an der SED-Diktatur erzählen und dennoch auf Zeigefingerdidaktik verzichten"[605]. Im Gegensatz zu *Sonnenallee* schildert *Das Leben der anderen* dabei das „Dilemma der Rebellion"[606] in der DDR, einen gescheiterten Versuch der Solidarisierung in einem System, der nicht in privatem Erfolg münden kann, sondern in Desillusionierung, Ausweglosigkeit und Tod.

So mag der sich abzeichnende Wechsel von der komödiantischen, DDR- und westdeutsche Perspektive ironisierenden Darstellung von *Sonnenallee, Helden wie wir, Good Bye, Lenin* und *NVA* hin zu ernsteren Filmen wie *Die Stille nach dem Schuß, Der rote Kakadu* und *Das Leben der anderen* auch damit zusammenhängen, dass nach dem Höhepunkt im Jahre 2000 der Anteil derjenigen, die sich gefühlsmäßig mit der DDR verbunden fühlten, wieder rapide absinkt.[607] Besonders deutlich kommt dieser sich abzeichnende Wandel in der Erinnerungskultur in der Presse-Diskussion der Empfehlungen des Geschichtsverbundes ‚Aufarbeitung der SED-Diktatur' im Sommer und Herbst 2006 zum Ausdruck. Hier finden sich ‚Ostalgie'-Vorwürfe gegen die Kommission, aber auch vielfach Zuspruch, gerade gegen solche verharmlosenden Tendenzen vorzugehen.[608] Dabei diente der wenige Monate zuvor erschienene Film *Das Leben der anderen* oft als Indikator, wie die DDR filmisch ‚korrekt' dargestellt werden müsse.[609] Als ein weiteres Beispiel sei der ‚Ostalgie'-Autor Thomas Brussig zitiert, der selbst zum Teil heftige Kritik für Filme wie *Helden wie wir* und *Sonnenallee* einstecken musste. Auf die Frage der ‚korrekten' Erinnerung an die DDR-Vergangenheit, ob ‚Ostalgie' Marke *Sonnenallee* oder Realismus á la *Das Leben der anderen* sucht er einen Mittelweg:

> „Man muss es weder so noch so machen; man kann es sowohl so als auch anders machen. Nicht die DDR-Komödien haben das DDR-Bild verzerrt, sondern das schlichte Nichtvorhandensein solcher Filme wie ‚Das Leben der anderen'."[610]

Indem hier zwischen den Zeilen Kritik an den von der (westdeutschen) Erinnerungskultur der frühen 90er-Jahre geprägten Filmen wie dem *Versprechen* durchschimmert, verdeutlicht das Zitat die nicht zwei-, sondern mindestens dreigeteilte Erinnerung an die Berliner Mauer und die

---

[604] So Naughton 2008: 243.
[605] So Lindenberger 2006a: 367, der damit besonders Dominik Grafs *Der rote Kakadu* im Auge hat.
[606] Vgl. Finger 2006.
[607] Gaben 2000 66 Prozent der Ostdeutschen eine Verbundenheit mit der früheren DDR an, waren es 2004 nur noch 41 Prozent (vgl. die allgemeinen Erörterungen und Daten bei Neller 2006: 21 f.).
[608] So die Presse in Sabrow u. a. 2007: 193, 199, 209, 235, 243, 281, 306, 312, 315, 316, 322, 340, 351, 366.
[609] Vgl. ebd.: 14, 122, 176, 199 f., 210, 257, 258, 275, 307, 312 f.
[610] Brussig 2006.

Deutsche Frage im bundesrepublikanischen Spielfilm und deren widerstreitenden Gedächtnisse seit dem 9. November 1989, für die im vierten Abschnitt dieser Studie jeweils ein Film analysiert wurde. Gegenüber dem *Versprechen* als moralisierenden West-Film der frühen 90er-Jahre und den Rechtfertigungen ostdeutscher Erinnerungen und Erfahrungen in *Sonnenallee* sucht *Das Leben der anderen* einen wissenschaftlich begleiteten, um historische Authentizität *und* ‚korrekte Erinnerung' bemühten Zugriff.[611] Trotz gelegentlicher Kritik wird der Film gerade hinsichtlich der Authentizität überwiegend positiv aufgenommen, sieht man einmal von einigen Historikern ab,[612] und davon, dass er eindeutig einem konservativen westdeutschen Hintergrund zuzuordnen ist, deren ‚Stasikeule' nicht zu übersehen ist. Ungeachtet dieser Unterschiede und der anhand der drei Filme ausgedrückten widerstreitenden Gedächtnisse teilen sie alle die aus den sozialen Rahmen des Gedächtnisses und der Erinnerungskultur nach 1989/90 erwachsene Verdrängung von Mauer und Deutsche Frage, die von der Neuen Deutschen Frage überlagert und dadurch weniger thematisiert wird. Denn seit 1989/90 ist nicht mehr die Frage der an der Mauer symbolisierten Teilung Deutschlands und ihrer Überwindung von Interesse, sondern die ‚Mauer in den Köpfen', also die Frage der ‚inneren Einheit' und ihrer Herstellung als Neue Deutsche Frage.

---

[611] S. zum Bemühen um Authentizität, zu den Originalschauplätzen, der Ausstattung, dem Szenenbild und den Kostümen den *Audiokommentar Florian Henckel von Donnersmarck* 0 ff., 8 f., 17 f.,
[612] Vgl. zur anerkennenden Rezeption Brussig 2006, Biermann 2006, Horn 2008, Mohr 2006, Neumann 2007, Wach 2006, und Wilke 2008; vgl. dagegen mit teils scharfer Kritik Dresen 2009, Gieseke 2008, Schmidt 2006, und Voigt 2006; vgl. als ersten Überblick zur Rezeption der Authentizität Lindenberger 2008: 558 f.

5 Fazit: Die Berliner Mauer und die (Neue) Deutsche Frage im Spielfilm

Die Ergebnisse dieser Untersuchung stehen ausschließlich – das sei ausdrücklich betont – für die sechs analysierten Filme und ihre Einbettung in die bundesdeutsche Geschichts- und Erinnerungskultur. Um aber die Repräsentativität der Filme zu unterstreichen, zieht der Schlussabschnitt in den Anmerkungen weitere Filme hinzu, die – stets unter dem Vorbehalt vertiefender Forschungen – vergleichbar erscheinen. Zunächst werden die jeweils ersten beiden Kapitel der Abschnitte 3 und 4 zusammengefasst, die Darstellung der ‚Diktatur der Grenze(n)' und die geschichts- und erinnerungskulturellen Verbindungen zur Mauer.

5.1 Die Symbolik der Berliner Mauer in Geschichts-, Erinnerungskultur und Film

Die Filme weisen beträchtliche Unterschiede, aber auch Gemeinsamkeiten auf. Zeigen die Filme der 80er-Jahre einen West- bzw. einen West- *und* Ost-Blick auf die Mauer,[613] dominiert seit der Grenzöffnung und der Lösung der Deutschen Frage der Ost-Blick. Während dabei *Das Leben der anderen*, *Sonnenallee* und *Versprechen* Westbesucher integrieren,[614] existieren auch ausschließlich auf die DDR konzentrierte Filme – im Gegensatz zu Filmen allein über das West-Berlin der 80er-Jahre.[615] Nun können weder Erzählzeit des Films noch Herkunft oder Generation von Regisseur und Drehbuchautor den Wechsel vom West- *und* Ost-Blick hin zum Ost-Blick erklären. Auch dass Fotografieren und Filmen auf DDR-Seite verboten waren,[616] erscheint nicht hinreichend. Der Hauptgrund der Konzentration der bundesdeutschen 80er-Jahre Filme auf die Bundesrepublik liegt vielmehr darin, dass die Bundesbürger kaum Interesse für die DDR aufbrachten, sich an die Mauer und die Teilung gewöhnten und die politisch engagierten Filme gerade diese Aspekte kritisierten.[617] Als mit der Lösung der Deutschen Frage diese Motive wegfielen und das Interesse an der DDR anstieg, blickten neuere Filme von der Ostseite auf die ehemalige Mauer, ohne diese Themen weiterhin zu visualisieren.

Dabei bemühen sich vor allem die Dramen um eine realistische Darstellung der Mauer, sodass die Kulissen in *Meier* und *Sonnenallee* deutlich weniger authentisch wirken als die im *Mann auf der Mauer*, in *Himmel über Berlin* und im *Versprechen*. Da nun alle historisch bedeutsamen Orte

---

[613] Den West-Blick zeigen *Die allseitig reduzierte Persönlichkeit – Redupers*, der an der Werra-Grenze spielende *Willi-Busch-Report* (vgl. Scharf 2005: 383-91) und, da Wenders keine Drehgenehmigung in Ost-Berlin erhielt, *Himmel über Berlin*. *Mann auf der Mauer* und *Meier* ergänzen dies um den Ost-Blick auf die Mauer.

[614] Das gilt etwa auch für *Die Stille nach dem Schuß* und *Wie Feuer und Flamme* (vgl. dazu Havran 2001). Besonders deutlich wird dies durch die Westdeutschen und ihre Warenwelt in den Wende-Filmen *Good Bye, Lenin!* (vgl. dazu Lindenberger 2006a: 360-67). Zudem schlägt sich die Konzentration auf den Ostteil der Stadt auch in den Nach-Wende-Filmen der 90er-Jahre nieder (vgl. Naughton 2000).

[615] So kommen das DDR-Drama *Apfelbäume* (vgl. dazu Schenk 2005: 36) ebenso wie die ‚Ostalgie'-Komödien *Helden wie wir* (vgl. dazu Platthaus 1999b) und *NVA* (vgl. dazu Wesphal 2005) ohne Westdeutsche aus.

[616] Vgl. den Foto-Band und die Erinnerungen an die Mauerabschnitte bei Hoffmann 2002 (bes. 7 f.).

[617] So *Mann auf der Mauer*, *Himmel über Berlin* sowie *Die allseitig reduzierte Persönlichkeit – Redupers*, in dem die Fotografinnen in ihrer Ausstellung die Mauer ins Zentrum der Aufmerksamkeit rücken wollen.

einmal „Nichtorte"[618] waren und wieder zu diesen werden können, ist es anhand der analysierten Filme abzusehen, dass die seit 1989/90 aus dem Stadtbild weithin verschwundene und nur noch als Museumsstück erhaltene Mauer immer weniger selbst dargestellt wird. Die Zeiten langer Kamera-Fahrten über das Niemandsland sowie von Spaziergängen entlang der Mauer (*Mann auf der Mauer, Himmel über Berlin*) dürften größtenteils der Vergangenheit angehören. So wird heute und wohl auch künftig die Mauer als verharmloste und stereotypisierte, in jedem Fall nachgestellte Kulisse greifbar,[619] oder es wird bloß auf sie angespielt wie im *Leben der anderen*.

Die Filmanalyse hat dabei gezeigt, dass die Berliner Mauer nicht allein die Deutsche Frage symbolisiert, sondern stets damit einhergehend weitere Ideen, Semantiken und Werte. Von den geschichts- und erinnerungskulturellen Symboliken der Mauer thematisieren Komödien verstärkt sozioökonomische Aspekte,[620] während Dramen eher politisch-kulturelle zeigen.[621] Fünf Symboliken zur Thematisierung der nationalen Frage werden, in jeweils verschiedenem Ausmaß, aber von allen Filmen geteilt: Geschichte und Erinnerung, Alltag, Liebe, (Reise-) Freiheit und Einsperrung sowie (außer im *Himmel über Berlin*) MfS und Unterdrückung.

Beginnend mit dem Aspekt der Erinnerung, so war das Interesse an der Mauergeschichte stets ungleich verteilt. Dabei war der Mauerbau immer weniger Teil des aktiven Gedächtnisses der Bundesbürger. Auch die Filme der 80er-Jahre nehmen keinen Bezug auf ihn, da für die Diskussion der Gegenwart von Mauer und Deutscher Frage deren Geschichte anscheinend nicht sonderlich relevant erschien.[622] Ins kommunikative Gedächtnis der Filme zurückgeführt wurde dieses Ereignis zu Beginn der 90er-Jahre. Dort stellte er den Anfang einer Entwicklung dar, die mit dem Mauerfall zu ihrem Ende gelangte, wie im *Versprechen*.[623] Mit dem Wechsel hin zu kurze Zeiträume umfassenden Alltagsgeschichten seit dem Ende des Jahrzehnts[624] ist der Mauerbau immer weniger Teil des filmischen Gedächtnisses. Gegenüber den wenigen Filmen über ihn dominiert in wissenschaftlicher und filmischer Erinnerung die Endphase der DDR, abgeschlossen durch den 9. November 1989.[625] Dieser das kulturelle Gedächtnis prägende Mauerfall fungiert in

---

[618] So Schlögel 2003: 303, der damit auf die Wandelbarkeit der symbolischen Aufladung von Orten verweist.

[619] Vgl. *Sonnenallee* mit den realistischen Nachbauten in *Mann auf der Mauer* und *Himmel über Berlin*.

[620] Neben *Meier* und *Sonnenallee* gilt das vor allem für Wolfgang Beckers *Good Bye, Lenin!* (s. Anm. 615) sowie auch für die Trabi-Komödien *Go, Trabi, Go* und *Das war der wilde Osten* (vgl. Naughton 2002: 165-205).

[621] Das trifft neben den vier analysierten Dramen auch auf das Künstler-Drama *Die allseitig reduzierte Persönlichkeit – Redupers* und Stasi-Dramen wie *Apfelbäume*, *Die Stille nach dem Schuß*, und *Wie Feuer und Flamme* zu. Diese Filme schildern Auseinandersetzungen und das Scheitern von DDR-Bürgern am System.

[622] Das gilt auch für *Die allseitig reduzierte Persönlichkeit – Redupers*; vgl. allgemein Heinrich 2002: 183 f.

[623] Das trifft auch für *Apfelbäume* zu, der die Geschichte Lena Hellers erzählt, beginnend mit dem Mauerbau.

[624] Dies zeigt sich neben dem *Leben der anderen* und *Sonnenallee* auch in den Komödien *Good Bye, Lenin!*, *Herr Lehmann* und *NVA* sowie den Dramen *Die Stille nach dem Schuß* und *Wie Feuer und Flamme*. In den Fernsehfilmen scheint dies indessen anders zu sein (s. Anm. 9, und 625).

[625] Den Mauerbau thematisieren *Der rote Kakadu*, und die Fernsehfilme *Der Tunnel* und *Die Mauer. Berlin '61*. Die 80er-Jahre werden vom *Leben der anderen* und dem *Versprechen* wie auch von weiteren Dramen (*Die Stille nach dem Schuß*, *Wie Feuer und Flamme*) und Komödien (*Helden wie wir*, *NVA* und *Good Bye, Lenin!*) fokussiert. Die Mehrheit der Fernsehfilme von der *Frau vom Checkpoint Charlie* hin zum *Wunder von Berlin* ließe sich ergänzen, während die gesamte deutsche Teilung von 1945 bis 1990 umfassende Filme wie *Die Wölfe* Ausnahmen darstellen.

gesellschaftlicher und filmgeschichtlicher Perspektive als Blitzlicht-Erinnerung, als epochaler, alle Zeitzeugen betreffender Wendepunkt, der ihrem Leben eine neue Richtung gab und deshalb lebhaft erinnert wird, wie auch im ZDF seine Wahl auf Platz 1 der *größten TV-Momente* der Deutschen belegt.[626] Er bildet den Fixpunkt zahlreicher Mauerfilme, wodurch andere Ereignisse von 1989/90 wie der 3. Oktober verdrängt oder als Folge des Mauerfalls begriffen werden.[627]

Zweitens fokussieren alle fünf Filme über die DDR ähnlich der 90er-Jahre-Forschung die alltäglichen, sozial- und wirtschaftlichen Aspekte (der Mauer), während die SED kaum, die Blockparteien gar keine Beachtung finden. Stärker aber als die Forschung thematisiert der Film die Auswirkungen der Herrschaft, in den Filmen besonders im Zuge der ‚Diktatur der Grenze(n)‘, auf den Einzelnen und seinen Umgang mit ihr. Dies verweist auf die Relevanz alltäglicher (Mauer-)Geschichten für das Medium Film und sein geringeres Interesse an großer Politik.[628]

Neben der Alltagsfokussierung wird die Mauer drittens in allen sechs Filmen metaphorisch mit Liebesgeschichten verknüpft. Die drei die deutsche Einheit fordernden Filme zeigen eine Beton durchdringende Liebe,[629] was auf die Symbolik der Einheit im Kleinen für die Deutsche Frage verweist, wie es auch u. a. Willy Brandt und Helmut Kohl forderten.[630] Kennzeichnend ist dabei, dass eine die Mauer überschreitende Liebesbeziehung zwischen West- und Ostdeutschen erst für spätere Filme denkbar erschien, nicht aber schon in den 80er-Jahren. Die meisten Filme aber schildern die Opposition gegen das DDR-System, das Finden eigener ‚Nischen‘, und bleiben auf DDR-interne Liebesgeschichten beschränkt.[631] Werden in den 80er-Jahre Filmen durch ein Mauerspringen Liebesbeziehungen überhaupt erst ermöglicht, ist die Mauer in der Erinnerung schwerer zu überwinden. Die Liebenden werden in den Dramen durch die ‚Diktatur der Mauer‘ getrennt[632] bzw. die *unsichtbare Front* des MfS zerstört;[633] nur ‚Ostalgie‘-Komödien

[626] S. die ZDF-Sendung *Unsere Besten – Die größten TV-Momente* vom 25. April 2008; vgl. zum psychologischen Konzept der Blitzlicht-Erinnerungen Assmann 2007: 126 f.

[627] *Das Versprechen* endet mit dem Mauerfall, *Sonnenallee* fügt die daran anschließende Gedächtniskonstruktion Michael Ehrenreichs hinzu. *Das Leben der anderen* wagt den Ausblick in das Berlin des Jahres 1991. *Deutschfieber* beginnt mit dem 9. November. Die Wende-Filme Go, Trabi, Go, *Good Bye, Lenin!* und *Die Unberührbare* wie auch der Nach-Wende-Film *Berlin is in Germany* leiten mit diesem Tag die Haupthandlung ein, *Apfelbäume* verwendet das Datum am Ende des Films als Ursache der Umstellung der LPG auf die soziale Marktwirtschaft, und im *Brocken* wird der Mauerfall mit Miniaturfeuerwerk nachgefeiert.

[628] Vgl. zu diesen Aspekten der DDR-Forschung Eppelmann u. a. 1999e: 102 ff., und Eckert u. a. 2007: 32. So spielen andere parlamentarische und (außen-)politische Ereignisse in den meisten Filmen keine Rolle. Zweitens ist dem Verfasser kein westdeutscher Kinofilm über bundesdeutsche bzw. DDR-Staatsmänner bekannt.

[629] Neben dem *Mann auf der Mauer*, *Himmel über Berlin* und dem *Versprechen* gilt dies auch für *Wie Feuer und Flamme*, in dem die West-Berliner Schülerin Nele den Ost-Berliner Punk Captain liebt. Vgl. zur Bedeutung melodramatischer Darstellungen für die deutsche Einheit in *Nikolaikirche* und *Das Versprechen* Foell 2001.

[630] Vgl. dazu Garton Ash 1993: 201 f., und s. etwa Brandt 1989: 36, und Kohl 1986: 23.

[631] So *Das Leben der anderen*, *Meier*, *Sonnenallee*, *Helden wie wir* und *NVA*. Noch beharrlicher suggeriert die überwiegende Zahl der Wende-Filme, dass Liebesbeziehungen oft nur von Ostdeutschen bzw. Westdeutschen untereinander geschlossen werden, nicht jedoch die ehemaligen Grenzen überschreitend (Naughton 2002: 10 f.).

[632] Für die 80er-Jahre Filme ließe sich hier das Mauerspringen der ostdeutschen Protagonistin in *Einmal Kudamm und zurück* ergänzen. Für die deutlich schwierigeren Grenzkontakte aus neueren Filmen sei neben dem *Versprechen* auf die tragisch verlaufenden Liebesgeschichten in *Apfelbäume* und *Wie Feuer und Flamme* hingewiesen. In all diesen Filmen scheitern die Beziehungen daran, dass eine Person nicht aus der DDR herauskommt.

zeigen, wie man sich in der heilen Welt der ‚Diktatur der Grenze(n)‘ einrichten konnte.[634]

Somit erscheint viertens, so seltsam diese These anmuten mag, die Mauer in der Erinnerung dichter als in der Wahrnehmung der 1980er-Jahre. Das *kann* am noch stärkeren Negativimage von DDR und Mauer in der durch Westdeutsche geprägten Erinnerungskultur nach 1989/90, vielleicht aber auch einfach daran liegen, dass nach 1989/90 ein Ost-Blick vorherrscht, von dem aus die Grenze realitätsnah undurchdringlicher erscheinen musste als den Bundesbürgern der 1980er-Jahre. So zeigen gerade die DDR-Mauerspringer Kabe und Meier Lösungsmöglichkeiten gegen die ‚Diktatur der Grenze(n)‘ auf, wie sie aus späterer Zeit nicht mehr bekannt sind, wahrscheinlich, weil nicht mehr nach Lösungen gesucht werden musste.

Im Genrevergleich zeigt sich, dass die Mauer umso dichter und die Deutsche Frage umso fest gemauerter erscheint, je realistischer auch der Film ist.[635] Umgekehrt erkennt man in *Meier* und *Sonnenallee* mehr Grenzübergänge und -überschreitungen, auch von DDR-Bürgern abseits des MfS. Dies widerspricht der ‚Gefängnis‘-Metaphorik in Politik, Publizistik und den DDR-Dramen, und verweist darüber hinaus auf genre-spezifische Interessensunterschiede (s. Kap. 5.2). Dabei sind im *Mann auf der Mauer*, in *Meier* und im *Versprechen* (Ex-)DDR-Bürger zu sehen, die nicht (mehr) in der Bundesrepublik leben wollen und daher versuchen, zurück zu fliehen. Das Schicksal dieser heute weithin vergessenen ca. 400.000 Personen scheint für den Film fast ebenso wichtig wie das der weit zahlreicheren ‚Republikflüchtlinge‘.[636] Dies verweist auf die Dominanz linker Filmemacher und widerspricht der Darstellung im *Leben der anderen*.

Genre-spezifisch geht auch die mediale Grenzüberschreitung im Film zurück, wenn der Realismus- und Bedrohungsaspekt der Mauer steigt. So stehen das problemlose, die Mauer überwindende Telefonieren und Fernsehen in den Komödien *Meier* und *Sonnenallee* der durch das MfS diktierten und oftmals verhinderten Post- und Telekommunikation sowie Artikelpublikation im *Mann auf der Mauer*, *Versprechen* und *Leben der anderen* gegenüber.

Gleichwohl sollte der Realismus-Begriff in diesem Fazit nicht überstrapaziert werden. Das zeigt die fünfte wichtige geschichtskulturelle Symbolik der Mauer: MfS und Unterdrückung. Alle fünf Filme über die DDR unterscheiden entsprechend der zeitgenössischen Einstellung der Bundesbürger zwischen dem negativ bewerteten Staatswesen DDR, oft verkörpert durch das

---

[633] Zum *Leben der anderen* kommt die MfS-Diktatur der Beziehungen in *Die Stille nach dem Schuß* hinzu, in dem die RAF-Protagonistin, um unerkannt zu bleiben, vom MfS von einem Ort zum nächsten geschickt wird.

[634] Neben *Sonnenallee* gelingt auch den Protagonisten in *Helden wie wir* und *NVA* eine durch Distanz, ironische Kritik und Opposition zur Herrschaft ermöglichte Liebesbeziehung zu DDR-Bürgerinnen.

[635] In den 80er-Jahren sind das *Himmel über Berlin* und *Mann auf der Mauer*, nach 1989/90 *Das Versprechen* und *Das Leben der anderen*. In *Apfelbäume, Die allseitig reduzierte Persönlichkeit – Redupers, Apfelbäume, Der rote Kakadu, Die Stille nach dem Schuß* und *Wie Feuer und Flamme* scheint das – unter Vorbehalt – ähnlich zu sein.

[636] So die Zahl bei Malzahn 2005: 123; vgl. die Statistiken bei Engelmann / Janowitz 2005: 268. Auch in *Die Stille nach dem Schuß* flieht die RAF-Protagonistin in die DDR. Bereits das West-Fernsehen zeigte häufig ehemalige DDR-Bürger, die sich in der Bundesrepublik nicht zurechtfinden (vgl. Steinle 2003: 425 ff.). Allein in Sanders' *Die allseitig reduzierte Persönlichkeit* wird darauf hingewiesen, dass eigentlich die West-Berliner eingemauert sind.

MfS, und den positiv beurteilten Bewohnern.[637] Denn bis zum *Leben der anderen*, der die Machtmechanismen zwischen SED und MfS aufzeigt und sich um eine Täter- *und* Opfer-Perspektive bemüht, werden die ‚Unterdrücker' fast ausschließlich im MfS verortet, die nicht im MfS angestellten, ca. 2,3 Millionen SED-Mitglieder von der ‚Diktatur der Grenze(n)' aber aus-geblendet.[638] Dies lässt sich auf die von Westdeutschen geführte, auf das MfS konzentrierte und moralisierende DDR-Aufarbeitung zurückführen. Wie in der (filmischen) NS-Aufarbeitung der ersten Jahrzehnte seit Kriegsende geht es um die Distanzwahrung zum alten Regime, die Opfer-Perspektive, hier auch die der DDR-Bürger und ‚IM' in den Zwängen der Stasi.[639]

Dabei kann man sich im Gegensatz zu den Dramen in den Komödien klug und leicht von die-sem MfS-Zugriff distanzieren. Mit 91.000 hauptamtlichen Mitarbeitern und 174.000 ‚IM'[640] nimmt das MfS eine, verglichen mit der Gesamtbevölkerung der DDR und anderen Geheim-diensten, hohe Bedeutung ein, die in den Filmen noch zusätzlich betont wird. So ist im *Mann auf der Mauer* und in *Meier* die Bundesrepublik gänzlich durch das MfS unterwandert. Da diese Darstellung aus späterer Zeit unbekannt ist, dürfte sie auf eine zeitgenössische Sorge vor Stasi-Unterwanderung zurückzuführen sein, die nach 1989/90 aus dem aktiven Gedächtnis entfiel. Aufbauend auf diesen fünf Mauersymboliken diskutieren die Filme unterschiedlich stark die Deutsche Frage und den Erinnerungs- und Erwartungsort Mauerfall, wie sie im jeweils dritten und vierten Kapitel der Abschnitte 3 und 4 erläutert wurden.

5.2 Die (Neue) Deutsche Frage in Geschichts-, Erinnerungskultur und Film

Anschließend an das in Kapitel 4.1.3.1 Gesagte lässt sich die – in jedem Fall durch breitere For-schungs- und Literaturübersicht zu überprüfende – These vertreten, dass bei den Mauerfilmen und der Forschungsliteratur zur Deutschen Frage vergleichbare Interessensschwerpunkte und Erzählformate bestehen. Die drei Filme der 80er-Jahre konzentrieren sich wie auch *Die allseitig reduzierte Persönlichkeit – Redupers* und *Einmal Kudamm und zurück* auf kurze Zeitabschnitte von oft nur wenigen Wochen aus dem Leben der Menschen an der Mauer. Sie schildern die Ge-genwart der Mauer sowie die Auseinandersetzung der Ost-, aber auch der Westdeutschen mit ihr und der deutschen Teilung. Die Biographie der Figuren oder ihre Zukunft spielen dabei wie die Geschichte von Berliner Mauer und Deutscher Frage nur eine untergeordnete Rolle. Das ent-

---

[637] Vgl. die Umfragedaten bei Herdegen 1987: 1261, 1269, und Weidenfeld / Glaab 1995: 2826-31; so auch etwa Bredow 1987: 30 f. Mit der Analyse der Komödien *Good Bye, Lenin!* und *NVA,* den *Dramen Die Stille nach dem Schuß* und *Wie Feuer und Flamme* könnte diese These auf eine breitere Grundlage gestellt werden.

[638] Das gilt in jedem Falle für *Mann auf der Mauer, Meier, Sonnenallee* und *Das Versprechen.* Analysen von *Helden wie wir, Der rote Kakadu, Die Stille nach dem Schuß* und *Wie Feuer und Flamme* könnten hier anschließen. Eine Ausnahme scheint allerdings der auch auf die SED konzentrierte Film *Apfelbäume* zu sein.

[639] Verständnis für ‚IM' bringt bereits *Apfelbäume* auf und zieht sich über *Wie Feuer und Flamme* hin zu Christa-Maria Sieland in *Das Leben der anderen;* vgl. zur filmischen Aufarbeitung der NS-Zeit ausführlich Reichel 2007.

[640] So die Zahlen bei Müller-Enbergs 1998: 439, für das Jahr 1989.

spricht, wie gezeigt wurde, der wissenschaftlichen Erforschung der nationalen Frage.

Durch die Ereignisse von 1989/90 nahm aber nicht nur das Interesse an ihr ab; es setzte auch in Film und Geschichtswissenschaft eine Historisierung ein, die die DDR als abgeschlossene Epoche begriff, die quasi wie im *Versprechen* mit dem Mauerbau begann und mit ihrem Fall endete. Ähnlich wie in der Verfilmung der NS-Zeit nach der seit Anfang der 80er-Jahre verstärkt einsetzenden Historisierung der NS-Herrschaft[641] wird auch die SED-Diktatur von ihrem Ende her gedacht. Dabei werden Distanz gesucht und moralische Werturteile über die Mauer-Diktatur getroffen. Dies verdeutlichen die historische Einordnung, der Bezug zur eigenen Biographie und der weite Erzählrahmen wie im *Versprechen*.[642] Da damals die Aufarbeitung von Mauer und Teilung hinter den Problemen, besonders vieler Ostdeutscher nach 1989/90 zurück stand, dominieren bis ca. 1998 Filme über die Gegenwart, Komödien ebenso wie Dramen.[643] Etwa zum Jahrtausendwechsel wendet sich mit der Forschung auch der Film von der Deutschen Frage ab, um sich wieder stärker Geschichten von kurzen Zeiträumen zu widmen.[644]

Im Gegensatz zum weit verbreiteten Begriff ‚Mauer' ist eine explizit geäußerte ‚Deutsche Frage' den Filmen unbekannt, weshalb deren Diskussion auf Umwegen geschieht. Begriffsgeschichtlich fällt dabei auf, dass je negativer West-Figuren ‚DDR' und Mauer bewerten (*Mann auf der Mauer*, *Meier*) bzw. der Film die Westdeutschen (*Sonnenallee*), desto häufiger greifen die Bundesbürger auf antiquierte Formulierungen wie ‚Drüben', ‚Zone', ‚Zoni' oder ‚SBZ' zurück. Darin kommt ein negatives DDR-Bild des Films bzw. der West-Figuren zum Ausdruck, das ihre Legitimität als eigenständigen Staat untergräbt. Diese wird im Gegenzug u. a. durch die von SED-, NVA- und MfS-Figuren verwendeten Begriffe ‚DDR' und ‚Staatsgrenze' betont. Nur *Sonnenallee* verwendet den ‚DDR'-Begriff auch abseits der Staats- und Parteifiguren. Er dient zusammen mit dem Begriff ‚Osten' – der sonst wohl aufgrund seiner Bedeutungsvielfalt[645] selten verwendet wird – zur Abgrenzung von den Westdeutschen und zur Etablierung eines eigenen kommunikativen Gedächtnisses und einer ‚DDR-Identität' der Ostdeutschen. Es dominiert hier wie in allen neueren Filmen der Begriff ‚Westen', während ältere Bezeichnungen zurückgehen. Dies *könnte* Indiz für eine Veränderung des sprachlichen Gedächtnisses nach der Lösung der Deutschen Frage sein. So werden ältere Begriffe der 80er-Jahre Filme von der deutsch-deutschen

---

[641] Vgl. dazu Bösch 2007: 23 f., über NS-Filme, Thamer 1995, über eine ZDF-Fernsehreihe. Vgl. allgemein zur Periodisierung der bundesrepublikanischen Erinnerungskultur und der Phase der Historisierung Thamer 2006: 89 ff.

[642] Ähnlich ist dies in *Apfelbäume*, *Wiederkehr* und im später verfilmten Roman *Helden wie wir* (s. Anm. 434); s. zu weiteren Filmen der frühen 90er-Jahre, für die der Mauerfall den Schlusspunkt darstellt Naughton 2002: 210.

[643] Hier wären vergleichend zu diesen Aspekten die Groteske *Das deutsche Kettensägenmassaker*, die Komödien *Deutschfieber*, *Go Trabi go*, *Das war der wilde Osten*, *Wir können auch anders...* und *Das Leben ist eine Baustelle* ebenso wie die Dramen *Berlin is in Germany*, *Ostkreuz* und *Die Unberührbare* zu analysieren (vgl. zu einigen dieser Filme Naughton 2000, 2002, und Nicodemus 2004).

[644] Neben *Sonnenallee* und dem *Leben der anderen* zeigt sich dies in der am Vorabend der Grenzöffnung spielenden Komödie *NVA*, im Wende-Film *Good Bye, Lenin!* und im Drama *Wie Feuer und Flamme*.

[645] Vgl. dessen verschiedenen Bedeutungen bei Schlögel 2003: 246 ff.

Unterscheidung nach 1989/90, der zwischen alten und neuen Bundesländern, West- und Ostdeutschen überlagert und verdrängt.

Dass das Geschichtsbild der DDR weitgehend „aus einem Guß“[646] war und den Direktiven des Zentralkomitees folgte, wird auf der begrifflichen und inhaltlichen Ebene durch die Äußerungen von DDR-Staats- und Parteifiguren bestärkt. Es blieb eingebettet in das Denkschema der Systemkonfrontation, zielte auf die Anerkennung des eigenen Staates und definierte sich mit dem Ziel der Identitätsstiftung über die Abgrenzung von der Bundesrepublik und dem Westen. In den Nationsverständnissen zeigt sich daher das von allen DDR-Staats- und Parteifiguren vertretene Konzept der Klassennation. Davon grenzen sich die positiv gezeichneten DDR-Protagonisten jedoch ab, zumeist deshalb, weil sie selbst nicht national denken.[647] Der einzig feststellbare Genre-Unterschied ist dabei der weit häufigere Bezug auf Propagandaformeln, Sozialismus und Antifaschismus[648] in den Komödien. Da im Gegenzug *Meier* und *Sonnenallee* weit weniger Informationen zur Deutschen Frage enthalten, spricht dies für die Erwartungshaltung der Filmemacher, man könne besser über Alltag, Ideologie und Grenzüberschreitung lachen als über die geteilte Nation und die Mauer. Denn eine fehlende Bereitschaft, das Thema filmisch umzusetzen zeigte sich bereits in der Filmproduktion und -rezeption der 50er- und 60er-Jahre.

Weit schwieriger sind die Nationsverständnisse der Bundesbürger und der Filme auszumachen. *Der Mann auf der Mauer* und *Himmel über Berlin* vertreten jeweils eine Mischung aus Volks-, Kultur- und Bewusstseinsnation, wie sie u. a. in der politischen Rhetorik der Kohl-Regierung üblich war. Diese Vielfalt an Nationsverständnissen wird dadurch erklärbar, dass damit auch mehr Argumente zur Einheit der Nation bereitgestellt werden konnten. Beide Filme fordern damit, wie Ernest Gellner treffend beschrieben hat, dass nationale und politische Einheiten deckungsgleich sein sollen. Sie teilen die Rebellion jeweils einer Figur (Kabe bzw. Homer) gegen die in allen 80er-Jahre Filmen dargestellte Gewöhnung der Bundesbürger an die Mauer und die deutsche Teilung. Diese denken entweder nicht an die Nation (*Himmel über Berlin*) oder sehen sich in der Staatsbürgernation Bundesrepublik aufgehoben (*Das Leben der anderen*, *Mann auf der Mauer*, *Meier* und *Sonnenallee*). Die drei neueren Filme nehmen aber gerade die Staatsbürgernation als Leitbild und rebellieren nicht mehr gegen das fehlende nationale Bewusstsein. Sie zeigen, dass über Jahrzehnte der Teilung die Bewusstseinsnation *nicht* aufrechterhalten werden konnte. Das erklärt sich durch die Erfahrungen der ,Mauer in den Köpfen' und der nur schwer realisierbaren ,inneren Einheit' als Neue Deutsche Frage nach 1989/90. Insgesamt bekräftigt die Vielfalt sich überschneidender, zum Teil konkurrierender Darstellungen von Mauer und Deutscher Frage in den westdeutschen Filmen die gegenüber der DDR viel pluralistischere

[646] So Frevert 1999: 204.
[647] *Das Leben der anderen*, *Meier*, *Sonnenallee*, *Das Versprechen* und, außer Kabe, *Mann auf der Mauer*.
[648] Neben *Meier* und *Sonnenallee* zeigt sich dies in *Helden wie wir* im Bezug auf Ernst Thälmann.

Geschichtspolitik und –kultur der Bundesrepublik. Mit Blick auf die Berliner Mauer und Deutsche Frage ist daher die These von einem nationalen Kino zu hinterfragen.

Kein Film zeigt dies so deutlich wie Leander Haußmanns *Sonnenallee*, der das Konzept der Bewusstseinsnation nicht auf ein Gesamtdeutschland, sondern auf die Identität der ‚Ostdeutschen' bezieht. Mit dieser auch in anderen ‚Ostalgie'-Komödien erkennbaren, in der Erinnerung erfundenen ‚DDR-Identität'[649] geht in allen neueren Filmen die retrospektive Konstruktion eines gesamtdeutschen Bewusstseins der in den 80er-Jahren spielenden Bundesbürger einher. Diese fühlen sich dem *Grundgesetz* verpflichtet, rebellieren gegen die Existenz der Mauer, halten die Deutsche Frage offen und, ohne ‚Dritten Weg', allein durch das Vorbild der Staatsbürgernation Bundesrepublik für lösbar.[650] Das wird dadurch erklärbar, dass seit 1989/90 die Identifikation der Westdeutschen mit der alten Bundesrepublik ab- und mit Gesamtdeutschland zunimmt,[651] und entspricht einer in der Erinnerung erfundenen gesamtdeutschen Identität als Siegergeschichte. Diese widerspricht früheren Filmen und der darin treffend ausgedrückten Gewöhnung der Bundesbürger an Mauer und Teilung sowie dem Desinteresse an der DDR. Somit konstruieren nicht nur ‚Ostalgie'-Filme eine ihren Wünschen und Vorstellungen genehme Vergangenheit, sondern auch eindeutig durch das westdeutsche kommunikative Gedächtnis geprägte Filme wie *Das Versprechen* und *Das Leben der anderen*.

Daher deutet auch jeder Film die Grenzöffnung und ihre Ursachen den eigenen Erfahrungen und Erinnerungen gemäß um. Einige Filme zeigen abseits der Figuren die wichtigsten politischen Ereignisse durch Zeitung, Radio oder Fernsehen neben der Story des Films, während andere ihn ohne konkrete Anlässe eintreten lassen.[652] Im Gegensatz zu den Erwartungen älterer Filme wie *Der Mann auf der Mauer* und *Himmel über Berlin* fällt die Mauer aber nicht durch das Streben nach deutscher Einheit, sondern entweder durch Gorbatschows Reformpolitik (s. Anm. 582) bzw. als Folge innerer Gebrechen der DDR (so auch *Das Leben der anderen, Das Versprechen*), die in den 80er-Jahren von niemandem erkannt wurden. Beides verweist auf eine Rückprojizierung der Mauerfall-Ursachen aus späteren Erfahrungen. Im Gegensatz dazu begreifen viele ‚Ostalgie'-Filme wie *Sonnenallee* den Mauerfall als ‚friedliche ostdeutsche Revolution'. Dabei ist die ostdeutsche Bevölkerung nicht mehr Objekt der Weltpolitik wie im *Versprechen*, sondern

---

[649] Diese konstruktivistische ‚Erfindung der Nation' findet sich auch in *Good Bye, Lenin!* (vgl. Böhn 2005).

[650] Neben Sophies Onkel, dem West-Fernsehen sowie dem Studio am Stacheldraht in *Das Versprechen* ist dies Onkel Heinz in *Sonnenallee* sowie Gregor Hessenstein, *Spiegel* und *Tagesschau* in *Das Leben der anderen*. Ähnliches zeigt sich bei Hauptfigur Nele und dem ZDF in *Wie Feuer und Flamme*. Einen vergleichbaren dargestellten Willen zur Einheit im (westdeutschen) Gedächtnis belegt eine kunsthistorische Untersuchung der Erinnerungslandschaft der deutsch-deutschen Grenze (vgl. Ullrich 2006: 159 ff.). Dazu passt auch, dass demgegenüber in Leander Haußmanns Darstellung der West-Berliner Ende der 80er-Jahre in *Herr Lehmann* bezeichnenderweise dieser Wiedervereinigungswille neuerer, durch das westdeutsche kommunikative Gedächtnis geprägter Filme fehlt.

[651] Vgl. Neller 2006: 33 f.

[652] Wichtige Ereignisse werden per Radio und Fernsehen, zum Teil auch durch eigenes Miterleben in den Filmen *Deutschfieber, Good Bye, Lenin!, Helden wie wir, Herr Lehmann,* und *NVA* gezeigt. Scheinbar ohne speziellen Anlass fällt die Mauer im *Leben der anderen*, im *Versprechen* und in *Wie Feuer und Flamme*.

Subjekt der Geschichte, Akteur des Mauerfalls und der deutschen Einheit interpretiert,[653] um so ein ostdeutsches kollektives Gedächtnis zu etablieren.

Trotz dieser unterschiedlichen Deutungen, die auf einen Unterschied zwischen einer, vereinfacht gesprochen, west- und einer ostdeutschen Sicht auf DDR-Vergangenheit, Berliner Mauer und Deutsche Frage verweisen, sind alle Filmemacher bis auf Florian Henckel von Donnersmarck der politischen Linken zuzuordnen. Grob gesagt, finden linke ostdeutsche Filmemacher wie der emigrierte Peter Timm, vor allem aber viele in den 70er-Jahren aufgewachsene Regisseure wie Leander Haußmann und Autoren wie Thomas Brussig ihr Metier eher in Mauerkomödien.[654] Deren Darstellung liegt aber entgegen vielen Interpretationen nicht primär in einer ‚platten' ‚Ostalgie' begründet, sondern viel häufiger in dem Anspruch zur Etablierung eines ostdeutschen kollektiven Gedächtnisses. Die Dramen dagegen gehören eindeutig der westdeutschen Linken, vom linksradikalen Reinhard Hauff und dem frühen Peter Schneider hin zu gemäßigten 68ern wie Wim Wenders, dem späten Peter Schneider und der älteren Margarethe von Trotta.[655] Dies kontrastiert mit der in den 80er-Jahren nicht nur von linker, sondern auch von rechter Seite vorgetragenen Diskussion der nationalen Frage.[656] Es zeigt auch, dass die konservative Rechte weder konkrete Lösungsvorschläge noch Visualisierungskonzepte zur Deutschen Frage besaß, geschweige denn eine Massenkompatibilität ihrer Ideen für einen Film gegeben war.

Daraus erklärt sich die Übernahme gerade der linkspolitischen Debatten der frühen 80er-Jahre im *Mann auf der Mauer*. Neben dem allein im Hauff-Film breit diskutierten ‚Dritten Weg' betrifft dies die Erörterung von Kaltem Krieg, von Frieden, Nach- und Abrüstung sowie die Aufrechterhaltung einer gesamtdeutschen Nation und der Überwindung ihrer Teilung bei Hauff und im *Himmel über Berlin*. Nach dem Ende des Systemgegensatzes, der damit zusammenhängenden, zurückgehenden (atomaren) Kriegsgefahr und der Lösung der Deutschen Frage klingen diese Themen nur noch am Rande an (*Das Versprechen*), bis sie aus dem kommunikativen Gedächtnis der Filme verschwinden (*Sonnenallee*, *Das Leben der anderen*).[657]

Während die Deutsche Frage und ihre politischen Implikationen in Wissenschaft, Publizistik und Film immer weniger thematisiert werden, nimmt dort das Zusammen- und Auseinanderleben

---

[653] Das gilt auch für die kollektive Wehrdienstverweigerung der Figuren am Schluss von *NVA*, die mit der Grenzöffnung einhergeht. Dies geschieht in *Helden wie wir* allein durch Hauptfigur Klaus Uhltzscht.

[654] Vgl. auch Hake 2004: 327. Dass sich gegenüber den Westdeutschen in der Aufarbeitung der DDR-Geschichte „die Filmleute aus dem Osten […] so still verhalten" (so Dresen 2009), lässt sich schwerlich behaupten. Zwar ist es richtig – wie es bei den proportionalen Bevölkerungszahlen und der Dominanz der Westdeutschen in den Medien ohnehin nicht anders zu erwarten ist –, dass auch Filmemacher aus den alten Bundesländern wie Detlef Buck (*Wir können auch anders...*), Wolfgang Becker (*Good Bye, Lenin!*) und Sebastian Peterson (*Helden wie wir*) DDR-Komödien gedreht haben Daraus aber zu schließen, die ‚Ostalgie' sei kein Phänomen ostdeutscher Erinnerungskultur, sondern „a discourse driven from the West; [...] a potent means of stifling dissent in the East" (so Dale 2007: 169), ist vor dem Hintergrund der auch in der vorliegenden Studie diskutierten Beweislast aus Film, Geschichtswissenschaft und Demoskopie zu bezweifeln.

[655] Hinzuzufügen wären Volker Schlöndorff (Jg. 39), Regisseur von *Die Stille nach dem Schuß*.

[656] Vgl. dazu Roth 1995: 240-253, und Gruner 1993: 338 ff.

[657] Vgl. zur Überprüfung *Good Bye, Lenin!*, *Helden wie wir*, *NVA* und *Wie Feuer und Flamme*.

der West- und Ostdeutschen, die Neue Deutsche Frage, eine immer wichtigere Position ein,[658] ein Problem, das in den Filmen der 80er-Jahre noch nicht antizipiert wurde. Das zeigen die Schlussabschnitte vom *Leben der anderen* und dem *Versprechen*[659] ebenso wie die Auseinandersetzungen zwischen West- und Ostdeutschen in *Sonnenallee*. Hofften die älteren Filme auf den Fall der Mauer, zu dem Willy Brandt prognostizierte, es „wächst zusammen, was zusammengehört", zeigen neuere Filmen, dass die ‚Mauer in den Köpfen' noch nicht beseitigt ist. Indem aus der Erinnerungskultur der Gegenwart Vorstellungen auf die Vergangenheit projiziert werden, verdrängt die Neue Deutsche Frage die (alte) Deutsche Frage aus dem Film.

Damit lässt sich die These, wonach bei „Ost- und Westdeutschen […] ein hohes Risiko [bestünde], fortgesetzt negative Identitäten bis hin zu ‚Feindbildern' zu entwickeln"[660], für den Film in Teilen bestätigen. Denn hier stehen Filme mit einer eindeutig westdeutschen, moralisierenden Sicht auf Mauer und DDR[661] der Perspektive von ‚Ostalgie'-Filmen wie *Sonnenallee* gegenüber. Diese bewerten nicht nur das Leben in der DDR positiver und verdrängen die Mauer, sondern bauen auch in Abgrenzung von den Westdeutschen – nicht den Bundesbürgern – ihre eigene ‚DDR-Identität' auf. Im Gegensatz zu den Dramen ist hier die Erinnerung an DDR und Mauer oft positiv. Das bedeutet, dass mit der Grenzöffnung gerade nicht „auch die Spaltung der Bilder in Deutschland beendet [war]"[662]. Denn selbst neuere Filme wie *Das Leben der anderen* können dies trotz umfangreicher Recherche nur schwer umgehen.[663]

Dennoch zeigt auch gerade dieser Film des jungen Regisseurs, dass man immer stärker auf historische Forschungen angewiesen ist und nicht mehr so viele eigene Erfahrungen in die Filme einbringen kann wie Peter Timm, Thomas Brussig, Leander Haußmann, aber auch Peter Schneider in ihren jeweiligen Filmen. Damit verdrängt die vermittelte Erfahrung immer mehr die eigenen Erfahrungen von Mauer und Teilung. Sie zeugt aber auch vom Einfluss des seit 1989/90 andauernden ‚Schwingens der Stasikeule' in der deutschen Erinnerungskultur. Denn gerade Florian Henckel von Donnersmarck zeigt sich weit stärker durch Erfahrungen nach 1989/90 und Auseinandersetzungen über eine ‚korrekte' DDR-Erinnerung beeinflusst als durch Zeitzeugenschaft oder dem Anspruch, Geschichte zu zeigen, ‚wie es wirklich gewesen'.

Trotz vieler Gemeinsamkeiten zwischen Film und Forschung bleiben aber auch erhebliche Unterschiede bestehen. So gehen die immer noch zahlreichen Freund- und Feindbilder, Nations- und Mauerklischees der Filme an der seriösen Forschung vorbei. Zudem widerspricht das sich

---

[658] S. z. B. Bisky 2005, Lafontaine 1990, Falter / Gabriel / Rattinger / Schoen 2006, Langguth 1997. Dies ist nach anfänglicher Vereinigungs-Euphorie auch bereits in *Das war der wilde Osten* zu erkennen (Naughton 2002: 202).
[659] Zudem sei auf die Schlussszene in *Die Stille nach dem Schuß* verwiesen, die auf erste Konflikte hinweist.
[660] Neller 2006: 30.
[661] S. *Das Versprechen, Das Leben der anderen* sowie *Apfelbäume* (Schenk 2005: 35 f.); s. auch Anm. 642.
[662] So die These zum deutschen Spielfilm von Engert 2000: 188, und ähnlich Naughton 2002: 243.
[663] Das wäre mit *Der rote Kakadu* (s. Lindenberger 2006a: 367 ff.) und *Stille nach dem Schuß* zu überprüfen.

seit Ende der 90er-Jahre langsam abschwächende Interesse an der DDR und den Erfahrungen in diesem Staat dem DDR- und Mauerfilm. Dieser nimmt in der Erinnerungskultur der letzten Jahre eher noch weiter zu, vor allem im Fernsehen.[664] Das deutet darauf hin, dass der Mauerfilm durch den Bezug auf vorherrschende Rezeptionsbedingungen und angestrebte Massenkompatibilität leicht verspätet zur gesellschaftlichen Erinnerungskultur verläuft. Er behandelt zwar die gleichen Themen, kann Tendenzen verstärken, schafft diese jedoch nie von sich aus. Dies zeigt die Konzentration auf die Anfang der 90er-Jahre vorherrschende Aufarbeitung der Stasi und deren Verknüpfung zur ‚Diktatur der Mauer‘ in *Das Versprechen*. Danach findet die ab 1993/94 erkennbare ‚Ostalgie‘ 1999 mit *Sonnenallee* erstmals Eingang in einen Film. Hier erst schien die massenkompatible Basis für die filmische Umsetzung einer Mischung ostdeutscher Erfahrungen vor und nach 1989/90 mit eigenen Wünschen und Projektionen einer ‚DDR-Identität‘ gegeben zu sein. Dieses Format bestimmt für die nächsten Jahre, auch nach Abklingen der ‚Ostalgie‘-Welle im Alltag, das Thema im Kino. *Das Leben der anderen* schließlich nimmt neuere Forderungen gegen Verharmlosungstendenzen der ‚Ostalgie‘ auf und bemüht sich um ein neutraleres Urteil. Diese Ergebnisse lassen Rückschlüsse auf das geschichts- und erinnerungskulturelle Konzept zu.

5.3 Rückschlüsse auf den geschichts- und erinnerungskulturellen Rahmen

Insgesamt hat sich das in Abschnitt 2 entworfene Konzept als tragbar erwiesen, einige Schritte auf dem Weg zu einer Erforschung von Grenz- und Nationsverständnissen im Film zu gehen. Das betrifft die konstruktivistische Nationsforschung, die an Maurice Halbwachs und Jan Assmann anschließenden Theorien zum kollektiven Gedächtnis ebenso wie den Ansatz der Erinnerungsorte und Karl Mannheims Generationenkonzept. Oftmals stellen einige Filmbilder neben dem Erinnerungs- auch einen konkreten Erwartungsort Mauerfall in Aussicht, eine Perspektive, die in der Forschung noch etwas unzureichend berücksichtigt wird. Da die Filme offenbar nur das aufgreifen, was in der Erinnerungskultur debattiert wird, ihr aber nicht in Sachen Berliner Mauer und Deutscher Frage vorangehen, kann man auf ein filmisches Gedächtnis schließen, das ähnlich wie das aktive Gedächtnis am kommunikativen teil hat, abhängig von den eigenen Formaten und den Rezeptionsbedingungen aber nicht alles, was darin liegt, auch thematisiert.

Davon ausgehend widersprechen einige Ergebnisse neueren Forschungsständen, was im Folgenden kurz erörtert werden soll. So wird die in Kapitel 2.1 dargelegte neuere Grenzforschung in Teilen bestätigt, wonach Grenzen häufig mit Beschränkung und Unfreiheit verbunden werden, während Grenzüberschreitung zumeist positiv aufgeladen ist.[665] Des Weiteren ist, selbst wenn die Mauer nicht im Zentrum der Geschichte steht (*Himmel über Berlin*, *Leben der anderen*), ein

---

[664] Vgl. zum zurückgehenden Interesse Faulenbach 2007: 11 ff., sowie zu den Filmen Anm. 9.
[665] Vgl. zur Grenzforschung etwa Demandt 1991: 19 f., Schlögel 2003: 137; vgl. zur Presse Frech 1992: 20 f.

Film über das Ost-Berlin der 80er-Jahre ohne Mauer schwer vorstellbar – im Gegensatz zur Visualisierung West-Berlins.[666] Wichtig erscheint dabei, dass für diejenigen Filme, die die Mauer auch als verbindendes Element darstellen (*Himmel über Berlin, Das Leben der anderen, Der Mann auf der Mauer, Das Versprechen),* Identität nur gesamtdeutsch vorstellbar ist. Fungiert die Mauer bloß trennend, mangelt es am gesamtdeutschen Bezug.[667] Diese Ergebnisse hinterfragen damit die These, wonach Grenzziehung und Identitätskonstitution *immer* durch Abgrenzung von einem ‚Anderen' entstehen. Denn in manchen Filmen hält gerade die Mauer nationale Gemeinsamkeiten aufrecht und die Deutsche Frage offen.

In diesem Punkt zeigt Filmanalyse auch, wie wenig die Nationskonzeptionen der Filme Benedict Andersons in Kapitel 2.2 erläuterten Definition der Nation als souverän und begrenzt vorgestellter Gemeinschaft entsprechen. Viel eher erscheint die deutsche Nation in den drei älteren Dramen als eine natürliche Volks-, Kultur- und Bewusstseinsgemeinschaft, vorgestellt bzw. erinnert als im Bezug auf die Mauer *ent*grenzt und geschichtlich gewachsen. Diese älteren Nationskonzeptionen sollten, wie bereits erwähnt, Argumente für die Offenheit der Deutschen Frage bereitstellen und die Legitimität der DDR und der deutschen Teilung untergraben. Konstruktivistische Nationsverständnisse, wie sie sich seit Mitte der 1980er-Jahre in der Forschung durchgesetzt haben, sind vor *Sonnenallee* nicht zu erkennen und bleiben in einer in der Erinnerung gewünschten Nationskonstruktion auf ‚Ostalgie'-Filme beschränkt. Dies lässt sich darauf zurückführen, dass gerade diese Filme ihre Mauer- und Nationsdeutungen unter dem Rechtfertigungsdruck der eigenen Biographie, Erfahrungen und Erinnerungen gegenüber der vorherrschenden Erinnerungskultur und Geschichtspolitik geltend machen wollen.

Dies verweist auf einige medienspezifische Unterschiede für die in Kapitel 2.2 dargelegte Theorie der Nationalsymbole. Diesbezüglich kann man anschließend an das in Kapitel 1.1 zu Berlin Gesagte zugespitzt festhalten: In der bundesdeutschen Erinnerungskultur wird die Geschichte der deutsch-deutschen Grenze größtenteils auf die Berliner Mauer reduziert,[668] was wiederum aus ihrer und der symbolischen Aufladung Berlins resultiert. Dabei symbolisiert aber weder die Stadt als Ganze die Deutsche Frage noch ihre architektonischen Symbole per se. Denn mit Ausnahme vom *Himmel über Berlin* sind alle Filme eher arm an Symbolen.[669]

---

[666] *Christiane F. – Wir Kinder vom Bahnhof Zoo* (1981) zeigt ein West-Berlin ohne Mauer. Dagegen ist dem Verfasser kein Ost-Berlin-Film, überhaupt kein neuerer Berlin-Film über die Zeit der Teilung ohne Mauer bekannt.

[667] Neben *Meier* und *Sonnenallee* wäre das für *Good Bye, Lenin!* und *Helden wie wir* zu überprüfen.

[668] Selbst viele der wenigen Spielfilme über die innerdeutsche Grenze wie *Apfelbäume* und *NVA* kommen nicht umhin, zum Ende des Films entweder den Ort nach Berlin zu verlagern (*Apfelbäume*) oder per Radio die Ereignisse in Berlin zu integrieren (*NVA*). Zumeist spielen die Filme aber in Berlin selbst (s. Anm. 9).

[669] In *Meier* deutet abseits der Mauer nichts auf Berlin hin, im *Mann auf der Mauer* ist neben mehreren Mauerabschnitten bloß dreimal der Fernsehturm zu sehen (1.00, 1.03, 1.10). Im *Versprechen* sieht man neben der Mauer an allein das Haus der Kulturen (27 f., 1.05), die Gedächtniskirche (1.34) und den Bahnhof Friedrichstraße (1.18 f., 1.39 f.). Im *Leben der anderen* erkennt man bloß einmal versteckt das Kongresszentrum (1.11) und das Pankower Ehrenmal (1.07 ff.), nicht aber die Mauer. In *Sonnenallee* ist zusätzlich zum Grenzgebiet einmal Dom und Fernseh-

Besonders deutlich wird dies im Vergleich zum Brandenburger Tor, das laut Politik, Wissenschaft und Gesellschaft vor und nach dem Mauerfall immer wieder durch seine wechselvolle Geschichte als *das* Nationalsymbol der Deutschen bezeichnet wurde, das wie kein Zweites die offene bzw. gelöste Deutsche Frage symbolisiere.[670] Doch in keinem der analysierten Filme, außer einer Dokumentarfilmaufnahme zu Beginn im *Versprechen* (0), wird es gezeigt; erwähnt wird es nie. Daher ist es für den Film alles andere als „voraussehbar, daß […] das Brandenburger Tor, das so lange Zeit ein Symbol für die deutsche Teilung war, nolens volens zum Symbol der deutschen Einheit wird"[671]. Dieses Übersehen der Filme lässt sich dadurch erklären, dass dort seit dem Mauerbau wenig geschah und dies der filmischen Darstellung abträglicher erscheint als die realen, aber auch erfundenen Geschichten an der Mauer und ihren Übergängen. Das bedeutet: Die Berliner Mauer ist *das* filmische Symbol der Deutschen Frage, selbst wenn Politik, Gesellschaft und Forschung das Brandenburger Tor favorisieren. Dies lässt auf eine medienabhängige Symbolik dieses Erinnerungs- und Erwartungsortes schließen.

Dadurch erscheint auch die in Kapitel 2.4 dargelegte Konkurrenztheorie zur Erinnerungskulturgeschichte, die Diskursgeschichte, wie sie von Hans Joachim Meurer und Inga Scharf vertreten wird, unzureichend. Denn die pluralistischen Darstellungen der Filme weisen erhebliche, durch das Wirken eines hegemonialen Kalten Kriegs-Diskurses nicht zu erklärende Widersprüche zur politisch-kulturellen Wahrnehmung und Erinnerung auf. Denn obwohl der deutsche Film massiv unter der Konkurrenz Hollywoods litt, weichen seine Visualisierungen von Berliner Mauer und Deutscher Frage stark von anglo-amerikanischen Symboliken ab, lassen aber auch nicht auf ein nationales Kino bzw. einen Gegendiskurs schließen. Sie sind nicht ohne Intentionen der Filmemacher, ihrer jeweiligen Generation sowie der damit verbundenen Geschichts- und Erinnerungskultur erklärbar, Aspekte, die sich einer Diskurstheorie entziehen.

So wurde angedeutet, wie stark anglo-amerikanische Forschung und Filme[672] – was noch näher überprüft werden muss – die Mauer mit dem globalem Systemgegensatz des Kalten Krieges und der Spionage verbinden und so die Deutsche Frage zurückdrängen. Denn aus ihrer Perspektive war der Kalte Krieg gewiss wichtiger und symbolträchtiger als die Deutsche Frage. Gilt dies

---

turm sowie die West-Berliner Skyline (33 ff., 48 f.) zu sehen. Auch auf die vielen Gedenkzeichen, -stätten und Museen zur DDR-Geschichte greifen die sechs Filme nicht zurück, sieht man von der Stasi-Forschungs- und Gedenkstätte in der Normannenstraße im *Leben der anderen* ab (1.58 ff.); s. zum *Himmel über Berlin* Anm. 348.

[670] So z. B. Cullen / Kieling 1999: 113, 169, Demps 2003: 7, Reichel 2005: 99, 108, Seibt 2001: 83. Für Billy Wilders vor dem Bau der Mauer gedrehte Komödie *One, Two, Three*, traf dies noch zweifelsohne zu. Die gesellschaftliche Bedeutung des ehemaligen Stadttores zeigt sich auch darin, dass es am 22. September 2006 von den ZDF-Zuschauern den zweiten Platz der Sendung *Unsere Besten – Lieblingsorte der Deutschen* belegte.

[671] So die allgemeine These von Cullen / Kieling 1999: 169.

[672] Hier sei auf Billy Wilders *One, two, three*, Martin Ritts *The Spy who Came in from the Cold* und Alfred Hitchcocks *The Torn Curtain* aus den 60er-, sowie auf Delbert Manns *Night Crossing* und den James Bond-Film *Octopussy* aus den 80er-Jahren verwiesen; vgl. zur anglo-amerikanischen Forschung Anm. 159, sowie, um nur ein Beispiel herauszugreifen, zum Kalten Krieg in James-Bond-Filmen Lünnemann 1993.

nur in Ansätzen auch für die bundesdeutschen Komödien,[673] so betonen die Dramen viel stärker nationale Vorstellungen. Das Leitbild des Kalten Krieges wird eher am Rande erwähnt und hinterfragt, als dass auferlegte globale Abgrenzungsstrategien übernommen werden.

Besonders deutlich wird das auch auf der europäischen Ebene. In Politik und Gesellschaft wurde die Deutsche Frage und ihre Lösung stets mit der Überwindung der Teilung Europas verbunden.[674] Außer jeweils einer Andeutung im *Mann auf der Mauer* und im *Versprechen*[675] spielt die europäische Ebene in der filmischen Darstellung von Berliner Mauer und Deutscher Frage aber nur eine völlig untergeordnete Rolle. Dies kann durch die geschichtskulturelle Rahmung der Filme und ihr vorwiegend deutsches Publikum erklärt werden. Beide Faktoren tendieren eher zu nationalen Symboliken denn zu europäischen und globalen. Im bundesrepublikanischen Spielfilm ist die Mauer also sehr viel weniger ein Erinnerungs- und Erwartungsort Europas als einer der Deutschen, der Symboliken anderer räumlicher Maßstabsebenen zurückdrängt.

Das gilt auch für die regionale Ebene. So sehen viele Westdeutsche die alte Bundesrepublik als „Erfolgsstory"[676] an, die nicht verarbeitet werden muss. So gibt es heute auch kaum Filme, die sich an das West-Berlin der 80er-Jahre erinnern. Im Gegensatz zur ‚Ostalgie' ist dabei eine ‚Westalgie'[677], ein Wunsch nach den alten Bundesländern im Film nicht festzustellen; allein die (erfundene) Erinnerung an die Offenhaltung der Deutschen Frage wäre hier zu nennen. So liegen der Aufarbeitungsbedarf und das Interesse eindeutig auf Seiten der DDR-Geschichte.[678]

Dies bekräftigt die These aus Kapitel 2.4, Erinnerung gehe stets mit Vergessen einher. Es hilft verstehen, warum der 17. Juni 1953 und die sozial-liberale Deutschlandpolitik nicht mehr Teil des kommunikativen Gedächtnisses (auch der Filme) sind.[679] Auch Vorstellungen der ‚Grenzen von 1937', wie sie etwa vom Bund der Vertriebenen oder dem rechten Flügel der CDU/CSU propagiert wurden,[680] bleiben ebenso unsichtbar wie beschönigende *Memoiren aus dem Stasi-Milieu*[681] der 90er-Jahre. Solche Extrempositionen werden nur durch negativ gezeichnete Neben-

---

[673] Neben *Meier* und *Sonnenallee* scheint dies auch für *Helden wie wir* und *NVA* zu gelten.

[674] Vgl. Assmann 2007: 250 ff., Garton Ash 1993: 28-47; s. Kohl 1983: 6 f., Schmidt 1980: 29, und Kap 2.3.

[675] Hingegen erscheinen die französische Protagonistin in *Himmel über Berlin*, die Schweizer Hauptfigur in *Einmal Kudamm und zurück* und der russische Deserteur in *Novemberkind* nicht als Symbol der europäischen Einheit.

[676] So Weidenfeld 1993: 15; ähnlich auch Davidson 1999: 170.

[677] Vgl. zur ‚Westalgie' Neller 2006: 21-26, und Wolfrum 2005: 401. Wenn überhaupt etwas im deutschen Film entfernt einer ‚Westalgie' ähnelt, so war es sicher der Wunsch nach Harmonie, sozialer Integration und Wohlstand, der sich in vielen westdeutschen Filmen der 90er-Jahre niederschlug (vgl. Naughton 2002: 125-138).

[678] Dies gilt in ähnlicher Form auch für die (Nach-)Wende-Filme, die sich mehrheitlich auf die die neuen Bundesländer und Bürger konzentrieren und die Westdeutschen zu Randfiguren degradieren (vgl. Naughton 2002).

[679] Der 17. Juni 1953, von Edgar Wolfrum als „das gesamtdeutsche ‚Ursprungsereignis'" gekennzeichnet, um „die nationale Einheit in Zeiten der Teilung zumindest symbolisch zu konstruieren" (Wolfrum 2000: 228), wird nur an einer Stelle im Fernsehen in *Das Versprechen* (50 f.) erwähnt. Des Weiteren wurde Mitte der 90er-Jahre der Beginn der Entspannungsphase in der sozial-liberalen Koalition nicht mehr als bedeutendes Ereignis erinnert, so bedeutend der ‚Wandel durch Annäherung' auch tatsächlich war (vgl. Heinrich 1996: 81, vgl. dagegen aus konservativer Perspektive Jahn 1985: 634 f.).

[680] So Czaja 1986: 137, und Gruber 1989: 167. Dafür wäre ohnehin die Oder-Neiße-Grenze symbolträchtiger.

[681] Vgl. dazu Fricke 2001.

figuren vertreten, sei es der Nationalkonservative Steiner im *Mann auf der Mauer* oder die die DDR, Stasi und Mauer verharmlosenden Figuren im *Versprechen* und im *Leben der anderen*. Das letzte Kapitel wird auf vier an die Ergebnisse anschlussfähige Forschungsfelder hinweisen, die deren Thesen bekräftigen, modifizieren oder erweitern können.

5.4 Ausblick und Perspektiven künftiger Forschung zur Mauer und Nation im Film

Neben der generellen Vergleichsmöglichkeit mit anderen nationalstaatlichen Grenzen, sollte zuallererst eine Analyse der in den Anmerkungen dieses Abschnitts herangezogenen Filme die gewonnenen Ergebnisse auf eine breitere Grundlage stellen und die dort geäußerten Hypothesen zu den hier nicht untersuchten Filmen überprüfen. Dies beinhaltet sowohl einen Vergleich der Kinofilme mit den Fernsehfilmen[682], Wende-Dramen[683] und -Komödien[684] als auch mit den DEFA-Produktionen und ihrer Visualisierung von Mauer und (Neuer) Deutscher Frage. Darin könnte man u. a. fragen, ob die Mauer- und Nationsdeutungen als Klassennation auch der DDR-Staatsdoktrin folgen, wie dies für DDR-Medien konstatiert[685], in den Staats- und Parteifiguren der analysierten Filme geschildert wird, und ob auch hier die Gewöhnung an die Mauer und die deutsche Teilung der Bundesbürger ihren Ausdruck findet.

Des Weiteren sei auf die anglo-amerikanischen Filme verwiesen, in denen der Kalte Krieg vermutlich die Deutsche Frage in den Hintergrund drängt – ganz im Gegensatz zu den bundesrepublikanischen Filmen der 80er-Jahre. Wenn es zutrifft, dass nach 1989/90 die Thematisierung der DDR-Vergangenheit ohnehin eine rein deutsche Angelegenheit ist,[686] fände sich die These bestätigt, dass nach 1989/90 gerade die Frage der ‚inneren Einheit', der ‚Mauer in den Köpfen' das Thema DDR und Mauer zu solch einem bevorzugten Filmgegenstand macht. Denn nach dem Ende des Kalten Krieges und dem Fall des ‚Eisernen Vorhangs' hat die Mauer für internationale Produktionen ihre Zugkraft verloren, da sie nun nicht mehr *die* globale Konfliktlinie symbolisiert. Dies könnte auch für kontinental-europäische Mauerfilme gelten, die dem Verfasser, wenn es sie denn gibt, allerdings nicht bekannt sind.

---

[682] Für die 1980er-Jahre wären hier *Berlin Mitte* (1980) und *German Dreams* (1985) heranzuziehen. Hinsichtlich der neueren Fernsehfilme (s. Anm. 9) verleitet der erste Einblick den Verfasser zur Hypothese, dass Fernsehproduktionen nicht an der ‚Ostalgie'-Welle teilnahmen bzw. -nehmen und viel stärker einem westdeutschen, stereotypisierten Blick auf die Mauer folgen als es neuere Kinofilme tun. Gründe dürften in der von westdeutschen Medien dominierten Fernsehlandschaft der Republik und dem Finanzierungssystem der Filme liegen.

[683] Laut David Clarke meiden diese Filme „any reference to anything resembling a national identity", und zeichnen sich durch eine Identitätssuche aus (Clarke 2006: 153). Berlin sei als Mikrokosmos des vereinigten Deutschland eine fremde Umgebung, in der Zugehörigkeit nur durch die Privatsphäre erreicht werden kann (ebd. 177).

[684] Ein Basis dazu bietet die Monographie von Naughton (2002), die zwar, wie bereits erwähnt, nicht die Themen dieses Buches analysiert, und bei *Das Versprechen* und *Sonnenallee* auch entgegengesetzte Deutungen vertritt; doch bietet sie mit ihren diskussionswürdigen Hinweisen auf fehlende Ost-West-Beziehungen und Probleme ‚innerer Einheit' in den Wende-Filmen interessante Ansatzpunkte für mögliche Vergleiche.

[685] Vgl. etwa Wilke 1999: 663 f., sowie zur Fotografie Demke 2004: 102. Einen ersten Zugriff auf die letzten DEFA-Filme bietet diesbezüglich Allan 2000.

[686] So Arand 2006: 196.

Drittens kann eine Rezeptionsanalyse viele der in dieser Studie gewonnen Ergebnisse bekräftigen oder modifizieren. Mit ihr kann man fragen, welche Nations- und Mauerbilder der Filme erinnert, und welche Bedeutungen ihnen zugewiesen werden. Aus den 80er-Jahren scheint dies vor allem *Himmel über Berlin* zu sein, was dem Forschungsinteresse nach zu urteilen aber mehr seiner Kunst als seiner Mauer- und Nationsdarstellung geschuldet ist. Die anderen Filme bis zu *Sonnenallee* sind weithin dem kommunikativen Gedächtnis entfallen. Zudem könnte die Rezeptionsanalyse verstehen helfen, wer über die Mauerthematik lachen kann (*Meier*, *Sonnenallee*), wer mit welchen Kriterien linkspolitisch inspirierte Filme wie *Der Mann auf der Mauer* bzw. wer aus welchen Motiven DDR-kritische Filme lobt oder tadelt.

Viertens schließlich sollte auch das untersucht werden, was hier durch die Konzentration auf den Film nur am Rande berücksichtigt werden konnte, die Perspektive anderer Medien. Da auch Filmbilder immer in einem Bilderzusammenhang mit verschiedenen Zugangs- und Rezeptionsweisen stehen, müsste auch der Mauerfilm möglichst in seiner visuellen Kultur untersucht werden.[687] Vertiefend zu den Filmen über die Berliner Mauer sollten andere Medien wie Fernsehen, Fotografie und Literatur[688], die oftmals von der erinnerungskulturellen Forschung vernachlässigte (Film-)Musik sowie nicht zuletzt die Marketingkonzeption der Filme untersucht werden; diese steht im Kontext von DVD-Begleitmaterial, Internet-Dokumentationen und interaktiver Kommunikation.[689] Das Thema Berliner Mauer und Deutsche Frage im Film besitzt also zahlreiche Anknüpfungspunkte für weitere historische Forschungen.

Dabei wird es auch in Zukunft wichtig sein, zu beachten, dass im Spielfilm die Deutsche Frage von der Neuen Deutschen Frage überlagert und verdrängt wird. Die politische Rhetorik aus Helmut Kohls Eingangszitat behält somit auch für die künftige filmische Aufarbeitung von Berliner Mauer und Deutscher Frage ihre Gültigkeit. Sie bezieht sich dann aber nicht mehr auf die 1989/90 gelöste nationale Frage, sondern auf die Neue Deutsche Frage der ‚inneren Einheit' und der ‚Mauer in den Köpfen' im Film:

> „Die Lage unserer Nation spiegelt sich im Schicksal der Stadt Berlin. […] Die Mauer in Berlin ist zum […] Symbol der […] Teilung Deutschlands geworden. […] Berlin bleibt das Symbol für die offene deutsche Frage."

---

[687] Ähnlich auch Regener 2004: 23, über den medialen Kontext der Fotografie.
[688] Zum Fernsehen könnte die Monographie von Steinle 2003, helfen, sowie, auch wenn sie nicht die Deutsche Frage thematisieren, zur Mauer-Fotografie Demke 2004, zur Literatur Frech 1992.
[689] In Ansätzen wurde dies bereits bei *Good Bye, Lenin!* versucht (s. Böhn 2005, Regener 2004: 21 ff.).

Anhang

a) Inhaltsangaben der ausgewählten Filme

Der Mann auf der Mauer (1982)

Reinhard Hauffs im Oktober 1982 in den deutschen Kinos angelaufene Peter Schneider-Verfilmung *Der Mann auf der Mauer* schildert einige Jahre aus der Ehe der beiden ca. 40-jährigen Ost-Berliner Andrea und Arnulf Kabe. Mehrfach begeht er ,Grenzverletzungen', um über den Umweg der DDR-Gefängnisse von der Bundesrepublik freigekauft zu werden. In West-Berlin setzt er alles daran, Andrea wiederzusehen. Zunächst versucht er DDR-Flüchtlinge wie seinen alten Freund Helmut, dann aber auch seinen neuen Mitbewohner, den arbeitslosen Journalisten Schacht aufzurütteln und für das Ziel der deutschen Einheit zu gewinnen. Darüber hinaus fordert er den Bundesnachrichtendienst und die zuständige alliierte Macht der USA zum Konfliktkurs und Krieg mit der DDR auf.

Während sich das Scheitern seiner Pläne abzeichnet, verliebt er sich in die mit einem gewissen Krause liierte West-Berlinerin Viktoria. Als sie ihm nahelegt, wieder in die DDR zu gehen, versucht Kabe über die Mauer zu Andrea zu flüchten. Von den Grenzern gestellt, lässt er sich vom MfS anwerben, um die Mauer dauerhaft überschreiten zu können. Im Gegenzug spioniert er den *Kampfbund für ein freies Deutschland* unter dem ehemaligen SS-Sturmbannführer Dr. Steiner aus. Wenig später geht er von Schachts Wohnung aus mit seinem Radiokanal *Moses 2 – Kanal 3* auf Sendung, in dem er für die deutsche Einheit wirbt. Schließlich gelingt es ihm, Andrea mit Viktorias Identität für eine Nacht nach West-Berlin zu schleusen, um so eine Grenzüberschreitung für Ost-Berliner zu ermöglichen. Der Film schließt mit Kabes Spaziergang auf der Mauer, umringt von bewaffneten Soldaten.

Meier (1986)

Meier kam im Mai 1986 in die deutschen Kinos. Peter Timms Grenzkomödie erzählt die Geschichte des Ost-Berliner Tapezierers Eduard Meier, der von seinem verstorbenen Vater aus West-Berlin 30.000 DM geerbt hat und sich damit seinen größten Wunsch erfüllt: eine vierwöchige Weltreise. Während er seiner Freundin Lore Steinke erzählt, nach Sofia zu fahren, verschafft er sich mit Hilfe seines West-Berliner Onkels Werner über ein Fluchthilfeunternehmen einen gefälschten Personalausweis der Bundesrepublik. Ohne sich aber, wie ihm sein Onkel rät, dort eine eigene Existenz aufzubauen, wie er selbst kurz nach dem Bau der Mauer, überschreitet er nun täglich mit Ausweis und Berechtigungsschein die Grenze, ohne jemandem von seiner doppelten Identität zu erzählen.

In der von Parteisekretär Kuno geleiteten Tapezierbrigade des *VEB – Kommunale Wohnungs-*

verwaltung Berlin-Mitte arbeitet Meier mit Lore, den Brigadieren Erwin Pfeifer und Karl-Heinz Vorwerk, genannt Kalle, alle vier etwa Anfang bis Mitte 30. Seine verpflichtenden Aufenthalte in West-Berlin nutzt Meier dafür, in der DDR nicht erhältliche Raufasertapeten zu kaufen, um sie nach Ost-Berlin einzuführen. Das Tapetengeschäft ist so erfolgreich, dass sich der Kundenkreis seiner Brigade bis zur SED-Parteispitze erweitert und Meier zum ‚Held der Arbeit' gekürt wird. Als er nach der Ordensverleihung betrunken erneut die Grenze nach West-Berlin überschreiten will, greift er aus Versehen zum DDR-Ausweis und wird festgenommen. Im MfS-Verhör beichtet er sein Mauerspringen. Trotz der angedrohten zehnjährigen Freiheitsstrafe lässt man ihn unter der Bedingung der Schweigepflicht laufen. Als ‚Held der Arbeit' und alleiniger DDR-Bürger kann er mit Lore weiter glücklich in Ost-Berlin leben.

Himmel über Berlin (1987)

Im Mai 1987 feierte Wim Wenders' *Himmel über Berlin* in Cannes Premiere. Der Film begleitet die nur für Kinder sichtbaren Engel Damiel und Cassiel auf ihren Wegen durch das West-Berlin des Jahres 1986. Sie beobachten den Alltag der Menschen, hören ihre Gedanken, Sorgen und Ängste. Ihre jeweiligen Erfahrungen des Tages tauschen Damiel und Cassiel in gemeinsamen Gesprächen aus, und schwelgen in Erinnerungen an die Geschichte der Stadt, der Menschen und der eigenen Existenz. Von den Nebenfiguren ist (Ex-Engel) Peter Falk hervorzuheben, der sich selbst spielt und in einem Luftschutzbunker einen Detektivfilm über die letzten Kriegsmonate in Berlin dreht. Des Weiteren sei auf den von Cassiel begleiteten Homer verwiesen, ein älterer Mann, der in Gegenwart der Berliner Mauer über die (Stadt-) Geschichte und den Potsdamer Platz, das Erinnern, Erzählen und Vergessen nachdenkt.

Eines Tages verliebt sich Damiel in die Zirkusakrobatin Marion, die sich ebenfalls nach ihm, den sie nicht kennt, sehnt. Aus Liebe zu Marion und dem Rat Peter Falks beschließt Damiel, seine himmlische Existenz abzulegen. Als Mensch erwacht er auf der Westseite der Mauer, bedankt sich bei dem berühmten Schauspieler und geht zu Marions Zirkus, der aber mittlerweile Konkurs gegangen und abgereist ist. Auf einem Konzert trifft er schließlich die in Berlin gebliebende Marion und beide finden am Ende des Films zueinander.

Das Versprechen (1995)

Margarethe von Trottas Melodram *Das Versprechen* aus dem Jahr 1995 erzählt die Liebesgeschichte der durch die Mauer getrennten Konrad Richter und seiner Freundin Sophie, gruppiert um vier historische Ereignisse: den Mauerbau, den ‚Prager Frühling', den 20. Jahrestag der Mauer und den 9. November 1989. Kurz nach dem Bau der Mauer fliehen die Jugendlichen Konrad und Sophie aus Ost-Berlin durch die Kanalisation in den Westteil der Stadt zu Sophies

Tante. Als er entdeckt zu werden droht, bleibt er mit dem Versprechen nachzukommen, zurück. Wegen versuchter ,Republikflucht' von seinem Vater angezeigt, ,bewährt' er sich bei der NVA und wird als Grenzer an der Mauer stationiert. Nach zwei weiteren gescheiterten Fluchtversuchen bleibt er getrennt von Sophie in Ost-Berlin.

1968 darf Konrad als aufstrebender Astrophysiker mit seinem Professor Ewald Lorenz zu einem internationalen Kongress nach Prag reisen, wo er Sophie wiedertrifft. Die Niederschlagung des ,Prager Frühlings' durchkreuzt aber ihre Pläne, gemeinsam in Prag zu leben. Als Sophie die Wiedereinreise in die DDR verwehrt wird, bricht sie den Kontakt zu ihm ab, um in West-Berlin ihren in Prag gezeugten und erwarteten Sohn aufzuziehen.

12 Jahre später reist der zum Professor berufene und mit seiner Assistentin verheiratete Konrad als Reisekader zu einem Kongress nach West-Berlin, wo er Sophie und seinen Sohn Alex trifft. In der Folge kooperiert er mit MfS-Mitarbeiter Müller, um Besuche seines Sohnes zu ermöglichen. Unterdessen wirbt Konrads Schwester Barbara, eine evangelische Pfarrerin, in ihrer Gemeinde für Frieden und Abrüstung. Als ihr Mann Harald an der DDR verzweifelt, demonstriert er öffentlich an der Mauer gegen das 20-jährige Bestehen dieser Grenze. Verhaftet und erpresst, wird er ohne seine Frau in die Bundesrepublik ausgewiesen. Bei seiner Flucht in die DDR stirbt er im Niemandsland durch eine Mine. Als Alex wiederholt der Besuch bei seinem Vater verwehrt wird, schlägt Konrad MfS-Mitarbeiter Müller K.O. Versetzt als Heizer in ein Hallenbad, erlebt der wieder einsame Konrad den 9. November 1989. An der Bornholmer Straße trifft er Sophie wieder, erstmals ohne Mauer.

Sonnenallee (1999)

In Leander Haußmanns Konödie *Sonnenallee* erzählt Michael Ehrenreich einige Tage aus den 70er-Jahren, als er, 17 Jahre alt, im Grenzgebiet der Ost-Berliner Sonnenallee wohnte. Beobachtet von einem Grenzer, einem Abschnittsbevollmächtigen (ABV) und westdeutschen Schaulustigen auf einer nahe der Grenzübergangsstelle gelegenen Aussichtsplattform, durchlebt er mit seinen Freunden Mario und Wuschel die Pubertät, die letzten Schuljahre und die anstehende NVA-Verpflichtung, begleitet von Rockmusik und erster Liebe. Mehrmals die Woche besucht ihn, seine Eltern Otto und Doris sowie seine Schwester Sabine sein DDR-kritischer Onkel Heinz aus West-Berlin, der später an Lungenkrebs stirbt.

Während sich Michael in Miriam Sommer, ein Mädchen aus der Nachbarschaft verliebt, das anfangs noch einen Freund aus West-Berlin, den so genannten ,Scheich von Berlin' hat, verschlägt es Mario zur erfahreneren Sabrina. Sie verabreicht der Clique auf einer Party Drogen, weshalb sich Miriam angewidert von Michael abwendet. Als Michael und Mario vom Balkon auf die Mauer unrinieren, werden sie von einem westdeutschen Journalisten fotografiert und erscheinen auf der Titelseite der *BILD*-Zeitung. Infolgedessen wird Mario der Schule verwiesen, lässt sich vom MfS anheuern und entscheidet sich trotz Flucht- und Widerstandsgedanken, mit Sabrina ihr erwartetes Kind in der DDR aufzuziehen. Nachdem sich Wuschel mit dem Kauf der *Exile on Mainstreet*-LP der *Rolling Stones* seinen Lebenstraum erfüllte und Michael durch sein erfundenes Tagebuch seine Seelenverwandtschaft und seine Liebe zu Miriam ‚beweisen‘ und sie für sich gewinnen konnte, feiern die beiden Rockstars auf einem Balkon mit der versammelten Menge. Als diese sich auf den Grenzübergang zubewegt, schweigen die Waffen der Soldaten und in einer langen Einstellung des offenen, verlassenen Grenzübergangs endet der Film.

Das Leben der anderen (2006)

Im März 2006 feierte Florian Henckel von Donnersmarcks Stasi-Drama *Das Leben der anderen* Premiere. Der Film erzählt vom November 1984 bis März 1985 die Geschichte Gerd Wieslers, eines allein lebenden, anfangs regimetreuen MfS-Offiziers, der vom Vorgesetzten Anton Grubitz und ZK-Minister Bruno Hempf mit der Überwachung des Ost-Berliner Schriftstellers Georg Dreyman betraut wird. Im Zuge des Abhörens von Dreyman und seiner Lebensgefährtin, der Theaterschauspielerin Christa-Maria Sieland taucht er immer stärker in dieses ‚Leben der anderen‘ ein. Nachdem sich der mit einem ‚Berufsverbot‘ belegte Theaterregisseur und Freund Dreymans, Albert Jerska, das Leben nahm, verfasst Dreyman mit Unterstützung seiner Freunde Paul Hauser und Karl Wallner einen Artikel über den Freitod in der DDR. *Spiegel*-Journalist Gregor Hessenstein und eine eingeschleuste Schreibmaschine ermöglichen ihm dessen Publikation in der Bundesrepublik. Als Wiesler erfährt, Dreymans Überwachung diene allein dazu, Hempfs Nebenbuhler aus dem Weg zu räumen und er die Ideale des ‚real existieren Sozialismus‘ zusehends verkommen sieht, wechselt er die Seite und deckt Dreyman durch Berichtfälschung und Verschweigen des *Spiegel*-Artikels. Dessen Publikation schürt in SED und MfS den Verdacht auf Wieslers ‚Untreue‘, während Sieland, die sich derweil von Hempf abgewendet hat, mit rigiden Mittel zur Aussage gegen Dreyman gezwungen wird. Nachdem Wiesler rechtzeitig vor der Wohnungsdurchsuchung durch die Stasi Dreymans Schreibmaschine entwenden konnte, um so die Verdachtsmomente gegen diesen zu zerstören, wird er zum Aufdampfen von Briefen strafversetzt, wo er im November 1989 im Radio die Maueröffnung vernimmt. Zwei Jahre später erfährt Dreyman durch Hempf von seiner Stasiüberwachung. Als er in der Forschungs- und Gedenkstätte Normannenstraße in seinen Akten liest, wie Wiesler ihn über Monate gedeckt hatte, widmet er ihm sein neues Buch: die *Sonate vom guten Menschen*.

b) Filmverzeichnis

Abgehauen. Regie: Frank Beyer. Drehbuch: Ulrich Plenzdorf. Darsteller: Peter Lohmeyer, Karoline Eichhorn, Peter Donath u. a. Deutschland 1998 (Fernsehfilm).

Allseitig reduzierte Persönlichkeit, Die – Redupers. Regie. Helke Sander. Drehbuch: Helke Sander. Darsteller: Helke Sander, Frank Burckner, Ronny Tanner u. a. Bundesrepublik Deutschland 1977.

An die Grenze. Regie: Urs Egger. Drehbuch: Stefan Kolditz. Darsteller: Max Riemelt, Jacob Matschenz, Bernadette Heerwagen u. a. Deutschland 2007 (Fernsehfilm).

Apfelbäume. Regie: Helma Sanders-Brahms. Drehbuch: Helma Sanders-Brahms. Darsteller: Johanna Schall, Thomas Büchel, Udo Kroschwald u. a. Deutschland 1992.

Auge in Auge – Eine deutsche Filmgeschichte. Regie: Michael Althen, Hans Helmuth Prinzler. Drehbuch: Michael Althen, Helmut Prinzler. Darsteller: Dominik Graf, Wim Wenders, Caroline Link u. a. Deutschland 2008 (Dokumentarfilm).

Berlin is in Germany. Regie: Hannes Stöhr. Drehbuch: Hannes Stöhr. Darsteller: Jörg Schüttauf, Julia Jäger, Robin Becker u. a. Deutschland 2001.

Berlin Mitte. Regie: Peter Beauvais. Drehbuch: Peter Stripp. Darsteller: Hans Putz, Kristina Van Eyck, Peter Kock u. a. Bundesrepublik Deutschland 1980 (Fernsehfilm).

Brocken, Der. Regie: Vadim Glowna. Drehbuch: Knut Boeser, Christine Roesch. Darsteller: Elsa Grube-Deister, Rolf Zacher, Muriel Baumeister u. a. Deutschland 1992.

Christiane F. – Wir Kinder von Bahnhof Zoo. Regie: Uli Edel. Drehbuch: Kai Hermann, Uli Edel. Darsteller: Natja Bruckhorst, Thomas Haustein, Jens Kuphal u. a. Bundesrepublik Deutschland 1981.

Das war der wilde Osten. Regie: Wolfgang Büld, Reinhard Klooss. Drehbuch: Stefan Cantz, Reinhard Klooss. Darsteller: Wolfgang Stumph, Marie Gruber, Claudia Schmutzler u. a. Deutschland 1992.

Deutsche Kettensägenmassaker, Das. Regie: Christoph Schlingensief. Drehbuch: Christoph Schlingensief. Darsteller: Karina Fallenstein, Brigitte Kausch-Kuhlbrodt, Susanne Bredehöft u. a. Deutschland 1990.

Deutschfieber. Regie: Niklaus Schilling. Drehbuch: Niklaus Schilling, Oskar Roehler. Darsteller: Tilo Prückner, Christiane Paul, Dorothea Moritz u. a. Deutschland 1992.

Einmal Kudamm und zurück. Regie: Herbert Ballmann. Drehbuch: Jürgen Engert. Darsteller: Ursela Monn, Christian Kohlund, Evely Meyka u. a. Bundesrepublik Deutschland 1985.

Ernst Thälmann. Führer seiner Klasse. Regie: Kurt Maetzig. Drehbuch: Willy Bredel, Michael Tschesno-Hell. Darsteller: Günther Simon, Hans-Peter Minetti, Karla Runkehl u. a. DDR 1955.

Ernst Thälmann. Sohn seiner Klasse. Regie: Kurt Maetzig. Drehbuch: Willy Bredel. Darsteller: Günther Simon, Hans-Peter Minetti, Erich Franz u. a. DDR 1954.

Flucht nach Berlin. Regie: Will Tremper. Drehbuch: Will Tremper. Darsteller: Christian Doermer, Susanne Korda, Narziss Sokatscheff u. a. Bundesrepublik Deutschland 1961.

Frau vom Checkpoint Charlie, Die. Regie: Miguel Alexandre. Drehbuch: Annette Hess. Darsteller: Veronica Ferres, Peter Kremer, Filip Peeters u. a. Deutschland 2007 (Fernsehfilm).

German Dreams. Regie: Lienhard Wawrzyn. Drehbuch: Lienhard Wawrzyn. Darsteller: Jeannette Schulze, Margot Schulz, Hans Borgelt. Bundesrepublik Deutschland 1985 (Fernsehfilm).

Go, Trabi, Go. Regie: Peter Timm. Drehbuch: Reinhard Klooss, Peter Timm. Darsteller: Wolfgang Stumph, Claudia Schmutzler, Marie Gruber u. a. Deutschland 1990.

Good Bye, Lenin! Regie: Wolfgang Becker. Drehbuch: Bernd Lichtenberg, Wolfgang Becker. Darsteller: Daniel Brühl, Katrin Sass, Chulpan Khamatova u. a. Deutschland 2003.

Heimat. Eine deutsche Chronik. Regie: Edgar Reitz. Drehbuch: Edgar Reitz. Darsteller: Marita Breuer, Eva Maria Schneider, Kurt Wagner u. a. Bundesrepublik Deutschland 1984 (11-teilige Fernsehserie).

Helden wie wir. Regie: Sebastian Peterson. Drehbuch: Thomas Brussig, Sebastian Peterson,

149

Markus Dittrich. Darsteller: Daniel Borgwardt, Adrian Heidenreich, Xenia Snagowski u. a. Deutschland 1999.

Herr Lehmann. Regie: Leander Haußmann. Drehbuch: Sven Regener. Darsteller: Christian Ulmen, Detlev Buck, Katja Danowski u. a. Deutschland 2003.

Himmel ohne Sterne. Regie: Helmuth Käutner. Drehbuch: Helmuth Käutner. Darsteller: Erik Schumann, Eva Kotthaus, Georg Thomalla u. a. Bundesrepublik Deutschland 1955.

Himmel über Berlin, Der. Regie. Wim Wenders. Drehbuch: Wim Wenders, Peter Handke. Darsteller: Bruno Ganz, Otto Sander, Solveig Dommartin u. a. Bundesrepublik Deutschland 1987.

Holocaust. Regie: Marvin J. Chomsky. Drehbuch: Gerald Green. Darsteller: Tom Bell, Joseph Bottoms, Toca Feldschuh u. a. USA 1978 (Fernsehserie).

100 Jahre Berlin. Vom Kaiser bis zur Kanzlerin. Regie: Bernd Jacobs, Michael Kloft. Deutschland 2007 (Dokumentarfilm).

Im Lauf der Zeit. Regie: Wim Wenders. Drehbuch: Wim Wenders. Darsteller: Rüdiger Vogler, Hanns Zischler, Lisa Kreuzer u. a. Bundesrepublik Deutschland 1976.

In weiter Ferne, so nah. Regie. Wim Wenders. Drehbuch: Richard Reitinger, Wim Wenders. Darsteller: Otto Sander, Horst Buchholz, Solveig Dommartin u. a. Deutschland 1993.

Leben der Anderen, Das. Regie: Florian Henckel von Donnersmarck. Drehbuch: Florian Henckel von Donnersmarck. Darsteller: Sebastian Koch, Ulrich Mühe, Martina Gedeck u. a. Deutschland 2006.

Leben ist eine Baustelle, Das. Regie: Wolfgang Becker. Drehbuch: Wolfgang Becker, Tom Tykwer. Darsteller: Jürgen Vogel, Christiane Paul, Ricky Tomlinson u. a. Deutschland 1997.

Lilly unter den Linden. Regie: Erwin Keusch. Drehbuch: Anne Charlotte Voorhoeve. Darsteller: Suzanne von Borsody, Cornelia Gröschel, Daniel Morgenroth u. a. Deutschland 2002 (Fernsehfilm).

Mann auf der Mauer, Der. Regie: Reinhard Hauff. Drehbuch: Peter Schneider. Darsteller: Marius Müller-Westernhagen, Karin Baal, Julie Carmen u. a. Bundesrepublik Deutschland 1982.

Mauer. Berlin `61, Die. Regie: Hartmut Schoen. Drehbuch: Hartmut Schoen. Darsteller: Heino Ferch, Inka Friedrich, Frederick Lau u. a. Deutschland 2005 (Fernsehfilm).

Meier. Regie: Peter Timm. Drehbuch: Peter Timm. Darsteller: Rainer Grenkowitz, Nadja Engelbrecht, Alexander Hauff u. a. Bundesrepublik Deutschland 1986.

Night Crossing (Mit dem Wind nach Westen). Regie: Delbert Mann. Drehbuch: John Mc Greevey. Darsteller: John Hurt, Jane Alexander, Beau Bridges u. a. USA 1982.

Nikolaikirche. Regie: Frank Beyer. Drehbuch: Eberhard Görner, Frank Beyer. Darsteller: Barbara Auer, Daniel Minetti, Annemone Haase. Deutschland 1995 (Fernsehfilm).

Novemberkind. Regie: Christian Schwochow. Drehbuch: Heide Schwochow, Christian Schwochow. Darsteller: Anna Maria Mühe, Ulrich Matthes, Christine Schorn u. a. Deutschland 2008.

NVA. Regie: Leander Haußmann. Drehbuch: Thomas Brussig, Leander Haußmann. Darsteller: Kim Frank, Oliver Bröcker, Detlev Buck u. a. Deutschland 2005.

Octopussy. Regie: John Glen. Drehbuch: Georg MacDonald Fraser, Richard Maibaum. Darsteller: Roger Moore, Maud Adams, Louis Jourdan u. a. Großbritannien, USA 1983.

One, Two, Three (*Eins, zwei, drei*). Regie: Billy Wilder. Drehbuch: Ferenc Molnár, Billy Wilder. Darsteller: James Cagney, Horst Buchholz, Pamella Tiffin u. a. USA 1961.

Ostkreuz. Regie: M. Klier. Drehbuch: Karin Aström, Michael Klier. Darsteller: Miroslaw Baka, Steffan Cammann, Henrys Marankowski u. a. Deutschland 1991.

Prager Botschaft. Regie: Lutz Konermann. Drehbuch. Rodica Döhnert. Darsteller: Anneke Kim Sarnau, Christoph Bach, Hans Werner Meyer u. a. Deutschland 2007 (Fernsehfilm).

Rote Kakadu, Der. Regie. Dominik Graf. Drehbuch: Michael Klier, Aström, Günter Schütter. Darsteller: Max Riemelt, Jessica Schwarz, Ronald Zehfeld u. a. Deutschland 2005.

Sonnenallee. Regie: Leander Haußmann. Drehbuch: Thomas Brussig, Leander Haußmann. Darsteller: Alexander Scheer, Alexander Beyer, Katharina Thalbach u. a. Deutschland 1999.

Spy Who Came in from the Cold, The (*Der Spion, der aus der Kälte kam*). Regie: Martin Ritt. Drehbuch: John le Carré, Paul Dehn. Darsteller: Richard Burton, Claire Bloom, Oskar Werner u. a. Großbritannien 1965.

Stille nach dem Schuß, Die. Regie: Volker Schlöndorff. Drehbuch: Volker Schlöndorff, Wolfgang Kohlhaase. Darsteller: Bibiana Berglau, Martin Wuttke, Nadja Uhl u. a. Deutschland 2000.

Tangospieler, Der. Regie: Roland Graf. Drehbuch: Roland Gräf, Christoph Hein. Darsteller: Hilmar Baumann, Hermann Beyer, Jeannine Burch u. a. Deutschland 1991.

Taxi Driver. Regie: Martin Scorsese. Drehbuch: Paul Schrader. Darsteller: Robert de Niro, Cybill Schepherd, Jodie Foster u. a. USA 1976.

Torn Curtain, The (*Der zerrissene Vorhang*). Regie: Alfred Hitchcock. Drehbuch: Brian Moore. Darsteller: Paul Newman, Julie Andrews, Hansjörg Felmy u. a. USA 1966.

Tunnel, Der. Regie: Konrad Suso Richter. Drehbuch: Johannes W. Betz. Darsteller: Heino Ferch, Nicolette Krebitz, Sebastian Koch u. a. Deutschland 2001 (Fernsehfilm).

Unberührbare, Die. Regie: Oskar Roehler. Drehbuch. Oskar Roehler. Darsteller: Hannelore Elsner, Vadim Glowna, Jasmin Tabatabai u. a. Deutschland 2000.

Verdacht, Der. Regie: Frank Beyer. Drehbuch: Volker Braun, Ulrich Plenzdorf. Darsteller: Christiane Heinrich, Michael Nikolaus Gröbe, Michael Gwisdek u. a. Deutschland 1991.

Verfehlung, Die. Regie: Hein Carow. Drehbuch: Wolfram Witt. Darsteller: Angelica Domröse, Christine Harbort, Dagmar Manzel. Deutschland 1991.

Versprechen, Das. Regie. Margarethe von Trotta. Drehbuch: Peter Schneider, Margarethe von Trotta. Darsteller: Corinna Harfouch, Meret Becker, August Zirner u. a. Deutschland 1995.

Wiederkehr. Regie: Silvana Abbrescia-Rath. Drehbuch: Silvana Abbrescia-Rath. Darsteller: Christoph Engel, Therese Hämer, Dagmar von Thomas u. a. Deutschland 1994.

Wie Feuer und Flamme. Regie: Connie Walther. Drehbuch: Natja Brunckhorst. Darsteller: Anna Bertheau, Antonio Wannek, Tim Sander u. a. Deutschland 2001.

Willi-Busch-Report, Der. Regie: Niklaus Schilling. Drehbuch: Niklaus Schilling. Darsteller: Tilo Prückner, Kornelia Boje, Dorothea Moritz u. a. Bundesrepublik Deutschland 1979.

Wir können auch anders... Regie: Detlev Buck. Drehbuch: Detlev Buch, Ernst Kahl. Darsteller: Joachim Król, Horst Krause, Konstantin Kotjarov. Deutschland 1993.

Wölfe, Die. Regie: Friedemann Fromm. Drehbuch: Christoph Fromm, Friedemann Fromm. Darsteller: Axel Prahl, Barbara Auer, Matthias Brandt u. a. Deutschland 2009 (Fernsehfilm).

Wunder von Berlin, Das. Regie: Roland Suso Richter. Drehbuch: Thomas Kirchner. Darsteller: Kostja Ullmann, Karoline Herfurth, Veronica Ferres u. a. Deutschland 2008 (Fernsehfilm).

c) Gesetzestexte, Vertragswerke und Textausgaben

Beschluß der Kulturministerkonferenz [1978]: Vom 23. November 1978. Die Deutsche Frage im Unterricht. In: Geschichte in Wissenschaft und Unterricht 30 (1979). S. 343-356.

Cicero: *De finibus malorum et malorum.* Über das höchste Gut und das größte Übel. Lateinisch / Deutsch. Hg. von H. Merklin. Stuttgart 2003.

Deutscher Bundestag (Hrsg.) (1995): Materialien der Enquete-Kommission ‚Aufarbeitung von Geschichte und Folgen der SED-Diktatur in Deutschland' (12. Wahlperiode des Deutschen Bundestages). Neun Bände in 18 Teilbänden. Baden-Baden, Frankfurt am Main.

Deutscher Bundestag (Hrsg.) (1999): Materialien der Enquete-Kommission ‚Überwindung der Folgen der SED-Diktatur im Prozess der deutschen Einheit' (13. Wahlperiode des Deutschen Bundestages). Acht Bände in 14 Teilbänden. Baden-Baden.

Grundgesetz für die Bundesrepublik Deutschland. Hg. von der Bundeszentrale für Politische Bildung. Bonn 1981.

Kant, I.: *Kritik der reinen Vernunft.* Hg. von J. Timmermann. Hamburg 1998.

Marx, K.: *Zur Kritik der Hegelschen Rechtsphilosophie.* In: Karl Marx / Friedrich Engels. Studienausgabe in vier Bänden. Band 1. Philosophie. Hg. von I. Fetscher. Frankfurt am Main 1966. S. 17-30.

Ministerium für Schule und Weiterbildung, Schule und Forschung des Landes Nordrhein-Westfalen (Hrsg.) (1999): Richtlinien und Lehrpläne für die Sekundarstufe II. Gymnasium/Gesamtschule. Geschichte. Düsseldorf.

Programm der Sozialistischen Einheitspartei Deutschlands [1976]. Berlin 1976.

Verfassung der Deutschen Demokratischen Republik [1968]: Vom 6. April 1968. Berlin 1969.

Verfassung der Deutschen Demokratischen Republik [1974]: Vom 6. April 1968 in der Fassung des Gesetzes zur Ergänzung und Änderung der Verfassung der Deutschen Demokratischen Republik vom 7. Oktober 1974. In: Dokumente der Wiedervereinigung Deutschlands. Quellentexte zum Prozeß der Wiedervereinigung von der Ausreisewelle aus der DDR über Ungarn, die CSSR und Polen im Spätsommer 1989 bis zum Beitritt der DDR zum Geltungsbereich des Grundgesetzes der Bundesrepublik Deutschland im Oktober 1990. Hg. von I. von Münch. Stuttgart 1991. S. 1-23.

Vertrag über die Grundlagen der Beziehungen zwischen der Bundesrepublik Deutschland und der Deutschen Demokratischen Republik [1972]. Vom 21. Dezember 1972 und ergänzende Dokumente. In: Kurze Chronik der deutschen Frage. Mit den drei Verträgen zur Einigung Deutschlands. Hg. von G. Diemer / E. Kuhrt. 2. Auflage München 1991. S. 217-220.

d) Literatur

Agnew, J. / K. Mitchell / G. Toal (2003): Introduction. In: Agnew, J. / K. Mitchell / G. Toal (2003): A Companion to Political Geography. Malden Mass. S. 1-9.

Agnew, J. (2002): Making Political Geography. London.

Ahbe, T. (1997): Ostalgie als Selbstermächtigung. Zur produktiven Stabilisierung ostdeutscher Identität. In: Deutschland Archiv 30 (1997). S. 614-619.

Aitken, S. C. / L. E. Zonn (1994): *Re*-Presenting the Place Pastiche. In: Aitkin, S. C. / L. E. Zonn (Hrsg.) (1994): Place, Power, Situation, and Spectacle. A Geography of Film. Lanham, London. S. 3-26.

Albertz, H. u. a. (1982): Offener Brief an den Vorsitzenden des Präsidiums des Obersten Sowjets der UdSSR, Leonid Breschnew. In: Jesse, E. (1987): Renaissance der deutschen Frage? Stuttgart. S. 43-44.

Allan, S. (2000): 1989 and the Wende in East German Cinema. Peter Kahanes *Die Architekten* (1990), Egon Günther's *Stein* (1991) and Jörg Froth's *Letztes aus der Da Da eR* (1990). In Flanagan, C. / S. Taberner (Hrsg.) (2000): German Monitor. 1949/1989. Cultural Perspectives on Division and Unity in East and West. Amsterdam. S. 231-244.

Alter, P. (1993): Nationalismus. In: Weidenfeld, W. / K.-R. Korte (Hrsg.) (1993): Handbuch zur deutschen Einheit. Bonn. S. 479-485.

Alter, P. (1997): Kulturnation und Staatsnation. Das Ende einer langen Debatte? In: Langguth, G. (Hrsg.) (1997): Die Intellektuellen und die nationale Frage. Frankfurt am Main, New York. S. 33-44.

Althen, M. (2003): Kreuzberg kann sehr alt sein. Der MTV-Moderator Christian Ulmen glänzt in Leander Haussmanns Verfilmung von Sven Regeners Roman „Herr Lehmann". In: Frankfurter Allgemeine Zeitung. 1. Oktober 2003.

Anderson, B. (2005): Die Erfindung der Nation. Zur Karriere eines folgenreichen Konzepts. 2. Auflage Frankfurt am Main, New York (engl. Erstausgabe 1983/1991).

Arand, T. (2006): Im Spreewaldgurkenparadies. Die ‚lustige' DDR im deutschen Spielfilm der Nachwendezeit. In: Geschichte Politik und ihre Didaktik 34 (2006). Heft 3/4. S. 195-197.

Arnheim, R. (1974): Film als Kunst. Frankfurt am Main (dt. Erstausgabe 1932).

Arzheimer, K. (2006): Von ‚Westalgie' und ‚Zonenkindern'. Die Rolle der jungen Generation im Prozess der Vereinigung. In: Falter, J. W. / O. W. Gabriel / H. Rattinger / H. Schoen (Hrsg.) (2006): Sind wir *ein* Volk? Ost- und Westdeutschland im Vergleich. München. S. 212-234.

Assmann, A. / J. Assmann (1994): Das Gestern im heute. Medien und soziales Gedächtnis. In: Mertens, K. / S. J. Schmidt / S. Weischenberg (Hrsg.) (1994): Die Wirklichkeit der Medien. Opladen. S. 114-140.

Assmann, A. (1993): Zur Metaphorik der Erinnerung. In: Assmann, A. / D. Harth (Hrsg.) (1993): Mnemosyne. Formen und Funktionen der kulturellen Erinnerung. 2. Auflage Frankfurt am Main. S. 13-35.

Assmann, A. (1999): Teil I. In: Assmann, A. / U. Frevert (1999): Geschichtsvergessenheit und Geschichtsversessenheit. Vom Umgang mit deutschen Vergangenheiten nach 1945. Stuttgart. S. 19-147.

Assmann, A. (2001): Wie wahr sind Erinnerungen? In: Welzer, H. (Hrsg.) (2001): Das soziale Gedächtnis. Geschichte, Erinnerung, Tradierung. Hamburg. S. 103-122.

Assmann, A. (2006): Erinnerungsräume. Formen und Wandlungen des kulturellen Gedächtnisses. 3. Auflage München.

Assmann, A. (2007): Der lange Schatten der Vergangenheit. Erinnerungskultur und Geschichtspolitik. Bonn.

Assmann, J. (2005): Das kulturelle Gedächtnis. Schrift, Erinnerung und politische Identität in frühen Hochkulturen. 5. Auflage München.

Augstein, R. (1989): Auf der Lauer, an die Mauer…. In: Der Spiegel. 46/1989. S. 20.

Avventi, C. (2004): Mit den Augen des richtigen Wortes. Wahrnehmung und Kommunikation im

Werk im Werk Wim Wenders und Peter Handkes. Remscheid.

Bach, J. / S. Peters (2002): The New Spirit of German Geopolitics. In: Geopolitics 7 (2002). Heft 3. S. 1-18.

Bach, J. (2002): The Taste Remains. Consumption, (N)Ostalgia, and the Production of East Germany. In: Public Culture 14 (2002). Heft 3. S. 545-56.

Bach, J. (2005): Vanishing Acts and Virtual Reconstructions. Technologies of Memory and the Afterlife of the GDR. In: Arnold-de Simine, S. (Hrsg.) (2005): Memory Traces. 1989 and the Question of German Cultural Identity. Bern. S. 261-279.

Bahr, E. (1963): Vortrag in der Evangelischen Akademie Tutzing am 15. Juli 1963. In: Brandt, P. / H. Ammon (Hrsg.) (1981): Die Linke und die nationale Frage. Dokumente zur deutschen Einheit seit 1945. Reinbek bei Hamburg. S. 235-240.

Bahr, E. u. a. (2007): Das habe ich gesagt? In: ZEITmagazin Leben. 46/2007. S. 34-35.

Baumgarten, K.-D. (2004): Die Entwicklung der Grenzsicherung und der Grenztruppen an der Staatsgrenze zur BRD und zu Berlin (West) 1961-1990. In: Baumgarten, K.-D. / P. Freitag (2004): Die Grenzen der DDR. Geschichte, Fakten, Hintergründe. Berlin. S. 200-268.

Behrens, V. (2005): Ein Interview mit Wim Wenders. In: Behrens, V. (Hrsg.) (2005): Man of plenty. Wim Wenders. Marburg. S. 133-138.

Behrmann, G. C. (1988): Volk, Verfassung, Staat, Kultur, Geschichte und Nation. Das national-politische Orientierungsfeld der Deutschen im Wandel. In: Jeismann, K.-E. (Hrsg.) (1987): Einheit – Freiheit – Selbstbestimmung. Die deutsche Frage im historisch-politischen Bewußtsein. Frankfurt am Main, New York. S. 81-103.

Bender, P. (1996): Episode oder Epoche? Zur Geschichte des geteilten Deutschlands. München.

Bender, P. (2007): Deutschlands Wiederkehr. Eine ungeteilte Nachkriegsgeschichte 1945-1990. Stuttgart.

Benjamin, W. (2006): Das Kunstwerk im Zeitalter seiner technischen Reproduzierbarkeit. Frankfurt am Main (dt. Erstausgabe 1936).

Berdahl, D. (1999): Where the World Ended. Re-Unification and Identity in the German Borderland. Berkeley, Los Angeles, London.

Berger, P. / T. Luckmann (2001): Die gesellschaftliche Konstruktion der Wirklichkeit. Eine Theorie der Wissenssoziologie. 18. Auflage Frankfurt am Main (engl. Erstausgabe 1966).

Berghahn, D. (2006): East German Cinema after Unification. In: Clarke, D. (Hrsg.) (2006): German Cinema since Unification. New York. S. 79-104.

Berschin, H. (1993): Deutschlandbegriff im sprachlichen Wandel. In: Weidenfeld, W. / K.-R. Korte (Hrsg.) (1993): Handbuch zur deutschen Einheit. Bonn. S. 139-148.

Beyme, K. von (1996): Deutsche Identität zwischen Nationalismus und Verfassungspatriotismus. In: Hettling, M. / P. Nolte (Hrsg.) (1996): Nation und Gesellschaft in Deutschland. Historische Essays. München. S. 80-99.

Bhabha, H. K. (1997): DissemiNation. Zeit, Narrative und die Ränder der modernen Nation. In: Bronfen, E. / A. Emmert (Hrsg.) (1997): Hybride Kulturen. Beiträge zur anglo-amerikanischen Multikulturalismusdebatte. Tübingen. S. 149-194.

Bhabha, H. K. (2007): Die Verortung der Kultur. 2. Auflage Tübingen.

Biermann, W. (2006): Die Gespenster treten aus dem Schatten. „Das Leben der anderen". Warum der Stasi-Film eines jungen Westdeutschen mich staunen lässt. In: Welt Online. 22. März 2006. Online unter http://www.welt.de/data/2006/03/22/863268.html?prx=1 (abgerufen am 11. November 2007).

Bisky, J. (2005): Die deutsche Frage. Warum die Einheit unser Land gefährdet. Berlin.

Blank, T. / P. Schmidt (1997): Konstruktiver Patriotismus im vereinigten Deutschland? Ergebnisse einer repräsentativen Studie. In: Mummendey, A. / B. Simon (Hrsg.) (1997) Identität und Verschiedenheit. Zur Sozialpsychologie der Identität in komplexen Gesellschaften. Bern, Göttingen, Toronto, Seattle. S. 127-148.

Blumenwitz, D. / B. Meissner (Hrsg.) (1986): Die Überwindung der europäischen Teilung und die deutsche Frage. Köln.

Blumenwitz, D. / K. Weigelt (Hrsg.) (1986): Deutsche Frage und Westbindung. Melle.

Blumenwitz, D. / G. Zieger (Hrsg.) (1989): Die deutsche Frage im Spiegel der Parteien. Köln.

Blumenwitz, D. (1986): Die Überwindung der europäischen Teilung und die deutsche Frage. In: Blumenwitz, D. / B. Meissner (Hrsg.) (1986): Die Überwindung der europäischen Teilung und die deutsche Frage. Köln. S. 9-12.

Boa, E. / R. Palfreyman (2000): Heimat. A German Dream. Regional Loyalities and National Identity in German Culture 1890-1990. Oxford u. a.

Bobbio, N. (1994): Rechts und Links. Gründe und Bedeutungen einer politischen Unterscheidung. Berlin.

Böhme, I. (1989): Wir sind drüben. Die DDR als Vergleichsgesellschaft. In: Weidenfeld, W. (Hrsg.) (1989a): Politische Kultur und deutsche Frage. Materialien zum Staats- und Nationalbewußtsein in der Bundesrepublik Deutschland. Köln. S. 222-230.

Böhn, A. (2005): Memory, Musealization and Alternative History in Michael Kleeberg's Novel *Ein Garten im Norden* and Wolfgang Becker's Film *Good Bye, Lenin!* In: Arnold-de Simine, S. (Hrsg.) (2005): Memory Traces. 1989 and the Question of German Cultural Identity. Bern. S. 245-260.

Bollhöfer, B. (2007): Geographien des Fernsehens. Der Kölner ‚Tatort' als mediale Verortung kultureller Praktiken. Bielefeld.

Bollin, C. / P. Fischer-Bollin (1999): Mauer. In: Weidenfeld, W. / K.-R. Korte (Hrsg.) (1999): Handbuch zur deutschen Einheit 1949-1989-1999. Neuausgabe 1999. Frankfurt, New York. S. 547-559.

Borggräfe, H. / C. Jansen (2007): Nation, Nationalität, Nationalismus. Frankfurt am Main.

Bösch, F. (2007): Film, NS-Vergangenheit und Geschichtswissenschaft. Von „Holocaust" zu „Der Untergang". In: Vierteljahrshefte für Zeitgeschichte 55 (2007). S. 1-32.

Brandt, P. / H. Ammon (Hrsg.) (1981): Die Linke und die nationale Frage. Dokumente zur deutschen Einheit seit 1945. Reinbek bei Hamburg.

Brandt, P. / H. Ammon (1982): Patriotismus von links. In: Venohr, W. (Hrsg.) (1982): Die deutsche Einheit kommt bestimmt. Bergisch Gladbach. S. 119-159.

Brandt, W. (1963): Regierungserklärung des Regierenden Bürgermeisters von Berlin, Brandt, vor dem Abgeordnetenhaus. 18. März 1963. In: Heriman, S. (Hrsg.) (2004): Willy Brandt. Berliner Ausgabe. Band 3. Berlin bleibt frei. Politik in und für Berlin 1947-1966. Berlin. S. 402-411.

Brandt, W. (1970): Bericht der Bundesregierung zur Lage der Nation abgegeben von Bundeskanzler Willy Brandt vor dem Deutschen Bundestag am 14. Januar 1970. Aussprache im Deutschen Bundestag am 15./16. Januar 1970. Bonn.

Brandt, W. (1989): …und Berlin wird leben. Berlin, John-F.-Kennedy-Platz, 10. November 1989. In: Brandt, W. (1993): „…was zusammengehört". Über Deutschland. 2. Auflage Bonn. S. 33-38.

Brauburger, S. / K.-R. Korte / W. Weidenfeld (1993): Deutsche Einheit. In: Weidenfeld, W. / K.-R. Korte (Hrsg.) (1993): Handbuch zur deutschen Einheit. Bonn. S. 130-139.

Bredow, W. von (1985): Deutschland – ein Provisorium? Berlin.

Bredow, W. von (1987): Was ist heute „deutsch"? Über politische Gemeinsamkeiten zwischen den beiden deutschen Staaten. In: Politische Bildung 20 (1987). Heft 1. S. 30-37.

Brocke, R. H. (1991): Deutschlandpolitik der SPD. In: Weidenfeld, W. / K.-R. Korte (Hrsg.) (1991): Handwörterbuch zur deutschen Einheit. S. 216-228.

Bromley, R. (2001): From Alice to Buena Vista. The Films of Wim Wenders. Westport.

Bruns, W. (1987): Die deutsch-deutschen Beziehungen. Vom Sonderkonflikt zum Sonderkonsens? In: Politische Bildung 20 (1987). Heft 1. S. 38-52.

Brussig, T. / L. Haußmann (1999): Das Drehbuch. In: Haußmann, L. (Hrsg.) (1999): Sonnenallee. Das Buch zum Film. Berlin. S. 72-165.

Brussig, T. (1999): Am kürzeren Ende der Sonnenallee. Berlin.

Brussig, T. (2006): Klaviatur des Sadismus. Die DDR in ‚Das Leben der Anderen'. In: Süddeutsche Zeitung. 21. März 2006.

[Bund Demokratischer Kommunisten Deutschlands] (1978): „Wir sind gegen die Einparteien-Diktatur". Das Manifest der ersten organisierten Opposition in der DDR. In: Der Spiegel. 1/1978. S. 21-24.

Burke, P. (1991): Geschichte als soziales Gedächtnis. In: Assmann, A. / D. Harth (Hrsg.) (1993): Mnemosyne. Formen und Funktionen der kulturellen Erinnerung. 2. Auflage Frankfurt am Main. S. 289-304.

Buschmann, N. / H. Carl (2001): Zugänge zur Erfahrungsgeschichte des Krieges. Forschung, Theorie, Fragestelung. In: Buschmann, N. / H. Carl (Hrsg.) (2001): Die Erfahrung des Krieges. Erfahrungsgeschichtliche Perspektiven von der Französischen Revolution bis zum Zweiten Weltkrieg. Paderborn. S. 1-26.

Cafferty, H. (2001): *Sonnenallee*. Taking Comedy Seriously in Unified Germany. In: Constabile-Heming, C. A. (Hrsg.) (2001): Textual Responses to German Unification. Processing Historical and Social Change in Literature and Film. Berlin, New York. S. 253-271.

Caldwell, D. / P. W. Rea (1991): Handke's and Wenders's *Wings of Desire*. Transcending Postmodernism. In: German Quarterly 64 (1991). Heft 1. S. 46-60.

Camphausen, G. (Hrsg.) (2002): Die Berliner Mauer. Dresden.

Certeau, M. de (1988): Kunst des Handelns. Berlin (franz. Erstausgabe 1980).

Clarke, D. (2006): In search for Home. Filming Post-Unification Berlin. In: Clarke, D. (Hrsg.) (2006): German Cinema since Unification. New York. S. 151-180.

Cohen, A. P. (1985): The Symbolic Construction of Community. London, New York.

Cook, R. F. (1997): Angels, Fiction and History in Berlin. *Wings of Desire*. In: Cook, R. F. / G. Gemünden (Hrsg.) (1997): The Cinema of Wim Wenders. Image, Narrative, and the Postmodern Condition. Detroit. S. 163-190.

Cooke, P. (2003): Performing Ostalgie. Leander Haußmann's *Sonnenallee*. In: German Life and Letters 56 (2003). S. 156-167.

Costa, M. H. B. V. da (2003): Cinematic Cities. Researching Films as Geographical Texts. In: Blunt, A. / P. Gruffudd / J. May / M. Ogborn / D. Pinder (Hrsg.) (2003): Cultural Geography in Practice. London, New York. S. 191-201.

Cullen, M. S. / U. Kieling (1999): Das Brandenburger Tor. Ein deutsches Symbol. Berlin.

Czaja, H. (1986): Schlußwort. In: Blumenwitz, D. / B. Meissner (Hrsg.) (1986): Die Überwindung der europäischen Teilung und die deutsche Frage. Köln. S. 137-140.

Dahl, G. (1961): Petronius an der Zonengrenze. In: Die Zeit. 48/1961. S. 9.

Dale, G. (2007): Heimat, "„Ostalgie" und die Stasi. The GDR in German Cinema 1999-2006. In Debatte 15 (2007). Heft 2. S. 155-177.

Daniel, U. (2004): Kompendium Kulturgeschichte. Theorien, Praxis, Schlüsselwörter. 4. Auflage Frankfurt am Main.

Dann, O. (1992): Nation und Nationalismus in Deutschland 1770-1990. München.

Danylow, P. (1991): Selbst-/Fremdbild. In: Weidenfeld, W. / K.-R. Korte (Hrsg.) (1991): Handwörterbuch zur deutschen Einheit. Bonn. S. 582-587.

Darnton, R. (1990): Der letzte Tanz auf der Mauer. In: Darnton, R. (1991): Der letzte Tanz auf der Mauer. Berliner Journal 1989-1990. München, Wien. S. 78-83.

Davidson, J. E. (1999): Deterritorializing the New German Cinema. Minneapolis, London.

Dear, M. (2000): The Postmodern Urban Condition. Oxford.

Dell, M. (2005): Der filmische Osten. Das Bild der DDR im gesamtdeutschen Kino. In: Apropos: Film 2005. Das 6. Jahrbuch der DEFA-Stiftung. Berlin. S. 140-151.

Deleuze, G. (1991): Das Zeit-Bild. Kino 2. Frankfurt am Main (frz. Erstausgabe 1985).

Demandt, A. (1991): Die Grenzen in der Geschichte Deutschlands. In: Demandt, A. (Hrsg.) (1991): Deutschlands Grenzen in der Geschichte. 2. Auflage München. S. 9-31.

Demke, E. (2004): Mauerfotos in der DDR. Inszenierungen, Tabus, Kontexte. In: Hartewig, K. / A. Lüdtke (Hrsg.) (2004): Die DDR im Bild. Zum Gebrauch der Fotografie im anderen deutschen Staat. Göttingen. S. 89-106.

Demps, L. (2003): Das Brandenburger Tor. Ein Symbol im Wandel. Berlin.

Denkmann, J. Von (2007): Ein Oscar für die ‚Stasi'. Berlin.

Derrida, J. (1968): Die *différance*. In: Engelmann, P. (Hrsg.) (1999): Jacques Derrida. Randgänge der Philosophie. 2. Auflage Wien. S. 31-56.

Dieckmann, C. (2003): Honis heitere Welt. Das Unterhaltungsfernsehen verklärt die DDR. Anmerkungen zu Wohl und Wehe der Ostalgie. In: Die Zeit. 36/2003. S. 37.

Diwald, H. (1982): Deutschland – was ist es? Thesen zur nationalen Identität. In: Venohr, W. (Hrsg.) (1982): Die deutsche Einheit kommt bestimmt. Bergisch Gladbach. S. 17-35.

Dresen, A. (2009): Der falsche Kino-Osten. Das Filmerbe der DDR wird vergessen oder verspottet und ihre Geschichte häufig vereinfacht. Brauchen wir neue Bilder? In: Die Zeit. 17/2009. S. 41-42.

Droysen, J. G. (1880): Geschichte Alexanders des Großen. Gotha.

Eckert, R. / M. Flacke / K.-D. Henke / R. Jahn / F. Klier / T. Krone / P. Maser / U. Poppe / H. Rudolph / M. Sabrow (2007): Empfehlungen der Expertenkommission zur Schaffung eines Geschichtsverbundes ‚Aufarbeitung der SED-Diktatur'. In: Sabrow, M. u. a. (Hrsg.) (2007): Wohin treibt die DDR-Erinnerung? Dokumentation einer Debatte. Bonn. S. 17-45.

Eckert, R. (1999): Die Rolle des Ministeriums für Staatssicherheit an den Hochschulen der DDR an den Beispielen der Humboldt-Universität zu Berlin und der Universität Rostock. In: Deutscher Bundestag (Hrsg.) (1999): Materialien der Enquete-Kommission ‚Überwindung der Folgen der SED-Diktatur im Prozess der deutschen Einheit' (13. Wahlperiode des Deutschen Bundestages). Band IV/2. Bildung, Wissenschaft, Kultur. Baden-Baden. S. 1013-1070.

Eckert, R. (2005): Das historische Jahr 1990. In: Aus Politik und Zeitgeschichte. 40/2005. S. 12-18.

Eco, U. (2002): Einführung in die Semiotik. 9. Auflage München.

Eder, F. X. (2006): Historische Diskurse und ihre Analyse. Eine Einleitung. In: Eder, F. X. (Hrsg.) (2006): Historische Diskursanalysen. Genealogie, Theorie, Anwendungen. Wiesbaden. S. 9-24.

Elsaesser, T. (1994): Der Neue Deutsche Film. Von den Anfängen bis zu den neunziger Jahren. München (engl. Erstausgabe 1989).

Engel, H. (1993): Die Denkmäler- und Geschichtslandschaft der Mitte Berlins. In: Engel, H. / W. Ribbe (Hrsg.) (1993): Hauptstadt Berlin. Wohin mit der Mitte? Historische, städtebauliche und architektonische Wurzeln des Stadtzentrums. Berlin. S. 81-87.

Engel, H. / W. Ribbe (Hrsg.) (1993): Hauptstadt Berlin. Wohin mit der Mitte? Historische, städtebauliche und architektonische Wurzeln des Stadtzentrums. Berlin.

Engelmann, R. / A. Janowitz (2005): Die DDR-Staatssicherheit als Problem einer integrierten deutschen Nachkriegsgeschichte. In: Kleßmann, C. / P. Lautzas (Hrsg.) (2005): Teilung und Integration. Die doppelte deutsche Nachkriegsgeschichte als wissenschaftliches und didaktisches Problem. Bonn. S. 245-280.

Engert, J. (2000): Zwei Welten – zwei Gegensätze. In: Zimmermann, P. (Hrsg.) (2000): Der geteilte Himmel. Arbeit, Alltag und Geschichte im ost- und westdeutschen Film. Stuttgart. S. 179-188.

Eppelmann, R. u. a. (1995): Protokoll der 52. Sitzung. Anhörung. Phasen der Deutschlandpolitik. In: Deutscher Bundestag (Hrsg.) (1995): Materialien der Enquete-Kommission ‚Aufarbeitung von Geschichte und Folgen der SED-Diktatur in Deutschland' (12. Wahlperiode des Deutschen Bundestages). Band V/1. Deutschlandpolitik, innerdeutsche Beziehungen und internationale Rahmenbedingungen. Baden-Baden. S. 734-912.

Eppelmann, R. u. a. (1999a): Protokoll der 12. Sitzung. Identitäten in der DDR. Kontinuitäten und Wandel im vereinigten Deutschland. In: Deutscher Bundestag (Hrsg.) (1999): Materialien der Enquete-Kommission ‚Überwindung der Folgen der SED-Diktatur im Prozess der deutschen Einheit' (13. Wahlperiode des Deutschen Bundestages). Band IV/1. Bildung, Wissenschaft, Kultur. Baden-Baden. S. 228-436.

Eppelmann, R. u. a. (1999b): Protokoll der 32. Sitzung. Alltag in der DDR zwischen Selbstbehauptung und Anpassung. Erfahrungen und Bewältigungsstrategien in der Mangelgesell-schaft. In: Deutscher Bundestag (Hrsg.) (1999): Materialien der Enquete-Kommission ‚Überwindung der Folgen der SED-Diktatur im Prozess der deutschen Einheit' (13. Wahlperiode des Deutschen Bundestages). Band V. Alltagsleben in der DDR und in den neuen Ländern. Baden-Baden. S. 6-201.

Eppelmann, R. u. a. (1999c): Protokoll der 42. Sitzung. Generationen und Wertorientierungen in Ost und West. In: Deutscher Bundestag (Hrsg.) (1999): Materialien der Enquete-Kommission ‚Überwindung der Folgen der SED-Diktatur im Prozess der deutschen Einheit' (13. Wahlperiode des Deutschen Bundestages). Band V. Alltagsleben in der DDR und in den neuen Ländern. Baden-Baden. S. 340-478.

Eppelmann, R. u. a. (1999d): Protokoll der 17. Sitzung. Die Herausforderungen des Aufarbeitungsprozesses und die Situation der Aufarbeitungsinitiativen sechs Jahre nach der Wiedervereinigung. In: Deutscher Bundestag (Hrsg.) (1999): Materialien der Enquete-Kommission ‚Überwindung der Folgen der SED-Diktatur im Prozess der deutschen Einheit' (13. Wahlperiode des Deutschen Bundestages). Band VII. Herausforderungen für die künftige Aufarbeitung der SED-Diktatur. Perspektiven der internationalen Zusammenarbeit bei der Aufarbeitung totalitärer Diktaturen. Baden-Baden. S. 4-90.

Eppelmann, R. u. a. (1999e): Protokoll der 48. Sitzung. Stand der Forschung über die DDR-Geschichte – Bilanz und Ausblick. In: Deutscher Bundestag (Hrsg.) (1999): Materialien der Enquete-Kommission ‚Überwindung der Folgen der SED-Diktatur im Prozess der deutschen Einheit' (13. Wahlperiode des Deutschen Bundestages). Band VII. Herausforderungen für die künftige Aufarbeitung der SED-Diktatur. Perspektiven der internationalen Zusammenarbeit bei der Aufarbeitung totalitärer Diktaturen. Baden-Baden. S. 91-158.

Erler, H. (2003): Einleitung. Erinnerung und politisches Gedächtnis in Deutschland. In: Erler, H. (Hrsg.) (2003): Erinnern und Verstehen. Der Völkermord an den Juden im politischen Gedächtnis der Deutschen. Frankfurt am Main. S. 9-19.

Erll, A. (2005): Kollektives Gedächtnis und Erinnerungskulturen. Eine Einführung. Stuttgart.

Eschebach, I. (2005): Öffentliches Gedenken. Deutsche Erinnerungskulturen seit der Weimarer Republik. Frankfurt am Main, New York.

Escher, A. / S. Zimmermann (2001): Geography meets Hollywood. Die Rolle der Landschaft im Spielfilm. In: Geographische Zeitschrift 89 (2001). Heft 4. S. 227-236.

Falck, M. (2006): *Das Leben der Anderen*. Florian Henckel von Donnersmarck. Deutschland 2005. Bonn.

Falter, J. W. / O. W. Gabriel / H. Rattinger / H. Schoen (Hrsg.) (2006): Sind wir *ein* Volk? Ost- und Westdeutschland im Vergleich. München.

Faulenbach, B. (1993): Probleme des Umgangs mit der Vergangenheit im vereinten Deutschland. Zur Gegenwartsbedeutung der jüngsten Geschichte. In: Weidenfeld, W. (Hrsg.) (1993): Deutschland. Eine Nation – doppelte Geschichte. Materialien zum deutschen Selbstverständnis. Köln. S. 175-190.

Faulenbach, B. (2007): Diktaturerfahrungen und demokratische Erinnerungskultur in Deutschland. In: Kaminsky, A. (Hrsg.) (2007): Orte des Erinnerns. Gedenkzeichen, Gedenkstätten und Museen zur Diktatur in SBZ und DDR. 2. Auflage Bonn. S. 15-24.

Faulstich, W. (2002): Grundkurs Filmanalyse. München.

Fehrenbach, E. (1971): Über die Bedeutung der politischen Symbole im Nationalstaat. In: Historische Zeitschrift 213 (1971). S. 296-357.

Finger, E. (2006): Die Bekehrung. „Das Leben der Anderen“: Florian Henckel von Donnersmarck setzt mit seinem Film über die DDR Maßstäbe. In: Die Zeit. 13/2006. S. 51.

Fleig, H. (2005): Wim Wenders. Hermetische Filmsprache und Fortschreiben antiker Mythologie. Bielefeld.

Flemming, T. / H. Koch (1999): Die Berliner Mauer. Geschichte eines politischen Bauwerks. Berlin, Brandenburg.

Foell, K. A. (2001): History as Melodrama. German Division and Unification in Two Recent

Films. In: Constabile-Heming, C. A. (Hrsg.) (2001): Textual Responses to German Unification. Processing Historical and Social Change in Literature and Film. Berlin, New York. S. 233-252.

Förster, P. (1995): Die deutsche Frage im Bewusstsein der Bevölkerung in beiden Teilen Deutschlands. Das Zusammengehörigkeitsgefühl der Deutschen. Einstellungen junger Menschen in der DDR. Eine Dokumentation empirischer Untersuchungsergebnisse der Jugendforschung der DDR aus den Jahren 1966 bis 1989. Personale und mediale Kontakte zur Bundesrepublik. Einstellungen zur Deutschlandpolitik der SED bzw. der DDR – Urteile über die BRD – Identität als Deutscher. In: Deutscher Bundestag (Hrsg.) (1995): Materialien der Enquete-Kommission ,Aufarbeitung von Geschichte und Folgen der SED-Diktatur in Deutschland' (12. Wahlperiode des Deutschen Bundestages). Band V/2. Deutschlandpolitik, innerdeutsche Beziehungen und internationale Rahmenbedingungen. Baden-Baden. S. 1212-1380.

Foucault, M. (1973): Archäologie des Wissens. Frankfurt am Main.

Foucault, M. (1991): Die Ordnung des Diskurses. Frankfurt am Main.

François, E. / H. Schulze (Hrsg.) (2001): Deutsche Erinnerungsorte. 3 Bände. München.

François, E. / H. Schulze (2005): Einleitung. In: François, E. / H. Schulze (Hrsg.) (2005): Deutsche Erinnerungsorte. Eine Auswahl. Bonn. S. 7-12.

François, E. / J. Seifarth / B. Struck (2007): Einleitung. Grenzen und Grenzräume. Erfahrungen und Konstruktionen. In: François, E. / J. Seifarth / B. Struck (Hrsg.) (2007): Die Grenze als Raum, Erfahrung und Konstruktion. Deutschland, Frankreich und Polen vom 17. bis zum 20. Jahrhundert. Frankfurt, New York. S. 7-29.

Frech, B. (1992): Die Berliner Mauer in der Literatur. Eine Untersuchung ausgewählter Prosawerke seit 1961. Pfungstadt.

Frevert, U. (1999): Teil II. In: Assmann, A. / U. Frevert (1999): Geschichtsvergessenheit und Geschichtsversessenheit. Vom Umgang mit deutschen Vergangenheiten nach 1945. Stuttgart. S. 151-292.

Fricke, K. W. (2001): Memoiren aus dem Stasi-Milieu. Eingeständnisse, Legenden, Selbstverklärung. In: Aus Politik und Zeitgeschichte. 30-31/2001. S. 6-13.

Fritze, L. (1997): Die Gegenwart des Vergangenen. Über das Weiterleben der DDR nach ihrem Ende. Weimar.

Fritze, L. (1999): „Ostalgie". Das Phänomen der rückwirkenden Verklärung der DDR-Wirklichkeit und seine Ursachen. In: Deutscher Bundestag (Hrsg.) (1999): Materialien der Enquete-Kommission ,Überwindung der Folgen der SED-Diktatur im Prozess der deutschen Einheit' (13. Wahlperiode des Deutschen Bundestages). Band V. Alltagsleben in der DDR und in den neuen Ländern. Baden-Baden. S. 479-510.

Fröhlich, H. (2007): Das neue Bild der Stadt. Filmische Stadtbilder und alltägliche Raumvorstellungen im Dialog. Stuttgart.

Fuchs, D. (1996): Wohin geht der Wandel der demokratischen Institutionen in Deutschland? Die Entwicklung der Demokratievorstellungen der Deutschen seit ihrer Vereinigung. In: Göhler, G. (Hrsg.) (1996): Institutionenwandel. Opladen. S. 253-283

Fuchs-Heinritz, W. (1994): Generation. In: Fuchs-Heinritz, W. / R. Lautmann / O. Rammstedt / H. Wienold (Hrsg.) (1994): Lexikon zur Soziologie. 3. Auflage Opladen. S. 230.

Ganter, M. (2003): Wim Wenders und Jacques Derrida. Zur Vereinbarkeit von Wim Wenders mit Jacques Derridas dekonstruktivistischer Literaturtheorie. Marburg.

Gareis, R. (1998): Berliner Mauer. Die längste Leinwand der Welt. Leichlingen.

Garstecki, J. (1999): Friedensbewegung und Politik. In: Kleßmann, C., H. Misselwitz, G. Wichert (Hrsg.) (1999): Deutsche Vergangenheiten. Eine gemeinsame Herausforderung. Der schwierige Umgang mit der doppelten Nachkriegsgeschichte. Berlin 1999. S. 277-285.

Garthe, M. (1991): Berichte zur Lage der Nation. In: Weidenfeld, W. / K.-R. Korte (Hrsg.) (1991): Handwörterbuch zur deutschen Einheit. S. 19-27.

Garton Ash, T. (1985): Die deutsche Frage. In: Garton Ash, T. (1990): Ein Jahrhundert wird abgewählt. Aus den Zentren Mitteleuropas 1980-1990. München, Wien (engl. Erstausgabe

1989). S. 72-102.

Garton Ash, T. (1989): Berlin. Die Mauer fällt. In: Garton Ash, T. (1990): Ein Jahrhundert wird abgewählt. Aus den Zentren Mitteleuropas 1980-1990. München, Wien (engl. Erstausgabe 1989). S. 385-400.

Garton Ash, T. (1993): Im Namen Europas. Deutschland und der geteilte Kontinent. München, Wien.

Garton Ash, T. (2001): Wächst zusammen, was zusammengehört? Deutschland und Europa zehn Jahre nach dem Fall der Mauer: Vortrag im Rathaus Schöneberg zu Berlin, 5. November 1999. Berlin.

Gaus, G. (1983): Wo Deutschland liegt. Eine Ortsbestimmung. Hamburg.

Gebhardt, W. / G. Kamphausen (1999): „Ostalgie". Das Phänomen der rückwirkenden Verklärung der DDR-Wirklichkeit und seine Ursachen. In: Deutscher Bundestag (Hrsg.) (1999): Materialien der Enquete-Kommission ‚Überwindung der Folgen der SED-Diktatur im Prozess der deutschen Einheit' (13. Wahlperiode des Deutschen Bundestages). Band V. Alltagsleben in der DDR und in den neuen Ländern. Baden-Baden. S. 511-539.

Geisel, C. (2005): Auf der Suche nach einem dritten Weg. Das politische Selbstverständnis der DDR-Opposition in den 80er-Jahren. Berlin.

Geißler, C. (1995): „Ich erwarte gewetzte Messer". Abstand war nötig, um einen Film über die Jahre der Mauer zu drehen. Mit der Regisseurin Margarethe von Trotta sprach Cornelia Geißler. In: Berliner Zeitung. 4. Februar 1995.

Geiss, I. (1992): Die deutsche Frage 1806-1990. Mannheim u. a.

Gellner, E. (1995): Nationalismus und Moderne. Hamburg (engl. Erstausgabe 1983).

Genscher, H.-D. (1995): Erinnerungen. Berlin.

Gestrich, A. / M. Krauss (Hrsg.) (1998): Migration und Grenze. Stuttgart.

Gibas, M. (2000): „Auferstanden aus Ruinen und der Zukunft zugewandt!" Politische Feier- und Gedenktage der DDR. In: Behrenbeck, S. / A. Nützenadel (Hrsg.) (2000): Inszenierungen des Nationalstaats. Politische Feiern in Italien und Deutschland seit 1860/71. Köln. S. 191-220.

Gieseke, J. (2006): Der traurige Blick des Hauptmanns Wiesler. Ein Kommentar zum Stasifilm „Das Leben der Anderen". In: Zeitgeschichte-online. Zeitgeschichte im Film, April 2006. Online unter http://zeitgeschichte-online.de/zol/portals/_rainbow/documents/pdf/gieseke_lbda.pdf (abgerufen am 1. Dezember 2007).

Gieseke, J. (2008): *Stasi* Goes to Hollywood. Donnersmarcks *The Lives of Others* und die Grenzen der Authentizität. In: German Studies Review 31 (2008). Heft 3. S. 580-588.

Giesen, B. (1993): Die Intellektuellen und die Nation. Eine deutsche Achsenzeit. Frankfurt am Main.

Glaab, M. (1999): Geteilte Wahrnehmungswelten. Zur Präsenz des deutschen Nachbarn im Bewußtsein der Bevölkerung. In: Kleßmann, C. / H. Misselwitz / G. Wichert (Hrsg.) (1999): Deutsche Vergangenheiten. Eine gemeinsame Herausforderung. Der schwierige Umgang mit der doppelten Nachkriegsgeschichte. Berlin. S. 206-220.

Goeschel, C. / U. Grashoff (2003): Der Umgang mit Selbstmorden in den beiden Diktaturen in Deutschland. In: Heydemann G. / H. Oberreuter (Hrsg.) (2003): Diktaturen in Deutschland – Vergleichsaspekte. Strukturen, Institutionen und Verhaltensweisen. Bonn. S. 476-503.

Görtemaker, M. (2004): Kleine Geschichte der Bundesrepublik Deutschland. Bonn (dt. Erstausgabe 2002).

Görtemaker, M. (2005): Der Weg zur Einheit. Bonn.

Graf, A. (2002): The Cinema of Wim Wenders. A Celluloid Highway. London, New York.

Grafe, R. (2002): Die Grenze durch Deutschland. Eine Chronik von 1945 bis 1990. Berlin.

Grasemann, H.-J. (1999): Das DDR-Grenzregime und seine Folgen. Der Tod an der Grenze. In: Deutscher Bundestag (Hrsg.) (1999): Materialien der Enquete-Kommission ‚Überwindung der Folgen der SED-Diktatur im Prozess der deutschen Einheit' (13. Wahlperiode des Deutschen Bundestages). Band VIII/2. Das geteilte Deutschland im geteilten Europa. Baden-Baden. S. 1209-1255.

Gregory, D. (1994): Geographical Imaginations. Cambridge, Oxford.

Grewe, W. G. (1985): Westbindung und deutsche Frage. Wie weit reicht die Interessengemeinschaft mit den westlichen Partnern? In: Grewe, W. G. (1986): Die deutsche Frage in der Ost-West-Spannung. Zeitgeschichtliche Kontroversen der achtziger Jahre. Herford. S. 100-114.

Grewe, W. G. (1986): Die deutsche Frage in der Ost-West-Spannung. Zeitgeschichtliche Kontroversen der achtziger Jahre. Herford.

Gruber, F. (1989): Die deutsche Frage aus der Sicht der CSU. In: Blumenwitz, D. / G. Zieger (Hrsg.) (1989): Die deutsche Frage im Spiegel der Parteien. Köln. S. 165-172.

Gruner, W. D. (1993): Die deutsche Frage in Europa 1800-1990. München, Zürich.

Gysi, G. (1992): Ideologische, politische und moralische Aspekte der Aufarbeitung. In: Gysi, G. / U.-J. Heiner / M. Schumann (Hrsg.) (1992): Zweigeteilt. Über den Umgang mit der SED-Vergangenheit. Hamburg. S. 190-197.

Habermas, J. (1990): Die nachholende Revolution. Kleine Politische Schriften VII. Frankfurt am Main.

Hacke, C. (1989): Die CDU und die deutsche Frage. In: Blumenwitz, D. / G. Zieger (Hrsg.) (1989): Die deutsche Frage im Spiegel der Parteien. Köln. S. 89-97.

Hacke, C. (1991): Deutschlandpolitik der CDU/CSU. In: Weidenfeld, W. / K.-R. Korte (Hrsg.) (1991): Handwörterbuch zur deutschen Einheit. Bonn. S. 191-201.

Hacker, J. (1989): Die deutsche Frage aus der Sicht der SPD. In: Blumenwitz, D. / G. Zieger (Hrsg.) (1989): Die deutsche Frage im Spiegel der Parteien. Köln. S. 39-66.

Hacker, J. (1997): Über die Tabuisierung der nationalen Frage im intellektuellen Diskurs. In: Langguth, G. (Hrsg.) (1997): Die Intellektuellen und die nationale Frage. Frankfurt am Main, New York. S. 314-329.

Hake, S. (2004): Filme in Deutschland. Geschichte und Geschichten seit 1895. Reinbek bei Hamburg.

Halbwachs, M. (1966): Das Gedächtnis und seine sozialen Bedingungen. Berlin, Neuwied (franz. Erstausgabe 1925).

Halbwachs, M. (1985): Das kollektive Gedächtnis. Frankfurt am Main.

Hall, S. (1997a): Introduction. In: Hall, S. (Hrsg.) (1997): Representation. Cultural Representations and Signifying Pracitices. London. S. 1-11.

Hall, S. (1997b): The Work of Representation. In: Hall, S. (Hrsg.) (1997): Representation. Cultural Representations and Signifying Pracitices. London. S. 13-74.

Hall, S. (1997c): The Spectable of the ‚Other'. In: Hall, S. (Hrsg.) (1997): Representation. Cultural Representations and Signifying Pracitices. London. S. 223-290.

Handke, P. / W. Wenders (1992): Himmel über Berlin. Ein Filmbuch. 3. Auflage Frankfurt am Main (dt. Erstausgabe 1987).

Hanisch, E. / H.-H. Knütter / B. Könitz (1985): Die Deutschen und die deutsche Frage. Bonn.

Hartleb, F. (2006): Die westdeutsche Friedensbewegung. Entstehung, Entwicklung und Unterwanderungsversuche. In: Heydemann, G. / E. Jesse (Hrsg.) (2006): 15 Jahre deutsche Einheit. Deutsch-deutsche Begegnungen, deutsch-deutsche Beziehungen. Berlin. S. 159-197.

Harvey, D. (1990): The Condition of Postmodernity. An Inquiry into the Origins of Cultural Change. Cambridge Mass., Oxford.

Haslinger, P. (2006): Diskurs, Sprache, Zeit, Identität. Plädoyer für eine erweiterte Diskursgeschichte. In: Eder, F. X. (Hrsg.) (2006): Historische Diskursanalysen. Genealogie, Theorie, Anwendungen. Wiesbaden. S. 25-50.

Hattenhauer, H. (1990): Geschichte der deutschen Nationalsymbole. Zeichen und Bedeutung. 2. Auflage München.

Haußmann, L. (Hrsg.) (1999): Sonnenallee. Das Buch zum Film. Berlin.

Havran, I. (2001): Wie Feuer und Flamme. Connie Walther 2001. Berlin.

Heimann, T. (2006): Television in Zeiten des Kalten Krieges. Zum Programmaustausch des DDR-Fernsehens in den sechziger Jahren. In: Lindenberger, T. (Hrsg.) (2006): Massenmedien im Kalten Krieg. Akteure, Bilder, Resonanzen. Köln, Weimar, Wien. S. 235-261.

Heinrich, H.-A. (1996): Zeithistorische Ereignisse als Kristallisationspunkte von Generationen. Replikation eines Meßinstrumentes. In: ZUMA-Nachrichten 20 (1996). Heft 39. S. 69-94.

Heinrich, H.-A. (2002): Kollektive Erinnerungen der Deutschen. Theoretische Konzepte und empirische Befunde zum sozialen Gedächtnis. Weinheim, München.

Henckel von Donnersmarck, F. / C. Hochhäusler / U. Mühe (2007): „Es hat ja schon viele Versuche gegeben, die DDR-Realität einzufangen." In: Henckel von Donnersmarck, F. (2007): Das Leben der Anderen. Filmbuch. Frankfurt am Main. S. 182-200.

Henckel von Donnersmarck, F. (2007a): Das Leben der anderen. Das Drehbuch. In: Henckel von Donnersmarck, F. (Hrsg.) (2007b): Das Leben der Anderen. Filmbuch. Frankfurt am Main. S. 9-161.

Henckel von Donnersmarck, F. (Hrsg.) (2007b): Das Leben der Anderen. Filmbuch. Frankfurt am Main.

Herdegen, G. (1987): Perspektiven und Begegnungen. Eine Bestandsaufnahme der öffentlichen Meinung zur deutschen Frage. Teil 1. Nation und deutsche Teilung. In: Deutschland Archiv 12 (1987). S. 1259-1273.

Herdegen, G. / M. Schultz (1993): Einstellungen zur deutschen Einheit. In: Weidenfeld, W. / K.-R. Korte (Hrsg.) (1993): Handbuch zur deutschen Einheit. Bonn. S. 252-269.

Hertle, H.-H. (1996): Der Fall der Mauer. Die unbeabsichtigte Selbstauflösung des SED-Staates. Opladen.

Hertle, H.-H. (2007): Die Berliner Mauer. Monument des Kalten Krieges / The Berlin Wall. Monument of the Cold War. Berlin.

Heß, J. C. (1986): Westdeutsche Suche nach nationaler Identität. In: Michalka, W. (Hrsg.) (1986): Die deutsche Frage in der Weltpolitik. Stuttgart. S. 9-50.

Heyde, A. von der (1991): Deutschlandpolitik der Grünen. In: Weidenfeld, W. / K.-R. Korte (Hrsg.) (1991): Handwörterbuch zur deutschen Einheit. S. 209-216.

Hickethier, K. (2007): Film- und Fernsehanalyse. 4. Auflage Stuttgart.

Hillgruber, A. (1989): Deutsche Geschichte 1945-1986. Die „deutsche Frage" in der Weltpolitik. 7. Auflage Stuttgart.

Hinck, W. (1982): Die Berliner Mauer im Kopf. Peter Schneiders Erzählung über ein nationales Trauma. „Der Mauerspringer". In: Frankfurter Allgemeine Zeitung. 6. April 1982.

Hobsbawm, E. (1998): Das Erfinden von Traditionen. In: Conrad, C. / M. Kessel (Hrsg.) (1998): Kultur und Geschichte. Neue Einblicke in eine alte Beziehung. Stuttgart. S. 97-118.

Hobsbawm, E. J. (2002): Das Zeitalter der Extreme. Weltgeschichte des 20. Jahrhunderts. 5. Auflage München (engl. Erstausgabe 1995).

Hobsbawm, E. J. (2005): Nationen und Nationalismus. Mythos und Realität seit 1780. 3. Auflage Bonn (engl. Erstausgabe 1990).

Hockerts, H. G. (2002): Zugänge zur Zeitgeschichte. Primärerfahrung, Erinnerungskultur, Geschichtswissenschaft. In: Jarausch, K. H. / M. Sabrow (Hrsg.) (2002): Verletztes Gedächtnis. Erinnerungskultur und Zeitgeschichte im Konflikt. Frankfurt am Main, New York. S. 39-73.

Hoffmann, M. (2002): Leben mit der Mauer / Living with the Wall. Berlin.

Hofmann, J. (1989): Ein neues Deutschland soll es sein. Zur Frage nach der Nation in der Geschichte der DDR und der Politik der SED. Berlin.

Holighaus, A. (1995): Jahre der Mauer. In: TIP Magazin 4/1995. S. 1-4.

Holler, L. (1999): Grenzübergang Sonnenallee. Ansichten des ‚Mauerarchitekten' von ‚Sonnenallee'. In: Haußmann, L. (Hrsg.) (1999): Sonnenallee. Das Buch zum Film. Berlin. S. 64-71.

Holzweißig, G. / J. Knappe / P. J. Lapp / J. Nawrocki / M. Piepenscheider / P.-J. Winters (1993): Innerdeutsche Beziehungen. In: Weidenfeld, W. / K.-R. Korte (Hrsg.) (1993): Handbuch zur deutschen Einheit. Bonn. S. 360-372.

Holzweißig, G. (1989): Massenmedien in der DDR. 2. Auflage Berlin.

Holzweißig, G. (1991): Informationsaustausch. In: Weidenfeld, W. / K.-R. Korte (Hrsg.) (1991): Handwörterbuch zur deutschen Einheit. S. 392-400.

Holzweißig, G. (1999): Massenmedien in der DDR. In: Wilke, J. (Hrsg.) (1999): Mediengeschichte der Bundesrepublik Deutschland. Köln, Weimar, Wien. S. 573-601.

Honecker, E. (1974): Aus dem Bericht des Politbüros an die 13. Tagung des Zentralkomitees der SED. Berichterstatter: Genosse Erich Honecher, Erster Sekretär des Zentralkomitees der SED. Rede auf der 13. Tagung des Zentralkomitees der SED am 12. Dezember 1974. In: Neues Deutschland. 13. Dezember 1974.

Honecker, E. (1980): Aus meinem Leben. Berlin.

Horn, E. (2008): Media of Conspiracy. Love and Surveillance in Fritz Lang and Florian Henckel von Donnersmarck. In: New German Critique 35 (2008). Heft 1. S. 127-144.

Hübner, W. (1992): Die Entwicklung der Sicherheitsinteressen der DDR im Rahmen des Ost-West-Konflikts. In: Gysi, G. / U.-J. Heiner / M. Schumann (Hrsg.) (1992): Zweigeteilt. Über den Umgang mit der SED-Vergangenheit. Hamburg. S. 132-137.

Ihme-Tuchel, B. (2007): Die DDR. 2. Auflage Darmstadt (dt. Erstausgabe 2002).

Irmer, T. / M. Schmidt (2006): Die Bühnenrepublik. Theater in der DDR. Bonn.

Jäckel, H. (1990): Unser schiefes DDR-Bild. In: Deutschland Archiv 22 (1990). S. 1557-1565.

Jacobsen, W. / Kaes, A. / H: H. Prinzler (2004): Vorwort. Gedanken und Fragen. In: Jacobsen, W. / A. Kaes / H. H. Prinzler (Hrsg.) (2004): Geschichte des deutschen Films. 2. Auflage Stuttgart. S. 7-12.

Jacobsen, W. (Hrsg.) (1998): Die Stadt – die Menschen. Berlin im Film. Berlin.

Jäger, M. (1995): Kultur und Politik in der DDR. 1945-1990. Köln.

Jäger, S. (2006): Zwischen den Kulturen. Diskursanalytische Grenzgänge. In: Hepp, A. / R. Winter (Hrsg.) (2006): Kultur – Medien – Macht. Cultural Studies und Medienanalyse. 3. Auflage Darmstadt. S. 327-351.

Jahn, H. E. (1985): Die deutsche Frage von 1945 bis heute. Der Weg der Parteien und Regierungen. Mainz.

Janning, J. (1993): Europäische Integration und deutsche Einheit. In: Weidenfeld, W. / K.-R. Korte (Hrsg.) (1993): Handbuch zur deutschen Einheit. Bonn. S. 269-277.

Jansen, P. W. (1992): Interview [mit Wim Wenders]. In: Grafe, F. / W. Jacobsen / P. W. Jansen / S. Kolditz / K. Kreimeier / K. Visarius (1992): Wim Wenders. München, Wien. S. 65-102.

Jansen, S. (1989): Zwei deutsche Staaten – zwei deutsche Nationen? Meinungsbilder zur deutschen Frage im Zeitablauf. In: Deutschland Archiv 22 (1989). S. 1132-1143.

Jarausch, K. H. (1995): Die unverhoffte Einheit 1989-1990. Frankfurt am Main.

Jarausch, K. H. (2005): Jugendkulturen und Generationskonflikte 1945 bis 1990. Zugänge zu einer deutsch-deutschen Nachkriegsgeschichte. In: Kleßmann, C. / P. Lautzas (Hrsg.) (2005): Teilung und Integration. Die doppelte deutsche Nachkriegsgeschichte als wissenschaftliches und didaktisches Problem. Bonn. S. 216-231.

Jeismann, K.-E. (Hrsg.) (1987): Einheit – Freiheit – Selbstbestimmung. Die deutsche Frage im historisch-politischen Bewußtsein. Frankfurt am Main, New York.

Jesse, E. (1984): Die deutsche Frage rediviva. Eine Auseinandersetzung mit der neueren Literatur. In: Deutschland Archiv 17 (1984). S. 397-414.

Jesse, E. (1986): Die (Pseudo)-Aktualität der deutschen Frage. Ein publizistisches, kein politisches Phänomen. In: Michalka, W. (Hrsg.) (1986): Die deutsche Frage in der Weltpolitik. Stuttgart. S. 51-68.

Jesse, E. (1987a): Die deutsche Frage. Ein Thema mit vielen Facetten. Unterrichtsmodell. In: Politische Bildung 20 (1987). Heft 1. S. 65-85.

Jesse, E. (1987b): Renaissance der deutschen Frage? Stuttgart.

Jesse, E. (1993a): Bundesrepublik Deutschland. Geschichte. In: Weidenfeld, W. / K.-R. Korte (Hrsg.) (1993): Handbuch zur deutschen Einheit. Bonn. S. 64-71.

Jesse, E. (1993b): Umgang mit Vergangenheit. In: Weidenfeld, W. / K.-R. Korte (Hrsg.) (1993): Handbuch zur deutschen Einheit. Bonn. S. 648-656.

Joas, H. / M. Kohli (Hrsg.) (1993): Der Zusammenbruch der DDR. Soziologische Analysen. Frankfurt.

Junghänel, F. (1999): Garantierte Lustigkeit. Die DDR als gespielter Witz: Leander Haußmanns Komödie „Sonnenallee" erzählt von früher. In: Berliner Zeitung. 7. Oktober 1999.

Kaase, M. (1993): Innere Einheit. In: Weidenfeld, W. / K.-R. Korte (Hrsg.) (1993): Handbuch zur deutschen Einheit. Bonn. S. 373-383.

Kaase, M. (1995): Die Deutschen auf dem Weg zur inneren Einheit? Eine Längsschnittanalyse von Selbst- und Fremdwahrnehmungen bei West- und Ostdeutschen. In: Rudolph, H. (Hrsg.) (1995): Geplanter Wandel, ungeplante Wirkungen. Handlungslogiken und –ressourcen im Prozess der Transformation. Berlin. S. 160-181.

Kaes, A. (1989): From Hitler to Heimat. The Return of History as Film. Cambridge Mass., London (dt. Erstausgabe 1987).

Kaminsky, A. (Hrsg.) (2007): Orte des Erinnerns. Gedenkzeichen, Gedenkstätten und Museen zur Diktatur in SBZ und DDR. 2. Auflage Bonn.

Kielmansegg, P. Graf (2004): Das geteilte Land. Deutschland 1945-1990. München (dt. Erstausgabe 2000).

Kießling, A (1999): Berlin. In: Weidenfeld, W. / K.-R. Korte (Hrsg.) (1999): Handbuch zur deutschen Einheit 1949-1989-1999. Neuausgabe 1999. Frankfurt, New York. S. 57-71.

Kil, W. (2000): Berlin. Grenzenlos. In: Scheer, T. /. J. P. Kleihues / P. Kahlfeldt (Hrsg.) (2000): Stadt der Architektur. Architektur der Stadt. Berlin 1900-2000. Berlin. S. 373-388.

Kilb, A. (1995): Zahme Herzen. In: Die Zeit. 8/1995. S. 59.

Kilb, A. (2000): Volker Schlöndorff erzählt im Kino die deutsch-deutsche Geschichte einer sensiblen Terroristin. In: Frankfurter Allgemeine Zeitung. 14. September 2000.

Kleßmann, C. (1988): Zwei Staaten, eine Nation. Deutsche Geschichte 1955-1970. Göttingen.

Kleßmann, C. (1991): Die doppelte Staatsgründung. Deutsche Geschichte 1945-1955. 5. Auflage Bonn.

Kleßmann, C. (2005a): Abschied vom „Sonderweg" und doppelte Bündnisintegration. Folgen des Krieges für die Außenpolitik beider deutscher Staaten gegenüber den europäischen Nachbarn. In: Asmuss, B. / K. Kufeke / P. Springer (Hrsg.) (2005): Der Krieg und seine Folgen 1945. Kriegsende und Erinnerungspolitik in Deutschland. Berlin. S. 29-39.

Kleßmann, C. (2005b): Spaltung und Verflechtung. Ein Konzept zur integrierten Nachkriegsgeschichte 1945-1990. In: Kleßmann, C. / P. Lautzas (Hrsg.) (2005): Teilung und Integration. Die doppelte deutsche Nachkriegsgeschichte als wissenschaftliches und didaktisches Problem. Bonn. S. 20-37.

Knabe, H. (1999a): Die unterwanderte Republik. Die Stasi im Westen. Berlin.

Knabe, H. (1999b): Der lange Weg zur Opposition. Unabhängige politische Bestrebungen 1983 bis 1988. In: Kuhrt, E. / H. F. Buck / G. Holzweißig (Hrsg.) (1999): Opposition in der DDR von den 70er-Jahren bis zum Zusammenbruch der SED-Herrschaft. Opladen. S. 139-170.

Knapp, G. (1978): Eingemauert in Berlin. Helke Sanders Film „Die allseitig reduzierte Persönlichkeit". In: Süddeutsche Zeitung. 10. Juni 1978.

Knappe, J. / F. Pflüger (1993): Deutschlandpolitik 1982-1990. In: Weidenfeld, W. / K.-R. Korte (Hrsg.) (1993): Handbuch zur deutschen Einheit. Bonn. S. 173-182.

Kocka, J. (1994): Eine durchherrschte Gesellschaft. In: Kaelble, H. / J. Kocka / H. Zwahr (Hrsg.) (1994): Sozialgeschichte der DDR. Stuttgart. S. 547-553.

Kohl, H. (1982): Koalition der Mitte. Für eine Politik der Erneuerung. Regierungserklärung vor dem Deutschen Bundestag vom 13. Oktober 1982. In: Presse- und Informationsamt der Bundesregierung (Hrsg) (1984): Bundeskanzler Helmut Kohl. Reden 1982-1984. Bonn. S. 9-48.

Kohl, H. (1983): Zur Lage der Nation im geteilten Deutschland. Bericht der Bundesregierung abgegeben von Bundeskanzler Dr. Helmut Kohl vor dem Deutschen Bundestag am 23. Juni 1983. Bonn.

Kohl, H. (1984): Zur Lage der Nation im geteilten Deutschland. Bericht der Bundesregierung abgegeben von Bundeskanzler Dr. Helmut Kohl vor dem Deutschen Bundestag am 15. März 1984. Bonn.

Kohl, H. (1986): Zur Lage der Nation im geteilten Deutschland. Bericht der Bundesregierung abgegeben von Bundeskanzler Dr. Helmut Kohl vor dem Deutschen Bundestag am 14. März

1986. Bonn.

Kohl, H. (1987): Zur Lage der Nation im geteilten Deutschland. Bericht der Bundesregierung abgegeben von Bundeskanzler Dr. Helmut Kohl vor dem Deutschen Bundestag am 15. Oktober 1987. Bonn.

Kohl, H. (1990): Regierungserklärung des Bundeskanzlers der Bundesrepublik Deutschland, Helmut Kohl, über die Grundsätze der Politik der ersten gesamtdeutschen Bundesregierung, abgegeben vor dem Deutschen Bundestag am 4. Oktober 1990 in Berlin. In: Diemer, G. / E. Kuhrt (Hrsg.) (1991): Kurze Chronik der deutschen Frage. Mit den drei Verträgen zur Einigung Deutschlands. 2. Auflage München. S. 297-305.

Kohl, H. (1996): Ich wollte Deutschlands Einheit. Dargestellt von Diekmann, K. / R. G. Reuth. Berlin.

Köhler, A. (1995): Nationalbewusstsein und Identitätsgefühl der Bürger der DDR unter besonderer Berücksichtigung der deutschen Frage. In: Deutscher Bundestag (Hrsg.) (1995): Materialien der Enquete-Kommission ‚Aufarbeitung von Geschichte und Folgen der SED-Diktatur in Deutschland‘ (12. Wahlperiode des Deutschen Bundestages). Band V/2. Deutschlandpolitik, innerdeutsche Beziehungen und internationale Rahmenbedingungen. Baden-Baden. S. 1636-1675.

Kolditz, S. (1992): Kommentierte Filmographie. In: Grafe, F. / W. Jacobsen / P. W. Jansen / S. Kolditz / K. Kreimeier / K. Visarius (1992): Wim Wenders. München, Wien. S. 103-314.

Kolker, R. P. / P. Beicken (1993): The Films of Wim Wenders. Cinema as Vision and Desire. Cambridge, New York, Oakleigh.

Kolstrup, S. (1999): *Wings of Desire*. Space, Memory and Identity. In: p. o. v. A Danish Journal of Film Studies 8 (1999). Dezember. S. 115-124.

König, W. (2004): dtv-Atlas Deutsche Sprache. 14. Auflage München.

Korte, K.-R. / W. Weidenfeld (1993): Nation und Nationalbewußtsein. In: Weidenfeld, W. / K.-R. Korte (Hrsg.) (1993): Handbuch zur deutschen Einheit. Bonn. S. 473-479.

Korte, K.-R. (1989): Deutschlandbilder. Die deutsche Frage in den siebziger und achtziger Jahren. In: Weidenfeld, W. (Hrsg.) (1989a): Politische Kultur und deutsche Frage. Materialien zum Staats- und Nationalbewußtsein in der Bundesrepublik Deutschland. Köln. S. 112-131.

Korte, K.-R. (1990): Der Standort der Deutschen. Akzentverlagerungen der deutschen Frage in der Bundesrepublik Deutschland seit den siebziger Jahren. Köln.

Korte, K.-R. (1998): Deutschlandpolitik in Helmut Kohls Kanzlerschaft. Regierungsstil und Entscheidungen. 1982-1989. Stuttgart.

Koselleck, R. (2005): Formen und Traditionen des negativen Gedächtnisses. In: Knigge, V. / N. Frei (Hrsg.) (2005): Verbrechen erinnern. Die Auseinandersetzung mit Holocaust und Völkermord. Bonn. S. 21-32.

Kracauer, S. (1932): Über die Aufgabe des Filmkritikers. In: Kracauer, S. (1974): Kino. Essay, Studien, Glossen zum Film. Frankfurt am Main. S. 9-11.

Kracauer, S. (1985): Theorie des Films. Die Errettung der äußeren Wirklichkeit. Frankfurt am Main (engl. Erstausgabe 1960).

Krenz, E. (1990): Wenn Mauern fallen. Die friedliche Revolution. Vorgeschichte – Ablauf – Auswirkungen. Wien.

Kühnl, R. (1986): Nation – Nationalismus – nationale Frage. Was ist das und was soll das? Köln.

Lafontaine, O. (1990): Deutsche Wahrheiten. Die nationale und die soziale Frage. Hamburg.

Langewiesche, D. (2000): Nation, Nationalismus und Nationalstaat in Deutschland und Europa. München.

Langewiesche, D. (2005): Nachwort zur Neuauflage. Eric J. Hobsbawms Blick auf Nationen, Nationalismus und Nationalstaaten. In: Hobsbawm, E. J. (2005): Nationen und Nationalismus. Mythos und Realität seit 1780. 3. Auflage Bonn. S. 225-241.

Langguth, G. (1997): Die Intellektuellen und die nationale Frage. In: Langguth, G. (Hrsg.) (1997): Die Intellektuellen und die nationale Frage. Frankfurt am Main, New York. S. 9-18.

Lefebvre, H. (2005): The Production of Space. Oxford, Cambridge (franz. Erstausgabe 1974).

Lemke, M. (Hrsg.) (2006): Schaufenster der Systemkonkurrenz. Die Region Berlin-Brandenburg im Kalten Krieg. Köln, Weimar, Wien.

Leonhard, W. (1989): Demokratie vor Einheit. Ein Interview nach dem Fall der Mauer. In: Leonhard, W. (1990): Das kurze Leben der DDR. Berichte und Kommentare aus 4 Jahrzehnten. Stuttgart. S. 208-210.

Lepsius, M. R. (1982): Nation und Nationalismus in Deutschland. In: Winkler, H. A. (Hrsg.) (1982): Nationalismus in der Welt von heute. Göttingen. S. 12-27

Lindenberger, T. (1999): Die Diktatur der Grenzen. Zur Einleitung. In: Lindenberger, T. (Hrsg.) (1999): Herrschaft und Eigen-Sinn in der Diktatur. Studien zur Gesellschaftsgeschichte der DDR. Köln. S. 13-44.

Lindenberger, T. (2000): „Sonnenallee". Ein Farbfilm über die Diktatur der Grenze(n). In: WerkstattGeschichte 9 (2000). Heft 26. S. 97-106.

Lindenberger, T. (2004a): Gewalt und Wahrheit. Verkehrte Welt in *Good Bye, Lenin*! In: WerkstattGeschichte 13 (2004). Heft 37. S. 101-114.

Lindenberger, T. (2004b): Vergangenes Hören und Sehen. Zeitgeschichte und ihre Herausforderung durch die audiovisuellen Medien. In: Zeithistorische Forschungen 1 (2004). Heft 1. S. 72-85.

Lindenberger, T. (2004c): Geteilte Welt, geteilter Himmel? Der Kalte Krieg und die Massenmedien in gesellschaftsgeschichtlicher Perspektive. In: Arnold, K. / Ch. Classen (Hrsg.) (2004): Zwischen Pop und Propaganda. Radio in der DDR. Berlin 2004. S. 27-44.

Lindenberger, T. (2005): Kalter Krieg im deutschen und französischen Film der 1950er-Jahre. In: Miard-Delacroix, H. / R. Hudemann (Hrsg.) (2005): Wandel und Integration. Die Pariser Verträge 1954 im Prozeß der deutsch-französischen Annäherungen der Nachkriegszeit – Mutations et intégration. Les accords de Paris dans le processus des rapprochements franco-allemands d'après-guerre. München. S. 345-360.

Lindenberger, T. (2006a): Zeitgeschichte am Schneidetisch. Zur Historisierung der DDR in deutschen Spielfilmen. In: Paul, G. (Hrsg.) (2006): Visual History. Ein Studienbuch. Göttingen. S. 353-372.

Lindenberger, T. (2006b): Einleitung. In: Lindenberger, T. (Hrsg.) (2006a): Massenmedien im Kalten Krieg. Akteure, Bilder, Resonanzen. Köln, Weimar, Wien. S. 9-24.

Lindenberger, T. (2008): Stasiploitation – Why Not? The Scriptwriter's Historical Creativity in *The Lives of Others*. In: German Studies Review 31 (2008). Heft 3. S. 557-566.

Lokatis, S. (1999): Die Zensur- und Publikationspraxis in der DDR. In: Deutscher Bundestag (Hrsg.) (1999): Materialien der Enquete-Kommission ‚Überwindung der Folgen der SED-Diktatur im Prozess der deutschen Einheit' (13. Wahlperiode des Deutschen Bundestages). Band IV/2. Bildung, Wissenschaft, Kultur. Baden-Baden. S. 1248-1304.

Lorenz, C. (1997): Konstruktion der Vergangenheit. Eine Einführung in die Geschichtstheorie. Köln, Weimar, Wien.

Lüdtke, A. (1994): „Helden der Arbeit" – Mühen beim Arbeiten. Zur mißmutigen Loyalität von Industriearbeitern in der DDR. In: Kaelble, H. / J. Kocka / H. Zwahr (Hrsg.) (1994): Sozialgeschichte der DDR. Stuttgart. S. 188-213.

Lünnemann, O. (1993): Vom Kalten Krieg bis Perestroika. James Bond – Ein Filmagent zwischen Entspannung und Konfrontation. Eine inhaltsanalytische Studie zur Reflex- und Kontrollhypothese. Münster.

Lutz, F. P. (1993): Geschichtsbewußtsein. In: Weidenfeld, W. / K.-R. Korte (Hrsg.) (1993): Handbuch zur deutschen Einheit. Bonn. S. 323-331.

Maasen, S. / T. Mayerhauser / C. Renggli (2006): Bild-Diskurs-Analyse. In: Maasen, S. / T. Mayerhauser / C. Renggli (Hrsg.) (2006): Bilder als Diskurse – Bilddiskurse. Weilerswist. S. 7-26.

Maischberger, S. (1999): ‚Sonnenallee' – eine Mauerkomödie. Interview mit Leander Hausmann und Thomas Brussig. In: Haußmann, L. (Hrsg.) (1999): Sonnenallee. Das Buch zum Film. Berlin. S. 8-24.

Malzahn, C. C. (2005): Deutschland, Deutschland. Kurze Geschichte einer geteilten Nation. Bonn.

Mannheim, K. (1928): Das Problem der Generationen. In: Wolff, K. (Hrsg.) (1970): Karl Mannheim. Wissenssoziologie. Auswahl aus dem Werk. 2. Auflage Neuwied am Rhein, Berlin. S. 509-565.

Massey, D. (1996): Politicising Space and Place. In: Scottish Geographical Magazine 112 (1996). S. 117-123.

Matern, C. (1991): Berlin. Status und Politik. In: Weidenfeld, W. / K.-R. Korte (Hrsg.) (1991): Handwörterbuch zur deutschen Einheit. S. 27-37.

Mattl, S. / K. Stuhlpfarrer (1994): Film und Geschichte. In: Zeitgeschichte 21 (1994). Heft 9-10. S. 269-279.

Mayer, T. (1999): Kontroversen zur deutschen Frage. In: Weidenfeld, W. / K.-R. Korte (Hrsg.) (1999): Handbuch zur deutschen Einheit 1949-1989-1999. Neuausgabe 1999. Frankfurt, New York. S. 501-509.

Meese, J. (1999): Die ‚Sonnenallee‘. In: Haußmann, L. (Hrsg.) (1999): Sonnenallee. Das Buch zum Film. Berlin. S. 47-49.

Mergel, T. (2005): Benedict Andersons Imagined Communities. Zur Karriere eines erfolgreichen Konzepts. Nachwort zur Neuauflage 2005. In: Anderson, B. (2005): Die Erfindung der Nation. Zur Karriere eines folgenreichen Konzepts. 2. Auflage Frankfurt am Main, New York (engl. Original 1983/1991). S. 281-299.

Meurer, H. J. (2000): Cinema and National Identity in Divided Germany 1979-1989. The Split Screen. Lewiston, Queenston.

Michalka, W. (Hrsg.) (1986): Die deutsche Frage in der Weltpolitik. Stuttgart.

Mischke, R. (1986): Rauhfaser und Hamwirnich. In: Frankfurter Allgemeine Zeitung. 11. Juni 1986.

Misselwitz, H.-J. (1993): DDR. Geschlossene Gesellschaft und offenes Erbe. In: Weidenfeld, W. (Hrsg.) (1993): Deutschland. Eine Nation – doppelte Geschichte. Materialien zum deutschen Selbstverständnis. Köln. S. 104-112.

Mitchell, D. (2000): Cultural Geography. A Critical Introduction. Oxford.

Mitchell, W. J. T. (1997): Der Pictoral Turn. In: Kravagna, C. (Hrsg.) (1997): Privileg Blick. Kritik der visuellen Kultur. Berlin. S. 15-40.

Mitter, A. (1992): Die Aufarbeitung der DDR-Geschichte. In: Jesse, E. / A. Mitter (Hrsg.) (1992): Die Gestaltung der deutschen Einheit. Geschichte – Politik – Gesellschaft. Bonn. S. 365-387.

Möbius, H. / G. Vogt (1990): Drehort Stadt. Das Thema „Großstadt“ im deutschen Film. Marburg.

Mohr, R. (2006): „Das Leben der Anderen.“ Stasi ohne Spreewaldgurke. In: Spiegel Online. 15. März 2006. Online unter http://www.spiegel.de/kultur/kino/0,1518,406092,00.html (abgerufen am 2. Februar 2008).

Möller, H. (2001): Erinnerung(en), Geschichte, Identität. In: Aus Politik und Zeitgeschichte. 28/2001. S. 8-14.

Mommsen, H. (1981): Aus Eins mach Zwei. Die Bi-Nationalisierung Rest-Deutschlands. In: Die Zeit. 7/1981. S. 4.

Mommsen, H. (2005): Deutschland und der Zweite Weltkrieg. In: Asmuss, B. / K. Kufeke / P. Springer (Hrsg.) (2005): Der Krieg und seine Folgen 1945. Kriegsende und Erinnerungspolitik in Deutschland. Berlin. S. 15-28.

Mommsen, W. J. (1983): Wandlungen der nationalen Identität der Deutschen. In: Mommsen, W. J. (1990): Nation und Geschichte. Über die Deutschen und die deutsche Frage. München. S. 55-86.

Mommsen, W. J. (1988): Zum historischen Selbstverständnis der Deutschen. In: Mommsen, W. J. (1990): Nation und Geschichte. Über die Deutschen und die deutsche Frage. München. S. 185-196.

Mommsen, W. J. (1990): Nation und Geschichte. Über die Deutschen und die deutsche Frage. München.

Morley, D. / K. Robins (1995): Spaces of Identity. Global Media. Electronic Landscapes and Cultural Boundaries. London, New York.

Mühlberg, D. (2002): Vom langsamen Wandel der Erinnerung an die DDR. In: Jarausch, K. H. / M. Sabrow (Hrsg.) (2002): Verletztes Gedächtnis. Erinnerungskultur und Zeitgeschichte im Konflikt. Frankfurt am Main, New York. S. 217-252.

Müller-Enbergs, H. (1998): Garanten äußerer und innerer Sicherheit. In: Judt, M. (Hrsg.) (1998): DDR-Geschichte in Dokumenten. Bonn. S. 431-449.

Mummendey, A. / B. Simon (1997a): Selbst, Identität und Gruppe. Eine sozialpsychologische Analyse des Verhältnisses von Individuum und Gruppe. In: Mummendey, A. / B. Simon (Hrsg.) (1997): Identität und Verschiedenheit. Zur Sozialpsychologie der Identität in komplexen Gesellschaften. Bern u. a. S. 11-38.

Mummendey, A. / B. Simon (1997b): Nationale Identifikation und die Abwertung von Fremdgruppen. In: Mummendey, A. / B. Simon (Hrsg.) (1997): Identität und Verschiedenheit. Zur Sozialpsychologie der Identität in komplexen Gesellschaften. Bern u. a. S. 175-194.

Münkler, H. (1996): Politische Mythen und Institutionenwandel. Die Anstrengungen der DDR, sich ein eigenes kollektives Gedächtnis zu verschaffen. In: Göhler, G. (Hrsg.) (1996): Institutionenwandel. Opladen. S. 121-143.

Naughton, L. (2000): Wiedervereinigung als Siegergeschichte. Beobachtungen einer Australierin. In: Apropos: Film 2000. Das Jahrbuch der DEFA-Stiftung. Berlin. S. 242-253.

Naughton, L. (2002): That Was the Wild East. Film Culture, Unification and the ‚New' Germany. Ann Arbor.

Neller, K. (2006): Getrennt vereint? Ost-West-Identitäten, Stereotypen und Fremdheitsgefühle nach 15 Jahren deutscher Einheit. In: Falter, J. W. / O. W. Gabriel / H. Rattinger / H. Schoen (Hrsg.) (2006): Sind wir *ein* Volk? Ost- und Westdeutschland im Vergleich. München. S. 13-36.

Neubert, E. (1998): Kirchenpolitik. In: Judt, M. (Hrsg.): DDR-Geschichte in Dokumenten. Bonn 1998. S. 363-381.

Neubert, E. (2000): Geschichte der Opposition in der DDR 1949-1989. 2. Auflage Berlin.

Neumann, K. (2001): Mahnmale. In: François, E. / H. Schulze (Hrsg.) (2001): Deutsche Erinnerungsorte. Band 1. München. S. 622-637.

Neumann, B. (2007): Zur Verleihung des Oscars an „Das Leben der Anderen" von Florian Henckel von Donnersmarck als bestem fremdsprachigen Film gratulierte Kulturstaatsminister Bernd Neumann: In: Presse- und Informationsamt der Bundesregierung. Pressemitteilung Nr. 75. 26. Februar 2007. Online unter http://bundesregierung.de/nn_66636/_content/DE/ Pressemitteilungen/BPA/2007/02/2007-02-26-bkm-oscar-verleihung.html (abgerufen am 10. März 2008).

Newman, D. / Paasi, A. (1998): Fences and Neighbors in the Postmodern World. Boundary Narratives in Political Geography. In: Progress in Human Geography 22 (1998). Heft 2. S. 186-207.

Newman, D. (2003): Boundaries. In: Agnew, J. / K. Mitchell / G. Toal (Hrsg.) (2003): A Companion to Political Geography. Malden Mass. S. 123-137.

Nicodemus, K. (2004): Film der neunziger Jahre. Neues Sein und altes Bewußtsein. In: Jacobsen, W. / A. Kaes / H. H. Prinzler (Hrsg.) (2004): Geschichte des deutschen Films. 2. Auflage Stuttgart. S. 319-356.

Nipperdey, T. (1986): Nachdenken über die deutsche Geschichte. München.

Noelle-Neumann, E. / R. Köcher (1987): Die verletzte Nation. Über den Versuch der Deutschen, ihren Charakter zu ändern. Stuttgart.

Noelle-Neumann, E. (1995): Der geteilte Himmel. Geschichtsbewußtsein in Ost- und Westdeutschland oder Zwei Ansichten deutscher Geschichte. In: Frankfurter Allgemeine Zeitung. 3. Mai 1995.

Nora, P. (1990): Zwischen Gedächtnis und Geschichte. Berlin.

[O. Autor] (1989a): „Eine friedliche Revolution". In: Der Spiegel. 46/1989. S. 18-28.

[O. Autor] (1989b): „Laßt die Leute raus". Die Nacht, in der die Berliner Mauer brach. In: Der Spiegel. 46/1989. S. 28-30.

[O. Autor] (2007): Rechtsstreit um „Das Leben der Anderen". In: Welt.de. 19. Januar 2007. Online unter http://www.welt.de/print-welt/article709783/Rechtsstreit_um_DVD_von_Das_ Leben_der_Anderen.htmlunter (abgerufen am 21. März 2008).

Ó Tuathail, G. (1996): Critical Geopolitics. The Politics of Writing Global Space. London.

Opp, K.-D. / P. Woß (1993): Die volkseigene Revolution. Stuttgart.

Osang, A. (2007): Die Früchte der Revolution. In: Der Spiegel. 45/2007. S. 72-94.

Paasi, A. (2003): Territory. In: Agnew J. / K. Mitchell / G. Toal (Hrsg.) (2003): A Companion to Political Geography. Malden Mass. S. 109-122.

Parr, R. (2005): National Symbols and the German Reunification. In: Arnold-de Simine, S. (Hrsg.) (2005): Memory Traces. 1989 and the Question of German Cultural Identity. Bern. S. 27-54.

Paul, G. (2006): Von der Historischen Bildkunde zur Visual History. In: Paul, G. (Hrsg.) (2006): Visual History. Ein Studienbuch. Göttingen. S. 7-36.

Peitz, C. (2007): Alles so schön grau hier. Leander Haußmanns „Sonnenallee", Sebastian Petersons „Helden wie wir": Der Osten ist Kult – Jetzt auch im Kino. In: Die Zeit. 45/1999. S. 13.

Pflüger, C. / G. Schneider (2006): Filme im Geschichtsunterricht. In: Geschichte Politik und ihre Didaktik 34 (2006). Heft 3/4. S. 191-195.

Platthaus, A. (1999a): Deutsche Dynamische Republik. ‚Sonnenallee'. Der erste Spielfilm des Theaterregisseurs Leander Haußmann bringt Farbe in die DDR. In: Frankfurter Allgemeine Zeitung. 9. Oktober 1999.

Platthaus, A. (1999b): Teddybär, geh du voran. Eine halbe Stunde voller Wunder und nicht mehr. Sebastian Peterson verfilmt mit ‚Helden wie wir' den Mauerfall. In: Frankfurter Allgemeine Zeitung. 9. November 1999.

Pohl, V. / T. Schwarz / J. Wietschorke (2003): Die Grenze im Blick. In: Blask, F. / W. Kaschuba (Hrsg.) (2003): Europa an der Grenze. Ost Odra West Oder. Münster. S. 90-109.

Pond, E. (1993): Beyond the Wall. Germany's Road to Unification. A Twentieth Century Fund Book. Washington D. C.

Pott, A. (2007): Identität und Raum. Perspektiven nach dem Cultural Turn. In: Berndt, C. / R. Pütz (Hrsg.) (2007): Kulturelle Geographien. Zur Beschäftigung mit Raum und Ort nach dem Cultural Turn. Bielefeld. S. 27-52.

Potthoff, H. (1995): Die „Koalition der Vernunft". Deutschlandpolitik in den achtziger Jahren. München.

Potthoff, H. (1999): Im Schatten der Mauer. Deutschlandpolitik 1961 bis 1990. Berlin.

Probst, L. (1989): Deutschlandpolitik und die Deutsche Frage aus der Sicht der Grünen. In: Blumenwitz, D. / G. Zieger (Hrsg.) (1989): Die deutsche Frage im Spiegel der Parteien. Köln. S. 121-124.

Raskin, R. (1993): „It's images you can trust less and less." An interview with Wim Wenders on *Wings of Desire*. In: p. o. v. A Danish Journal of Film Studies 8 (1999). Dezember. S. 5-20.

Rauh, R. (1990): Wim Wenders und seine Filme. München.

Regener, S. (2004): Bilder / Geschichte. Theoretische Überlegungen zur Visuellen Kultur. In: Hartewig, K. / A. Lüdtke (Hrsg.) (2004): Die DDR im Bild. Zum Gebrauch der Fotografie im anderen deutschen Staat. Göttingen. S. 13-27.

Reichel, P. (2005): Schwarz-Rot-Gold. Kleine Geschichte deutscher Nationalsymbole. Bonn.

Reichel, P. (2007): Erfundene Erinnerung. Weltkrieg und Judenmord in Film und Theater. Frankfurt am Main.

Renan, E. (1882): Was ist eine Nation? Vortrag in der Sorbonne am 11. März 1882. In: Jeismann, M. / H. Ritter (Hrsg.) (1993): Grenzfälle. Über neuen und alten Nationalismus. Leipzig. S. 290-311.

Rentschler, E. (2004): Die Filme der achtziger Jahre. Endzeitspiele und Zeitgeistszenerien. In: Jacobsen, W. / A. Kaes / H. H. Prinzler (Hrsg.) (2004): Geschichte des deutschen Films. 2. Auflage Stuttgart. S. 281-318.

Reuber, P. (2005): Writing History – Writing Geography. Zum Verhältnis von Zeit und Raum in Geschichte und Geographie. In: Geographische Zeitschrift 93 (2005). Heft 1. S. 5-16.

Reuter, L. (1988): Political Culture and Moral Culture in West Germany. In: Reuter, L. R. / M. W. Watts / J. Zinnecker (Hrsg.) (1988): Political Culture in West Germany. Siegen. S. 2-38.

Riederer, G. (2006): Film und Geschichtswissenschaft. Zum aktuellen Verhältnis einer schwierigen Beziehung. In: Paul, G. (Hrsg.) (2006): Visual History. Ein Studienbuch. Göttingen. S. 96-113.

Ritter, G. A. (1998): Über Deutschland. Die Bundesrepublik in der deutschen Geschichte. München.

Rodek, H.-G. (2008): Dieses „Novemberkind" wächst uns ans Herz. In: Welt Online. 20. November 2008. Online unter http://www.welt.de/kultur/article2750454/Dieses-Novemberkind-waechst-uns-ans-Herz.html (abgerufen am 20. April 2009).

Röhl, E. (1999): Schlechte Zeiten – gute Witze. Polithumor in der DDR. In: Haußmann, L. (Hrsg.) (1999): Sonnenallee. Das Buch zum Film. Berlin. S. 50-57.

Ross, C. (2004): East Germans and the Berlin Wall. Popular Opinion and Social Change before and after the Border Closure of August 1961. In: Journal of Contemporary History 39 (2004). Heft 1. S. 25-43.

Roth, F. (1995): Die Idee der Nation im politischen Diskurs. Die Bundesrepublik Deutschland zwischen neuer Ostpolitik und Wiedervereinigung (1969-1989). Baden-Baden.

Rusch, G. (1996): Erinnerungen aus der Gegenwart. In: Schmidt, S. J. (Hrsg.) (1996): Gedächtnis. Probleme und Perspektiven der interdisziplinären Gedächtnisforschung. 3. Auflage Frankfurt am Main. S. 267-292.

Sabrow, M. (2001): Die Ohnmacht der Objektivierung. Deutsche Historiker und ihre Umbruchserinnerungen nach 1945 und nach 1989. In: Aus Politik und Zeitgeschichte. 28/2001. S. 31-42.

Sabrow M. u. a. (2006): Die öffentliche Anhörung vom 6. Juni 2006 (Wortprotokoll). In: Sabrow, M. u. a. (Hrsg.) (2007): Wohin treibt die DDR-Erinnerung? Dokumentation einer Debatte. Bonn. S. 47-183.

Sabrow, M. u. a. (Hrsg.) (2007): Wohin treibt die DDR-Erinnerung? Dokumentation einer Debatte. Bonn.

Sarasin, O. (Hrsg.) (2003): Geschichtswissenschaft und Diskursanalyse. Frankfurt am Main.

Scharf, I. (2005): Staging the Border. National Identity and the Critical Geopolitics of West German Film. In: Geopolitics 10 (2005). S. 378-397.

Scheel, W. (Hrsg.) (1981): Die andere deutsche Frage. Kultur und Gesellschaft der Bundesrepublik Deutschland nach 30 Jahren. Stuttgart.

Scheer, T. (2000): Wo Vielfalt über Städte waltet. Architektur und Städtebau in Berlin 1900 bis 2000. In: Scheer, T. /. J. P. Kleihues / P. Kahlfeldt (Hrsg.) (2000): Stadt der Architektur. Architektur der Stadt. Berlin 1900-2000. Berlin. S. 11-25.

Schelsky, H. (1981): Die Generationen der Bundesrepublik. In: Scheel, W. (Hrsg.) (1981): Die andere deutsche Frage. Kultur und Gesellschaft der Bundesrepublik Deutschland nach 30 Jahren. Stuttgart. S. 178-198.

Schenk, R. (2005): Die DDR im deutschen Film nach 1989. In: Aus Politik und Zeitgeschichte. 44/2005. S. 31-38.

Scheuch, E. K. (1991): Wie deutsch sind die Deutschen? Eine Nation wandelt ihr Gesicht. Bergisch-Gladbach.

Schildt, A. (2005): Die Kriegsfolgen für die Gesellschaft in West- und in Ostdeutschland. In: Asmuss, B. / K. Kufeke / P. Springer (Hrsg.) (2005): Der Krieg und seine Folgen 1945. Kriegsende und Erinnerungspolitik in Deutschland. Berlin. S. 40-49.

Schlesinger, P. (1987): On National Identity. Some Conceptions and Misconceptions Criticised.

In: Social Science Information 26 (1987). Heft 2. S. 219-264.

Schlögel, K. (2003): Im Raume lesen wir die Zeit. Über Zivilisationsgeschichte und Geopolitik. München Wien.

Schmidt, H. (1979): Zur Lage der Nation. Erklärung der Bundesregierung vor dem Deutschen Bundestag am 17. Mai 1979. Bonn.

Schmidt, H. (1980): Bericht zur Lage der Nation. Erklärung der Bundesregierung vor dem Deutschen Bundestag am 20. März 1980. Bonn.

Schmidt, S. J. (1993): Gedächtnis – Erzählen – Identität. In: Assmann, A. / D. Harth (Hrsg.) (1993): Mnemosyne. Formen und Funktionen der kulturellen Erinnerung. Frankfurt am Main. S. 378-397.

Schmidt, S. J. (1996): Gedächtnisforschungen. Positionen, Probleme, Perspektiven. In: Schmidt, S. J. (Hrsg.) (1996): Gedächtnis. Probleme und Perspektiven der interdisziplinären Gedächtnisforschung. 3. Auflage Frankfurt am Main. S. 9-55.

Schmidt, W. (2006): „Der Achtstundentag galt auch im MfS". Stereotype und Zuspitzungen: „Das Leben der Qnderen". Gespräch mit Wolfgang Schmidt. In: Junge Welt. 1. April 2006. Beilage.

Schneider, B. (1999): Massenmedien im Prozeß der deutschen Vereinigung. In: Wilke, J. (Hrsg.) (1999): Mediengeschichte der Bundesrepublik Deutschland. Köln, Weimar, Wien. S. 602-630.

Schneider, P. (1982): Der Mauerspringer. Erzählung. Gütersloh.

Schneider, P. (1990): Extreme Mittellage. Eine Reise durch das deutsche Nationalgefühl. Reinbek bei Hamburg.

Scholze, T. / F. Blask (1992): Halt! Grenzgebiet! Leben im Schatten der Mauer. Berlin.

Schorlemmer, F. (2006): Absturz – in die Freiheit! Wie Ostdeutsche mit ihren Erinnerungen, Erwartungen und Enttäuschungen umgehen. In: Neuen, C. (Hrsg.) (2006): Sehnsucht und Erinnerung. Leitmotive zu neuen Lebenswelten. Düsseldorf. S. 128-157.

Schulze, H. (1985): Komische Cola. 24 Jahre nach ihrer erfolglosen Uraufführung wird Billy Wilders Ost-West-Klamotte „Eins, zwei, drei" zum Kino-Hit der linken Szene. In: Der Spiegel. 27/1985. S. 142-143.

Schumann, K. F. (1995): Flucht und Ausreise aus der DDR. Insbesondere im Jahrzehnt ihres Untergangs. In: Deutscher Bundestag (Hrsg.) (1995): Materialien der Enquete-Kommission ‚Aufarbeitung von Geschichte und Folgen der SED-Diktatur in Deutschland' (12. Wahlperiode des Deutschen Bundestages). Band V/3. Deutschlandpolitik, innerdeutsche Beziehungen und internationale Rahmenbedingungen. Baden-Baden. S. 2359-2405.

Schwan, A. (1988): Berlin und das Problem der deutschen Identität. In: Horn, H. (Hrsg.) (1988): Berlin als Faktor nationaler und internationaler Politik. Berlin. S. 143-159.

Schwan, G. (2001): Der Mitläufer. In: François, E. / H. Schulze (Hrsg.) (2001): Deutsche Erinnerungsorte. Band 1. München. S. 654-669.

Schweinitz, J. (2006): Film und Stereotyp. Eine Herausforderung für das Kino und die Filmtheorie. Berlin.

Schweisfurth, T. (1982): Das Ziel: Blockfreiheit. In: Venohr, W. (Hrsg.) (1982): Die deutsche Einheit kommt bestimmt. Bergisch Gladbach. S. 81-101.

Schwemmer, O. (2006): Die Macht der Symbole. In: Aus Politik und Zeitgeschichte. 20/2006. S. 7-14.

Seibt, G. (2001): Das Brandenburger Tor. In: François, E. / H. Schulze (Hrsg.) (2001): Deutsche Erinnerungsorte. Band 2. München. S. 67-85.

Seidel, H.-D. (1995): Die Illusion der Mauer. Berlinale-Auftakt: Margarethe von Trottas „Das Versprechen". In: Frankfurter Allgemeine Zeitung. 11. Februar 1995.

Seiffert, W. (1982): SED und nationale Frage. In: Venohr, W. (Hrsg.) (1982): Die deutsche Einheit kommt bestimmt. Bergisch Gladbach. S. 161-179.

Seiffert, W. (1986): Voraussetzungen für die Lösung der deutschen Frage. In: Blumenwitz, D. / B. Meissner (Hrsg.) (1986): Die Überwindung der europäischen Teilung und die deutsche

Frage. Köln. S. 123-136.

Semmler, H.-U. (1982): Auf dem Sprung an der Mauer. In: Die Horen 27 (1982). Heft 2. S. 154-155.

Seton-Watson, H. (1977): Nations and States. An Inquiry into the Origin of Nations and Politics of Nationalism. London.

Smith, A. D. (1998): Nationalism and Modernism. A Critical Survey of Recent Theories of Nations and Nationalism. Oxford.

Soboczynski, A. (2007): Das Gespenst. Was macht ein Staatschef, dem das Land abhanden kann? Ein Besuch bei Egon Krenz in dessen Häuschen an der Ostsee. In: ZEITmagazin Leben. 46/2007. S. 36-41.

Spittmann, I. (1993): Mauer. In: Weidenfeld, W. / K.-R. Korte (Hrsg.) (1993): Handbuch zur deutschen Einheit. Bonn. S. 455-461.

Staeheli, L. A. (2003): Place. In: Agnew, J. / K. Mitchell / G. Toal (Hrsg.) (2003): A Companion to Political Geography. Malden Mass. S. 158-170.

Staritz, D. (1996): Geschichte der DDR. Neuausgabe Frankfurt am Main.

Stein, M. B. (2008): *Stasi* with a Human Face? Ambiguity in *Das Leben der Anderen*. In: German Studies Review 31 (2008). Heft 3. S. 567-579.

Steinbach, P. (1999): Der 9. November in der deutschen Geschichte des 20. Jahrhunderts und in der Erinnerung. In: Aus Politik und Zeitgeschichte. 43-44/1999. S. 3-11.

Steinbach, P. (2001a): Zeitgeschichte und Massenmedien aus der Sicht der Geschichtswissenschaft. In: Wilke, J. (Hrsg.) (2001): Massenmedien und Zeitgeschichte. Konstanz. S. 32-52.

Steinbach, P. (2001b): Die Stasi. In: François, E. / H. Schulze (Hrsg.) (2001): Deutsche Erinnerungsorte. Band 2. München. S. 349-368.

Steinke, M. (2003): Vom Feindbild zum Fremdbild. Die gegenseitige Darstellung von BRD und DDR im Dokumentarfilm. Konstanz.

Stöver, B. (2006): „Das ist die Wahrheit, die volle Wahrheit". Befreiungspolitik im DDR-Spielfilm der 1950er und 1960er-Jahre. In: Lindenberger, T. (Hrsg.) (2006): Massenmedien im Kalten Krieg. Akteure, Bilder, Resonanzen. Köln, Weimar, Wien. S. 49-76.

Stöver, B. (2007): Der Kalte Krieg 1947-1991. Geschichte eines radikalen Zeitalters. Bonn.

Strüver, A. (2005): Binnen- und Außengrenzen der EU. Zwischen Abgrenzung und Überschreitung. In: Reuber, P. / A. Strüver / G. Wolkersdorfer (Hrsg.) (2001): Politische Geographien Europas. Annäherungen an ein umstrittenes Konstrukt. Münster. S. 141-152.

Stürmer, M. (1988): Deutsche Frage und europäische Integration. Melle.

Stucke, F. (2006): Bewegte Bilder einer bewegten Zeit. Aufstieg und Fall der Metropole Berlin im Film. In: Harder, M. / A. Hille (Hrsg.) (2006): „Weltfabrik Berlin". Eine Metropole als Sujet der Literatur. Studien zu Literatur und Landeskunde. Würzburg. S. 165-180.

Terray, E. (1995): Die unmögliche Erinnerung. Die Herstellung eines künstlichen nationalen Gedächtnisses in der DDR und ihr Mißlingen. In: François, E. / H. Siegrist / J. Vogel (Hrsg.) (1995): Nation und Emotion. Deutschland und Frankreich im Vergleich. 19. und 20. Jahrhundert. Göttingen. S. 189-195.

Thamer, H.-U. (1995): Hitler, ein Film. Bilanz der ZDF-Reihe. In: Frankfurter Allgemeine Zeitung. 12. Dezember 1995.

Thamer, H.-U. (2000): Der Zweite Weltkrieg in der deutschen Erinnerungskultur. In: Martens, S. / M. Vaïsse (Hrsg.) (2000): Frankreich und Deutschland im Krieg (November 1942 – Herbst 1944). Okkupation, Kollaboration, Résistence. Bonn. S. 899-914.

Thamer, H.-U. (2003): Zwischen zwei Diktaturen. Kontinuitäten und Diskontinuitäten im Prozeß der Diktatur. In: Großbölting, T. / H.-U. Thamer (Hrsg.) (2003): Die Errichtung der Diktatur. Transformationsprozesse in der Sowjetischen Besatzungszone und in der frühen DDR. Münster. S. 11-20.

Thamer, H.-U. (2006): Der Holocaust in der deutschen Erinnerungskultur vor und nach 1989. In: Birkmeyer, J. / C. Blasberg (Hrsg.) (2006): Erinnern des Holocaust? Eine neue Generation sucht Antworten. Bielefeld. S. 81-93.

Thie, J.-M. (1982): Der Mann auf der Mauer. In: Filmbeobachter. 19. Oktober 1982.

Thompson, E. P. (1985): The Heavy Dancers. New York.

Thompson, K. (1988): Neoformalistische Filmanalyse. In: Albersmeier, F.-J. (Hrsg.) (2003): Texte zur Theorie des Films. 5. Auflage Stuttgart. S. 427-464.

Till, K. E. (2003): Places of Memory. In: Agnew, J. / K. Mitchell / G. Toal (Hrsg.) (2003): A Companion to Political Geography. Malden Mass. S. 289-301.

Truman, H. (1947): The Truman Doctrine. In: Ò Tuathail, G. / S. Dalby / P. Routledge (Hrsg.) (1998): The Geopolitics Reader. London, New York (engl. Erstausgabe 1947). S. 58-60.

Töteberg, M. (2005): Die internationale Karriere von Wolfgang Beckers *Good Bye, Lenin!* In: Apropos: Film 2005. Das 6. Jahrbuch der DEFA-Stiftung. Berlin. S. 173-186.

Trampe, A. (1998): Kultur und Medien. In: Judt, M. (Hrsg.) (1998): DDR-Geschichte in Dokumenten. Bonn 1998. S. 293-314.

Ullrich, M. (2006): Geteilte Ansichten. Erinnerungslandschaft deutsch-deutsche Grenze. Berlin.

Umbach, M. (2001): Made in Germany. In: François, E. / H. Schulze (Hrsg.) (2005): Deutsche Erinnerungsorte. Eine Auswahl. Bonn. S. 244-257.

Venohr, W. (1982a): Die deutsche Einheit kommt bestimmt. In: Venohr, W. (Hrsg.) (1982c): Die deutsche Einheit kommt bestimmt. Bergisch Gladbach. S. 5-15.

Venohr, W. (1982b): Konföderation Deutschland. Ein Weg zur deutschen Einheit. In: Venohr, W. (Hrsg.) (1982c): Die deutsche Einheit kommt bestimmt. Bergisch Gladbach. S. 181-192.

Venohr, W. (Hrsg.) (1982c): Die deutsche Einheit kommt bestimmt. Bergisch Gladbach.

Vergin, S. u. a. (1999): Protokoll der 44. Sitzung. Demokratische Erinnerungskultur. In: Deutscher Bundestag (Hrsg.) (1999): Materialien der Enquete-Kommission ‚Überwindung der Folgen der SED-Diktatur im Prozess der deutschen Einheit' (13. Wahlperiode des Deutschen Bundestages). Band VI. Gesamtdeutsche Formen der Erinnerung an die beiden deutschen Diktaturen und ihre Opfer. Archive. Baden-Baden. S. 102-204.

Visarius, K. (1992): Das Versagen der Sprache. Oder: His Master's Voice. In: Grafe, F. / W. Jacobsen / P. W. Jansen / S. Kolditz / K. Kreimeier / K. Visarius (1992): Wim Wenders. München, Wien. S. 43-64.

Voigt, T. (2006): Wahrheit via Wanze. Der Film „Das Leben der Anderen". In: Zeitschrift des Forschungsverbundes SED-Staat (2006). Heft 19. S. 146-148.

Wach, A. (2006): Das Leben der anderen. In: film-dienst 6. 14. März 2006.

Walser, M. (1988): Über Deutschland reden. Frankfurt am Main.

Ward, J. K. (2001): German-Germanness. On Borders, Hybridity, and Sameness in Margarethe von Trotta's *Das Versprechen*. In: Constabile-Heming, C. A. (Hrsg.) (2001): Textual Responses to German Unification. Processing Historical and Social Change in Literature and Film. Berlin, New York. S. 225-232.

Weber, H. (2006a): Die DDR. 1945-1990. 4. Auflage München.

Weber, H. (2006b): Geschichte der DDR. 2. Auflage. Köln (dt. Erstausgabe 1985/99).

Wehler, H.-U. (1998): Die Herausforderung der Kulturgeschichte. München.

Wehler, H.-U. (2004): Nationalismus. Geschichte, Formen, Folgen. 2. Auflage München.

Wehler, H.-U. (2008): Deutsche Gesellschaftsgeschichte. Fünfter Band. Bundesrepublik und DDR 1949-1990. München.

Weichlein, S. (2006): Nationalismus und Nationalstaat in Deutschland und Europa. Ein Forschungsüberblick. In: Neue Politische Literatur 51 (2006). S. 265-351.

Weidenfeld, W. / M. Glaab (1995): Die deutsche Frage im Bewußtsein der Bevölkerung in beiden Teilen Deutschlands. Das Zusammengehörigkeitsgefühl der Deutschen – Konstanten und Wandlungen. Einstellungen der westdeutschen Bevölkerung 1945/49-1990. In: Deutscher Bundestag (Hrsg.) (1995): Materialien der Enquete-Kommission ‚Aufarbeitung von Geschichte und Folgen der SED-Diktatur in Deutschland' (12. Wahlperiode des Deutschen Bundestages). Band V/3. Deutschlandpolitik, innerdeutsche Beziehungen und internationale Rahmenbedingungen. Baden-Baden. S. 2798-2962.

Weidenfeld, W. / F. P. Lutz (1992): Die gespaltene Nation. Das Geschichtsbewußtsein der Deutschen nach der Einheit. In: Aus Politik und Zeitgeschichte. 31-32/1992. S. 3-22.

Weidenfeld, W. (Hrsg.) (1989a): Politische Kultur und deutsche Frage. Materialien zum Staats- und Nationalbewußtsein in der Bundesrepublik Deutschland. Köln.

Weidenfeld, W. (1989b): Politische Kultur und deutsche Frage. In: Weidenfeld, W. (Hrsg.) (1989a): Politische Kultur und deutsche Frage. Materialien zum Staats- und Nationalbewußtsein in der Bundesrepublik Deutschland. Köln. S. 13-38.

Weidenfeld, W. (1991): Identität. In: Weidenfeld, W. / K.-R. Korte (Hrsg.) (1991): Handwörterbuch zur deutschen Einheit. S. 376-383.

Weidenfeld, W. (1993): Deutschland nach der Vereinigung. Vom Modernisierungsschock zur inneren Einheit. In: Weidenfeld, W. (Hrsg.) (1993): Deutschland. Eine Nation – doppelte Geschichte. Materialien zum deutschen Selbstverständnis. Köln. S. 13-26.

Weizsäcker, R. von (1981): Die Mauer wird keinen Bestand haben. In: Weizsäcker, R. von (1983b): Die deutsche Geschichte geht weiter. Berlin. S. 268-281.

Weizsäcker, R. von (1982): Berlin ist die Treuhänderin der deutschen Geschichte. In: Weizsäcker, R. von (1983b): Die deutsche Geschichte geht weiter. Berlin. S. 299-303.

Weizsäcker, R. von (1983a): Die offene Antwort der Geschichte auf Diktatur, Weltkrieg und Teilung. In: Weizsäcker, R. von (1983b): Die deutsche Geschichte geht weiter. Berlin. S. 175-179.

Weizsäcker, R. von (1983b): Die deutsche Geschichte geht weiter. Berlin.

Weizsäcker, R. von (1985): Rede zum 8. Mai 1985. Online unter http://www.bundestag.de/geschichte/parlhist/dokumente/dok08.html (abgerufen am 10. Dezember 2007).

Wellershoff, M. (1999): Musik der Freiheit. Rock'n'Roll und Passkontrollen - Leander Haußmann, in der DDR aufgewachsen, präsentiert in seinem Kinodebüt „Sonnenallee" den Honecker-Staat als Pop-Party. In: Der Spiegel 40/1999. S. 288.

Welzer, H. (1995): Das Gedächtnis der Bilder. Eine Einleitung. In: Welzer, H. (Hrsg.) (1995): Das Gedächtnis der Bilder. Ästhetik und Nationalsozialismus. Tübingen. S. 7-13.

Welzer, H. (2001): Das soziale Gedächtnis. In: Welzer, H. (Hrsg.) (2001): Das soziale Gedächtnis. Geschichte, Erinnerung, Tradierung. Hamburg. S. 9-21.

Welzer, H. (2005): Das kommunikative Gedächtnis. Eine Theorie der Erinnerung. München.

Wenders, W. (1986): Erste Beschreibung eines recht unbeschreiblichen Filmes. Aus dem ersten Treatment zu ‚Der Himmel über Berlin'. In: Wenders, W. (1993): Die Logik der Bilder. Essays und Gespräche. 2. Auflage Frankfurt am Main. S. 93-104.

Wenders, W. (1991): Talking about Germany. In: Cook, R. F. / G. Gemünden (Hrsg.) (1997): The Cinema of Wim Wenders. Image, Narrative, and the Postmodern Condition. Detroit. S. 51-59.

Wentker, H. (2005): Zwischen Abgrenzung und Verflechtung: deutsch-deutsche Geschichte nach 1945. In: Aus Politik und Zeitgeschichte. 1-2/2005. S. 9-17.

Wentker, H. (2007): Außenpolitik in engen Grenzen. Die DDR im internationalen System 1949-1989. München.

Westphal, S. (2005): Kein Platz für Träumer und Rebellen. In: Frankfurter Rundschau. 29. September 2005.

Wetzlaugk, U. (1985): Berlin und die deutsche Frage. Köln.

Wicke, P. (1999): Zur Kunst in der DDR. Die Entwicklung der Unterhaltungsmusik in der DDR (Rock, Jazz) und im Transformationsprozeß. In: Deutscher Bundestag (Hrsg.) (1999): Materialien der Enquete-Kommission ‚Überwindung der Folgen der SED-Diktatur im Prozess der deutschen Einheit' (13. Wahlperiode des Deutschen Bundestages). Band IV/2. Bildung, Wissenschaft, Kultur. Baden-Baden. S. 1872-1895.

Wieser, H. (1982): Theo gegen die Mauer. In: Der Spiegel. 40/1982. S. 250-252.

Wilharm, I. (2006): Bewegte Spuren. Studien zur Zeitgeschichte im Film. Hannover.

Wilke, J. (1999): Massenmedien und Vergangenheitsbewältigung. In: Wilke, J. (Hrsg.) (1999): Mediengeschichte der Bundesrepublik Deutschland. Köln, Weimar, Wien. S. 649-671.

Wilke, M. (2007): Wieslers Umkehr. In: Henckel von Donnersmarck, F. (2007): Das Leben der

Anderen. Filmbuch. Frankfurt am Main. S. 201-213.

Wilke, M. (2008): Fiktion oder erlebte Geschichte? Zur Frage der Glaubwürdigkeit des Films Das Leben der Anderen. In: German Studies Review 31 (2008). Heft 3. S. 589-598.

Willms, J. (Hrsg.) (1994a): Der 9. November. Fünf Essays zur deutschen Geschichte. München.

Willms, J. (1994b): Vorwort. Der 9. November. Vier Zäsuren in der deutschen Geschichte. In: Willms, J. (Hrsg.) (1994a): Der 9. November. Fünf Essays zur deutschen Geschichte. München. S. 7-10.

Windelen, H. (1984): Perspektiven der Deutschlandpolitik. Die deutsche Frage als politische Aufgabe und als Bildungsaufgabe. Rede aus Anlaß der 14. Mitgliederversammlung des Bildungswerkes der Nordrhein-Westfälischen Wirtschaft am 12. September 1984 in Düsseldorf. Gelsenkirchen.

Winkler, H. (1992): Der filmische Raum und der Zuschauer. ‚Apparatus' – Semantik – ‚Ideology'. Heidelberg.

Winkler, H. A. (1981): Nation ja – Nationalstaat nein. Die deutschen Gewinner von heute stehen in der Schuld der Verlierer. In: Die Zeit. 8/1981. S. 5-6.

Winkler, H. A. (1982): Einleitende Bemerkungen. In: Winkler, H. A. (Hrsg.) (1982): Nationalismus in der Welt von heute. Göttingen. S. 7-11.

Winkler, H. A. (Hrsg.) (1985): Nationalismus. Königstein.

Winkler, H. A. (2004): Der lange Weg nach Westen. Band II. Deutsche Geschichte 1933-1990. Bonn (dt. Erstausgabe 2000).

Witte, K. (1982): „Der Mann auf der Mauer". Die Deutsche Frage. In: Die Zeit. 42/1982. S. 56.

Wolf, M. (2008): Cola gegen Kommunisten. In: Spiegel Special. Geschichte 3/2008. S. 70.

Wolfrum, E. (1999): Geschichtspolitik in der Bundesrepublik Deutschland. Der Weg zur bundesrepublikanischen Erinnerung 1948-1990. Darmstadt.

Wolfrum, E. (2000): Die Unfähigkeit zu feiern? Der 8. Mai und der 17. Juni in der bundesrepublikanischen Erinnerungskultur. In: Behrenbeck, S. / A. Nützenadel (Hrsg.) (2000): Inszenierungen des Nationalstaats. Politische Feiern in Italien und Deutschland seit 1860/71. Köln. S. 221-241.

Wolfrum, E. (2005): Die Mauer. In: François, E. / H. Schulze (Hrsg.) (2005): Deutsche Erinnerungsorte. Eine Auswahl. Bonn. S. 385-401.

Wolfrum, E. (2006): Die geglückte Demokratie. Geschichte der Bundesrepublik Deutschland von ihren Anfängen bis zur Gegenwart. Stuttgart.

Wolle, S. (1999): Die heile Welt der Diktatur. Alltag und Herrschaft in der DDR 1971-1989. 2. Aufl. Bonn.

Wullf, H. J. (1998): Semiotik der Filmanalyse. Ein Beitrag zur Methodologie und Kritik filmischer Werkanalyse. In: Kodikas / Code. Ars Semiotica 21 (1998). Heft 1-2. S. 19-36.

Wydra, T. (2000): Margarethe von Trotta. Filmen, um zu überleben. Berlin.

Zieger, G. (1989a): Einleitung. In: Blumenwitz, D. / G. Zieger (Hrsg.) (1989): Die deutsche Frage im Spiegel der Parteien. Köln. S. 11-12.

Zieger, G. (1989b): Die deutsche Frage aus der Sicht der SED und der übrigen Blockparteien der DDR. In: Blumenwitz, D. / G. Zieger (Hrsg.) (1989): Die deutsche Frage im Spiegel der Parteien. Köln. S. 125-151.

Zwahr, H. (1996): Die Revolution in der DDR im Demonstrationsvergleich. Leipzig und Berlin im Oktober und November 1989. In: Hettling, M. / P. Nolte (Hrsg.) (1996): Nation und Gesellschaft in Deutschland. Historische Essays. München. S. 335-350.

Zwahr, H. (2005): „Wir sind das Volk!" In: François, E. / H. Schulze (Hrsg.) (2005): Deutsche Erinnerungsorte. Eine Auswahl. Bonn. S. 477-489.